아이원 토익

이성영 저

PAGODA Books

이성영

군산대학교 교양교육원 영어과 강의교수
아이원어학원 원장

아이원토익 START 개정판 (파고다북스, 2018)
아이원토익 BASIC 개정판 (파고다북스, 2018)
English Focus 시리즈 (파고다북스, 2017)
I WANT TOEIC (파고다북스, 2015)
INTRO TOEIC (다락원, 2014)
시나공 TOEIC Listening 단기완성 (길벗이지톡, 2008)
시나공 TOEIC 시험에 나오는 문장듣기 (길벗이지톡, 2008)
시나공 TOEIC Listening (길벗이지톡, 2007)

초 판 1쇄 인쇄 2018년 6월 12일
초 판 1쇄 발행 2018년 6월 22일

지 은 이 | 이성영
펴 낸 이 | 고루다
펴 낸 곳 | Wit&Wisdom 도서출판 위트앤위즈덤
임프린트 | PAGODA Books
출판등록 | 2005년 5월 27일 제 300-2005-90호
주　　소 | 06614 서울특별시 서초구 강남대로 419, 19층(서초동, 파고다타워)
전　　화 | (02) 6940-4070
팩　　스 | (02) 536-0660
홈페이지 | www.pagodabook.com

저작권자 | ⓒ 2018 이성영

ISBN 978-89-6281-816-1 (13740)

도서출판 위트앤위즈덤　　www.pagodabook.com
파고다 어학원　　www.pagoda21.com
파고다 인강　　www.pagodastar.com
테스트 클리닉　　www.testclinic.com

"토익은 현대 영어의 꽃이고 문제의 구성과 내용, 난이도는 성장하고 변화하는 유기체다."

언어는 크게 표현과 이해 영역으로 나누어진다. 표현 영역에는 말하기, 쓰기가 있고 이해 영역에는 듣기, 읽기가 있다. 토익은 시험지(paper-based test)상에 이 네 개의 영역을 가장 이상적으로 구현해 놓은 영어 시험이다.

토익은 표준 문어체 영어(Standard Written English)가 아니라 일상에서 통용되는 생활영어와 실무영어에 중심축을 두고 있다. 그래서 필자는 토익을 원망하기보다는 오히려 감사하는 마음이 든다. 토익이라는 자극제가 있어 제대로 된 실무영어를 배우고 그 능력을 객관적으로 측정할 수 있기 때문이다. 다만 이를 배우고 익혀 내 지식으로 만들기까지는 다소의 진통을 감수해야 한다. 입시영어와 성인영어의 중심축이 다르기 때문이다.

우선 고등학교까지의 학습 내용에 비해 듣기 영역의 양이 몇 배 늘었고 문법 영역을 전문적으로 학습해야 한다. 교수–학습자 모두에게 힘겨운 부분이다. 이 부분을 슬기롭게 대처할 수 있는 제대로 된 교재를 쓰고 싶었고 그 결과물이 바로 이 책이다.

이 책은 토익에서 다루어지는 Listening과 Reading, 특히 문법 내용을 품사의 활용과 비중에 따라 도표와 숫자로 정리했기 때문에 학습자가 한 영역씩 정리하면서 공부하기 용이하다. 또한 초보 학습자의 눈높이에 맞추어진 교재이기 때문에 어휘와 문장의 내용도 크게 어렵지 않다. 다만, 암기가 필요한 영역은 잔인하게 암기해야 한다. 토익 시험은 문제 은행 출제 방식으로 반복 출제되는 문제가 있는데 이 부분을 확실하게 맞추기 위해서이다.

다시 쓴다 해도 이보다 더 잘 쓸 수는 없을 것 같다. 최선을 다했고 부족한 부분은 독자님들의 너그러운 이해를 구할 뿐이다.

이 책의 출간에 붙여 출판을 위해 수고해 주신 파고다북스 관계자 여러분과 편집팀, 발행을 허락해 주신 박경실 회장님, 고루다 사장님, 그리고 이 책의 전문을 리뷰해 준 나의 사랑하는 친구 Thomas, 모두에게 머리 숙여 감사드린다. 이 분들의 도움이 없었다면 작업을 완수하지 못했을 것이다.

무엇보다 이 책으로 공부하시는 모든 독자님들, 이 책을 통해 학습한 내용을 토대로 중급, 실전반으로 성장하며 목표한 성적에 도달하시기를 진심으로 기원합니다. 여러분들의 도전을 응원합니다.

2018년 6월 저자 이성영

CONTENTS

PART 5, 6 & 7

Listening Comprehension

이 책에 사용된 문제의 구성과 내용, 어휘, 문제의 난이도는 현재 시행되고 있는 ETS 정기토익의 최신 경향을 반영했다. LC의 각 Chapter는 PART별 종합 정보(General Information)로 시작된다. 특히 각 PART별 종합 정보는 그 섹션에서 가장 필수적인 내용을 엄선하여 정리했기 때문에 전체 내용을 한눈에 알아볼 수 있다. 하나의 Chapter는 이론 설명 및 유형 분류, 어휘, 예제 살펴보기, 실전 예상 문제, Dictation Drill로 구성했다. 따라서 한 Chapter 안에서 이론부터 받아쓰기 연습까지 가능하다.

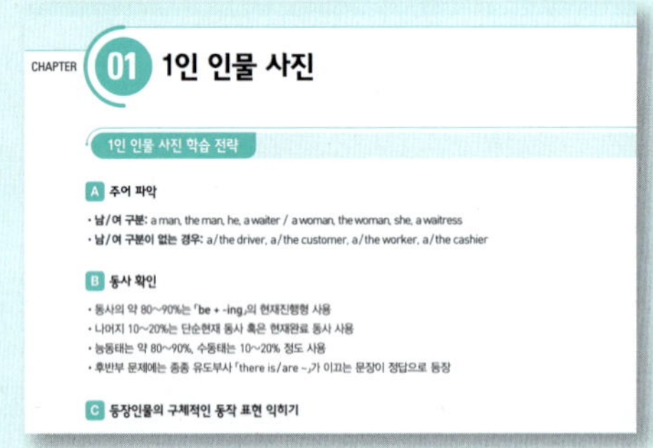

이론 설명 및 유형 분류

각 Chapter는 장 제목에 맞게 학습 내용을 한눈에 간파할 수 있는 간결한 이론 설명 후 순서에 맞추어 문제의 내용을 유형별로 묶어 놓았다. 이론 설명을 유형에 맞추어 정리해 놓았기 때문에 이해하기 쉽고 암기에도 편리하다.

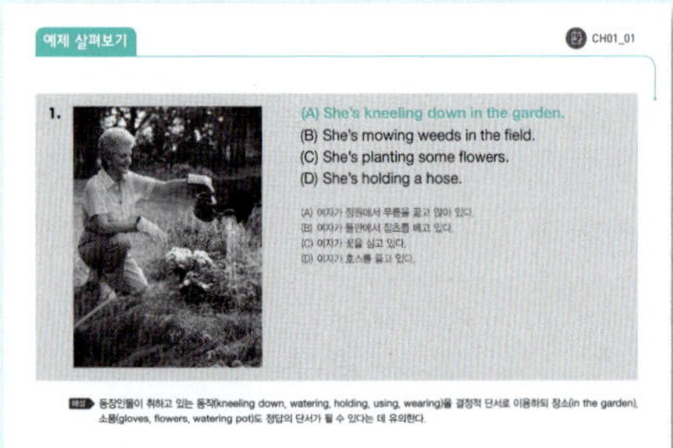

예제 살펴보기

각 Chapter의 가장 특징적인 표본 문제를 선별하여 문제 풀이 과정을 입체적으로 설명해 놓았으며 전문 해석, 해설을 달아 놓아 feedback 과정의 만족도를 높였다.

실전 예상 문제

각 Chapter의 이론 학습 결과를 측정하고 출제 유형을 정확히 파악했는지 진단할 수 있도록 매 Chapter의 이론, 예제 익히기 이후 실전에서 출제될 만한 예상 문제를 선별해 직접 테스트 하도록 만들었다.

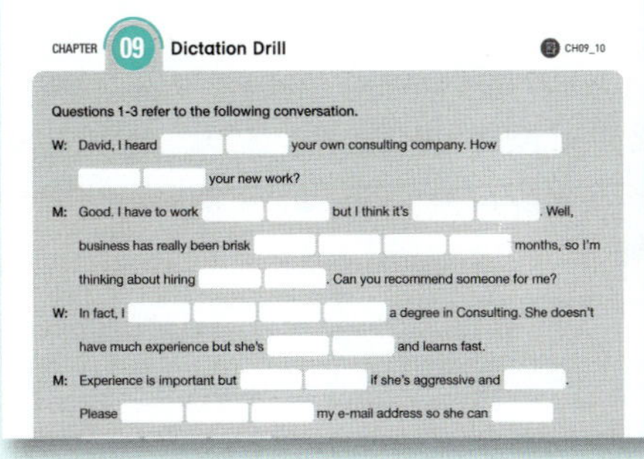

Dictation Drill

각 Chapter의 마무리는 받아쓰기 연습으로 구성했다. 이론, 테스트를 통해 직접 해석하고 학습한 내용을 귀에 익히는 과정으로 받아쓰기를 한 다음 큰 소리로 반복해 읽으면 더 큰 효과를 얻을 수 있다.

Reading Comprehension

RC 본서는 이중구성 방식이다. 이는 철저하게 학습자 지향적인 방법인데, 우선 Chapter 1에 문장 구조 5형식과 품사를 간결하게 설명해 놓은 후 Chapter 2부터 품사 하나하나를 재배열하여 체계적으로 문법에 접근하기 때문에 자연스러운 복습 효과가 있다. 한눈에 교재의 내용을 먼저 보여 주고 하나씩 정리하자는 취지다. 각 Chapter는 기본 개념 정리, 핵심 예제 문장, 표로 정리된 암기 포인트, 확인 점검 문제, 실전 예상 문제로 구성했다.

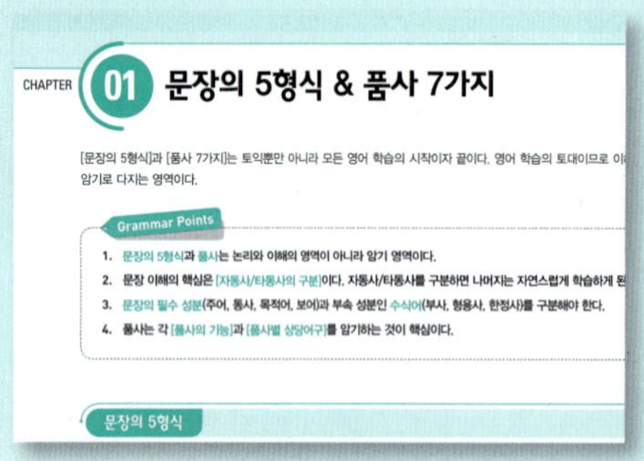

기본 개념 정리

각 Chapter에는 각 장의 품사와 장 제목에 부합하는 기본 개념을 쉽게 설명하고, 다시 하나하나 숫자로 번호를 달아 우선순위대로 정리해 놓았다. 이 부분만 학습하여도 핵심 내용이 무엇인지 파악할 수 있다.

핵심 예제 문장

각 Chapter에 제시된 예제 문장들은 토익 시험 빈출 어휘와 구문에 기초하여 구성하였으며 필요한 경우 볼드체, 색상 처리, 밑줄, 화살표 등으로 처리하여 글로 쓴 설명보다 훨씬 쉽고 빠르게 이해할 수 있도록 하였다.

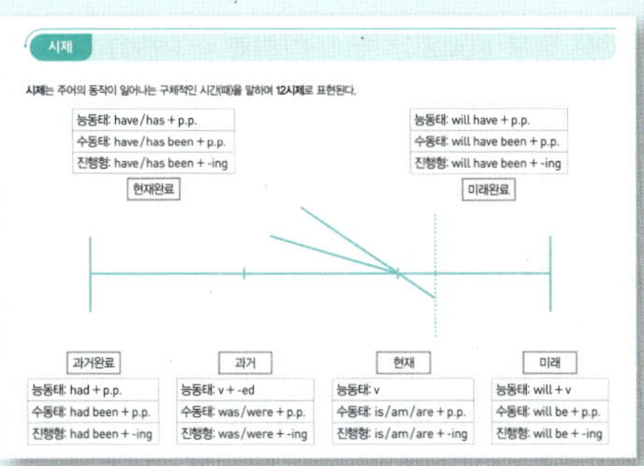

표로 정리된 암기 포인트

각 Chapter마다 한꺼번에 암기가 필요한 핵심 내용은 도표로 묶어 보기 좋게 처리해 놓았다. 토익 학습의 필수 내용을 정리한 것이니 여러 번 반복해 암기해야 한다.

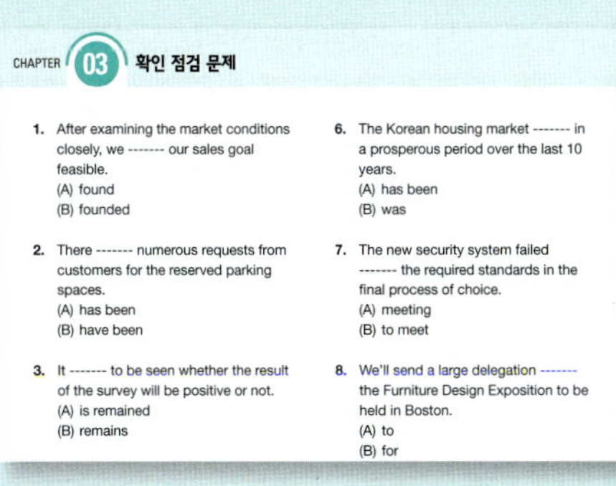

확인 점검 문제

각 Chapter의 이론을 잘 숙지했는지 본문의 핵심 내용을 확인한다. 틀리는 문제가 있다면 본문을 복습하도록 한다.

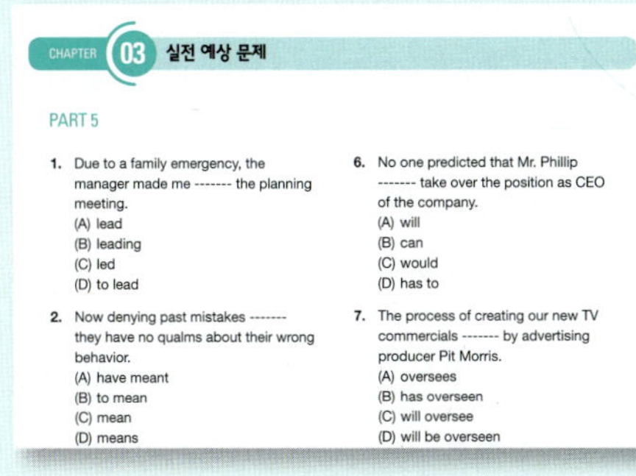

실전 예상 문제

각 Chapter의 최종 단계로 본문에서 학습한 내용이 실제 시험에 출제된다는 가정으로 문장을 구성했다. 문제 풀이 과정과 어휘는 정답 및 해설서를 참조하면 편리하다.

PART별 점수 공략법

Listening Comprehension

PART 1
사진 묘사

유형: 문제 번호 1~6까지 6 문제로, 점점 난이도가 높아지는 영역이다.

전략: ① 기본적으로 등장인물의 기본 동작, 상태, 소품 등을 묘사하는 핵심 어휘를 숙지해야 한다.
② 동사의 시제와 태도 반드시 알고 있어야 한다.
③ 단문인 만큼 많이 듣고 받아쓰는 연습으로 학습해야 한다.

PART 2
짧은 질의응답

유형: 문제 번호 7~31까지 25 문제로, 음성 트릭이 있는 부분이다.

전략: ① 중복음을 철저히 걸러내고 정해진 정답 패턴을 활용해야 한다.
② 문제의 유형인 의문사의문문, 일반의문문, 선택의문문, 평서문의 특징을 정확히 파악해야 한다.
③ 본서의 기본 이론 부분을 암기하다시피 연습하고 PART 1과 마찬가지로 많이 듣고 받아쓰는 연습이 효과적이다.

PART 3
짧은 대화

유형: 문제 번호 32~70까지 39 문제로, 남여 2인 대화, 3인 대화, 그래픽이 제시되는 시각정보 연계 문제 등으로 구성된 PART다. 하나의 대화문은 보통 4턴으로 구성되지만, 짧은 경우 3턴, 긴 경우 6턴이나 7턴으로 구성된다. 특히 대화의 일부분을 인용한 화자의 의도 파악 문제, 시각정보 연계문제 등이 까다롭게 출제된다. 공통적으로 하나의 대화문에는 3개의 문제가 출제된다.

전략: ① 대화 시작 전에 반드시 문제와 보기, 시각화된 도표 등을 먼저 읽어 두고, 지문이 나오는 동안 정답을 시험지에 바로 표시한 후, 문제를 읽어 주는 틈을 타 다음 문제와 보기를 읽어두어야 한다.
② 특히 패러프레이징 함정이 있으니 조심해야 하고, 받아쓰기 연습보다는 본문의 어휘를 미리 공부한 후 본문을 여러 번 소리 내어 읽고, 다시 한번 듣는 것으로 마무리 학습하는 것이 효과적이다.
③ PART 3와 4에서는 필요하면 문제지에 답을 표시하고 필요한 내용을 시험지에 적으면서 문제를 푸는 것도 요령이다.

PART 4
짧은 담화

유형: 문제번호 71~100까지 30 문제로, 한 화자의 담화에 문제 3개가 나오는 구성이다. 담화 내용 일부를 인용하는 화자의 의도 파악 문제와 시각정보 문제가 까다롭게 출제된다.

전략: ① PART 3와 마찬가지로 담화가 시작되기 전 문제와 보기, 시각정보 등을 미리 읽어 두고, 지문이 나오는 동안 정답을 시험지에 바로 표시한 후, 문제를 읽어 주는 틈을 타 다음 문제와 보기를 미리 읽어 두어야 한다.
② 패러프레이징 함정이 있으니 대비해야 하고, 받아쓰기 연습보다는 본문의 어휘를 미리 공부한 후 본문을 소리 내어 여러 번 읽고, 다시 한번 듣는 것으로 마무리 학습하는 것이 효과적이다.

Reading Comprehension

PART 5
단문 빈칸 채우기

유형: 문제 번호 101~130까지 30 문제로, 토익의 대표적인 문법 문제 유형이다. PART 5, 6 46 문제를 18분 내외로 풀어야 한다.

전략: ① 정답을 외운다고 생각하고 수백 배, 수천 배의 문제를 풀어 빈출 정답을 암기하다시피 해야 한다.
② 가장 흔히 사용하는 기본 문법과 어휘를 묻는 영역이다. 본문의 예문, 예상 문제 등을 암기하다시피 공부한다.
③ 항상 나오는 문제가 살짝 변형되어 다시 출제되기 때문에, 어느 정도 학습을 하면 반복되는 문제의 정답을 쉽게 찾을 수 있으니 약 6개월 내외 지속적으로 학습해야 한다.

PART 6
장문 빈칸 채우기

유형: 문제 번호 131~146까지 16 문제로, 난이도가 높은 영역이다. 문법, 어휘, 독해 실력이 고루 필요하며, 특히 문맥에 맞는 문장을 고르는 문제는 전체적인 지문의 내용을 파악해야 정답을 찾을 수 있다. 어휘 문제가 주로 출제된다.

진략: 글쓴이의 입징이 되어 의식을 따라가며 글을 쓴 싱황, 글의 내용과 시제 등을 파익해야 한다.

PART 7
독해

유형: 문제 번호 147~200까지 54 문제로, 단일 지문 10지문 29문제, 이중 지문 2지문 10문제, 삼중 지문 3지문 15문제가 출제된다. 장문 읽기 문제이다 보니 속도감이 떨어지는 파트이다.

전략: ① 문제 출제 패턴이 거의 일정하므로 기본 문제를 많이 풀어 보면서 문제의 내용과 유형을 파악한다.
② 초보 단계에서는 직접 문장 하나하나를 노트에 써가면서 머릿속으로 해석하는 연습이 효과적이며 동시에 문법과 어휘 수준도 함께 늘릴 수 있다.
③ 의식적으로 읽는 속도를 높이는 부단한 노력이 필요하다.

PART 1

사진 묘사

▶ **문항:** 1번부터 6번까지 총 6문항
▶ **문제 제시 방법:** 시험지에 제시된 사진을 묘사하는 4개의 음성 설명을 듣고 정답 선택
▶ **문제 구성:** 1인 인물 사진, 2인 이상 인물 사진, 사물/소품 및 배경 사진
▶ **문제 사이 간격:** 약 5초 내외

● 주어와 동사 정보를 정확히 파악한다.
● 객관적으로 판단할 수 없는 추측성 설명은 오답이다.
● 사진 전체를 설명하는 포괄적인 묘사가 정답이다.
● 등장인물이 없는 경우 「be + being + p.p.」의 진행형 수동태 문장은 대부분 오답이다.
● 빈출 동사를 암기한다.
● 가장 효과적인 연습은 받아쓰기와 소리 내어 반복해 읽기이다.

PART **1** 문제 유형

문제 유형	문항 수	핵심 내용
1인 인물 사진	2-3 문항	인물의 동작, 상태, 위치, 의복, 소품 정보
2인 이상 인물 사진	1-2 문항	인물들의 동작, 상호작용, 상태, 위치, 의복, 소품 및 다수의 인물 중 1인 혹은 일부 인물에 국한된 진술인지 등장인물 모두에 해당되는 진술인지 구분
사물/소품 및 배경 사진	1-2 문항	단독 사물 및 배경 사진, 인물·사물/인물·배경을 결합시킨 복합 사진

풀이 전략	핵심 내용
❶ 주어 찾기	• 사진의 주어는 3인칭 단수/복수의 인물 또는 사물이다. • he/she, a man/a woman, the man/the woman, they, some people, passengers, shoppers, the pedestrians, the workers • one of the people, one of the workers, some of them(= some people)
❷ 동사 처리	• 「be + -ing」의 현재진행형 사용 비율 약 80~90% • 단순현재/현재완료 시제 사용 비율 약 10~20% • 능동태 사용 비율 약 80~90%, 수동태 사용 비율 약 10~20% • 유도부사 there가 이끄는 문장 약 10%
❸ 기본 동사	using, holding, walking(= strolling, taking a walk, taking a stroll), running(= jogging), standing, leaning (on/against), sitting(= be seated, resting), kneeling, looking at(= reading, reviewing, examining), playing, wearing, reaching (for/into), pointing at, talking, speaking, working
❹ 사람/사물 배열	• in a row / in rows, in line, be piled up(= be stacked up)
❺ 포괄적인 묘사	• playing the piano, playing the cello → **playing an instrument** • playing baseball, playing basketball → **playing a sport** • working with a backhoe[crane/forklift] → **working with heavy machinery** • using a shovel[ladder/hand drill/screwdriver] → **using a tool**
❻ 난이도 높이기	• looking at the monitor → **focusing on the monitor** • looking at pottery → **admiring artworks**
❼ 오답 함정	• all the seats, every seat → **some seats, some of the seats** • looking for sth, searching for sth → **looking at sth** • paying for sth, buying sth, purchasing sth, having lunch

1인 인물 사진

1인 인물 사진 학습 전략

A 주어 파악

- **남/여 구분:** a man, the man, he, a waiter / a woman, the woman, she, a waitress
- **남/여 구분이 없는 경우:** a/the driver, a/the customer, a/the worker, a/the cashier

B 동사 확인

- 동사의 약 80~90%는 「**be + -ing**」의 현재진행형 사용
- 나머지 10~20%는 단순현재 시제 혹은 현재완료 시제 사용
- 능동태는 약 80~90%, 수동태는 10~20% 정도 사용
- 후반부 문제에는 종종 유도부사 「there is/are ~」가 이끄는 문장이 정답으로 등장

C 등장인물의 구체적인 동작 표현 익히기

• holding ~을 들다[잡다]
• using ~을 이용하다
• looking at ~을 보다
  = reading, reviewing, examining, going over,
     checking, admiring
• standing (= waiting) 서 있다
• walking 걷다
  = strolling, taking a walk[stroll]
• running (= jogging) 달리다, 조깅하다
	• sitting 앉다
	  = be seated, resting
	• kneeling 무릎 꿇고 앉다
	• working 일하다
	• leaning against ~에 기대다
	• wearing ~을 입다
	• pointing at ~을 가리키다
	• reaching for ~을 향해 손을 뻗다
	• playing ~을 연주하다

D 소품과 장소 표현 익히기

• holding some documents 서류를 들고 있다 • using a tool 도구를 이용하다 • looking at a painting 그림을 바라보다 • standing at the counter 계산대에 서 있다 • walking along the shore 해변을 따라 걷다 • running on the path 산책로를 달리다	• sitting at the table 식탁에 앉아 있다 • resting on the lawn 잔디에서 쉬고 있다 • working on the road 도로에서 작업하다 • leaning against the wall 벽에 기대다 • playing the guitar 기타를 연주하다 • examining some clothing 의류를 살펴보다

E 문장 형태 익히기

현재진행형 / 능동태	Some people **are painting** the wall. 몇몇 사람들이 벽에 페인트칠을 하고 있다.
현재진행형 / 수동태	The wall **is being painted**. 벽이 칠해지고 있다.
단순현재형	Some vehicles **are** in the parking lot. 자동차 몇 대가 주차장에 있다.
단순현재형 / 수동태	Some vehicles **are parked** along the curb. 자동차 몇 대가 도로변을 따라 주차되어 있다. A drawer **is filled** with folders. 서랍이 서류철로 가득 차 있다.
현재완료형 / 수동태	Kitchen utensils **have been placed** on the table. 주방용품들이 탁자 위에 놓여져 있다. A table **has been set** for a meal. 식사를 위해 식탁이 차려져 있다.
유도부사	**There is** a calendar hanging on the wall. 벽에 달력이 걸려 있다. **There are** some buildings on both sides of the road. 도로 양쪽에 건물 몇 채가 있다.

1.

(A) **She's kneeling down in the garden.**
(B) She's mowing weeds in the field.
(C) She's planting some flowers.
(D) She's holding a hose.

(A) 여자가 정원에서 무릎을 꿇고 앉아 있다.
(B) 여자가 들판에서 잡초를 베고 있다.
(C) 여자가 꽃을 심고 있다.
(D) 여자가 호스를 들고 있다.

해설 ▶ 등장인물이 취하고 있는 동작(kneeling down, watering, holding, using, wearing)을 결정적 단서로 이용하되 장소(in the garden), 소품(gloves, flowers, watering pot)도 정답의 단서가 될 수 있다는 데 유의한다.

2.

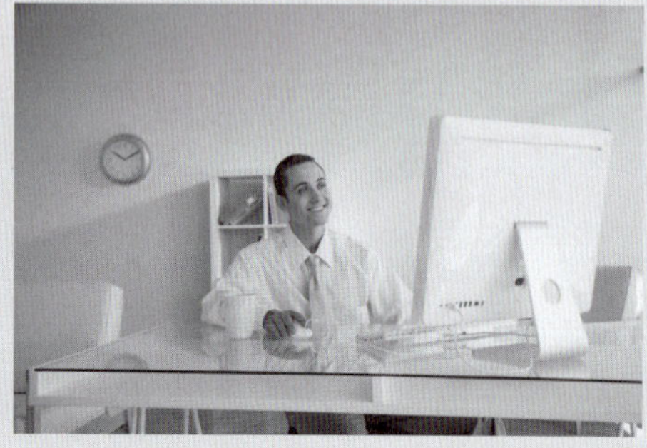

(A) The man is putting on a tie.
(B) **The man is looking at the monitor.**
(C) A clock is being placed on the table.
(D) The shelves are full of files.

(A) 남자가 넥타이를 착용 중이다.
(B) 남자가 모니터를 보고 있다.
(C) 시계를 테이블 위에 놓고 있다.
(D) 선반이 서류철로 가득 차 있다.

해설 ▶ 인물의 동작(looking at, sitting, focusing on, wearing)이 정답의 핵심 단서이다. 넥타이를 메고 있는(putting on) 등작을 하고 있지 않으므로 (A)는 오답이다. 시계(clock)가 테이블 위에 놓여져 있는 것이 아니라 벽에 걸려 있고, 선반이 서류철로 가득 차 있지(are full) 않으므로 (C), (D)도 오답이다.

1.

2.

3.

4.

5.

6.

1. (A)

(B)

(C)

(D)

2. (A)

(B)

(C)

(D)

3. (A)

(B)

(C)

(D)

4. (A)

(B)

(C)

(D)

5. (A)

(B)

(C)

(D)

6. (A)

(B)

(C)

(D)

2인 이상 인물 사진

2인 이상 인물 사진 학습 전략

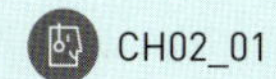

A 주어 파악

• 모두 같은 동작/상태인 경우: they, the workers, the people, passengers

They are sitting on a bench.
사람들이 벤치에 앉아 있다.

They are walking up the stairway.
사람들이 계단을 걸어 오르고 있다.

The people are heading in a single direction.
사람들이 한 방향을 향하고 있다.

The workers are standing on the roof.
작업자들이 지붕 위에 서 있다.

Passengers are standing in line to board the train.
승객들이 기차를 타기 위해 줄을 서 있다.

• 다수 중 1인/일부 인물인 경우: one of them, some of the people, some people

One of them is carrying some luggage.
사람들 중 한 명이 짐을 나르고 있다.

Some of the people are sitting on the lawn.
사람들 중 몇 명은 잔디에 앉아 있다.

Some people are working at a construction site.
몇몇 사람들이 건설 현장에서 일하고 있다.

Some people are standing on the platform.
몇몇 사람들이 승강장에 서 있다.

Some of the seats are occupied.
몇몇 좌석에 사람들이 앉아 있다.

B 동사 확인

• 동사의 약 80~90%는 「be + -ing」의 현재진행형 사용

They **are standing** at the counter.
사람들이 계산대에 서 있다.

Pedestrians **are crossing** the road.
보행자들이 길을 건너고 있다.

Some people **are swimming** in the pool.
몇몇 사람들이 수영장에서 수영을 하고 있다.

Some passengers **are getting** off the bus.
몇몇 승객들이 버스에서 내리고 있다.

● 나머지 20% 내외는 단순현재/현재완료 시제 사용

Some passengers **are** in their seats.
몇몇 승객들이 좌석에 앉아 있다.

They **are** in a meeting room.
사람들이 회의실에 있다.

● 능동태는 약 80~90%, 수동태는 약 10~20% 사용

They **are walking** on the beach.
사람들이 해변을 걷고 있다.

They **are looking at** the posters.
사람들이 포스터를 보고 있다.

They **are watching** a presentation.
사람들이 발표를 보고 있다.

The customers **are being served** some food.
고객들이 음식을 제공받고 있다.

● 후반부 문제에는 종종 유도부사 「there is/are ~」가 이끄는 문장 등장

There are some people on the bus.
버스에 몇몇 사람들이 있다.

There are some cyclists on one side of the road.
도로 한편에는 자전거를 타는 사람들이 있다.

1. 

(A) They are singing in a group.
(B) A man is conducting the orchestra.
(C) **Some of them are holding papers.**
(D) A choir is performing in a hall.

(A) 한 무리의 사람들이 노래를 하고 있다.
(B) 한 남자가 관현악단을 지휘하고 있다.
(C) 사람들 중 몇 명은 종이를 들고 있다.
(D) 합창단이 강당에서 공연 중이다.

해설 노래를 부르고 있지 않으므로 (A)는 오답, 악기를 연주하는 관현악단이 아니므로 (B)도 오답이다. 등장인물들이 합창단인지 알 수 없으므로 (D) 역시 오답이다. 따라서 몇몇 인물이 종이를 들고 있는 모습을 주어 some of them, 동사 are holding으로 표현한 (C)가 정답이다.

2. 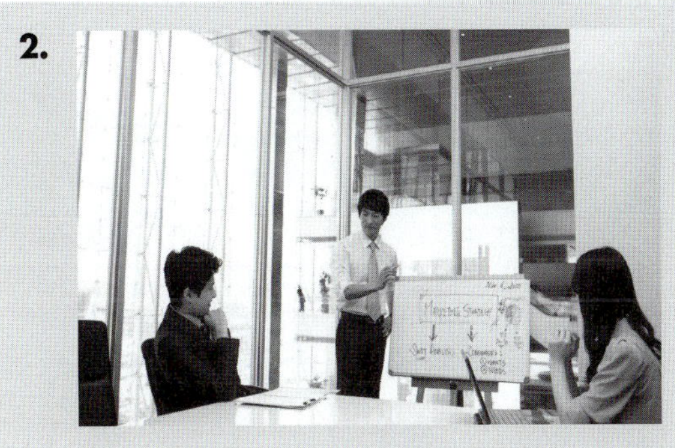

(A) **One of the people is giving a presentation.**
(B) They are wearing uniforms.
(C) They are sitting at a table.
(D) A woman is typing on the keyboard.

(A) 사람들 중 한 명이 발표를 하고 있다.
(B) 사람들이 유니폼을 입고 있다.
(C) 사람들이 테이블에 앉아 있다.
(D) 한 여자가 키보드를 치고 있다.

해설 등장인물들이 유니폼을 입지 않았으며 모두 앉아 있는 것이 아니므로 (B), (C)는 오답, 여자가 키보드를 치고 있지 않으므로 (D)도 오답이다. 등장인물 중 한 명이 발표를 하고 있는 상태이므로 (A)가 정답이다.

1.

2.

3.

4.

5.

6.

1. (A)
   (B)
   (C)
   (D)

2. (A)
   (B)
   (C)
   (D)

3. (A)
   (B)
   (C)
   (D)

4. (A)
   (B)
   (C)
   (D)

5. (A)
   (B)
   (C)
   (D)

6. (A)
   (B)
   (C)
   (D)

03 사물/소품 및 배경 사진

빈출 사물 및 소품

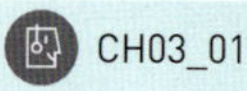 CH03_01

A 일반적인 사물 및 소품

• bench 벤치	• cart (쇼핑용) 수레	• luggage 짐
• table 테이블	• trolley (짐 운반용) 손수레	• merchandise (= goods, products) 상품
• heavy machinery 중장비	• stroller 유모차	• railing 난간
• tool 도구	• vehicle 차량	• painting 그림
• ladder 사다리	• train 기차	• sculpture (= statue) 조각품
• machine 기계	• boat 선박	• document 서류
• musical instrument 악기	• plane 비행기	• centerpiece (테이블) 중앙 장식물
• wheelbarrow 손수레	• plate 접시	

They are sharing a bench.
사람들이 벤치에 함께 앉아 있다.

A table has been set for a meal.
식사를 위해 식탁이 차려져 있다.

They are working with **heavy machinery**.
사람들이 중장비로 작업 중이다.

The man is working with **a tool**.
남자가 도구를 이용해 작업 중이다.

A ladder is leaning against the wall.
사다리가 벽에 기대어져 있다.

B 전체 배경이 되는 사물 및 소품

• store 상점	• stairway 계단	• construction site 건설 현장
• shelf 진열장, 선반 (pl. shelves)	• path 오솔길	• parking lot 주차장
• platform 승강장	• park 공원	• water 물, 바다
• stage 무대	• garden 정원	• field 들판
• street 도로, 거리	• curb (인도와 차도 사이의) 연석	• wall 담장, 벽
• beach 해변	• floor 바닥	• roof 지붕

Some shirts are displayed **in the store**.
셔츠 몇 벌이 상점에 진열되어 있다.

She is reaching for a can **on the shelf**.
여자가 선반 위의 캔을 잡으려고 손을 뻗고 있다.

Passengers are standing in line **on the platform**.
승객들이 승강장에 줄을 서 있다.

They are dancing **on the stage**.
사람들이 무대 위에서 춤추고 있다.

They are playing musical instruments **on the street**.
사람들이 거리에서 악기를 연주하고 있다.

동사의 사용과 문장 형태

 CH03_02

단순현재, 현재진행, 현재완료 등의 시제가 다양하게 등장하며, 특히 **수동태 문장**이 자주 출제된다. 후반부에는 **유도부사 there**가 이끄는 문장이 정답으로 출제된다.

The rocks **are piled up** on top of each other.
바윗돌이 차곡차곡 쌓여 있다.

Some plants **have been set out** in front of a store.
상점 앞에 몇몇 식물이 놓여 있다.

A building **is being renovated**.
건물이 보수되고 있다.

The boxes **have been stacked** on the back of the truck.
상자가 트럭 뒤에 쌓여 있다.

There are some chairs around the table.
테이블 주변에 의자 몇 개가 놓여 있다.

There are umbrellas over the tables.
테이블 위에 우산이 있다.

There are some vehicles parked along the curb.
도로변을 따라 자동차 몇 대가 주차되어 있다.

1.

(A) The livestock has gathered in the barn.
(B) The fences run along the road.
(C) A walking trail winds through a forest.
(D) The animals have gathered near the wall.

(A) 가축이 우리 안에 무리지어 있다.
(B) 울타리가 길을 따라 뻗어 있다.
(C) 산책로가 숲 사이로 구불구불하게 나 있다.
(D) 동물들이 담장 근처에 무리지어 있다.

해설 ▶ 우리나 축사 내부 모습이 아니므로 (A)는 오답, 산책로나 숲도 보이지 않으므로 (C)도 오답이다. 동물이 담장이 아닌 울타리 근처에 있으므로 (D) 역시 오답이다. 울타리가 길을 따라 뻗어 있으므로 (B)가 정답이다.

2.

(A) Some fruits are displayed near the entrance.
(B) A man is purchasing some produce.
(C) One of them is lifting a box of fruit.
(D) They are sorting some fruits.

(A) 과일이 입구 근처에 진열되어 있다.
(B) 한 남자가 농산물을 구매하고 있다.
(C) 사람들 중 한 명이 과일 상자를 들어 올리고 있다.
(D) 사람들이 과일을 분류하고 있다.

해설 ▶ 구매하는 상황인지, 과일을 분류하는 상황인지는 사진상으로 알 수 없으므로 (B), (D)는 오답이다. 상자를 들어 올리는 동작을 하고 있지 않으므로 (C)도 오답이다. 과일이 상점 입구에 진열된 상태이므로 (A)가 정답이다.

1.

2.

3.

4.

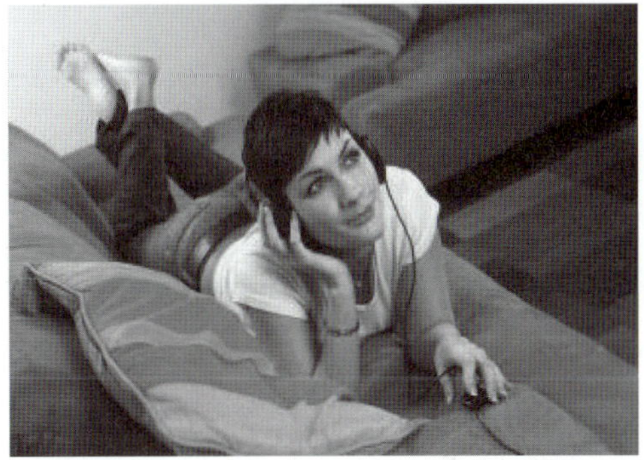

5.

6.

1. (A)
   (B)
   (C)
   (D)

2. (A)
   (B)
   (C)
   (D)

3. (A)
   (B)
   (C)
   (D)

4. (A)
   (B)
   (C)
   (D)

5. (A)
   (B)
   (C)
   (D)

6. (A)
   (B)
   (C)
   (D)

PART 2

짧은 질의응답

▶ **문항:** 7번부터 31번까지 총 25문항
▶ **문제 제시 방법:** 질문을 듣고 이에 대한 3개의 응답 중 정답 선택
▶ **문제 구성:** 의문사의문문, 일반의문문, 선택의문문, 평서문으로 구성
▶ **문제 사이 간격:** 약 5초 내외

● 의문사의문문에는 Yes / No로 답할 수 없다.
● 일반의문문에는 통상 Yes / No 보기가 정답이다.
● 정답/오답 패턴을 파악하고 중복음, 유사 발음, 연상 단어 함정을 피한다.
● 빈출 문제와 정답 패턴을 암기한다.
● PART 1처럼 가장 효과적인 연습은 받아쓰기와 소리 내어 반복해 읽기이다.

PART **2** 문제 유형

문제 유형	문제 형태
의문사의문문 (9-13문항)	what, which, who, where, when, why, how로 묻는 의문문 • 각 의문사에 해당하는 특정 정보만 정답이다.
일반의문문 (8-12문항)	① 일반의문문 Do you like ~? ② 부정의문문 Don't you like ~? ③ 부가의문문 You like ~, don't you? 　　　　　　　You don't like ~, do you? ④ 간접의문문 Do you know what/where/when/who/how ~? • 조동사는 무시하고 본동사 like에 초점을 맞춰 Yes / No로 답한다.
선택의문문 (1-2문항)	A or B? - A, B 둘 중 하나를 선택하는 보기 또는 either, neither, both 등이 제시되는 보기가 정답이다.
평서문 (2-3문항)	[주어 + 동사]의 진술문 - 역질문 보기가 대부분 정답이다.

문제 유형	문제풀이 특징
의문사의문문	① **Yes/No로 답할 수 없다.** ② what에는 구체적인 사물, 사건, 계획, 생각 등이 정답이다. ③ where에는 구체적인 장소(장소 부사, 부사구, 부사절)가 정답이다. ・모든 의문사의문문은 하나의 정보만 요구한다.
일반의문문	① **Yes/No로 답한다.** (Yes/No의 정답률은 60~70%) ② 일반의문문, 부정의문문, 부가의문문 모두 본동사를 기준으로 Yes/No로 답하면 된다. ③ 간접의문문의 경우 Yes/No로 답할 수 있고, **의문사**에 초점을 맞춰 답해도 무방하다.
선택의문문	① **Yes/No로 답할 수 없다.** ② A와 B 둘 중 하나를 선택하거나, '둘 다 좋다', '둘 다 싫다' 등이 정답이다.
평서문	・난이도가 높은 유형으로 정해진 정답이 없기 때문에 보통 상황에 따라 적절히 호응하는 표현이 정답이다. ・역질문 보기는 대부분 정답이다.

PART **2** 비법 암기

오답 유형	오답 유형의 특징
❶ 중복음 함정	・질문에서 들렸던 특정 **명사**나 **동사**, 특히 **인명**과 **지명** 등이 보기에서 다시 들리면 오답이다. **Q** Have you ever **been** to **London** before? 이전에 런던에 가 보신 적이 있나요? **A** Yes, **Ben** is staying in **London**. (×) 네, Ben이 런던에 머물고 있어요. **Q** How many **managers** were there? 거기에는 얼마나 많은 관리자들이 있었나요? **A** She'll soon be **a manager** too. (×) 그녀도 곧 매니저가 될 거예요.
❷ 유사 발음 함정	・중복음은 아니지만 질문에 등장한 낱말과 유사한 발음의 낱말이 보기에 제시되면 오답이다. **Q** Can you make some **copies** for me? 저를 위해 복사를 해줄 수 있나요? **A** No, I don't like **coffee** with sugar. (×) 아니요, 저는 설탕 넣은 커피를 좋아하지 않아요.

	• 질문에 언급된 단어에서 연상 가능한 단어가 보기에 제시되면 오답이다.
	Q How about taking a **vacation** in June? 6월에 휴가 떠나는 거 어때요?
❸ 연상 단어 함정	**A** **Hawaii** is the best **holiday** spot. (×) 하와이는 최고의 휴양지입니다.
	Q Would you like to reserve a table **outside**? 야외 테이블을 예약하시겠습니까?
	A He likes staying **inside**. (×) 그는 실내에 머무는 것을 좋아해요.

정답 패턴	정답 패턴 특징
	• 질문에 대한 **[역질문]** 보기는 대부분 정답이다.
	Q Can you lend me some money? 저에게 돈을 약간 빌려줄 수 있나요?
역질문 답변	**A** **How much do you need?** 얼마나 필요한데요?
	Q Would you like to try this jacket on? 이 재킷을 입어 보시겠어요?
	A **What's the size?** 사이즈가 몇인데요?
	• 질문에 대해 **[모른다]**류의 **회피성 보기**가 제시되면 정답이다.
	Q Who gave you the file? 누가 당신에게 그 서류를 주었나요?
	A **Let me check her business card.** 그 여자의 명함을 확인해 보겠습니다.
	Q How soon will the marketing campaign begin? 마케팅 캠페인이 언제부터 시작되나요?
회피성 답변	**A** **It hasn't been decided yet.** 아직 결정되지 않았습니다.
	A1 **I'm not really sure.** 잘 모르겠네요.
	A2 **I have no idea.** 모르겠어요.
	A3 **I have to check first.** 먼저 확인해 봐야겠네요.
	A4 **Let me check that for you.** 제가 확인해 볼게요.
	A5 **I'll check that for you.** 제가 확인하겠습니다.

	A6 It hasn't been decided yet. 아직 정해지지 않았습니다.
	A7 No one has told me about that. 아무도 제게 그것에 대해 말해 주지 않았어요.
	A8 Ask the manager yourself. 관리자에게 직접 물어보세요.
	A9 It depends on the situation. 상황에 따라 다릅니다.

명령문 답변

• [~하라]의 **명령문** 답변은 대부분 정답이다.

Q Who should I talk to about travel expenses?
출장 경비에 대해서는 누구에게 말해야 하나요?

A Ask the secretary.
비서에게 물어보세요.

Q My computer does not work properly.
제 컴퓨터가 제대로 작동하지 않아요.

A Try the technical services department.
기술서비스부에 연락해 보세요.

청유의문문에 대한
긍정형 답변

• 청유의문문에 대한 **[긍정형 답변]**은 정답이다.

Q Let's take a break for a while.
잠시 휴식을 취합시다.

A That's a good idea.
그거 좋은 생각입니다.

Q How about inviting our clients to the event?
이 행사에 우리 고객들을 초대하는 거 어때요?

A That's a good plan.
그거 좋은 생각입니다.

부사적 뉘앙스

• 직접 답하기 힘든 질문에 **[In fact, Actually]** 등의 부사(구)로 응답하거나 화제를 바꾸는 보기가 제시되면 정답이다.

Q Are we supposed to leave at 10?
우리가 10시에 떠나기로 예정되어 있나요?

A **Actually**, we have to leave before 8.
사실 우리는 8시 전에 떠나야 합니다.

Q How about carrying out restructuring plans?
구조조정을 단행하는 것이 어떨까요?

A **In fact**, it's not a simple issue.
사실, 그 일은 간단한 문제가 아닙니다.

• **[I think ~, I believe ~, I guess ~]**로 시작되는 보기도 대부분 정답이다.

Q When do you expect the report to be ready?
언제 그 보고서가 준비될 것으로 예상하나요?

A **I think** it's almost done.
거의 다 된 것으로 알고 있습니다.

What, Which, Who

What 의문문

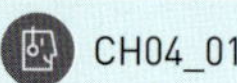 CH04_01

what은 '**무엇**'에 해당하는 **구체적인 사물**뿐만 아니라, 구체적인 **계획/행위, 직업/신분, 이유/가격, 시간/숫자** 등을 묻는 만능 의문사이다.

구체적인 사물

Q **What** do I need to fix the door?
문을 고치려면 무엇이 필요한가요?

A A small screwdriver will do.
작은 드라이버 하나면 충분할 거예요.

Q **What** are you going to **wear** to the job fair?
취업박람회에 무엇을 입고 갈 예정인가요?

A Formal attire would be great. 정장이 좋을 것 같아요.

구체적인 계획/행위

Q **What**'s your plan over the weekend?
주말 동안 무엇을 할 계획이에요?

A I am going to the amusement park with my family.
가족과 함께 놀이공원에 갈 거예요.

Q **What** are you **doing** here alone?
여기서 혼자 무엇을 하고 계세요?

A I'm preparing for a presentation tomorrow.
내일 있을 발표를 준비하고 있어요.

구체적인 직업/신분

Q **What** is your dream **job**?
당신이 꿈꾸는 직업은 무엇인가요?

A I really want to be a news reporter.
저는 정말로 취재 기자가 되고 싶어요.

Q **What** is the **client's position** in the company?
그 고객의 사내 직위는 무엇인가요?

A I heard he is a promotion manager.
저는 그가 홍보부장이라고 들었어요.

구체적인 이유 / 가격

Q **What** made you decide to switch to a new job?
이직을 결정하도록 한 요인은 무엇인가요?

A I wanted to have a more stable job.
저는 좀 더 안정된 일자리를 갖고 싶었습니다.

Q **What's the price** of these plastic bags?
이 비닐봉지의 가격은 얼마예요?

A They're 5 dollars a bundle. 한 묶음당 5달러입니다.

구체적인 시간 / 숫자

Q **What time** does the store close?
그 상점은 몇 시에 문을 닫나요?

A They operate around the clock.
그들은 24시간 영업을 합니다.

Q **What's the extension** for the accounting office?
회계부서의 내선번호는 몇 번입니까?

A It's 701.
701번입니다.

Which 의문문  CH04_02

which는 정해진 대상 중 **'어떤 것'** 한 가지를 묻는 의문사로 the black one, the smaller one처럼 **'the one'**으로 한정된 표현이 정답이다.

선택 대상 중 구체적인 하나

Q **Which printer** are you looking for?
어떤 프린터를 찾고 있습니까?

A The one with a scanning function.
스캔 기능이 되는 프린터요.

Q **Which photocopier** is available right now?
지금 바로 사용할 수 있는 복사기는 어떤 것인가요?

A The one in the conference room.
회의실에 있는 복사기요.

Q **Which proposal** do you think is more feasible?
어떤 안이 좀 더 타당하다고 생각하나요?

A The one Ms. Upton handed in.
Upton 씨가 제출한 안이요.

Which를 이용한 선택의문문

Q **Which one** do you prefer, a family sedan **or** a hatchback?
가정용 세단과 해치백 중 어떤 것을 선호하시나요?

A Actually, I'm thinking about getting a minivan.
사실 저는 미니밴 구입을 생각 중입니다.

Q **Which** do you prefer, a window seat **or** an aisle seat?
창가 좌석과 통로측 좌석 중 어떤 쪽을 드릴까요?

A An aisle seat is better for me. 저는 통로측 좌석이 더 좋습니다.

Who 의문문

 CH04_03

who 의문문은 '**누가**'에 해당하는 **인물의 이름/직책/관계**가 제시되면 정답이다. 의외의 장소, 특정 인물이 소속된 기관이나 단체, 혹은 특정 기관이나 단체 내의 인물도 정답이 될 수 있다.

인물의 이름/직책/관계

Q **Who**'s in charge of the task force?
누가 프로젝트 팀의 책임자입니까?

A Mr. Whitman, the director of Marketing.
마케팅 부장인 Whitman 씨입니다.

Q **Who**'s going to help you with your business travel?
당신의 출장을 누가 도와줄 예정인가요?

A A new manager will be assisting me.
신임 매니저가 저를 도와줄 거예요.

Q **Who**'s the man you were talking with?
당신과 함께 이야기를 나누었던 사람은 누구입니까?

A He is my colleague. 제 직장 동료입니다.

의외의 장소/기관/불특정 인물

Q **Who**'s using my cell phone charger?
누가 제 휴대전화 충전기를 사용하고 있나요?

A I just put it back on your desk. 제가 당신의 책상 위에 방금 다시 갖다 놓았어요.

Q **Who** will be making a presentation at the convention?
누가 총회에서 발표를 할 예정인가요?

A Someone from the main office. 본사 담당자가 할 거예요.

Q **Who**'s arranging the retirement party for Ms. Kelly?
누가 Kelly 씨의 은퇴 파티를 준비하고 있나요?

A Actually, it hasn't been decided yet. 사실, 누가 할지 아직 결정되지 않았습니다.

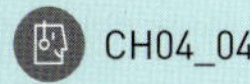 CH04_04

1. Mark your answer on your answer sheet. (A) (B) (C)

2. Mark your answer on your answer sheet. (A) (B) (C)

3. Mark your answer on your answer sheet. (A) (B) (C)

4. Mark your answer on your answer sheet. (A) (B) (C)

5. Mark your answer on your answer sheet. (A) (B) (C)

6. Mark your answer on your answer sheet. (A) (B) (C)

7. Mark your answer on your answer sheet. (A) (B) (C)

8. Mark your answer on your answer sheet. (A) (B) (C)

9. Mark your answer on your answer sheet. (A) (B) (C)

10. Mark your answer on your answer sheet. (A) (B) (C)

11. Mark your answer on your answer sheet. (A) (B) (C)

12. Mark your answer on your answer sheet. (A) (B) (C)

13. Mark your answer on your answer sheet. (A) (B) (C)

14. Mark your answer on your answer sheet. (A) (B) (C)

15. Mark your answer on your answer sheet. (A) (B) (C)

1. Q
   A

2. Q
   A

3. Q
   A

4. Q
   A

5. Q
   A

6. Q
   A

7. Q
   A

8. Q
   A

9. **Q**

A

10. **Q**

A

11. **Q**

A

12. **Q**

A

13. **Q**

A

14. **Q**

A

15. **Q**

A

Where, When, Why, How

Where 의문문

where는 '**어디**'에 해당하는 장소를 묻는 의문사로 정답 대부분이 장소를 나타내는 **부사구**로 제시된다.

장소 부사구 답변

Q **Where** are the pencils we bought last month?
우리가 지난달에 구매한 연필은 어디에 있나요?

A In the supply closet.
비품장 안에 있어요.

Q **Where** is the biggest **shopping mall** around here?
이 근처에서 가장 큰 쇼핑몰은 어디에 있나요?

A Just across the street.
바로 길 건너편에 있어요.

Q Do you know **where** I should put these boxes?
제가 이 상자들을 어디에 놓아야 하는지 아세요?

A In the meeting room on the third floor.
3층 회의실에요.

기타 답변

Q **Where** should I **send** the result of the survey?
제가 조사 결과를 어디로 보내야 하나요?

A Ask Miguel in the accounting department.
회계부의 Miguel에게 물어보세요.

Q **Where** will **the reception** be held?
환영식이 어디에서 열리나요?

A Why don't you ask the event organizer?
행사 주최자에게 물어보는 게 어때요?

Q **Where** did you **get** this gorgeous dress?
어디서 이렇게 멋진 드레스를 샀어요?

A I don't remember the place.
장소가 기억나지 않아요.

Q **Where** are you going **for the holidays**?
휴가를 어디로 가실 건가요?

A I still haven't decided yet.
아직도 결정을 못했어요.

When 의문문 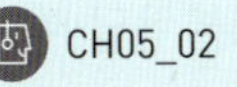 CH05_02

when은 '시간'을 묻는 의문사로 **특정 시점**에 해당하는 **시간, 요일, 날짜** 등의 정보를 나타내는 부사/부사구/부사절이 정답이다. when 의문문은 **동사의 시제**를 파악하는 것이 핵심이다.

현재시제 활용 질문

Q When **do** you **expect** your manager will make a hiring decision?
당신의 상사가 언제 고용 결정을 내릴 것으로 예상하세요?

A Not until the end of this month.
이번 달 말은 되어야 할 거예요.

Q When **can** you **proofread** this file?
당신은 언제쯤 이 서류의 교정을 보실 수 있나요?

A In half an hour.
30분 후에요.

과거시제 활용 질문

Q When **did** the newspaper subscription **expire**?
언제 신문 구독이 끝났죠?

A A couple of weeks ago.
2주 전에요.

Q When **was** the last time you met your supervisor?
당신의 감독관을 마지막으로 본 것이 언제였어요?

A When I made my presentation.
제가 발표를 했을 때요.

미래시제 활용 질문

Q When **are** you **going to interview** the applicants?
언제 지원자들을 인터뷰하실 건가요?

A Next Monday.
다음 주 월요일에요.

Q When **will** you **finish** the proposal I've asked you to do?
제가 당신에게 해 달라고 부탁한 제안서는 언제 끝납니까?

A It'll be finished soon.
곧 끝납니다.

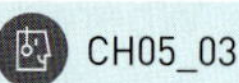 CH05_03

why는 '왜'에 해당하는 **이유**를 묻는 의문사이지만, 때로는 '**~해 보세요, ~해 봅시다**' 등의 제안을 뜻하는 **청유의문문**을 만들기도 한다.

기본 응답 패턴

Q **Why** isn't the library open today?
왜 도서관이 오늘 문을 열지 않았나요?

A Because it's a national holiday. 공휴일이기 때문이에요.

Q **Why** are you **moving** to Australia?
왜 호주로 이사를 가시나요?

A I was promoted to head of the overseas branch.
제가 해외 지사장으로 승진을 했거든요.

Q **Why** are there **so many cars** at the intersection?
교차로에 왜 이렇게 많은 차들이 있나요?

A Due to a malfunctioning traffic light.
고장 난 교통신호등 때문이에요.

Q **Why** don't we use the copier on the third floor?
3층에 있는 복사기는 왜 사용하지 않는 거죠?

A To replace some parts. 부품 몇 개를 교체하려고요.

Why를 이용한 청유의문문

Q **Why don't we** test our new model to examine its durability?
내구성을 점검하기 위해 우리의 신제품을 테스트해 보는 게 어때요?

A That's a good idea. 좋은 생각입니다.

Q **Why don't you** access the website through your cell phone?
휴대전화로 그 웹사이트에 접속해 보는 거 어때요?

A My battery is dead. 배터리가 나갔어요.

 CH05_04

how는 '어떻게'에 해당하는 각종 **수단/방법/의견, 안부/기호** 등을 물을 때 주로 사용되며 **정도/빈도/기간** 등을 물을 때는 **정확한 숫자**가 제시된 보기가 정답이다.

수단/방법/의견 질문

Q **How are you going to** the convention center?
컨벤션 센터에는 어떻게 가실 건가요?

A Mr. Jefferson will give me a ride. Jefferson 씨가 저를 태워다 줄 거예요.

Q **How** will the message **be sent** to Mr. Kim?
이 메시지는 Kim 씨에게 어떤 방법으로 보낼 건가요?

A Peter knows his e-mail address.
Peter가 그의 이메일 주소를 알고 있습니다.

Q **How** would you like to **pay for** the repairs?
수리비는 어떻게 내실 건가요?

A Do you take credit cards?
신용카드 받으시나요?

Q **How do you like** your new office?
새 사무실은 어때요?

A It's very spacious.
공간이 아주 넓어요.

안부 / 기호 질문

Q **How are you doing with** your new project?
새 프로젝트는 잘 되어가고 있어요?

A No problem. Thank you.
문제없습니다. 고마워요.

Q **How** would you like **your hair done**?
머리를 어떻게 해드릴까요?

A I want to get it curled.
파마를 하고 싶어요.

정도 / 빈도 / 기간 질문

Q **How long** will it take to present your marketing plan?
마케팅 계획을 발표하는 데 얼마나 걸릴까요?

A A couple of hours. 두 시간은 걸려요.

Q **How much** is the bus fare to the city hall?
시청까지 가는 버스비가 얼마인가요?

A It's 2 dollars for an adult.
성인은 2달러입니다.

Q **How many people** can the new auditorium accommodate?
새 강당은 얼마나 많은 사람을 수용할 수 있나요?

A Approximately 300 people.
대략 300명 정도요.

Q **How soon** can you pay for the utilities?
공과금을 얼마나 빨리 낼 수 있습니까?

A By the end of this week.
이번 주말까지요.

1. Mark your answer on your answer sheet. (A) (B) (C)

2. Mark your answer on your answer sheet. (A) (B) (C)

3. Mark your answer on your answer sheet. (A) (B) (C)

4. Mark your answer on your answer sheet. (A) (B) (C)

5. Mark your answer on your answer sheet. (A) (B) (C)

6. Mark your answer on your answer sheet. (A) (B) (C)

7. Mark your answer on your answer sheet. (A) (B) (C)

8. Mark your answer on your answer sheet. (A) (B) (C)

9. Mark your answer on your answer sheet. (A) (B) (C)

10. Mark your answer on your answer sheet. (A) (B) (C)

11. Mark your answer on your answer sheet. (A) (B) (C)

12. Mark your answer on your answer sheet. (A) (B) (C)

13. Mark your answer on your answer sheet. (A) (B) (C)

14. Mark your answer on your answer sheet. (A) (B) (C)

15. Mark your answer on your answer sheet. (A) (B) (C)

 CH05_06

1. Q
   A

2. Q
   A

3. Q
   A

4. Q
   A

5. Q
   A

6. Q
   A

7. Q
   A

8. Q
   A

9. **Q**

A

10. **Q**

A

11. **Q**

A

12. **Q**

A

13. **Q**

A

14. **Q**

A

15. **Q**

A

06 일반 · 부정 · 부가의문문

일반의문문

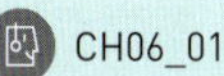 CH06_01

일반의문문은 일명 **Yes/No Question**이라고 하며 통상 일반동사의 경우 본동사에, be동사일 경우에는 보어에 초점을 맞춰 **Yes/No**, 혹은 Yes/No의 대체 표현이 정답으로 출제된다.

Be동사 의문문

Q Are you going to **make** an appointment with Dr. Kim?
Kim 박사님으로 진료 예약을 하실 건가요?

A Yes, it will be better for me.
네, 그게 더 나을 것 같아요.

Q Is this **the right direction** to the president's office?
이쪽이 사장실로 가는 길이 맞나요?

A Yes, I'll show you the way. 네, 제가 길을 알려 드리겠습니다.

조동사 의문문

Q Do you **know** how many applicants will be hired this time?
이번에 얼마나 많은 지원자들이 채용될지 알고 있나요?

A No, the directors are still interviewing them.
아니요, 이사들이 아직도 지원자들을 면접하고 있어요.

Q Did anyone **order** office supplies?
혹시 누가 사무용품을 주문했나요?

A I did. They'll be delivered soon.
제가 했어요. 곧 배달될 거예요.

Q Should we **complete** the team assignment by this afternoon?
팀 과제를 오늘 오후까지 마쳐야 하나요?

A Yes, we should meet the deadline. 네, 우리는 마감 시한을 맞추어야 해요.

Q Would you **call** the technicians to set up new computers?
새 컴퓨터를 설치할 수 있도록 기술자들을 불러 주시겠어요?

A Sure, I'm free now. 물론이죠, 지금은 한가합니다.

Q Can I **check** the draft before you hand it in?
제출하기 전에 제가 당신이 작성한 초안을 한번 볼 수 있을까요?

A Absolutely, it will be ready soon.
물론입니다. 곧 준비해 드릴게요.

Have동사 의문문

Q Have you **heard** the news about the new overtime policy?
새로운 초과근무 정책에 대한 소식을 들었나요?

A Ask Julia. She's been working on it.
Julia에게 물어보세요. 그녀가 그 일을 담당하고 있어요.

Q Has the new sales campaign been **successful**?
새로운 판매 캠페인은 성공적인가요?

A Of course, we can expect significant sales growth.
물론이죠. 굉장한 매출 증가가 예상됩니다.

부정의문문

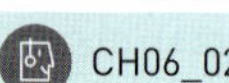

부정의문문은 일반의문문에 부정부사 **not**을 포함시켜 묻는 의문문이지만 일반의문문처럼 **긍정으로 해석**한 후 be동사는 **보어에**,
일반동사는 **본동사**에 초점을 맞춰 Yes/No로 답한다.

Q Isn't Mr. Henry **the new director** of your team?
Henry 씨가 당신 부서의 새로운 이사님이죠?

A Yes, he started working a few weeks ago.
네. 그분은 몇 주 전부터 근무하기 시작했어요.

Q Isn't it **too hot** in this office?
이 사무실이 너무 덥죠?

A Yes, we'd better turn on the air conditioner.
네. 에어컨을 켜야겠습니다.

Q Didn't Ms. Smith **go on a business trip**?
Smith 씨가 출장을 떠났지요?

A Not yet. She's leaving tomorrow.
아직 안 떠났어요. 그녀는 내일 떠날 거예요.

Q Don't you **think** we should postpone the dinner party?
만찬을 연기해야 한다고 생각하시나요?

A No, it won't be necessary.
아니요. 그럴 필요 없어요.

Q Haven't you **read** that article about our company?
우리 회사에 대한 기사를 읽어 보셨나요?

A Yes, it was a really nice surprise.
네. 정말 놀라운 일이었어요.

부가의문문은 사실이나 정보에 대해 **동의나 확인을 구하는 의문문**으로 일반의문문처럼 **긍정으로 해석**한 후 Yes/No로 답한다.

Q You're **going** to tomorrow's presentation, aren't you?
내일 발표에 가시죠, 그렇죠?

A Yes, I have to.
네, 가야 합니다.

Q The traffic is going to be **heavy** tomorrow morning, isn't it?
내일 아침에는 교통 체증이 심할 것 같아요, 그렇죠?

A I hope not. 그렇지 않기를 바랍니다.

Q Mr. Kyle will **take a business trip** to Seoul tomorrow, right?
Kyle 씨는 내일 서울로 출장을 가죠, 그렇죠?

A Yes, he is busy with that now.
네, 그는 지금 그 일로 바빠요.

Q Smith **has an important speech** coming up tomorrow, hasn't he?
Smith는 내일 중요한 연설이 있어요, 그렇죠?

A Yes, but he seems to be well prepared for it.
네, 하지만 그는 준비를 잘한 것처럼 보여요.

Q You'll **join us** for dinner tonight, won't you?
오늘 만찬에 우리와 함께하시는 거죠, 그렇죠?

A Thanks, but I have another plan.
감사합니다만, 저는 다른 계획이 있어요.

Q Setting up your computer hasn't been **completed** yet, has it?
당신의 컴퓨터 설치 작업이 끝났지요, 그렇죠?

A **No,** it'll be done in the afternoon.
아니요, 오후에나 끝날 거예요.

Q You've **met** the new manager before, haven't you?
당신은 새 매니저를 만난 적이 있죠, 그렇죠?

A Maybe **at a meeting** at the headquarters.
아마도 본사에서 열렸던 회의에서요.

Q You've **hired** a new assistant, haven't you?
새로운 비서를 고용했지요, 그렇지요?

A Yes, he will start working from next Monday.
네, 그는 다음 주 월요일부터 근무를 시작할 거예요.

1. Mark your answer on your answer sheet.   (A) (B) (C)

2. Mark your answer on your answer sheet.   (A) (B) (C)

3. Mark your answer on your answer sheet.   (A) (B) (C)

4. Mark your answer on your answer sheet.   (A) (B) (C)

5. Mark your answer on your answer sheet.   (A) (B) (C)

6. Mark your answer on your answer sheet.   (A) (B) (C)

7. Mark your answer on your answer sheet.   (A) (B) (C)

8. Mark your answer on your answer sheet.   (A) (B) (C)

9. Mark your answer on your answer sheet.   (A) (B) (C)

10. Mark your answer on your answer sheet.   (A) (B) (C)

11. Mark your answer on your answer sheet.   (A) (B) (C)

12. Mark your answer on your answer sheet.   (A) (B) (C)

13. Mark your answer on your answer sheet.   (A) (B) (C)

14. Mark your answer on your answer sheet.   (A) (B) (C)

15. Mark your answer on your answer sheet.   (A) (B) (C)

 CH06_05

1. Q
   A

2. Q
   A

3. Q
   A

4. Q
   A

5. Q
   A

6. Q
   A

7. Q
   A

8. Q
   A

9. **Q**

A

10. **Q**

A

11. **Q**

A

12. **Q**

A

13. **Q**

A

14. **Q**

A

15. **Q**

A

07 간접 · 선택의문문, 평서문

간접의문문

 CH07_01

간접의문문은 일반의문문에 의문사의문문이 합쳐진 형태로서 Do you know **what** ~?, Can you tell me **when** ~?처럼 문장이 구성되며 기본적으로 Yes/No로 답할 수 있지만, 주로 의문사에 초점을 맞춘 답변이 정답으로 자주 출제된다.

Q Do you know **where** the shuttle to the airport departs?
공항으로 가는 셔틀버스가 어디서 출발하는지 아세요?

A Yes, it departs at the main gate of the hotel.
네, 호텔 정문에서 출발합니다.

Q Do you know **when** our sales meeting starts?
언제 우리 영업 회의가 시작되는지 아세요?

A At 10 A.M.
오전 10시요.

Q Do you know **why** Vincent wants to move to Toronto?
Vincent가 왜 토론토로 이사하기를 원하는지 아세요?

A He always wanted to work closer to his hometown.
그는 항상 고향과 가까운 곳에서 일하기를 원했어요.

Q Can you tell me **where** Ms. Audrey's office is?
Audrey 씨의 사무실이 어디에 있는지 알려주시겠어요?

A It's on the fourth floor.
4층에 있어요.

Q Can you tell me **when** the Windows will be installed?
언제 Windows가 설치될지 알려주시겠어요?

A Soon, I think.
곧 될 거예요.

Q Please tell me **how** this printer works.
이 프린터를 어떻게 작동시키는지 알려주세요.

A Just press the blue button.
청색 버튼을 누르기만 하면 됩니다.

Q Can you let me know **who** will help me with coding?
누가 제 코딩 작업을 도와줄지 알려주시겠어요?

A Why don't you ask Christine?
Christine에게 요청하는 게 어때요?

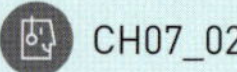 CH07_02

선택의문문은 A or B, 즉 둘 중 하나를 선택하는 의문문으로 Yes/No로 답할 수 없다. 보통 '**A나 B 둘 중 하나**'를 선택하거나 '**둘 중 아무거나**' 또는 '**둘 다 싫다**' 등이 정답으로 자주 출제된다.

Q Which task should I complete first, revising the report **or** meeting the clients?
어떤 일을 먼저 끝내야 하죠, 보고서 수정인가요 아니면 고객 면담인가요?

A Please meet the clients first.
우선 고객들을 만나 보세요.

Q Would you rather check the sales figures now **or** sometime tomorrow?
매출액을 지금 확인하실래요 아니면 내일쯤 하실래요?

A Tomorrow is better for me.
저는 내일이 더 좋을 것 같아요.

Q Do you need the smaller **or** the larger envelopes?
더 작은 봉투가 필요하세요 아니면 더 큰 봉투가 필요하세요?

A I need both of them.
둘 다 필요합니다.

Q Would you prefer a table inside **or** out on the patio?
실내에 있는 테이블을 원하세요 아니면 야외 테라스를 원하세요?

A Either would be fine with me.
아무 데나 좋아요.

Q Would you like to go over the survey result now **or** later?
조사 결과를 지금 살펴보실래요 아니면 나중에 보실래요?

A When is convenient for you?
당신은 언제가 더 편한가요?

Q Which one do you prefer, the morning shift **or** the night shift?
오전 근무를 선호하세요 아니면 야간 근무를 선호하세요?

A It doesn't matter to me.
어떤 것이든 상관없어요.

Q How will you go to the convention, by bus **or** by train?
회의는 버스로 가시겠어요 아니면 기차로 가시겠어요?

A Neither, I'm driving myself.
둘 다 아니에요, 저는 제 차로 갈 거예요.

평서문

평서문 문제는 정해진 형식이 없고, 화자가 던진 말에 응답이 될 만한 내용을 찾는 것이 관건이다. 난이도가 높은 유형에 속하며 **역질문 보기**는 대부분 정답이다.

Q I'm thinking about joining the band club in our company.
저는 사내 동호회에 가입할까 생각 중이에요.

A What instrument do you play?
어떤 악기를 연주하시는데요?

Q We'd better clear up the warehouse before the shipment arrives.
화물이 도착하기 전에 창고를 정리하는 것이 좋겠어요.

A How about this afternoon?
오늘 오후 어때요?

Q We'll test the durability of our new engine.
우리는 새 엔진의 내구성을 테스트할 거예요.

A When will the result be known?
결과는 언제쯤 알 수 있죠?

Q Let's review the data on the project.
이 프로젝트에 대한 자료를 살펴봅시다.

A That's a good idea. 좋은 생각이에요.

Q You should check out before noon.
당신은 정오 전까지 퇴실해야 합니다.

A OK. I'd better hurry. 네. 서둘러야겠군요.

Q Mr. Smith will resign as president next month.
Smith 씨는 다음 달에 사장직을 사임할 거예요.

A I'm sorry to hear that.
그 소식을 듣게 되어 유감입니다.

Q Our team has been suffering from the shortage of manpower.
우리 부서는 인력 부족에 시달리고 있어요.

A We have no alternative for the time being.
당분간은 다른 방법이 없어요.

Q I think there are some pages missing from the report.
제 생각으로는 보고서에 몇 쪽이 누락된 것 같아요.

A I'll check and correct it right away.
바로 확인해서 수정하겠습니다.

1. Mark your answer on your answer sheet.   (A) (B) (C)

2. Mark your answer on your answer sheet.   (A) (B) (C)

3. Mark your answer on your answer sheet.   (A) (B) (C)

4. Mark your answer on your answer sheet.   (A) (B) (C)

5. Mark your answer on your answer sheet.   (A) (B) (C)

6. Mark your answer on your answer sheet.   (A) (B) (C)

7. Mark your answer on your answer sheet.   (A) (B) (C)

8. Mark your answer on your answer sheet.   (A) (B) (C)

9. Mark your answer on your answer sheet.   (A) (B) (C)

10. Mark your answer on your answer sheet.   (A) (B) (C)

11. Mark your answer on your answer sheet.   (A) (B) (C)

12. Mark your answer on your answer sheet.   (A) (B) (C)

13. Mark your answer on your answer sheet.   (A) (B) (C)

14. Mark your answer on your answer sheet.   (A) (B) (C)

15. Mark your answer on your answer sheet.   (A) (B) (C)

1. **Q**
   A

2. **Q**
   A

3. **Q**
   A

4. **Q**
   A

5. **Q**
   A

6. **Q**
   A

7. **Q**
   A

8. **Q**
   A

9. Q

A

10. Q

A

11. Q

A

12. Q

A

13. Q

A

14. Q

A

15. Q

A

08 정해진 정답 패턴

PART 2에서 **역질문, 회피성 답변, 명령문, 청유의문문에 대한 긍정 답변, 말을 돌리는 부사/부사구**는 대부분 정답이다.

질문에 대한 역질문

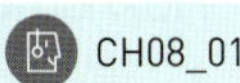 CH08_01

Q Would you like to go to the concert tonight?
오늘 밤 음악회에 갈래요?

A When does it begin? 음악회가 몇 시에 시작되나요?

Q Do you know any fancy restaurants downtown?
시내에 있는 근사한 식당 아는 곳이 있나요?

A What's the occasion? 좋은 일이라도 생겼나요?

Q Do you have some time to review my report?
제 보고서를 검토할 만한 시간이 있으신지요?

A Can I do it sometime tomorrow?
내일쯤 해도 될까요?

Q This is the latest photocopier we sell.
이것은 우리가 판매하는 최신 복사기입니다.

A How much is it? 얼마예요?

Q It will take a few days to repair your car.
당신의 차를 수리하는 데는 며칠이 걸릴 거예요.

A Can you do it more quickly?
좀 더 빨리 해줄 수 있나요?

Q I need some paper clips.
저는 클립 몇 개가 필요해요.

A How many do you need? 몇 개나 필요한데요?

'모른다'는 의미의 회피성 답변

 CH08_02

Q How many people have applied for the job?
그 자리에는 얼마나 많은 사람들이 지원했어요?

A We don't know yet.
우리도 아직 몰라요.

Q Who's going to replace Ms. Cole as vice president?
Cole 씨의 후임으로 누가 부사장이 되나요?

A It hasn't been announced yet.
아직 발표되지 않았어요.

Q Who is responsible for the display of new products?
신제품 진열은 누구 담당입니까?

A I will check that for you.
확인해 보겠습니다.

Q How do you expect the customers to react?
고객들의 반응이 어떨 것 같아요?

A We'll have to wait and see.
두고 봐야죠.

Q Does this road always have traffic congestion?
이 도로는 항상 교통 정체가 있나요?

A It depends on the time of the day.
하루 중 어느 때냐에 따라 달라요.

명령문 답변

Q What should I do to get more information about the company?
그 회사에 대한 더 많은 정보를 구하려면 무엇을 해야 하죠?

A Try the website.
웹사이트에 들어가 보세요.

Q Excuse me, I have an appointment with Dr. Sillers.
실례합니다만, Sillers 박사님 진료 예약이 있습니다.

A Go to the third floor.
3층으로 가세요.

Q How can I contact the manager on his business trip?
출장 중인 매니저에게 어떻게 연락하죠?

A Why don't you send him an e-mail?
이메일을 보내는 게 어때요?

Q I've finished revising all the papers.
모든 서류의 수정을 마쳤습니다.

A Then submit them to Mr. Jones.
그러면 Jones 씨에게 제출하세요.

Q Where are the file folders we just received?
우리가 조금 전에 받은 서류 폴더가 어디에 있죠?

A Ask Cindy. Cindy에게 물어보세요.

Q Would you like to go to the show with me?
저와 함께 그 쇼에 가실래요?

A That will be fine.
그거 좋죠.

Q How about decorating the lounge to welcome new employees?
휴게실을 장식해서 신입사원들을 환영하는 건 어때요?

A That's a good idea.
그거 좋은 생각입니다.

Q Why don't we start exercising in the company gym from next week?
다음 주부터 회사 체육관에서 운동하는 건 어때요?

A Yes, that sounds like a good plan.
네, 그거 좋은 계획 같네요.

Q How about watching a movie this evening?
오늘 밤 영화 한 편 보는 거 어때요?

A That's a good plan.
좋은 계획이에요.

Q Do you think we should paint our office white again?
우리 사무실을 다시 흰색으로 페인트칠해야 한다고 생각하나요?

A Actually, white gets dirty too easily.
사실, 흰색은 너무 쉽게 더러워져요.

Q Do we have to attend the training session?
우리가 연수에 참가해야 하나요?

A In fact, we don't have to go.
사실, 우리는 갈 필요가 없어요.

Q Who do you think will be promoted to department head?
부서장으로 누가 승진을 할 것 같아요?

A I think Mr. Park deserves it.
제 생각으로는 Park 씨가 승진 자격이 있어요.

Q Mr. Green decided to cut funding to the new development plan.
Green 씨가 새로운 개발 계획 자금을 삭감하기로 결정했어요.

A I believe he made a wrong decision.
제 생각에는 잘못된 판단 같아요.

1. Mark your answer on your answer sheet.　(A) (B) (C)

2. Mark your answer on your answer sheet.　(A) (B) (C)

3. Mark your answer on your answer sheet.　(A) (B) (C)

4. Mark your answer on your answer sheet.　(A) (B) (C)

5. Mark your answer on your answer sheet.　(A) (B) (C)

6. Mark your answer on your answer sheet.　(A) (B) (C)

7. Mark your answer on your answer sheet.　(A) (B) (C)

8. Mark your answer on your answer sheet.　(A) (B) (C)

9. Mark your answer on your answer sheet.　(A) (B) (C)

10. Mark your answer on your answer sheet.　(A) (B) (C)

11. Mark your answer on your answer sheet.　(A) (B) (C)

12. Mark your answer on your answer sheet.　(A) (B) (C)

13. Mark your answer on your answer sheet.　(A) (B) (C)

14. Mark your answer on your answer sheet.　(A) (B) (C)

15. Mark your answer on your answer sheet.　(A) (B) (C)

1. Q

A

2. Q

A

3. Q

A

4. Q

A

5. Q

A

6. Q

A

7. Q

A

8. Q

A

9. Q
A

10. Q
A

11. Q
A

12. Q
A

13. Q
A

14. Q
A

15. Q
A

PART 3

짧은 대화

▶ **문항:** 32번부터 70번까지 총 39문항
▶ **문제 제시 방법:** 2인 혹은 3인으로 구성된 한 세트의 대화를 듣고 제시된 3 문제의 정답 선택
▶ **문제 구성:** 2인 대화, 3인 대화, 시각자료 연계 대화
▶ **문제 사이 간격:** 약 7초 내외

● 빈출 문제 유형을 암기한다.
● 대화가 시작되기 전 시험지의 문제와 보기를 미리 읽어 둔다.
● 일부 정답은 **paraphrasing**(다른 표현으로 바꿔 말하기)된다는 점을 기억한다.
● 지문을 해석한 다음, 소리 내어 따라 읽은 후 음성을 한 번 더 들으며 학습한다.

PART **3** 문제 유형

문제 유형		문제 형태
GIQ (General Information Question)	대화 주제	보통 첫 화자의 진술을 통해 제시되는 대화 주제로 정답 힌트 파악
	대화 장소	화자의 직업, 대화 주제 등 장소와 관련된 특정 어휘에서 정답 힌트 파악
SIQ (Specific Information Question)	남/여 화자 관련 문제	남/여 화자의 직업, 요구, 바람, 제안, 계획 등 다양한 정보가 정답 힌트
	특정 사건, 시간, 장소, 숫자 관련 문제	시간, 요일, 장소, 숫자 등 특정 정보가 정답의 힌트이므로 자기만 알아볼 수 있게 **시험지에 해당 정보를 간략히 메모**

PART **3** 세부 정보

세부 전략	핵심 내용
우선 사항	PART 3 Direction이 나오는 약 30초 동안 32~34번 문제와 보기를 먼저 읽어 둔다. 대부분의 정답은 대화 순서대로 제시되기 때문에 순서에 따라 시험지에 답을 표시하고 정답을 모두 찾았으면 답지에 마킹한 후 이어서 35~37번 문제와 보기를 읽어 둔다.
패턴 읽기	PART 3은 매회 정해진 유형이 반복 출제된다. 문제 유형을 파악해 두어야 다음 문제를 미리 읽을 때 시간을 줄일 수 있다.
패러프레이징	PART 3, 4, 7은 정답을 다른 표현으로 바꾸어 제시하므로 꾸준한 연습을 통해 함정을 피할 수 있도록 한다.
학습법	PART 3은 스크립트를 먼저 읽고 **어휘 학습**을 한 다음 **큰 소리로 스크립트를 한 번 더 읽은 후 음성 듣기**로 마무리한다. 듣기 연습은 **주당 10시간, 총 10개월 400시간 이상** [문제 풀고, 받아쓰고, 소리 내어 읽고, 음성 듣고 반복] 연습을 해야 고득점에 이를 수 있다.

09 PART 3 질문 유형

PART 3의 가장 중요한 전략은 대화가 시작되기 전에 미리 문제와 보기를 읽어 두는 것이다. PART 3 Direction이 들릴 때 32~34번의 문제와 보기를 신속하게 미리 읽어 둔다. 정답을 찾았으면 답지에 마킹하고 다음 세트의 문제와 보기를 이어서 읽는다.

대화 주제와 관련된 문제

 CH09_01

What are the speakers discussing?
화자들은 무엇을 논의하고 있는가?

What are they talking about?
화자들은 무엇에 대해 이야기하고 있는가?

What's the topic of the conversation?
대화의 주제는 무엇인가?

What's the problem in the conversation?
대화에 나오는 문제는 무엇인가?

남/여 화자와 관련된 문제

 CH09_02

Who is the man?
남자는 누구인가?

Who most likely is the woman?
여자는 누구일 것 같은가?

Who is the woman speaking with?
여자는 누구와 이야기를 하고 있는가?

What will the speakers do next?
화자들은 다음에 무엇을 할 것인가?

What will the man do later?
남자는 이후에 무엇을 할 것인가?

What problem does the woman mention?
여자는 어떤 문제를 언급하는가?

What does the man say he has to do?
남자는 자신이 무엇을 해야 한다고 말하는가?

What does the woman offer to do?
여자는 무엇을 하겠다고 제안하는가?

What does the man suggest the woman do?
남자는 여자에게 무엇을 하라고 권하는가?

What does the man ask the woman to do?
남자는 여자에게 무엇을 해 달라고 요청하는가?

대화 장소와 관련된 문제

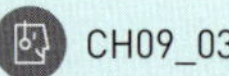 CH09_03

Where does the conversation take place?
대화는 어디에서 일어나는가?

Where is the conversation taking place?
대화는 어디에서 일어나고 있는가?

Where are the speakers?
화자들은 어디에 있는가?

Where do the speakers work?
화자들은 어디에서 근무하는가?

Where most likely does the woman work?
여자는 어디에서 일할 것 같은가?

대화 세부 내용과 관련된 문제

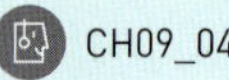 CH09_04

What's the man's problem?
남자의 문제는 무엇인가?

What's the woman concerned about?
여자는 무엇을 걱정하는가?

What does the man say about Jason?
남자는 Jason에 대해 뭐라고 말하는가?

What does the woman ask for?
여자는 무엇을 요청하는가?

What has the woman recently done?
여자는 최근에 무엇을 했는가?

Why is the man calling?
남자가 전화를 건 이유는 무엇인가?

Why is the woman concerned?
여자는 왜 걱정을 하는가?

When is the deadline for the report?
보고서의 마감일은 언제인가?

What time is the man's flight?
남자의 비행편은 몇 시인가?

Where will the meeting be held?
회의는 어디에서 열릴 것인가?

Where will the speakers meet tomorrow?
내일 화자들은 어디에서 만날 것인가?

Who will order office supplies?
누가 사무용품을 주문할 것인가?

Who most likely is Ms. White?
White 씨는 누구겠는가?

How will the man go to the convention?
남자는 회의에 어떻게 갈 것인가?

How is the event different from the one held before?
이번 행사는 기존에 열렸던 행사와 어떻게 다른가?

How does the man know Ms. Gibson?
남자는 Gibson 씨를 어떻게 아는가?

How long has the woman worked at her current job?
여자는 현 직장에서 얼마나 오랫동안 일했는가?

대화 내용 추론 문제  CH09_05

What can be inferred about the woman? 여자에 대해 무엇을 추론할 수 있는가?

What can be inferred about the product? 제품에 대해 무엇을 추론할 수 있는가?

What can be implied about the new plan? 새로운 계획에 대해 무엇을 추론할 수 있는가?

화자의 의도 파악 문제  CH09_06

What does the man imply when he says, "I already dealt with it today"?
남자의 "저는 오늘 그 일을 이미 처리했어요"라는 말은 무엇을 암시하는가?

What does the woman mean when she says, "That's what I was looking for"?
여자의 "그것이 바로 제가 찾던 것입니다"라는 말은 무엇을 의미하는가?

Why does the woman say, "I can't leave my office until noon"?
여자는 왜 "저는 정오가 되어야 사무실에서 나갈 수 있어요"라고 말하는가?

시각자료 연계 문제  CH09_07

Look at the graphic. Which show will the speakers buy tickets for?
시각자료를 보시오. 화자들은 어떤 쇼의 티켓을 구매할 것인가?

Look at the graphic. Which discount will the woman receive?
시각자료를 보시오. 여자는 어떤 할인을 받게 될 것인가?

Questions 1-3 refer to the following conversation.

M: [3] Hello, Stella. Are you going to attend [1] the training session for new managers tomorrow? **W:** Yes, [2][3] I'm supposed to go there mandatorily. I heard it starts at 1:30, right? **M:** Actually, it has been rescheduled to 2:30 because the meeting room reserved for the training will be used for an urgent directors' meeting. **W:** Oh, I see. Thanks for letting me know.	**남:** 안녕, Stella. 내일 신임 매니저 연수에 참석할 거죠? **여:** 네, 저는 의무적으로 참석해야 해요. 연수는 1시 30분에 시작된다고 들었는데, 맞아요? **남:** 사실, 연수를 위해 예약된 회의실이 긴급한 중역회의에 이용될 예정이라 연수가 2시 30분으로 변경되었어요. **여:** 네, 알겠어요. 알려줘서 고마워요.

1. What are the speakers discussing?
(A) A regular staff meeting
(B) A weekly study session
(C) A training program
(D) The agenda for a meeting

화자들은 무엇을 논의하고 있는가?
(A) 정기 직원회의
(B) 주간 연구모임
(C) 연수 프로그램
(D) 회의 의제

> **해설** 대화의 주제는 보통 첫 번째 문제로 등장하며 정답의 힌트는 첫 화자의 대사를 통해 제시된다. 첫 대사의 the training session for new managers tomorrow가 정답의 결정적인 단서로 대화의 주제가 '연수'라는 것을 알 수 있다.

2. What does the woman say about the meeting?
(A) She forgot about the meeting.
(B) She must attend the meeting.
(C) She scheduled the meeting.
(D) She can't attend the meeting.

여자는 회의에 대해 무엇이라 말하는가?
(A) 그녀는 회의에 대해 잊고 있었다.
(B) 그녀는 회의에 참석해야 한다.
(C) 그녀가 회의 일정을 잡았다.
(D) 그녀는 회의에 참가할 수 없다.

> **해설** 여자의 첫 대사, I'm supposed to go there mandatorily라는 표현을 통해 여자가 의무적으로 회의에 참석해야 한다는 것을 알 수 있다.

3. What can be implied about the woman?
(A) She's a new CFO.
(B) She's an event coordinator.
(C) She's a keynote speaker.
(D) She's a new manager.

여자에 대해 무엇을 추론할 수 있는가?
(A) 여자는 신임 최고재무이사다.
(B) 여자는 행사 기획자다.
(C) 여자는 기조연설가다.
(D) 여자는 신임 매니저다.

> **해설** 남자의 대사, Hello, Stella. Are you going to attend the training session for new managers tomorrow?와 여자의 대사, I'm supposed to go there mandatorily.를 통해 여자가 회의에 꼭 참석해야 하는 신임 매니저 중 한 명이라는 것을 유추할 수 있다.

Questions 4-6 refer to the following conversation.

M: Ms. Gomez, [4]an officer from the city hall brought a new food safety permit just before. [5]Should I post it on the wall behind the counter like before? **W:** No. A new law was passed a month ago and it states that [4][5]the permit must be placed near the entrance for all diners to see. **M:** [5]OK, I got it. We still have some time before the old one expires, so [6]I'll put up the new one next Monday. **W:** Good! Now let's get ready for business today.	**남:** Gomez 씨, 조금 전에 시청 직원이 새 식품안전 허가증을 가져다 주었습니다. 예전처럼 계산대 뒤쪽 벽에 붙일까요? **여:** 아니요. 한 달 전에 새 법안이 통과되었는데, 허가증은 모든 고객들이 볼 수 있도록 출입문 근처에 비치해야 한다고 명시하고 있어요. **남:** 네, 알겠습니다. 기존 허가증 만료일이 아직 좀 남았으니 다음 주 월요일에 새 허가증을 붙이겠습니다. **여:** 좋아요! 이제 오늘 영업 준비를 합시다.

4. Where do the speakers work?

(A) At a hotel

(B) At a convenience store

(C) At a restaurant

(D) At a law firm

화자들은 어디에서 일하는가?
(A) 호텔에서
(B) 편의점에서
(C) 식당에서
(D) 법률 회사에서

> **해설** 남자의 첫 대사, an officer from the city hall brought a new food safety permit just before와 여자의 첫 대사, the permit must be placed near the entrance for all diners to see를 종합해 볼 때 대화의 장소가 식당이라는 것을 유추할 수 있다.

5. What does the man mean when he says, "OK, I got it"?

(A) He will go to the city hall today.

(B) He will post the permit in a new place.

(C) He will fill out an application form.

(D) He will work as a cashier today.

남자가 "네, 알겠습니다"라고 말할 때 의미하는 것은 무엇인가?
(A) 그는 오늘 시청에 갈 것이다.
(B) 그는 새 자리에 허가증을 게시할 것이다.
(C) 그는 신청서를 작성할 것이다.
(D) 그는 오늘 계산원으로 일할 것이다.

> **해설** 남자의 대사, Should I post it on the wall behind the counter like before?에 대한 여자의 답변, No. ~ the permit must be placed near the entrance for all diners to see의 내용을 참조할 때 남자의 OK, I got it.의 의미는 허가증을 계산대 뒤쪽 벽이 아닌 출입문 근처에 붙이겠다는 뜻이다.

6. What will happen next Monday?

(A) They will offer a new menu.

(B) They will put up the new permit.

(C) They will pay a visit to the city hall.

(D) They will take a day off.

다음 주 월요일에 어떤 일이 일어날 것인가?
(A) 이들은 새 메뉴를 제공할 것이다.
(B) 이들은 새 허가증을 걸 것이다.
(C) 이들은 시청을 방문할 것이다.
(D) 이들은 하루 휴가를 낼 것이다.

> **해설** 남자의 대사, I'll put up the new one next Monday를 참조할 때 이들이 다음 주 월요일에 새 허가증을 걸 예정이라는 것을 알 수 있다.

1. What are the speakers talking about?
   (A) The man's new partner
   (B) The man's new address
   (C) The man's new supervisor
   (D) The man's new job

2. What's the man considering?
   (A) Employing new staff
   (B) Changing his jobs
   (C) Recommending his friend
   (D) Sending a résumé

3. What will the woman give her friend?
   (A) The man's phone number
   (B) The man's company address
   (C) The man's e-mail address
   (D) The man's financial statements

4. What's the problem in the conversation?
   (A) The rooms are unavailable.
   (B) Hotel costs are too high.
   (C) The delivery service is slow.
   (D) The woman failed in business.

5. Why does the accommodation cost more than usual?
   (A) It is the summer peak season.
   (B) There are few accommodations in the city.
   (C) More people visit the city around this time.
   (D) Most events take place on the weekends.

6. What will the man do later?
   (A) Contact the owner of an inn
   (B) Cancel a business meeting
   (C) Delay the immediate expansion
   (D) Meet one of his friends

7. Where is Mr. Pillay calling from?
   (A) Amsterdam
   (B) The office
   (C) The airport
   (D) The airplane

8. What is the main purpose of the telephone call?
   (A) To request his itinerary
   (B) To announce a delay
   (C) To ask for a ride
   (D) To get a phone number

9. What will the woman likely do next?
   (A) Meet the man at the airport
   (B) Call the hotel
   (C) Cancel the man's flight
   (D) Go to the man's desk

10. What are the speakers mainly talking about?
    (A) Training seminars
    (B) Information technologies
    (C) Security services
    (D) Working hours

11. Why does the woman say, "You're right"?
    (A) To attend the latest course
    (B) To agree with the man's opinion
    (C) To acknowledge her fault
    (D) To make an appointment

12. How can the woman register for a class?
    (A) By visiting an office personally
    (B) By logging on to a website
    (C) By filling out a form
    (D) By having the man do it

Questions 1-3 refer to the following conversation.

W: David, I heard ________ ________ your own consulting company. How ________

________ ________ your new work?

M: Good. I have to work ________ ________ but I think it's ________ ________. Well,

business has really been brisk ________ ________ ________ ________ months, so I'm

thinking about hiring ________ ________. Can you recommend someone for me?

W: In fact, I ________ ________ ________ ________ a degree in Consulting. She doesn't

have much experience but she's ________ ________ and learns fast.

M: Experience is important but ________ ________ if she's aggressive and ________.

Please ________ ________ ________ my e-mail address so she can ________

________ ________ ________.

Questions 4-6 refer to the following conversation.

W: Andrew, I'________ ________ ________ extend my stay to close the ________

________ Jeen Motors. But first, I need to find a different ________ ________ ________.

The cost of the hotel ________ ________ is just too high and also the services are poor

________ ________ ________.

M: Well, most accommodations in this area ________ ________ ________ during this time

of the year because more tourists than usual ________ ________ the city to enjoy various

spring festivals. Anyway, I have a friend ________ ________ an inn downtown. I'll call him

________ ________ if he has any rooms available.

W: Thank you. ________ ________ I can stay for a few more days ________ ________

________ with your help.

PART 3 대화 유형

PART 3 대화 유형은 **화자의 수**에 따라 [**2인 대화/3인 대화**]로 나뉘며 대부분이 2인 대화 지문이고 3인 대화 지문은 회당 2~3개가 출제된다. **대화의 전환(turn) 수**에 따른 유형은 대부분 [**4턴 대화**]가 기본이며 [**3턴 대화**]가 1~2개, [**5턴 이상의 대화**]는 6~7개가 출제된다. PART 3의 마지막 대화 2~3개에서는 [**시각자료 연계 문제**]가 출제된다.

2인 대화

 CH10_01

PART 3 대부분의 지문은 2인 대화이며 3턴 대화(약 10%), 4턴 대화(약 60%), 5턴 이상의 대화(약 30%)로 구성된다.

A 3턴 대화

Questions 1-3 refer to the following conversation.

M: Excuse me, [1] **I am here for the city tour this morning.** Is this the right place to take the bus?	**남:** 실례합니다만, 오늘 아침에 있는 시내 관광을 하려고 왔는데 이곳이 버스 타는 곳이 맞습니까?
W: Yes, you've come to the right place. [2] **I'll be your guide today.** Please wait a moment until the other travelers arrive. A total of 30 people will take the tour today.	**여:** 네, 제대로 찾아오셨어요. 저는 오늘 여러분을 안내해 드릴 가이드입니다. 다른 관광객들이 올 때까지 잠시 기다려 주세요. 전부 합쳐 30명이 오늘 관광을 할 것입니다.
M: Yeah, I came here a bit earlier because I was so excited about today's schedule. [3] **We had some rain yesterday,** but the weather is so nice today that we'll have a great time.	**남:** 네, 저는 오늘 일정이 매우 기대가 되어서 약간 일찍 왔습니다. 어제는 비가 좀 왔는데, 오늘은 날씨가 아주 좋아 즐거운 시간을 보낼 것 같아요.

Possible Questions	Possible Answers
1. What's the subject of the conversation? 대화의 주제는 무엇인가? = What are the speakers talking about? 화자들은 무엇에 관해 이야기하고 있는가? = What are the speakers discussing? 화자들은 무엇을 논의하고 있는가?	A tour of the city 도시 관광 = Sightseeing in the city = A city tour
2. Who's the woman? 여자는 누구인가? = What's the woman's job? 여자의 직업은 무엇인가? = Who's the man speaking with? 남자는 누구와 이야기하고 있는가?	A tour guide 여행 가이드 = A tour leader 견학 인솔자 = A travel agent 여행사 직원
3. What was the weather like yesterday? 어제 날씨는 어땠는가? = How was the weather yesterday? = What were the weather conditions yesterday?	It was not favorable. 좋지 않았다. = It was a rainy day. 비가 왔다. = It rained a little. 비가 조금 왔다.

B 4턴 대화

Questions 4-6 refer to the following conversation.

M: Excuse me but [4] could you tell me where the magazine section is?

W: Sure. Most magazines are located in the front of the store next to the entrance. And [5] [6] we are currently offering some promotional magazines at half the price.

M: [6] It sounds like a very good deal to me. And one more thing, could I leave my belongings at the counter while I browse?

W: Absolutely, I'll take them for a while. Ask for them when you leave. If you need any more help, just tell me anytime.

남: 실례합니다만 잡지 코너가 어디에 있는지 알려주실 수 있으세요?

여: 네. 거의 대부분의 잡지는 출입구 옆의 상점 앞쪽에 비치되어 있습니다. 그리고 저희는 지금 몇몇 판촉용 잡지를 절반가로 할인해 드리고 있습니다.

남: 그거 괜찮은 가격인 것 같군요. 저 그런데, 제가 둘러보는 동안 제 소지품을 카운터에 맡겨 둘 수 있을까요?

여: 그럼요, 제가 잠시 맡아 두겠습니다. 나가실 때 달라고 하세요. 도움이 더 필요하시면 언제든지 제게 말씀해 주세요.

Possible Questions	Possible Answers

4. What's the man looking for?
남자는 무엇을 찾고 있는가?
= What's the man going to purchase?
남자는 무엇을 구매할 것인가?
= What's the man interested in?
남자는 무엇에 관심이 있는가?

Magazines 잡지
➡ = Periodicals 정기간행물
= Periodic publications

5. How much can the man buy the selected items for?
남자는 선별 품목을 얼마에 살 수 있는가?
= How much is discounted off the limited publications?
한정 출판물은 얼마나 할인이 되는가?
= What is the discounted rate on some magazines?
일부 잡지의 할인율은 얼마인가?

At half the price 반값에
= At 50% of the fixed
➡ price 정가의 50%로
= At a discount of 50%
50% 할인하여

6. What does the speaker mean when he says, "It sounds like a very good deal to me"?
남자가 "그거 괜찮은 가격인 것 같군요"라고 말할 때 의미하는 것은 무엇인가?
= What does the speaker imply when he says, "It sounds like a very good deal to me"?
= Why does the man say, "It sounds like a very good deal to me"?
왜 남자는 "그거 괜찮은 가격인 것 같군요"라고 말하는가?

The price is exceptionally low. 가격이 특별히 낮다.
= He can get some items cheaply.
남자는 일부 품목을 싸게 살 수 있다.
➡ = The store is making a dramatic cut to some magazines.
상점이 일부 잡지를 파격적으로 할인하고 있다.

C   5턴 이상의 대화

Questions 7-9 refer to the following conversation.

M: I can help the next person in line.

W: That would be me.

M: Hello! What can I do for you today?

W: (7) **I would like to close my account.**

M: I am sorry to hear that. I hope it's not because you were dissatisfied with our service.

W: No, not at all. (8) **I will be returning to my country next week** after living here for five years and I don't expect to return.

M: I see. I'm sure you must be excited to be returning home. (9) **Please fill out this form** and show me a photo ID, such as a driver's license or a passport.

남: 줄에 서 계신 다음 손님 도와 드릴게요.

여: 제 차례입니다.

남: 안녕하세요! 무엇을 도와 드릴까요?

여: 계좌를 해지하려고 해요.

남: 유감입니다. 서비스 불만족 때문은 아니기를 바랍니다.

여: 아니에요. 이곳에서 5년간 생활한 후 다음 주에 고국으로 돌아가는데 다시 올 것 같지 않습니다.

남: 알겠습니다. 고국으로 돌아가니 좋으시겠어요. 이 서식을 작성해 주시고 운전 면허증이나 여권처럼 사진이 붙어 있는 신분증을 보여 주세요.

Possible Questions	**Possible Answers**

7. Where does the conversation take place?
대화는 어디에서 이루어지는가?

= Where most likely are the speakers?
화자들은 어디에 있는 것 같은가?

= Where's the conversation taking place?
대화는 어디에서 이루어지고 있는가?

➡ At a bank 은행에서
– At a financial institution 금융기관에서
= At a financial service group 금융 서비스 그룹에서

---

8. When will the woman leave for her country?
여자는 언제 고국으로 떠날 것인가?

= When does the woman return to her homeland?
여자는 언제 고향으로 돌아가는가?

= When's the woman leaving this country?
여자는 언제 이 나라를 떠날 것인가?

➡ Next week 다음 주에
= In a week 일주일 후에
= After seven days 7일 후에

---

9. What does the man ask the woman to do?
남자는 여자에게 무엇을 해 달라고 요청하는가?

= What does the woman have to do?
여자는 무엇을 해야 하는가?

= What's the woman asked to do?
여자는 무엇을 하라고 요청 받는가?

➡ Fill out a form 서류를 작성하다
= Draw up a document
= Complete a form

3인 대화는 매회 2~3 지문이 출제되며 보통 2인 대화보다 대화의 턴 수가 더 많다. 2인 대화와 비교해 난이도의 차이는 크지 않다.

Questions 10-12 refer to the following conversation with three speakers.

W: Did you both receive a call from Mr. Poter this morning?	여: 두 분 다 오늘 아침 Poter 씨로부터 전화 받으셨나요?
M1: Yes. (10) He asked me if I could work late tonight.	남1: 네, 오늘 밤 제가 야근을 할 수 있는지 물었어요.
M2: Me too. (10) I don't think we will be able to go home before nine.	남2: 저도 마찬가지예요. 9시 전에는 퇴근 못 할 것 같아요.
W: I was afraid of that. I had an invitation to a friend's dinner party tonight and I was hoping to attend.	여: 그럴까 봐 걱정했는데. 저는 친구한테 오늘 저녁 초대를 받았는데, 가고 싶었거든요.
M2: Did you tell that to Mr. Poter?	남2: Poter 씨에게 이야기했나요?
W: No, I didn't want to make it sound like I wasn't a team player.	여: 아니요, 남의 일처럼 말한다고 할까 봐서요.
M1: Well, (11) this project is really important. I hear that we'll be coordinating with the Paris and Tokyo offices.	남1: 그래요. 이번 프로젝트는 정말 중요해요. 우리가 파리 지사와 도쿄 지사랑 협력하게 될 거라고 들었어요.
W: I guess if I hope to ever get ahead in business, I have to learn how to make sacrifices. (12) I will call my friend and give my excuse.	여: 직장에서 앞서 나가려면 희생하는 법도 배워야겠어요. 친구에게 전화해서 양해를 구할게요.

Possible Questions	Possible Answers
10. What are the speakers discussing? 화자들은 무엇을 논의하고 있는가? = What's the main topic of the conversation? 대화의 주요 주제는 무엇인가? = What are they talking about? 그들은 무엇에 관해 이야기하고 있는가?	Overtime work 초과 근무 = Extra duties after work = Working extra hours
11. What can be implied about the project? 프로젝트에 관해 알 수 있는 것은 무엇인가? = What can be inferred about the project? = What does the man say about the project?	It is important. 그것은 중요하다. = They will work with other branches. 그들은 다른 지점과 협업할 것이다. = They will collaborate with international offices. 그들은 해외 사무소와 협력할 것이다.
12. What will the woman likely do next? 여자는 다음에 무엇을 할 것 같은가? = What will the woman most likely do later? 여자는 나중에 무엇을 할 것 같은가? = What does the woman say she will do next? 여자는 다음에 무엇을 하겠다고 말하는가?	Call her friend 친구에게 전화하기 = Give a call to her acquaintance 지인에게 전화하기 = Contact the party organizer 파티 주최자에게 연락하기

문제, 보기와 함께 도표, 차트, 그림 등 시각자료가 제시된다. 대화가 시작되기 전 시각 정보를 미리 확인해 두는 것이 포인트다.

Questions 13-15 refer to the following conversation and menu.

W: (13) **Welcome to the Café at the Seaside Inn.** May I have your room number?

M: I'm in 301.

W: Would you like me to bill your room or would you like to pay for your meal? We accept both cash and charge.

M: Actually, (14) **I received a voucher for free breakfasts when I checked in.**

W: I see. What would you like to order?

M: I will have the Café Special. My wife will be joining me shortly. (15) **She is a vegetarian, so she will take the one with no meat.**

Breakfast	Description
Hearty Morning	Ham, sausage, 2 eggs, bacon and toast
(15) Pancake Tower	4 pancakes served with maple syrup
Seaside Inn Special	Blueberry muffin, scrambled eggs, bacon
Virginia Style	Ham, eggs, biscuits in gravy, yogurt

여: Seaside 호텔 카페에 오신 것을 환영합니다. 방 번호를 알려주시겠어요?
남: 301호입니다.
여: 식사비를 숙박비에 포함시킬까요, 아니면 바로 결제하시겠습니까? 우리는 현금과 카드를 모두 받습니다.
남: 사실, 입실하면서 받은 무료 조식권이 있습니다.
여: 알겠습니다. 무엇을 주문하시겠어요?
남: 저는 특선 메뉴로 주세요. 아내가 곧 올 거예요. 아내는 채식주의자여서 고기가 없는 메뉴로 할 겁니다.

아침 식사	내용물
푸짐한 아침	햄, 소시지, 달걀 2개, 베이컨과 토스트
팬케이크 타워	메이플 시럽을 곁들인 팬케이크 4장
Seaside 호텔 특선	블루베리 머핀, 스크램블드 에그, 베이컨
버지니아 스타일	햄, 달걀, 그레이비 소스를 곁들인 비스킷, 요거트

Possible Questions | Possible Answers

13. Where does the conversation take place?
대화는 어디에서 이루어지고 있는가?
= Where most likely are the speakers?
화자들은 어디에 있을 것 같은가?
= Where is the conversation taking place?
대화가 이루어지고 있는 곳은 어디인가?

At a café 카페에서
= At a hotel restaurant
호텔 식당에서
= At a dining room
식당에서

14. How will the man pay for the meals?
남자는 식사비를 어떻게 지불할 것인가?
= How can the man make a payment for the food?
= What's the man's payment method for breakfast?
남자의 조식 비용 지불 방법은 무엇인가?

By means of coupon 쿠폰으로
= He has a free coupon.
남자는 무료 쿠폰을 가지고 있다.
= By using a complimentary voucher 무료 쿠폰을 이용해서

15. Look at the graphic. Which menu will the man's wife likely eat?
시각자료를 보시오. 남자의 아내는 어떤 메뉴를 먹을 것인가?
= Look at the graphic. Which breakfast will the man's wife most likely have? 시각자료를 보시오. 남자의 아내는 어떤 아침 식사를 먹을 것 같은가?
= Look at the graphic. Which menu option will the man's wife choose? 시각자료를 보시오. 남자의 아내는 어떤 식사 옵션을 고를 것인가?

Pancake Tower
팬케이크 타워

1. What place does the man want directions for?
   (A) A hotel
   (B) A museum
   (C) A convention center
   (D) An art gallery

2. What's the man asking about?
   (A) The time required to arrive
   (B) The exhibition theme
   (C) The shape of a building
   (D) A means of transportation

3. What's the purpose of the man's visit?
   (A) He has a job interview.
   (B) He has to deliver some documents.
   (C) He has to lead a tour group.
   (D) He has a meeting.

4. Where does the conversation take place?
   (A) At the reception desk
   (B) At the conference room
   (C) At the office
   (D) At the auditorium

5. What's the woman waiting for?
   (A) Test results
   (B) Meeting materials
   (C) Sample items
   (D) User reviews

6. What does the woman mean when she says, "That's a relief"?
   (A) She can reschedule a meeting.
   (B) She can get the packages today.
   (C) She can leave for the day early.
   (D) She can keep track of her shipment.

7. Which department do the speakers work in?
(A) Sales
(B) Advertising
(C) Marketing
(D) Accounting

8. What does the man suggest the women do?
(A) Get exercise after work
(B) Drive to work together
(C) Share an office
(D) Organize a reception

9. What will the women do later?
(A) Print their business cards
(B) Make carpool plans
(C) Get together with the man
(D) Participate in an orientation session

Movie	Screening Times
The Glass Heart (romance, 90 minutes)	7:55 P.M.
Terror on the Horizon (horror, 80 minutes)	8:00 P.M.
Elves Underground (fantasy, 80 minutes)	8:10 P.M.
The Weatherman (comedy, 120 minutes)	9:50 P.M.

10. Why does the woman have to go home early?
(A) She has to write a presentation.
(B) She is tired from working.
(C) She will go over some work.
(D) She has to go to work early.

11. What does the man suggest?
(A) They skip dinner to go to a movie.
(B) The woman needs to relax.
(C) The woman needs help with her work.
(D) They make a reservation at a restaurant.

12. Look at the graphic. Which film will the couple probably watch?
(A) *The Glass Heart*
(B) *Terror on the Horizon*
(C) *Elves Underground*
(D) *The Weatherman*

Questions 1-3 refer to the following conversation.

M: Excuse me. Could you ______ ______ to the National Museum? I've ______ ______ there before.

W: Just go straight two blocks from here and ______ ______ ______ the 5th Avenue on your left. And then you'll see a ______ ______ ______ next to an art gallery. That building is the National Museum.

M: That's ______ ______ ______ you. How long does it take ______ ______ there? I have a meeting with the ______ ______. The meeting is ______ that I want to be there on time.

W: Don't worry. It ______ ______ only about 15 minutes.

Questions 4-6 refer to the following conversation.

W: Did ______ ______ arrive for me while I ______ ______ ______ the office?

M: Not that I'm aware of. Wouldn't it be ______ off at the reception desk as usual?

W: I already ______ ______, but there was nothing.

M: The delivery man usually ______ ______ two. I wouldn't expect anything to come this late. What are you ______ for?

W: A client said he sent me ______ ______ yesterday by NX Overnight Express.

M: Oh, in ______ ______ it may still come. Our usual delivery service ______ ______ the early afternoon, but ______ delivery companies may arrive anytime ______ ______ six o'clock.

W: That's a ______. I really hope to ______ the samples today.

PART 4

짧은 담화

▶ **문항:** 71번부터 100번까지 총 30문항
▶ **문제 제시 방법:** 1인 화자의 담화를 듣고 각 담화에 제시된 3 문제의 정답 선택
▶ **문제 구성:** 1개의 담화당 3개의 문제 출제, 후반부 2~3개는 시각자료 연계 문제
▶ **문제 사이 간격:** 약 7초 내외

● 빈출 문제 유형을 암기한다.
● 담화를 듣기 전에 시험지의 문제와 보기를 미리 읽어 둔다.
● 일부 정답은 **paraphrasing**(다른 표현으로 바꿔 말하기)된다는 점을 기억한다.
● 지문을 먼저 해석한 다음, 소리 내어 읽은 후 음성을 한 번 더 들으며 학습한다.

PART **4** 문제 유형

문제 유형		문제 형태
GIQ (General Information Question)	담화의 주제	**담화 첫 문단을 중심으로 주제와 관련된 특정 어휘에서 힌트 파악**
	담화 장소	담화 장소, 매체(전화, 뉴스)와 관련된 어휘를 통해 힌트 파악
SIQ (Specific Information Question)	화자와 청중	담화의 화자와 청중에 대한 힌트 파악
	특정 사건, 시간, 장소, 요구, 제안, 숫자 관련 문제	사건, 시간, 요일, 장소, 요구, 제안, 숫자 등 특정 정보가 정답의 힌트, **시험지에 해당 정보를 간략히 메모**

PART **4** 세부 정보

세부 전략	핵심 내용
우선 사항	PART 4 Direction이 나오는 약 30초 동안 71~73번 문제와 보기를 먼저 읽어 둔다. 담화를 A, B, C 세 구간으로 나누었을 때, A구간/1번, B구간/2번, C구간/3번처럼 순서대로 정답의 힌트가 제시되므로 순서에 따라 시험지에 답을 표시하고, 정답을 모두 찾았으면 답지에 마킹한 후 이어서 74~76번 문제와 보기를 미리 읽어 둔다. PART 4 의 100번 문제가 끝날 때까지 문제와 보기를 먼저 읽어 두면서 정답을 찾아야 한다.
패턴 읽기	PART 4는 매회 정해진 유형이 반복 출제된다. 문제 유형을 파악해 두어야 다음 문제를 미리 읽을 때 시간을 줄일 수 있다.
패러프레이징	PART 4는 정답을 다른 표현으로 바꾸어 제시하므로 꾸준한 연습을 통해 함정을 피할 수 있도록 한다.
학습법	PART 4는 스크립트를 먼저 읽고 **어휘 학습**을 한 다음 **큰 소리로 스크립트를 한 번 더 읽은 후 음성 듣기**로 마무리한다. 듣기 연습은 **주당 10시간, 총 10개월 400시간 이상 [문제 풀고, 받아쓰고, 소리 내어 읽고, 음성 듣고 반복]** 연습을 해야 고득점에 이를 수 있다.

CHAPTER  11 PART 4 질문 유형

PART 4의 가장 중요한 전략은 담화 시작 전 문제와 보기를 미리 읽어 두는 것이다. PART 3가 끝나고 PART 4 Direction이 들릴 때 71~73번 문제와 보기를 신속하게 미리 읽어 두고 정답을 찾았으면 답지에 마킹한 후, 다음 세트의 문제와 보기를 이어서 읽는다.

주제/목적/장소와 관련된 문제  CH11_01

What's being announced?
무엇이 발표되는가?

What's the purpose of the announcement?
발표의 목적은 무엇인가?

What's the report about?
무엇에 관한 보고인가?

What's the subject of the talk?
발표의 주제는 무엇인가?

Where's this announcement being made?
발표가 이루어지는 곳은 어디인가?

Where does the speaker probably work?
화자는 어디에서 일할 것 같은가?

화자/청자와 관련된 문제  CH11_02

Who most likely is the speaker?
화자는 누구일 것 같은가?

Who's making this announcement?
발표하는 사람은 누구인가?

Who's addressing the audience?
청중에게 연설하는 사람은 누구인가?

Who are the instructions intended for?
누구를 위한 지시문인가?

Who most likely is the audience of the speech?
이 연설을 듣는 청중은 누구인가?

What does the speaker suggest?
화자는 무엇을 제안하는가?

What does the speaker ask the audience to do?
화자는 청중에게 무엇을 하라고 요청하는가?

What does the speaker suggest the listeners do?
화자는 청자들에게 무엇을 하라고 제안하는가?

What does the speaker say not to do?
화자는 무엇을 하지 말라고 하는가?

What are the employees asked to do?
직원들은 어떤 요청을 받는가?

What time does the concert begin?
연주회는 몇 시에 시작하는가?

What does the company produce?
이 회사는 무엇을 생산하는가?

What's the weather like in London?
런던의 날씨는 어떠한가?

Who most likely is Dr. Gibson?
Gibson 박사는 누구일 것 같은가?

Who has the speaker contacted?
화자는 누구에게 연락했는가?

When will the sale begin?
할인 판매는 언제 시작되는가?

How long will it take to complete the project?
프로젝트를 완료하는 데 얼마나 걸리는가?

What will happen next?
다음에 어떤 일이 일어날 것인가?

What will Ms. Pierson do later?
Pierson 씨는 이후에 무엇을 할 것인가?

Who will make a speech next?
다음 연설자는 누구인가?

What will the listeners do next?
청자들은 다음에 무엇을 할 것인가?

What's the audience going to hear next?
다음에 청중은 무엇을 듣게 되는가?

내용 추론 문제  CH11_06

What can be inferred about the speaker?
화자에 대해 무엇을 추론할 수 있는가?

What can be inferred about the audience?
청중에 대해 무엇을 추론할 수 있는가?

What can be implied about the new policy?
새 정책에 대해 무엇을 추론할 수 있는가?

화자의 의도 파악 문제  CH11_07

What does the speaker imply when he says, "We'll discuss it later today"?
화자의 "우리는 오늘 늦게 그 건을 논의할 것입니다"라는 말은 무엇을 암시하는가?

What does the speaker mean when she says, "I know he'll do a good job"?
화자의 "그가 훌륭히 해낼 거예요"라는 말은 무엇을 의미하는가?

Why does the speaker say, "I'll post the update on our website"?
여자는 왜 "제가 그 소식을 우리 웹사이트에 게시할게요"라고 말하는가?

시각자료 연계 문제  CH11_08

Look at the graphic. Who will lead the final session?
시각자료를 보시오. 누가 마지막 회의를 진행할 것인가?

Look at the graphic. Which information has been changed?
시각자료를 보시오. 어떤 정보가 바뀌었는가?

Questions 1-3 refer to the following announcement.

W: Attention Fox Mall customers. **(1) We are pleased to announce that our 10th anniversary is fast approaching. And to celebrate** this milestone in the Fox Mall history, **(2) we are holding a monthlong Blowout Sale.** Everything in the store will be 10 to 50 percent off. From now until the end of November, you can save big on all merchandise. Preparing for those cold days of winter? Save 25% on all Fox Mall brand clothes! Need a powerful computer? **(3) All electronics are an amazing 35% off.** That's right. Our low prices will become even lower. **(2) The event starts on November 1 and ends at midnight on November 31.** Don't wait. Hurry down to Fox Mall and get a big discount!

여: Fox Mall 고객 여러분께 안내 말씀 드립니다. 저희 상점의 개업 10주년 기념일이 성큼 다가오고 있음을 알려 드리게 되어 기쁩니다. 그리고 Fox Mall 역사의 이 중대한 이정표를 기념하기 위해 저희는 한 달간 대대적인 할인 판매를 실시할 것입니다. 상점의 모든 상품이 10~50%까지 할인될 것입니다. 지금부터 11월 말까지 모든 제품에 대해 큰 할인을 받을 수 있습니다. 추운 겨울을 준비하시나요? 그렇다면 Fox Mall 브랜드 의류를 25% 할인 받으세요! 고성능 컴퓨터가 필요하신가요? 모든 전자제품에는 35%의 놀라운 할인가가 적용됩니다. 그렇습니다. 저희의 저렴한 가격이 훨씬 더 저렴해질 것입니다. 이 행사는 11월 1일에 시작해 11월 31일 자정에 끝납니다. 망설이지 마세요. Fox Mall로 서둘러 오셔서 큰 할인을 받으세요!

1. What's being announced?

(A) An anniversary sale
(B) The history of the shopping mall
(C) New items for winter
(D) A new policy of the mall

무엇이 발표되고 있는가?
(A) 창립 기념 할인 판매
(B) 쇼핑 매장의 연혁
(C) 겨울철을 대비한 신제품
(D) 쇼핑 매장의 새로운 정책

해설 ▶ We are pleased to announce that our 10th anniversary is fast approaching. And to celebrate this milestone in the Fox Mall history, we are holding a monthlong Blowout Sale.을 통해 창립 기념 할인 판매를 발표하고 있음을 알 수 있다.

2. How long will the special sale last?
(A) For a week
(B) For two weeks
(C) For three weeks
(D) For four weeks

특별 할인은 얼마나 오래 지속되는가?
(A) 1주 동안
(B) 2주 동안
(C) 3주 동안
(D) 4주 동안

해설 ▶ we are holding a monthlong Blowout Sale과 The event starts on November 1 and ends at midnight on November 31의 내용을 통해 1개월, 즉 4주 동안 행사가 지속된다는 것을 알 수 있다.

3. How much will the shoppers save on a TV set?
(A) 20%
(B) 25%
(C) 30%
(D) 35%

구매자들은 TV를 얼마나 할인 받는가?
(A) 20%
(B) 25%
(C) 30%
(D) 35%

해설 ▶ All electronics are an amazing 35% off.를 통해 전자제품은 35% 할인을 받는다는 것을 알 수 있다. 패러프레이징의 한 유형이다.

Questions 4-6 refer to the following talk.

M: [4] Max Delivery Services has become the number one provider for delivery services internationally and now operates offices in Europe, Asia and North America. Our company's services are affordable and we provide quicker and safer delivery. [5] We serve our customers by consistently researching ways we can improve our service efficiency. We have more than 20 distribution centers in North America after our company began. We were honored in Canada by being recognized as the most preferred delivery company in a recent consumer poll. In the coming year, [6] we'll introduce our services into South America.

남: Max Delivery Services는 업계 1위의 국제적인 배송서비스 공급업체가 되었으며 유럽, 아시아, 그리고 북아메리카에 지사를 두고 있습니다. 저희 회사의 서비스는 저렴하며 더 빠르고 안전하게 배송을 제공해 드립니다. 저희는 서비스 효율을 향상시킬 수 있는 방법에 대한 지속적인 연구를 통해 고객님들의 요구에 부응해 오고 있습니다. 저희는 사업을 시작한 이후 북아메리카에 20여 개 이상의 배송 센터를 운영하고 있습니다. 최근에는 고객 여론조사를 통해 캐나다에서 가장 선호되는 배송업체로 선정되는 영예를 누렸습니다. 내년에 저희는 남아메리카 지역으로 서비스를 확장할 것입니다.

4. How many continents does the company operate in?

(A) Three continents
(B) Four continents
(C) Five continents
(D) Six continents

이 회사는 몇 개의 대륙에서 영업 중인가?
(A) 3개 대륙
(B) 4개 대륙
(C) 5개 대륙
(D) 6개 대륙

해설 ▶ Max Delivery Services has become the number one provider for delivery services internationally and now operates offices in Europe, Asia and North America.에서 유럽, 아시아, 북아메리카가 언급되었으므로 3개의 대륙에 영업망이 있음을 알 수 있다.

5. What's the company continually doing to improve their efficiency?

(A) Hiring new employees
(B) Investing in new technology
(C) Researching better delivery methods
(D) Opening more branch offices

효율성을 향상시키기 위해 이 회사는 무엇을 지속적으로 해 오고 있는가?
(A) 신입사원 고용하기
(B) 새로운 기술에 투자하기
(C) 더 좋은 배송 방법 연구하기
(D) 더 많은 지점 개설하기

해설 ▶ We serve our customers by consistently researching ways we can improve our service efficiency.를 통해 지속적으로 서비스의 효율성 개선, 즉 효율적인 배송을 위한 연구를 하고 있다는 사실을 알 수 있다.

6. What does the speaker mean when he says, "we'll introduce our services into South America"?

(A) They will move its main office to a new place.
(B) They will build factories in the area.
(C) They will branch out into another market.
(D) They will withdraw from South America.

화자의 "저희는 남아메리카 지역으로 서비스를 확장할 것입니다"라는 말은 무엇을 의미하는가?
(A) 본사를 새로운 장소로 옮길 것이다.
(B) 그 지역에 공장을 지을 것이다.
(C) 또 다른 시장을 개척할 것이다.
(D) 남아메리카에서 철수할 것이다.

해설 ▶ we'll introduce our services into South America는 유럽, 아시아, 북아메리카뿐만 아니라 새로운 시장인 남아메리카로 진출해 시장을 더 개척한다는 의미이다.

1. Who most likely is the speaker?
   (A) A motorist
   (B) A news reporter
   (C) A bus driver
   (D) A festival organizer

2. What was the cause of the delay?
   (A) A damaged vehicle
   (B) A traffic accident
   (C) An annual street event
   (D) A sports event

3. What will the audience hear before the sports news?
   (A) Weather reports
   (B) Coming events
   (C) Traffic accidents
   (D) Commercial breaks

4. Why is the speaker calling?
   (A) He needs an imported table.
   (B) He can't visit the store.
   (C) He can't fulfill the order.
   (D) He has to meet a customer.

5. When did the customer place an order?
   (A) A week ago
   (B) Two weeks ago
   (C) Three weeks ago
   (D) Four weeks ago

6. What does the speaker suggest the customer do?
   (A) Visit the store personally
   (B) Use a complimentary voucher
   (C) Order an item online
   (D) Check out other stores

7. Where is this announcement being heard?
   (A) At a train station
   (B) At an airport
   (C) In a plane
   (D) In a bus

8. How long will they be delayed on Highway 14?
   (A) Half an hour
   (B) One and a half hours
   (C) Two hours
   (D) Three hours

9. What does the speaker suggest the listeners do?
   (A) Prepare their tickets on board
   (B) Change buses in New London
   (C) Keep their baggage in the designated place
   (D) Refrain from using their phones on board

----

10. What is the main purpose of this message?
    (A) To explain a repair delay
    (B) To charge fees for repairs
    (C) To check on a special order
    (D) To confirm the address

11. Why is the repair work delayed?
    (A) The repair person is on vacation.
    (B) A certain product has been discontinued.
    (C) A wrong part was ordered.
    (D) The instrument was severely damaged.

12. What does the speaker imply when he says, "don't worry"?
    (A) The parts are cheap.
    (B) He has already obtained a part.
    (C) The repair cost will remain the same.
    (D) He can get an alternative instrument.

Questions 1-3 refer to the following traffic report.

W: This is Dian Lee with the local ⬚ ⬚ at seattlenews.com. ⬚ are some traffic updates for the Seattle area. ⬚ ⬚ a 30-minute delay earlier today on Hamilton Freeway ⬚ ⬚ a broken bus ⬚ ⬚ ⬚ ⬚ the road. However, the ⬚ has been removed from the road and the traffic is moving ⬚ now. Also, please ⬚ ⬚ that owing to the fifth ⬚ Seattle Street Festival, the ⬚ ⬚ will be closed tomorrow. To ⬚ any congestion, motorists might want to ⬚ taking an alternate route. The ⬚ ⬚ is next, right after ⬚ a few words from our ⬚.

Questions 4-6 refer to the following telephone message.

M: Hello. ⬚ ⬚ Jeffrey Jones calling from JJ Home Furnishings. This is ⬚ the cedar wood ⬚ ⬚ you ordered last week. I deeply ⬚ to inform you that the ⬚ of the item has been ⬚. With the decrease ⬚ ⬚ for the piece over the past few years, it's become ⬚ ⬚ for us to produce the table. However, ⬚ ⬚ many other high-quality dining tables ⬚ ⬚ imported hardwood, so we can ⬚ you in finding the right table to your liking. Please ⬚ our store ⬚ ⬚ at your earliest convenience. I'm sure you won't ⬚ ⬚.

12 PART 4 담화 유형

PART 4는 1인 담화로 후반부에는 **시각자료가 포함된 2~3개의 담화가 제시된**다. 주로 announcement, talk, telephone message, advertisement, excerpt from a meeting, broadcast, news report, introduction, message and map, announcement and table, meeting and chart, information and schedule 등으로 구성된다.

단순 담화문

 CH12_01

Questions 1 through 3 refer to the following report.

W: Good morning, Mr. Adams. (1) I need to let you know your schedule for today. At 10, (2) you have to be in the reception for the newly promoted managers. You are supposed to say a few words there and take commemorative pictures. And then you are supposed to go to Kansas University at 10:30 to meet the president George Emerson. (3) You and he will be signing a memorandum of understanding to establish an automotive engineering research center on the campus.

여: 안녕하세요, Adams 씨. 오늘의 일정을 알려 드리겠습니다. 10시에 새로 진급한 관리자들을 위한 환영회에 참가하셔야 합니다. 그곳에서 연설하신 후, 기념 촬영을 하기로 되어 있습니다. 그리고 10시 30분에는 캔자스 대학으로 이동해 George Emerson 총장님을 만나기로 예정되어 있습니다. 두 분이 캠퍼스 내에 자동차 공학 연구소를 설립하기 위한 양해 각서를 체결하게 되실 것입니다.

Possible Questions	Possible Answers
1. What is being introduced? 무엇이 소개되고 있는가? = What is being reported? 무엇이 보고되고 있는가? = What is being directed? 무엇이 안내되고 있는가?	The daily schedule for a business executive 기업체 간부의 일정 = The work order of a company official 회사 간부의 업무 순서 = A company official's plans for today 회사 간부의 오늘 계획
2. What will Mr. Adams do at the reception? Adams 씨는 환영회에서 무엇을 할 것인가? = What's Mr. Adams going to do at the reception? = What is Mr. Adams supposed to do at the reception?	Address the new managers 신임 관리자들에게 연설하기 = Give[Make] a speech 연설하기
3. What will Mr. Adams do at Kansas University? Adams 씨는 캔자스 대학에서 무엇을 할 것인가? = What is Mr. Adams supposed to do to create a research center? Adams 씨는 연구소를 만들기 위해 무엇을 하기로 되어 있는가? = What will Mr. Adams and Mr. Emerson do to work together? Adams 씨와 Emerson 씨는 함께 일하기 위해 무엇을 할 것인가?	Sign a paper 서류에 서명하기 = Write a memorandum 각서 작성하기 = Draw up a business agreement 사업 계약서 작성하기

Questions 4-6 refer to the following announcement.

<table>
<tr>
<td>

M: Attention passengers. [4][5] We are sorry to announce that our Max Airlines flight 223 to Washington will be delayed for 30 minutes because of a minor mechanical problem. The plane will be departing at 2:30 P.M. instead of 2 P.M. We remind all passengers once again that [5] our flight 223 to Washington will be delayed for 30 minutes. While waiting, [6] the passengers will receive complimentary beverages in front of the ticketing office of Max Airlines. Just present your boarding pass to any of the staff members. For more information, you can drop by the ticketing office and ask one of our representatives. They will be happy to help you. We sincerely apologize for the delay.

</td>
<td>

남: 탑승객 여러분께 안내 말씀 드립니다. 유감스럽게도 Max 항공의 워싱턴행 223편 항공기가 경미한 기계 결함으로 인해 30분간 지연됨을 알려 드립니다. 이 항공기는 오후 2시가 아니라 2시 30분에 이륙 예정입니다. 승객 여러분께 다시 한 번 알려 드립니다. 워싱턴행 223편 항공기는 30분간 지연됩니다. 대기하시는 동안 승객 여러분께서는 Max 항공의 발권 사무실 앞에서 무료 음료를 드실 수 있습니다. 직원에게 탑승권만 제시해 주세요. 자세한 정보가 필요하시면 발권 사무실에 들러서 직원에게 물어보시면 됩니다. 기꺼이 여러분들을 도와드릴 것입니다. 지연에 대해 진심으로 사과드립니다.

</td>
</tr>
</table>

Possible Questions	Possible Answers

4. What is the cause of the delay?
지연의 원인은 무엇인가?
= Why will the departure be postponed?
왜 출발이 지연될 것인가?
= What problem does the aircraft have?
비행기에 어떤 문제가 있는가?

An engine failure 엔진 고장
= Due to a mechanical problem 기계적인 문제 때문에
= A simple mechanical malfunction 단순한 기계 고장

5. How long will the flight be delayed?
비행은 얼마나 지연될 것인가?
= How long should the passengers wait at the airport?
승객들은 공항에서 얼마나 기다려야 하는가?
= How long will it take to solve the problem?
문제를 해결하는 데 얼마나 걸릴 것인가?

A half an hour 30분
= Thirty minutes
= A half-hour

6. What is being offered by the airlines?
항공사에서 무엇을 제공할 것인가?
= What is being provided free of charge?
무엇이 무료로 제공될 것인가?
= What kind of service can the passengers enjoy?
승객들은 어떤 서비스를 즐길 수 있는가?

Free drinks 무료 음료수
= Beverages 음료수
= Complimentary soft drinks 무료 소다수

Questions 7-9 refer to the following excerpt from a meeting.

W: Let's go over to the next issue. Beginning next month, [7] **we'll start selling a new clothing brand, Genie, in our stores.** As you know, our main customers are young adults. In thinking about fashion trends we want to feature, our marketing specialists found that the customers in their teens and twenties prefer styles that come in various colors. [8] **We chose Genie as our new vendor for this reason.** Just look at the sample items. It's not too much to say that Genie's line is by far the best among competing goods. [9] **Eric will give you an explanation of the anticipated costs and profit estimates.** Eric, you can start now.

여: 다음 안건으로 넘어갑시다. 다음 달부터 우리 매장에서 새 의류 브랜드 Genie를 판매할 예정입니다. 알다시피, 우리의 주요 고객은 젊은이들입니다. 우리가 특징으로 내세우려는 패션 흐름을 고민하던 중, 우리의 마케팅 전문가들은 10대와 20대의 고객들이 다양한 색상의 스타일을 선호한다는 것을 알게 되었습니다. 이런 이유로 우리는 Genie를 우리의 새로운 판매사로 선정했습니다. 샘플 제품을 한번 보십시오. Genie가 경쟁 상품들 중에 단연 최고라고 말해도 과장이 아닐 것입니다. Eric이 예상되는 비용과 수익 추정치에 대해 설명해 드릴 것입니다. Eric, 시작해 보세요.

Possible Questions	Possible Answers

7. What kind of merchandise does Genie make?
Genie는 어떤 유형의 상품을 만드는가?
= What product does Genie manufacture?
Genie는 어떤 상품을 제조하는가?
= What does Genie produce? Genie는 무엇을 생산하는가?

➡ Clothing for young people 젊은 층을 위한 의류
= Colorful clothes
색깔이 화려한 옷
= Garments 의상

8. Why does the speaker say, "Just look at the sample items"?
화자는 왜 "샘플 제품을 한번 보십시오"라고 말하는가?
= What does the speaker mean when she says, "Just look at the sample items"?
화자가 "샘플 제품을 한번 보십시오"라고 말할 때 의미하는 것은 무엇인가?
= What does the speaker imply when she says, "Just look at the sample items"?

➡ To support a decision
결정을 뒷받침하기 위해
= She is convinced of the product.
그녀는 제품을 확신하고 있다.
= She is satisfied with the merchandise.
그녀는 제품에 만족하고 있다.

9. What will happen next? 다음에 무엇이 일어날 것인가?
= What will Eric do for the participants?
Eric은 참가자들을 위해 무엇을 할 것인가?
= What will Eric do later?
Eric은 나중에 무엇을 할 것인가?

➡ An employee will present financial information.
직원 한 명이 재무 정보를 알려줄 것이다.
= Explain financial matters
재정 문제 설명하기
= Share financial information
재무 정보 공유하기

PART 4 마지막 2~3개 담화는 각종 도표, 그래프, 차트, 지도 등의 시각 정보가 제시된다.

Questions 10-12 refer to the following announcement and table.

W: [10] **Welcome to our third annual technology conference.** As in previous years, you will have access to cutting-edge technologies for future innovations. There will be driverless vehicles in Zone A. Intech will be releasing their new smartphone today. There has been much excitement related to the new smartphone series, in particular relating to its camera and 3D optical screen capability. You can see this in Zone B. [11] **Zone C will feature the smart home appliance technology** and Zone D will show you innovations in lighting. [12] **Tomorrow we will hold a seminar with industry specialists.** We encourage all of you to take advantage of this rare opportunity to widen your insights.

Zone	Content
A	Automobiles
B	Smart Phones
[11] C	Appliances
D	Lighting

여: 제3회 연례 과학기술회의에 오신 것을 환영합니다. 예년처럼 여러분들은 미래 혁신을 위한 첨단 과학기술을 체험하게 되실 것입니다. A 구역에는 무인 자동차가 위치할 것입니다. Intech는 오늘 자사의 신형 스마트폰을 선보일 예정입니다. 신형 스마트폰 시리즈, 특히 카메라 및 3D 입체 광학 스크린 기능과 관련해 관심이 집중되었습니다. 여러분들은 B 구역에서 이 스마트폰을 보실 수 있습니다. C 구역에서는 스마트 가전제품을 선보일 것이고, D 구역은 조명 분야의 혁신적인 제품이 전시될 것입니다. 내일은 업계의 전문가들이 참여하는 세미나를 개최할 예정입니다. 여러분들의 식견을 넓힐 수 있는 이 드문 기회를 활용하시기를 권해드립니다.

구역	내용
A	자동차
B	스마트폰
C	가전제품
D	조명

10. What is true about the conference?

회의에 관해 사실인 것은 무엇인가?

= What can be inferred about the event?

행사에 관해 무엇을 추론할 수 있는가?

= What kind of event is being held?

어떤 유형의 행사가 열리고 있는가?

It is third time. 세 번째이다.

= It is held every year.
매년 열린다.

= A technology conference
기술 회의

11. Look at the graphic. Where would a participant find information about refrigerators?

시각자료를 보시오. 참가자는 냉장고에 관한 정보를 어디서 찾겠는가?

= Look at the graphic. Where should a visitor go to examine electric products?

시각자료를 보시오. 방문객은 전자제품을 살펴보려면 어디로 가야 하는가?

= Look at the graphic. Where are home appliances on display?

시각자료를 보시오. 어디에 가전제품이 전시되어 있는가?

Zone C C 구역

12. Who is supposed to attend the seminar?

누가 세미나에 참석하기로 되어 있는가?

= Who will show up at the seminar?

누가 세미나에 올 것인가?

= Who will be present at the seminar?

누가 세미나에 참석할 것인가?

Industry specialists
업계 전문가들

= Industry experts

= Professionals in their industries

1. What is the subject of the announcement?
   (A) A reconstruction project
   (B) The ways to collect donations
   (C) A river refurbishing plan
   (D) Some changes in trash pickup

2. What does the speaker imply when she says, "This will be in effect starting next month"?
   (A) The residents will have another meeting.
   (B) The change will not be effective immediately.
   (C) Water tanks will be cleaned in a month.
   (D) The water supply will be turned back.

3. What should be done with old clothing?
   (A) It should be discarded every Monday.
   (B) It should be in plastic bags.
   (C) It should be put in a green container.
   (D) It should be sent to a recycling plant.

4. Who most likely is the speaker?
   (A) A bus driver
   (B) A tour guide
   (C) The museum director
   (D) A travel agent

5. How long will it take to look around the exhibition hall?
   (A) 30 minutes
   (B) 40 minutes
   (C) 50 minutes
   (D) 60 minutes

6. Where is the rest area for lunch?
   (A) In the building
   (B) Near the main entrance
   (C) In the west wing
   (D) In the back of the building

7. Who most likely is the speaker?
    (A) A postal worker
    (B) A store manager
    (C) A customer services receptionist
    (D) A friend of Mr. Punto

8. What's the purpose of the call?
    (A) To apply for a position
    (B) To charge a shipping fee
    (C) To solve a mailing problem
    (D) To make a down payment

9. What does the speaker ask the listener to do?
    (A) Let her know his destination
    (B) Report to the president's office
    (C) Drop by her office
    (D) Pay the surcharge

Lincoln Steak House Customer Survey	
Price	★★★★
Taste	★★★★★
Friendliness	★★★★★
Cleanliness	★

10. Who most likely is the speaker?
    (A) A customer services representative
    (B) A famous chef
    (C) A general supervisor
    (D) A restaurant owner

11. What will Ms. Lee receive from the restaurant?
    (A) A movie ticket
    (B) A complimentary meal
    (C) A discount coupon
    (D) A bottle of wine

12. Look at the graphic. Which category does the speaker want more information about?
    (A) Price
    (B) Taste
    (C) Friendliness
    (D) Cleanliness

Questions 1-3 refer to the following announcement.

W: As our last order of business at this __________, I'll let you know that __________ pickup days will be extended from __________ a week to three because __________ have __________ reported that they had trouble __________ garbage only for the fixed two days. So trash __________ will continue on Mondays and Fridays and now will include Wednesdays. This will be __________ starting next month. Also, any __________, shoes and toys should be __________ into the designated green boxes __________ the usual yellow boxes. These will __________ and taken to several __________ in our community for __________ to needy neighbors. That is the __________ of our meeting today. Thank you.

Questions 4-6 refer to the following introduction.

M: Hello, everyone. __________ to the Ontario Art Museum. I'm Henry and I'll be your __________ today. Before we begin, I'd like to __________ some of the rules you __________ keep. First, please do not speak __________ and __________ from carrying beverages with you. These __________ can disturb others and __________ can also make the floor __________. This can possibly pose a risk of __________. One more thing, taking __________ is strictly prohibited inside the __________ hall. This tour will __________ an hour and then you'll have a 30 minute __________ in the rest area __________ the main building. Ready? Then, let's __________ our tour.

문장 구조 5형식 & 품사 7가지

[문장의 5형식]과 [품사 7가지]는 토익뿐만 아니라 모든 영어 학습의 시작이자 끝이다. 영어 학습의 토대이므로 이해나 논리보다 암기로 다지는 영역이다.

Grammar Points

1. **문장의 5형식**과 **품사**는 논리와 이해의 영역이 아니라 암기 영역이다.
2. 문장 이해의 핵심은 **[자동사/타동사의 구분]**이다. 자동사/타동사를 구분하면 나머지는 자연스럽게 학습된다.
3. **문장의 필수 성분**(주어, 동사, 목적어, 보어)과 부속 성분인 **수식어**(부사, 형용사, 한정사)를 구분해야 한다.
4. 품사는 각 **[품사의 기능]**과 **[품사별 상당어구]**를 암기하는 것이 핵심이다.

문장의 5형식

자동사 (vi.)	1형식 완전자동사	s + v	수동태 불가
	2형식 불완전자동사	s + v + **보어**(명사/형용사)	
타동사 (vt.)	3형식 완전타동사	s + v + **목적어**	수동태 가능
	4형식 수여동사	s + v + **간접목적어** + **직접목적어**	
	5형식 불완전타동사	s + v + **목적어** + **보어**(명사/형용사)	

수식어

A 한정적 용법의 형용사

보어로 사용되지 않은 모든 형용사를 말하며 전치 수식과 후치 수식으로 구분된다. 문장의 필수 성분이 아닌 수식어이므로 문장에서 **생략해도 무방**하다.

전치 수식 Our (new) product will go on sale at (local) stores beginning next month.

우리 신제품은 다음 달부터 현지 매장에 판매에 들어갈 것이다.

후치 수식 The details of the contract were agreeable to both parties (concerned).

세부 계약 내용은 쌍방이 받아들일 만한 내용이었다.

B 서술적 용법의 형용사

2형식, 5형식 불완전동사의 **보어로 사용되는 형용사**를 말하며 문장에서 생략할 수 없다.

주격보어 The sealed documents will not be **available** for the next 30 years.

봉인된 서류는 향후 30년 동안 열람할 수 없을 것이다.

목적격보어 We keep customer information **confidential**.

우리는 고객 정보를 기밀로 유지한다.

C 부사(류): 수식 대상 6가지, 부사류 4가지

부사는 문장의 필수 성분이 아닌 수식어이므로 **완전 문장**에 부수적으로 사용되어 [① **다른 부사**, ② **부사구**, ③ **부사절**, ④ **동사**, ⑤ **형용사**, ⑥ **문장 전체**]를 수식한다. 부사류에는 [① **부사**, ② **부사구**, ③ **부사절**, ④ **to부정사의 부사적 용법**] 등이 있다.

부사 She works (hard). 그녀는 열심히 일한다.

부사구 She works (at the bank).

그녀는 은행에서 일한다.

부사절 She works hard (because she needs money).

그녀는 돈이 필요하기 때문에 열심히 일한다.

to부정사 She works hard (to support her family).

그녀는 자신의 가족을 부양하기 위해 열심히 일한다.

D 한정사(류)

한정사는 문장의 필수 성분은 아니지만 명사를 한정하여 명사의 문법적 기능을 보완한다. 한정사는 [**관사, 지시형용사, 소유격, 각종 수량형용사**] 등이 대표적이다.

정관사 I read **the** book Minsu recommended. 나는 민수가 추천한 책을 읽었다.

부정관사 I have **a** book to read. 나는 읽을 책 한 권이 있다.

지시형용사 **This** book is loved by millions of readers around the world.

이 책은 전 세계 수백만 독자의 사랑을 받고 있다.

소유격 I enjoyed reading **your** book.

나는 당신의 책을 재미있게 읽었다.

수량형용사 There are **many** books about the origin of humankind.

인류의 기원에 대한 많은 책이 있다.

1형식 완전자동사	s + v The sun **rises**. 태양이 떠오른다. A man **walks**. 한 남자가 걷는다. She **has** just **arrived**. 그녀가 지금 막 도착했다.
2형식 불완전자동사	s + v + 보어(명사/형용사) Tom **is** / a manager. (주어 = 보어, 동격) Tom은 매니저다. Tom **became** / a supervisor. (주어 = 보어, 동격) Tom은 감독관이 되었다. Tom **is** / diligent. (주어 ← 보어, 수식) Tom은 부지런하다. The project **was** / successful. (주어 ← 보어, 수식) 그 사업은 성공적이었다.
3형식 완전타동사	s + v + 목적어 I **planted** a tree. 나는 나무 한 그루를 심었다. She **kicked** the ball. 그녀는 그 공을 찼다. They **discussed** environmental issues. 그들은 환경 문제를 토론했다.
4형식 수여동사	s + v + 간접목적어 + 직접목적어 I **gave** her *a book*. 나는 그녀에게 책 한 권을 주었다. She **bought** me *a bag*. 그녀는 나에게 가방 하나를 사 주었다. He always **asks** me *difficult questions*. 그는 나에게 항상 어려운 질문을 한다.
5형식 불완전타동사	s + v + 목적어 + 보어(명사/형용사) My father **made** me / a doctor. (목적어 = 보어, 동격) 아버지는 나를 의사로 만들었다. We all **call** her / Lady Roxy. (목적어 = 보어, 동격) 우리 모두는 그녀를 Roxy 부인이라고 부른다. We usually **keep** the door / open. (목적어 ← 보어, 수식) 우리는 보통 그 문을 열어 둔다. I **found** the dictionary / useful. (목적어 ← 보어, 수식) 나는 그 사전이 유용하다는 것을 알게 되었다.

구분	품사	품사의 기능	품사별 상당어구
핵심어	❶ 명사(4:7)	• 4는 명사의 문장 내 기능 4가지 ① 문장의 주어 ② 타동사의 목적어 ③ 전치사의 목적어 ④ 보어	• 7은 명사 상당어구(명사류) 7가지 ① 명사(+ 한정사 4:8:6) ② 대명사(8가지) ③ 동명사 ④ to부정사(명사적 용법) ⑤ 명사구(12가지) ⑥ 명사절(6가지) ⑦ the + 형용사
	❷ 동사(5:4)	• 5는 동사의 핵심 포인트 5가지 ① 자동사/타동사 구분 ② 능동태/수동태 구분 ③ 주어 + 동사의 수 일치 구분 ④ 시제 구분 ⑤ 정동사/준동사 구분	• 4는 준동사 4가지 ① 동명사 ② to부정사(명사/형용사/부사적 용법) ③ 원형부정사(명사/형용사적 용법) ④ 분사(현재분사/과거분사)
수식어	❸ 형용사(2:5)	• 2는 형용사의 기능 2가지 ① 명사 수식 ② 주격/목적격 보어로 사용	• 5는 형용사 상당어구(형용사류) 5가지 ① 형용사 ② 형용사구(전명구) ③ 형용사절(10가지) ④ to부정사(형용사적 용법) ⑤ 분사(현재분사/과거분사)
	❹ 부사(6:8:4)	• 6은 부사의 수식 기능 6가지 ① 다른 부사 ② 부사구(전명구) ③ 부사절(9가지) ④ 동사(부사의 90%는 동사 수식) ⑤ 형용사 ⑥ 문장 전체	• 8은 동작이 발생한 기본 정보 8가지 ① 장소 ② 방법 ③ 시간 ④ 날짜 ⑤ 이유 ⑥ 정도 ⑦ 빈도 ⑧ 부정 • 4는 부사 상당어구(부사류) 4가지 ① 부사 ② 부사구(전명구) ③ 부사절(9가지) ④ to부정사(부사적 용법 7가지) 　❶ 목적: ~하기 위하여 　❷ 원인/이유: ~하기 때문에 　❸ (상황 판단의) 근거: ~하다니 　❹ 조건: ~한다면 　❺ 결과: ~하게 되다 　❻ 부사 수식 　❼ 형용사 수식

	❺ 한정사 (4:8:6)	• 4는 한정사의 명사 수식 기능 4가지 • 명사가 　① 단수인지 　② 복수인지 　③ 정확히 한정된 것인지 　④ 한정되지 않은(부정) 것인지	• 8은 단수/복수만 나타내는 기본 한정사 8가지 　① a(an) 　② one 　③ each 　④ every 　⑤ another 　⑥ either 　⑦ neither 　⑧ -s, -es • 6은 단수/복수 이외의 한정사 6가지 　① 정관사 the 　② 지시형용사 this/that, these/those 　③ 인칭대명사의 소유격 　④ some/any 　⑤ no 　⑥ 각종 수량형용사
연결어	**❻ 전치사 (5:2)**	• 5는 전치사의 목적어 5가지 　① 명사 　② 대명사 　③ 동명사 　④ 명사구(12가지) 　⑤ 명사절(6가지)	• 2는 전치사구(전명구)의 품사 기능 2가지 　① 형용사구 　② 부사구
	❼ 접속사 (4:3)	• 4는 접속사의 종류 4가지 　① 등위접속사 　② 등위상관접속사 　③ 종속접속사 　④ 문장접속부사	• 3은 종속절의 품사 기능 3가지 　① 명사절(6가지) 　② 형용사절(10가지) 　③ 부사절(9가지)

1. 다음 표의 밑줄 친 부분에 알맞은 말을 써 넣으시오.

동사에 따른 문장의 5형식					
품사	대분류	형식	동사의 명칭	문장의 5형식 구조	태 가능 여부
동사	____ (vi.)	1형식	____ /	____ + ____________	수동태
		2형식	____ /	____ + ____ +	____
	____ (vt.)	3형식	____ /	____ + ____ +	수동태
		4형식	____ /	____ + ____ + ____ +	
		5형식	____ /	____ + ____ + ____ +	____

2. 다음 괄호 안에 필수어(주어, 동사, 목적어, 보어)와 수식어(형용사류, 부사류) 중 알맞은 말을 쓰시오.

1형식 완전자동사	A man / works / hard. ( ) ( ) ( ) A woman / walks / on the street. ( ) ( ) ( )
2형식 불완전자동사	Mr. Watson / became / a supervisor. ( ) ( ) ( ) The project / was / successful. ( ) ( ) ( )
3형식 완전타동사	The team members / discussed / the urgent matter. ( ) ( ) ( ) Some people / pushed / the bus / stuck / in the mud. ( ) ( ) ( ) ( ) ( )
4형식 수여동사	Mr. Hardy / gave / Alice / a book. ( ) ( ) ( ) ( ) My parents / bought / me / a car. ( ) ( ) ( ) ( )
5형식 불완전타동사	Some / of them / called / her / a miracle baby. ( ) ( ) ( ) ( ) ( ) The students / found / the dictionary / useful. ( ) ( ) ( ) ( )

3. 다음 표에 품사의 기능과 품사별 상당어구에 해당하는 내용을 써 넣으시오.

구분	품사	품사의 기능	품사별 상당어구
핵심어	❶ 명사(4:7)	• 4는 명사의 문장 내 기능 4가지 ① ____ ② ____ ③ ____ ④ ____	• 7은 명사 상당어구(명사류) 7가지 ① ____ ② ____ ③ ____ ④ ____ ⑤ ____ ⑥ ____ ⑦ ____
	❷ 동사(5:4)	• 5는 동사의 핵심 포인트 5가지 ① ____ ② ____ ③ ____ ④ ____ ⑤ ____	• 4는 준동사 4가지 ① ____ ② ____ ③ ____ ④ ____
수식어	❸ 형용사(2:5)	• 2는 형용사의 기능 2가지 ① ____ ② ____	• 5는 형용사 상당어구(형용사류) 5가지 ① ____ ② ____ ③ ____ ④ ____ ⑤ ____
	❹ 부사(6:8:4)	• 6은 부사의 수식 기능 6가지 ① ____ ② ____ ③ ____ ④ ____ ⑤ ____ ⑥ ____	• 8은 동작이 발생한 기본 정보 8가지 ① ____ ② ____ ③ ____ ④ ____ ⑤ ____ ⑥ ____ ⑦ ____ ⑧ ____ • 4는 부사 상당어구(부사류) 4가지 ① ____ ② ____ ③ ____ ④ ____ ❶ ____ ❷ ____ ❸ ____ ❹ ____ ❺ ____ ❻ ____ ❼ ____

	❺ 한정사 (4:8:6)	•4는 한정사의 명사 수식 기능 4가지 • 명사가 ① ________________ ② ________________ ③ ________________ ④ ________________	•8은 단수/복수만 나타내는 기본 한정사 8가지 ① ________ ② ________ ③ ________ ④ ________ ⑤ ________ ⑥ ________ ⑦ ________ ⑧ ________ •6은 단수/복수 이외의 한정사 6가지 ① ________________ ② ________________ ③ ________________ ④ ________________ ⑤ no ⑥ 각종 수량형용사
연결어	❻ 전치사(5:2)	•5는 전치사의 목적어 5가지 ① ________________ ② ________________ ③ ________________ ④ ________________ ⑤ ________________	•2는 전치사구(전명구)의 품사 기능 2가지 ① ________________ ② ________________
	❼ 접속사(4:3)	•4는 접속사의 종류 4가지 ① ________________ ② ________________ ③ ________________ ④ ________________	•3은 종속절의 품사 기능 3가지 ① ________________ ② ________________ ③ ________________

02 명사(I) / 명사 & 대명사

명사는 특정한 명칭(이름)으로 부를 수 있는 모든 사람, 사물, 동·식물, 현상, 추상적 개념을 일컬으며 이 명사를 대신하는 낱말이 **대명사**이다.

Grammar Points

1. 명사는 [4:7]이다. 4는 명사의 4가지 기능으로, 명사는 문장의 [주어, 타동사의 목적어, 전치사의 목적어, 보어]로 사용된다.
2. 7은 7가지 명사 상당어구로 [명사, 대명사, 동명사, to부정사, 명사구, 명사절, the + 형용사] 등이 있다.
3. 명사는 [가산명사/불가산명사]로 나뉘며 알맞은 [한정사(4:8:6)]와 함께 사용되어야 한다.
4. 대명사는 모두 8가지로 [인칭, 소유, 재귀, 의문, 지시, 부정, 관계, 부분대명사]가 있다.

명사 [4:7]

명사 [4:7]이란 명사의 기능 4가지, 명사 상당어구(명사류) 7가지를 말한다.

A 명사의 기능: 4가지

① 문장의 주어	• 명사 상당어구 7가지
② 타동사의 목적어	• 명사 상당어구 7가지
③ 전치사의 목적어	• **명사, 대명사, 동명사**, 명사구, 명사절 등 5가지
④ 보어	• 명사 상당어구 7가지

B 명사 상당어구: 7가지

명사 상당어구	특징 및 하위 범주	구분할 내용
명사	한정사[4:8:6]와 함께 사용	• 가산/불가산 구분 • 단수/복수, 한정/부정 구분
대명사(8가지)	인칭대명사	• 인칭, 단수/복수, 격 구분
	소유대명사	• 이중소유격으로 사용
	재귀대명사(용법 3가지)	• 강조 용법 / 재귀 용법 / 관용적 용법

	의문대명사(4가지) ❶ what ❷ which ❸ who ❹ whom	의문형용사(3가지) ❶ what book ❷ which book ❸ whose book	의문부사(4가지) ❶ where ❷ when ❸ why ❹ how
	지시대명사	this / that, these / those	
	부정대명사	one / another, some / others	
	관계대명사	관계대명사(7가지) ❶ who ❷ whose ❸ whom ❹ which ❺ whose(= of which) ❻ that ❼ what	관계부사(4가지) ❶ where ❷ when ❸ why ❹ how
	부분대명사	two(both), few, a few, some, any, several, most, many, all, part, half, the rest, two thirds, 30% **of the[these, those, 소유격]＋복수명사＋복수동사**	
		one, each, either, neither **of the[these, those, 소유격]＋복수명사＋단수동사**	
		little, a little, any, some, all, much, most, part, half, the rest, two thirds, 30% **of the[this, that, 소유격]＋단수명사＋단수동사**	
동명사	• 동사 성질이 살아 있음 • 3인칭 단수명사 취급	• 동명사를 목적어로 받는 동사 암기 • 동명사 관용어구 암기	

to부정사	• 동사 성질이 살아 있음
	• 3인칭 단수명사 취급
	  ❶ 명사적 용법
	  ❷ 형용사적 용법
	  ❸ 부사적 용법
		• to부정사를 목적어/보어로 받는 동사 암기
		• 주어, 타동사의 목적어, 보어로 사용
		• 전치사의 목적어로는 사용 불가
		• 명사적, 형용사적, 부사적 용법 구분 필수	

명사구(12가지)	• 의문사구(11가지) • whether구(1가지)	의문대명사(4가지)	❶ what to＋v ❷ which to＋v ❸ who to＋v ❹ whom to＋v
		의문형용사(3가지)	❺ what book to＋v ❻ which book to＋v ❼ whose book to＋v

		의문부사(4가지)	❽ where to + v ❾ when to + v ❿ why to + v ⓫ how to + v
		whether구(1가지)	⓬ whether to + v
명사절(6가지)	형태: [접속사 + 주어 + 동사]	❶ that s + v ❷ if / whether s + v ❸ 의문사(11가지) s + v ❹ 복합관계대명사(4가지) s + v ❺ 복합관계형용사(3가지) s + v ❻ 관계대명사 what s + v	
the + 형용사	단수/복수로 모두 사용		

C 가산명사와 불가산명사

가산명사	• 기본적으로 a(an), the, -s/-es 등 단수/복수 한정사와 함께 사용된다. • 수량형용사 one, two, few, a few, several, various, numerous, many, a variety of, a number of 등의 수식을 받는다.		
	① 보통명사	• 사람, 사물에 붙여진 일반적인 명칭 a manager 관리자 an employee 직원 a company 회사 a product 상품	
	② 집합명사	• 사람, 동물, 사물을 단수/복수의 집합체로 간주해 부르는 명칭 people 사람들 family 가족 team 팀 the police 경찰 the public 대중	
불가산명사	• 기본적으로 a(an), -s/-es 등의 단수/복수 한정사를 사용하지 않는 것이 원칙이다. • 수량형용사 little, a little, much, a deal of, an amount of 등의 수식을 받는다.		
	③ 물질명사	• 일정한 형체가 없이 존재하는 기체, 액체, 고체의 명칭 water 물 oil 기름 coffee 커피 sugar 설탕 air 공기 light 빛	
	④ 추상명사	• 구체적인 형태가 없고 머릿속에만 존재하는 무형의 개념을 부르는 명칭 success 성공 freedom 자유 friendship 우정 love 사랑 time 시간 peace 평화	
	⑤ 고유명사	• 바뀌지 않는 인명, 지명, 국가명, 도시명, 상호명 John, Alice, Asia, Korea, New York, Starbucks	

집합명사/단수 **My family** consists of 5 members. (가족 공동체는 단수)

   우리 가족은 5명으로 구성되어 있다.

집합(군집)명사/복수 **My family** are all in favor of the decision to move. (가족 구성원은 복수)

   우리 가족은 이사 결정에 모두 찬성한다.

보통명사/복수 There are **10 families** in this village.

   이 마을에는 10가구가 있다.

`집합명사/단수` **The planning committee** has already been inaugurated.

> 기획위원회가 이미 발족되었다.

`집합(군집)명사/복수` **The advisory committee** have to be alert in making decisions.

> 자문위원들은 결정을 하는 데 있어 주의해야 한다.

`집합명사/단수` **The audience** at the concert was small.

> 연주회장의 청중은 규모가 작았다.

`집합(군집)명사/복수` **The audience** were impatient at the delay of the show.

> 청중들은 공연 지연에 안달했다.

❶ 명사의 성격을 정하는 한정사 [4:8:6]

명사는 **가산/불가산명사**를 구분한 후 알맞은 한정사를 써서 그 명사의 성격이 **단수인지/복수인지, 한정된 명사인지/부정된 명사인지**를 객관적으로 나타내야 한다.

한정사 (4:8:6)	**4: 명사의 성격을 4가지로 한정**	① **단수**인지? ② **복수**인지? ③ **한정**된 명사인지? ④ **부정**된 명사인지?
	8: 단수/복수 기본 한정사	① **a book** 책 ② **one** book 책 한 권 ③ **each** book 각각의 책 ④ **every** book 모든 책 ⑤ **another** book 또 다른 책 ⑥ **either** book 아무 책이나 ⑦ **neither** book 어느 책도 (~ 아닌) ⑧ 명사 + -s/-es
	6: 단수/복수 이외의 한정사	① 정관사 **the** ② 지시형용사 **this/that, these/those** ③ 인칭대명사와 고유명사의 소유격 **my, your, Tom's** ④ 만능한정사 **some/any** ⑤ 만능한정사 **no** ⑥ **각종 수량형용사**

`가산명사/단수` I bought **a** book online.

> 나는 온라인으로 책 한 권을 구매했다.

`가산명사/복수` The new bookstore has many book**s** on natural science.

> 새 서점은 자연과학 분야의 많은 책을 보유하고 있다.

`부정/한정` Dave purchased **a** new phone recently but he is already tired of **the** phone.

> Dave는 최근에 새 전화기를 구매했는데 그는 이미 그 전화기에 싫증을 느끼고 있다.

❷ 불가산명사의 가산명사화

불가산명사인 물질명사, 추상명사, 고유명사는 원칙적으로 a/an, -s/-es 등 단수/복수 한정사와 함께 사용할 수 없지만 다음 [6 가지 과정]을 거쳐 가산명사로 쓸 수 있으며 a/an, -s/-es 등의 한정사를 수반해야 한다.

① 개별화	paper 종이 / 불가산	a paper / papers 논문, 과제, 신문, 서류, 증명서
	success 성공 / 불가산	a success / successes 성공한 사람[작품, 사건]
	evidence 증거 / 불가산	an evidence / evidences 증거 자료
② 개체화	stone 석재, 돌 / 불가산	a stone / stones 돌멩이
③ 종류화	time 시간 / 불가산	a good time / good times 좋은 시간
④ 작품화	Picasso 피카소 / 불가산	a Picasso / Picassoes 피카소의 그림
⑤ 제품화	Ford 포드 / 불가산	a Ford / Fords 포드 자동차
⑥ 건수화	fire 불 / 불가산	a fire / fires 화재 사건

개별화 Professor Parker will give you **a paper** on statistics at the seminar.
Parker 교수님이 세미나에서 당신에게 통계학 논문 한 편을 주실 거예요.

종류화 You will see **a clear sky** from the top of the mountain.
당신은 산 정상에서 맑은 하늘을 보게 될 거예요.

건수화 There were **two big fires** in London last night.
어젯밤 런던에 대형 화재 두 건이 있었다.

❸ 절대불가산명사

[절대불가산명사]는 무조건 불가산명사로 취급하는 명사를 말하며 a/an, -s/-es 등의 단수/복수 한정사와 함께 쓰일 수 없다.

information 정보	poetry 시	fun 재미
equipment 장비, 비품	vocabulary 어휘	produce 농산물
advice 조언	jewelry 보석류	traffic 교통(량)
clothing 의류	scenery 경치	gossip 소문, 험담
furniture 가구류	stationery 문구류	weather 날씨
luggage/baggage 짐, 수하물	weaponry 무기류	luck 행운
mail 우편물	machinery 기계류	damage 손상, 피해
progress 진보	merchandise 상품	news 뉴스

We have **detailed information** on individual hotels and attractions.
우리는 개별 호텔과 관광지에 대한 상세한 정보를 가지고 있다.

This laboratory features **cutting-edge equipment**.
이 실험실은 첨단 장비를 특징으로 한다.

대명사는 특정/불특정의 사람 또는 사물 명사를 대신하는 낱말로 그 종류는 **8가지**이다.

인칭대명사	• 1, 2, 3인칭 구분, 단수/복수 구분, 주격/소유격/목적격 구분	
소유대명사	• 이중소유격으로 사용	
재귀대명사	• 강조 용법, 재귀 용법, 관용적 용법	

의문대명사(4가지)
❶ what
❷ which
❸ who
❹ whom
	• 의문형용사(3가지)
	  ❶ what book
	  ❷ which book
	  ❸ whose book
		• 의문부사(4가지)
		  ❶ where
		  ❷ when
		  ❸ why
		  ❹ how

지시대명사	❶ this / that ❷ these / those	
부정대명사	❶ 단수/단수: one / another ❷ 복수/복수: some / others / the others, some / the others ❸ 대상이 둘일 때: one / the other ❹ 대상이 셋일 때: one / the others, two / the other	

관계대명사	• 관계대명사(7가지)
	  ❶ who
	  ❷ whose
	  ❸ whom
	  ❹ which
	  ❺ whose (= of which)
	  ❻ that
	  ❼ what
		• 관계부사(4가지)
		  ❶ where
		  ❷ when
		  ❸ why
		  ❹ how

부분대명사	two, few, a few, some, any, several, most, many, all, part, half, the rest, two thirds, 30% **of the[these, those, 소유격] + 복수명사 + 복수동사** one, each, either, neither **of the[these, those, 소유격] + 복수명사 + 단수동사** little, a little, any, some, all, much, most, part, half, the rest, two thirds, 30% **of the[this, that, 소유격] + 단수명사 + 단수동사**	

인칭대명사는 매회 출제되는 영역으로, 특히 **소유격과 목적격**이 자주 출제된다.

인칭	수	주격 (문장의 주어)	소유격 (명사 수식)	목적격 (타동사/전치사＋목적어)	소유대명사	재귀대명사
1인칭	단수	I	my	me	mine	myself
	복수	We	our	us	ours	ourselves
2인칭	단수	You	your	you	yours	yourself
	복수	You	your	you	yours	yourselves
3인칭	단수	He	his	him	his	himself
	단수	She	her	her	hers	herself
	단수	It	its	it	×	itself
	복수	They	their	them	theirs	themselves

인칭	수	주어	be동사	have동사	do동사	일반동사
1인칭	단수	I	am	have	do	work
	복수	We	are	have	do	work
2인칭	단수	You	are	have	do	work
	복수	You	are	have	do	work
3인칭	단수	He	is	has	does	works
	단수	She	is	has	does	works
	단수	It	is	has	does	works
	복수	They	are	have	do	work

주격 **We** bought some souvenirs but **they** didn't buy anything at the shop.
우리는 상점에서 기념품 몇 개를 샀지만 그들은 아무것도 사지 않았다.

소유격 I really appreciate **your** willingness to help **my** team.
우리 팀을 도우려는 당신의 뜻에 진심으로 감사드립니다.

목적격 Will you give **him** a message for **me**?
저를 대신해서 그에게 메시지를 좀 전해 주시겠어요?

B 소유대명사

소유대명사는 명사의 모든 자리에 사용되며, **이중소유격**에서 **전치사 of의 목적어**로 자주 출제된다.

❶ 소유대명사를 이용한 이중소유격

I met a friend of **mine** / ~~me~~. 나는 내 친구들 중 한 명을 만났다.

I met that(this) friend of **mine** / ~~me~~. 나는 내 친구들 중 그(이) 친구를 만났다.

I met some friends of **mine** / ~~me~~. 나는 내 친구들 중 몇 명을 만났다.

I met a friend of **Tom's** / ~~Tom~~. 나는 Tom의 친구들 중 한 명을 만났다.

I met some friends of my **father's** / ~~father~~. 나는 아버지의 친구들 중 몇 분을 만났다.

❷ 이중소유격을 해결하기 위한 부분대명사의 활용

After comparing our products with those of other companies, she selected one of **ours** / ~~us~~.
그녀는 우리 제품을 타사의 제품들과 비교해 본 후 우리 제품 중 하나를 선택했다.

C 재귀대명사

재귀대명사는 [**강조 용법, 재귀 용법, 관용적 용법**] 등 3가지 용법으로만 사용된다.

	인칭	단수	복수
재귀대명사의 단수/복수 형태	1인칭	I → myself	we → ourselves
	2인칭	you → yourself	you → yourselves
	3인칭	he → himself	they → themselves
		she → herself	
		it → itself	

❶ 강조 용법

주어가 직접 행위를 강조하며 재귀대명사는 생략 가능하다.

I cleaned my room **(myself)**. 나는 내 방을 직접 청소했다.

We decorated the banquet hall with flowers **(~~ourselves~~)**.
우리는 직접 연회장을 꽃으로 장식했다.

He (~~himself~~) cooked the seafood for us.
그는 우리를 위해 직접 해산물을 요리했다.

❷ 재귀 용법

주어와 목적어가 같은 대상일 때 목적어 자리에 재귀대명사를 쓰며, 이때 재귀대명사는 생략 불가능하다.

<u>Shawn</u> loves <u>Beth</u>. = <u>Shawn</u> loves <u>Beth</u>. Shawn(A)은 Beth(B)를 사랑한다.
  (A)   (B)   (A)   (B)

<u>Shawn</u> loves <u>Shawn</u>. = <u>Shawn</u> loves **himself**. Shawn(A)은 자기 자신(A)을 사랑한다.
  (A)   (A)   (A)   (A)

<u>I</u> bought **her** / ~~herself~~ a book. 나는 그녀에게 책 한 권을 사주었다.

<u>I</u> bought ~~me~~ / **myself** a car. 나는 내가 타려고 자동차 한 대를 구매했다.

❸ 관용적 용법

by oneself 혼자서, 자력으로 = alone, on one's own for oneself 스스로 of itself 저절로, 제 스스로 between ourselves 우리끼리 이야기이지만	beside oneself 미친, 제정신이 아닌 be/feel (like) oneself 본래 자기 모습 그대로이다 to oneself 배타적으로, 자신에게만 in itself 그 자체로

He always studies **by himself**. (= alone, on his own) 그는 항상 혼자 공부한다.

They solved the problems **by themselves** without any support. (= on their own)
그들은 어떤 지원도 없이 스스로 문제를 해결했다.

He always studies **for himself**. 그는 항상 스스로 공부한다.

They kept all the sensitive information **to themselves**.
그들은 민감한 모든 정보를 자신들끼리만 독점했다.

Studying foreign languages is of use **in itself**. 외국어를 공부하는 것은 그 자체로 유용하다.

D 의문대명사

의문사는 품사적 기능에 따라 **의문대명사, 의문형용사, 의문부사**로 나뉜다. 단문에서는 **대명사, 형용사, 부사**로 단순 품사 기능을 하지만 복문에서는 [**접속사 + 대명사**], [**접속사 + 형용사**], [**접속사 + 부사**] 등 하나의 낱말이 두 가지 품사 기능을 하며 명사절을 이끈다.

의문대명사 (4가지)	의문형용사 (3가지)	의문부사 (4가지)
❶ what ❷ which ❸ who ❹ whom	❶ what book ❷ which book ❸ whose book	❶ where ❷ when ❸ why ❹ how

대명사(주어) **Who** told you about the party?

누가 당신에게 그 파티에 대해 말해 주었나요?

대명사(목적어) **What** did you do yesterday?

당신은 어제 무엇을 했나요?

대명사(보어) **What** is your name?

당신의 이름은 무엇입니까?

형용사 **What** problem should we deal with?

우리가 어떤 문제를 해결해야 하나요?

형용사 **Whose** responsibility is it to take care of the new store?

새 매장을 관리하는 것은 누구의 책임인가요?

부사 **Where** are you going?

당신은 어디를 가고 있나요?

부사 **How** many applicants have applied for the position so far?

지금까지 그 직책에 얼마나 많은 지원자들이 지원했나요?

접속사 + 대명사(주어) I don't know **what** happened to her.

나는 그녀에게 어떤 일이 일어났는지 모른다.

접속사 + 대명사(주어) I know **who** is eligible for the employee of the year.

나는 누가 올해의 최우수사원 자격이 있는지 알고 있다.

접속사 + 형용사 I remember **what** time he arrived at the airport.

나는 그가 몇 시에 공항에 도착했는지 기억한다.

접속사 + 형용사 Do you know **which** candidate can be hired?

당신은 어떤 후보자가 고용될지 알고 있나요?

접속사 + 형용사 I can't decide **whose** opinion is more appropriate for the purpose.

나는 이 목적을 위해 누구의 의견이 더 적절한지 결정할 수 없다.

접속사 + 부사 I don't know **when** he leaves.

나는 그가 언제 떠나는지 모른다.

접속사 + 부사 I know **where** the key is.

나는 열쇠가 어디에 있는지 알고 있다.

E 지시대명사

단수/복수의 사람/사물을 대신하여 사용되는 대명사이며 형용사로도 사용된다. 단수를 받는 this/that, 복수를 받는 these/those 중 단수/복수를 구분하는 **that/those** 문제가 자주 출제된다.

This is my book and **that** is your book.
이것은 내 책이고 저것은 너의 책이다.

These are my books and **those** are your books.
이것들은 내 책들이고 저것들은 너의 책들이다.

The company has **its** own plan.
그 회사는 자사만의 계획을 가지고 있다.

My staff and I want to extend **our** thanks to you for doing business with **us**.
저희 직원들과 저는 당사와의 거래에 대해 귀사에 감사의 뜻을 전하고 싶습니다.

The economic plans of Korea are not much different from **those** / ~~that~~ of other countries.
한국의 경제 정책은 다른 나라의 경제 정책과 크게 다르지 않다.

The government has a duty to provide aid to **those** / ~~that~~ who need it.
정부는 도움이 필요한 사람들에게 도움을 제공할 의무가 있다.

F 부정대명사

정해져 있지 않은 막연한 사람이나 사물을 대신하는 대명사이다. ❶번과 ❺번이 자주 출제된다.

❶ 단수의 연속인 경우: 하나는 one, 또 다른 하나는 another

♥	♥	♥	♥	♥	♥
one	another	the third	the fourth	the fifth	the sixth

❷ 정해진 대상이 2개인 경우: 하나는 one, 나머지는 the other

♥	♥
one	the other

❸ 정해진 대상이 3개인 경우: one / the others, two / the other

♥	♥♥
one	the others

♥♥	♥
two	the other

❹ 정해진 다수 대 다수의 두 부류인 경우: 첫 부류는 some, 나머지 부류는 the others

♥♥♥♥	♥♥♥♥
some	the others

❺ 정해진 다수가 3부류인 경우: 몇몇은 some, 다른 몇몇은 others, 나머지 전체는 the others

♥♥♥♥ some	♥♥♥♥ others	♥♥♥♥ the others

Clients can send money from one account to **another** without charge.

고객들은 수수료 없이 하나의 계좌에서 또 다른 계좌로 송금할 수 있다.

Some of the coffee shops in the area made profits but **others** closed their doors.

그 지역의 몇몇 커피숍은 이윤을 냈지만 다른 커피숍들은 문을 닫았다.

BONUS another/other의 형용사 기능

another와 other는 형용사로도 사용되며 another는 단수명사, other는 복수명사를 수식한다.

Would you like to drink **another** cup of coffee?

커피 한 잔 더 드실래요?

Alcohol, unlike **other** drugs, is widely accepted in most societies.

술은 다른 약물과 다르게 대부분의 사회에서 널리 용인된다.

G 관계대명사

관계대명사는 사람이나 사물, 동물 등의 선행사를 대신하는 대명사로 **주격, 소유격, 목적격 기능**을 하는 동시에 **형용사절을 이끄는 종속접속사**의 역할을 한다. 관계대명사절 중 **what**절은 유일하게 **명사절**로 사용되며 관계대명사의 하위 범주에는 **관계부사**가 있다.

관계대명사	선행사 사람 (형용사절)	주격	who[that] + v
		소유격	whose + 명사(s) + v
		목적격	whom[that] + s + vt + (×)
	선행사 사물/동물 (형용사절)	주격	which[that] + v
		소유격	whose[= of which] + 명사(s) + v
		목적격	which[that] + s + vt + (×)
	선행사 없음 (명사절/~것)	주격	what + v
		소유격	×
		목적격	what + s + vt + (×)
관계부사	선행사	the place	where[that] + s + v
	선행사	the time	when[that] + s + v
	선행사	the reason	why[that] + s + v
	선행사	the way	how[that] + s + v

❶ 관계대명사의 용법과 격

관계대명사에는 **한정적 용법**과 **계속적 용법**이 있으며 **격**을 구분하고 **문장의 구조**를 따져야 한다.

`한정/주격` I met a man **who(= that)** was raising cattle at the ranch.

나는 목장에서 소를 기르는 한 남자를 만났다.

`계속/주격` I met a man, **who(that)** was raising cattle at the ranch.

나는 한 남자를 만났는데, 그는 목장에서 소를 기르고 있었다.

`한정/생략` I met a man (who was) raising cattle at the ranch.

나는 목장에서 소를 기르는 한 남자를 만났다.

`한정/소유격` I met a man **whose** farm is located across the river.

나는 강 건너편에 농장이 있는 한 남자를 만났다.

`한정/목적격` I met the man **whom(= that)** I wanted to see for a long time.

나는 오랫동안 내가 보고 싶어 했던 그 남자를 만났다.

`한정/주격` I bought a car **which(= that)** was launched last month.

나는 지난달에 출시된 자동차를 구매했다.

`한정/소유격 1` I bought a car **whose** safety features are reliable.

나는 안전장치가 믿을 만한 차를 구매했다.

`한정/소유격 2` I bought a car **of which the** safety features are reliable.

나는 안전장치가 믿을 만한 차를 구매했다.

`한정/목적격` I bought the car **which(= that)** I wanted to have.

나는 내가 갖고 싶어 했던 그 차를 구매했다.

`명사절/주격` **What** is really important for us is to meet the deadline.
우리에게 정말 중요한 것은 마감 시한에 맞추는 것이다.

`명사절/목적격` I sincerely appreciate **what** you have done for me up to now.
지금껏 당신이 제게 해 주신 것에 대해 진심으로 감사드립니다.

❷ 관계부사

관계부사는 접속사이자 부사로 **형용사절**을 이끈다. 한정적 용법과 계속적 용법으로 모두 사용되며 완전 문장을 이끈다. 한정적 용법의 경우 that으로 대체하거나 생략할 수 있으며 명사절로도 사용될 수 있다.

`where/형용사절` I remember the place **where(= that)** I grew up.

나는 내가 성장했던 장소를 기억한다.

`where/명사절` I remember **where** I grew up.

나는 내가 성장했던 장소를 기억한다.

`when/형용사절` I remember the time **when(= that)** he left for Spain.

나는 그가 스페인으로 떠난 때를 기억한다.

`why/형용사절` I know the reason **why(= that)** she quit her job.

나는 그녀가 일을 그만둔 이유를 알고 있다.

`how/형용사절/예외` I know the way we can get there faster than they.

나는 그들보다 더 빨리 그곳에 도착할 수 있는 방법을 알고 있다.

`the way 생략/명사절` I know **how** we can get there faster than they.

나는 그들보다 더 빨리 그곳에 도착할 수 있는 방법을 알고 있다.

H 부분대명사

정해진 대상 중 일부 혹은 그 전체를 대신하는 대명사로, 정해진 **기준명사**의 **단수/복수**에 따라 대명사의 단수/복수가 결정되고 이에 맞추어 동사의 단수/복수도 결정된다.

기준명사 복수 (부분대명사 복수)	two(both), few, a few, some, any, several, most, many, all, part, half, the rest, two thirds, 30% **of the[these, those, 소유격] + 기준명사(복수) + 복수동사**
기준명사 복수 (부분대명사 단수)	one, each, either, neither **of the[these, those, 소유격] + 기준명사(복수) + 단수동사**
기준명사 단수 (부분명사 단수)	little, a little, any, some, all, much, most, part, half, the rest, two thirds, 30% **of the[this, that, 소유격] + 기준명사(단수) + 단수동사**

❶ 기준명사(복수) = 부분대명사(복수)

Some of the employees **have** the authority to access the laboratory.

직원들 중 일부는 실험실에 접근할 수 있는 권한이 있다.

Have any of your clients prepared for the investment opportunity?

당신의 고객 중 이 투자 기회에 대비한 분이 있습니까?

② 기준명사(복수) = 부분대명사(단수)

Each of **them tries** to get positive feedback from the clients.

그들은 각자 고객들로부터 긍정적인 반응을 얻으려고 노력한다.

Neither of **the applicants has** the right qualifications for the position.

지원자 중 누구도 그 직책에 알맞은 자격 요건을 갖추고 있지 않다.

③ 기준명사(단수) = 부분대명사(단수)

Much of **the information was** leaked due to hacking.

해킹 때문에 정보의 많은 부분이 유출되었다.

All of **the equipment** we ordered **has** arrived right on time.

우리가 주문한 모든 장비는 제때 도착했다.

필수 명사

A [명사 + 명사]의 복합명사

application form 응시 원서, 지원서	installment payment 할부금
assembly line 조립 라인, 생산 라인	insurance coverage 보험 적용 범위
attendance record 출석 기록	interest rate 이율, 이자
checking account 당좌 계좌	maternity leave 출산 휴가
construction site 건설 현장	market survey 시장 조사
course evaluation 과정 평가	performance appraisal 근무 평가
customer satisfaction 고객 만족	production figures 생산 수치
delivery company 배달 회사	registration process 등록 절차
employee productivity 직원 생산성	safety standards 안전 규정
expiration date 만기일	shipping charge 운송 요금, 배송료
health benefits 의료 혜택	training session 연수, 연수회
heating system 난방 시설	work performance 업무 수행 능력

B [명사 + 명사]의 복합명사에서 선행 명사에 -s가 붙는 경우

benefits package 복리 후생 제도	sales department 판매 부서
customs regulations 관세 규정	savings account 저축 계좌
earnings growth 수익 증대	sports complex 스포츠 단지
electronics company 전자 회사	technical services department 기술 서비스 부서
human resources section 인적 자원 부서	telecommunications industry 통신 산업

C 사람 명사 vs 사물 명사

사람(가산명사)	사물(가산/불가산명사)
retailer 소매업자(체)	retail 소매 / 불가산
supporter 지지자, 후원자	support 지지, 지원, 후원 / 불가산
subscriber 구독자, (서비스) 가입자	subscription 구독(권) / 가산/불가산
distributor 유통업자(체)	distribution 분배, 유통 / 불가산
analyst 분석가	analysis 분석, 검토 / 가산/불가산
assistant 조수, 비서	assistance 도움, 원조 / 불가산
correspondent 특파원	correspondence 서신, 통신 / 불가산
applicant 지원자, 응시자	application 지원(서), 적용 / 가산/불가산
manufacturer 제조업자(체)	manufacture 제조(업) / 불가산
editor 편집자	edition (간행물의) 판 / 가산
operator 운영자	operation 작용, 조작, 운영, 활동 / 가산/불가산
receptionist 접수원	reception 환영식, 접수, 수령 / 가산/불가산
accountant 회계사	accounting 회계(학) / 불가산
attendant 종업원	attendance 출석, 시중 / 불가산
architect 건축가	architecture 건축(학/술) / 불가산

D 가산/불가산명사에 따라 의미가 달라지는 명사

가산명사	불가산명사
an approach 접근(법), 방법	access 접근, 이용 (권한)
a certificate 증명서	certification 증명
funds 기금, 자금	funding 자금 조달
a permit 허가증	permission 허가, 승인
a plan 계획	planning 기획, 입안
a product 제품, 상품	production 생산
a seat 좌석, 자리	seating 좌석 배치, 좌석 지정
a suggestion 제안, 조언	advice 조언, 충고
a survey 조사, 설문	research 연구, 조사

1. Our budget ------- which Mr. Jay has been working on need to be reviewed thoroughly.
   (A) plans
   (B) plan

2. We reply to all inquiries from customers within 24 hours of receiving -------.
   (A) it
   (B) them

3. I heard there were some ------- in the commercial district last week.
   (A) big fire
   (B) big fires

4. The executive board made a decision to purchase some new -------.
   (A) equipment
   (B) equipments

5. We at PCI Asset would like to offer ------- company financial support.
   (A) your
   (B) you

6. A newly hired graphic ------- should prove herself to be qualified for the project.
   (A) designer
   (B) designers

7. After examining several items on the market, he finally agreed to purchase one of -------.
   (A) ours
   (B) us

8. Ms. Murphy could handle most of the problems with the itinerary -------.
   (A) by herself
   (B) by her

9. Some employees have already known ------- will be promoted to vice-president.
   (A) who
   (B) whom

10. The items they showed me looked quite different from ------- of their competitors.
    (A) that
    (B) those

PART 5

1. Employees who work in a strict atmosphere are usually less efficient than ------- who work in a liberal atmosphere.
   (A) this
   (B) that
   (C) these
   (D) those

2. Our online service allows you to check your balance, pay bills, and transfer money from one account to -------.
   (A) the second
   (B) another
   (C) other
   (D) the another

3. Our sales team has been dealing with European customers ------- have picky tastes for sanitary goods.
   (A) that
   (B) which
   (C) what
   (D) whom

4. ------- of your equipment that you sent to us last month proved to be defective.
   (A) One
   (B) Many
   (C) Most
   (D) Several

5. Investors have flocked to Australian bank shares, lured by steady ------- and attractive dividends.
   (A) earning growth
   (B) earnings growth
   (C) earnings growing
   (D) earning grow

6. The unmanned train station located at the east end of the city has ------- parking available.
   (A) no
   (B) none
   (C) a
   (D) those

7. I'd like to express my thanks for ------- you have done for me over the past few years.
   (A) what
   (B) which
   (C) that
   (D) whether

8. The result shows that there have been a significant number of customer ------- about our delivery service.
   (A) complaint
   (B) complaining
   (C) complains
   (D) complaints

9. We couldn't take any satisfactory measure about ------- to deal with the problem.
   (A) what
   (B) how
   (C) why
   (D) whom

10. We will offer ------- of up to 50 percent on all camping gear throughout this month.
    (A) discount
    (B) discounting
    (C) discounts
    (D) discounters

PART 6

Questions 1-4 refer to the following announcement.

-------- the *Star Weekly* welcomes contributions from our readers, we are not able to
1.
publish all of them due to space limitations. Priority is given to letters that ------- an
2.
original perspective on local issues, particularly when the issues have been covered in
recent editions of the paper.

Please note that we also prefer letters that do not exceed 300 words. ------- letters will be
3.
edited down by our editorial staff. Please remember to include your name, address and
phone number on your letters. We need to verify your identity for copyright reasons.

-------.
4.

1. (A) Because
    (B) But
    (C) While
    (D) Since

2. (A) offer
    (B) offers
    (C) offering
    (D) offered

3. (A) Length
    (B) Lengthy
    (C) Lengthier
    (D) Lengthiest

4. (A) Your name will be put on our staff
        list for future reference.
    (B) Your personal information will be
        posted on our website.
    (C) We do not print submissions that
        do not contain this information.
    (D) We conceal the contributor's name
        of the letter to be published.

Questions 1-2 refer to the following advertisement.

Columbus Travel 

Are you ready for a spectacular vacation? Save big on flights right now!

Get $400 off of regular airfares to your destinations on flights between March 1 and May 31.

- This offer is available only for airfares within the Pacific region.
- Tickets must be booked prior to February 20.
- A discount is available only for tickets purchased through www. columbustravel.com.

Please visit our website right now to take advantage of this special offer!

1. What is being discounted?
   (A) Hotel rooms
   (B) Airline tickets
   (C) A cruise in the Pacific area
   (D) An airport shuttle service

2. What is indicated in the advertisement?
   (A) The online ticket buyers can save money.
   (B) Airfares are available for $400 in April.
   (C) Advance reservations are optional.
   (D) Frequent fliers can take advantage of the offer.

동사는 주어의 동작과 상태를 설명하고 묘사하는 서술어로 **자동사/타동사**에 따라 **문장의 5형식**을 만들고 **준동사**로 사용된다.

Grammar Points

1. 동사는 [5:4]이다. 즉 동사에서 확인할 기본 사항, [① 자동사/타동사, ② 능동태/수동태, ③ 수 일치, ④ 시제, ⑤ 정동사/준동사 구분] 5가지와 준동사 4가지를 말한다.
2. 준동사에는 [① 동명사, ② to부정사, ③ 원형부정사, ④ 분사]가 있다.
3. 자동사/타동사, 완전/불완전 문장을 구분해 문장의 5형식을 완성할 수 있어야 한다.
4. 준동사도 [동사의 성질]을 지니고 있으므로 의미상 주어가 있고, 자동사/타동사, 완전/불완전에 따라 목적어와 보어를 수반한다.

동사 [5:4]

동사 **[5:4]**란 동사에서 꼭 확인해야 할 기본 사항 **5가지**와 준동사 **4가지**를 말한다.

동사의 핵심(5가지)	① 자동사/타동사 구분	• 문장 구조 5형식 결정
	② 능동태/수동태 구분	• 3, 4, 5형식 타동사의 경우 수동태 전환 가능
	③ 주어 + 동사의 수 일치	• 주어의 단수/복수에 따라 동사의 단수/복수 결정
	④ 시제 구분	• 현재, 과거, 미래 등 12시제 변화형
	⑤ 정동사/준동사 구분	• 4가지의 정동사 영역 / 4가지의 준동사 영역
준동사(4가지)	① 동명사	• 명사로 활용
	② to부정사	• **명사, 형용사, 부사**로 활용
	③ 원형부정사	• 명사, **형용사**로 활용
	④ 분사	• 현재분사, 과거분사 모두 형용사로 활용

5형식 구조와 예문

자동사 (vi.)	1형식 완전자동사	s + v	수동태 전환 불가능
	2형식 불완전자동사	s + v + 보어(명사) s + v + 보어(형용사)	

타동사 (vt.)	3형식 완전타동사	s + v + 목적어	수동태 전환 가능
	4형식 수여동사	s + v + 간접목적어 + 직접목적어	
	5형식 불완전타동사	s + v + 목적어 + 보어(명사)	
		s + v + 목적어 + 보어(형용사)	

문장의 5형식 예문

	s + v
1형식 **완전자동사**	I usually **go** home on weekends. 나는 보통 주말에 집에 간다. She **will come** to the party. 그녀는 파티에 올 것이다. He **has just arrived** at the airport. 그는 지금 막 공항에 도착했다. We **leave** here soon. 우리는 곧 여기를 떠난다. She **worked** hard for her family. 그녀는 가족을 위해 열심히 일했다.

	s + v + 보어(명사/형용사)
2형식 **불완전자동사**	John **is** my roommate. John은 나의 룸메이트이다. She **became** a famous TV star. 그녀는 유명한 TV 스타가 되었다. We have to **remain** vigilant. 우리는 긴장을 늦추지 말아야 한다. They **were** responsible for the project. 그들은 그 프로젝트를 담당하고 있었다. She **has been** a fan of rock music. 그녀는 록 음악 팬이었다.

	s + v + 목적어
3형식 **완전타동사**	I **kicked** the door. 나는 문을 발로 찼다. She **pushed** the shopping cart. 그녀는 쇼핑 카트를 밀었다. We **know** the result of the test. 우리는 테스트 결과를 알고 있다. They **are discussing** pending issues. 그들은 현안을 논의 중이다. We **renewed** the rent on our apartment. 우리는 아파트 임대를 갱신했다.

4형식 수여동사	s + v + 간접목적어(사람) + 직접목적어(사물)
	The company **gave** us a bonus. 회사는 우리에게 보너스를 주었다.
	I will **buy** her an island. 나는 그녀에게 섬 하나를 사줄 것이다.
	You **sent** me wrong information. 당신은 나에게 잘못된 정보를 보내 주었다.
	She **showed** me the wild plants. 그녀는 나에게 야생식물들을 보여 주었다.
	They **offered** her a secretarial position. 그들은 그녀에게 비서직을 제공했다.
5형식 불완전타동사	s + v + 목적어 + 보어(명사/형용사)
	We **elected** her chairperson of the board. 우리는 그녀를 위원회의 의장으로 선출했다.
	The loose plot **made** the movie boring. 느슨한 구성이 그 영화를 지루하게 만들었다.
	They **kept** the door open. 그들은 문을 열어 두었다.
	We **found** the strategy impossible. 우리는 그 전략이 불가능하다는 것을 알게 되었다.
	She **believes** him honest. 그녀는 그가 정직하다고 믿고 있다.

자동사/타동사 구분

1, 2형식 자동사는 수동태 전환이 불가하고 3, 4, 5형식 타동사는 수동태 전환이 가능하다.

자동사	• **rise** vi. ~이 상승하다, 증가하다, 오르다(rise – rose – risen/rising)
	The sun **rises** in the east. 태양은 동쪽에서 떠오른다.
	Land prices **rose** sharply last year. 지난해 땅값이 급상승했다.
	The productivity **has risen** steadily. 생산성이 꾸준히 증가하고 있다.
타동사	• **raise** vt. ~이 …을 증가시키다, …을 올리다(raise – raised – raised/raising)
	능동태 They **raised** the flag. 그들은 깃발을 들어올렸다.
	수동태 The flag **was raised** (by them). 깃발이 (그들에 의해) 들어올려졌다.
	능동태 The government **raised** taxes. 정부는 세금을 인상했다.
	수동태 Taxes **were raised** (by the government). 세금은 (정부에 의해) 인상되었다.

자동사	• **sit** vt. ～이 앉다 / ～이 놓여 있다(**sit - sat – sat / sitting**) He **sits** on the chair. 그는 의자에 앉아 있다. A centerpiece **sat** on the table. 가운데 놓는 장식물이 테이블에 놓여 있었다.
타동사	• **seat** vt. ～이 …을 앉히다(**seat - seated – seated / seating**) `능동태` He **seated** me in the first row. 그는 나를 첫 번째 줄에 앉혔다. `수동태` I **was seated** in the first row (by him). 나는 (그에 의해) 첫 번째 줄에 앉혀졌다.

자동사	• **lie** vi. ～이 놓여 있다, ～이 눕다(**lie - lay – lain / lying**) A book **lies** on the desk. 책상 위에 책 한 권이 놓여 있다. She **lay** on the grass. 그녀는 잔디 위에 누웠다.
타동사	• **lay** vt. ～이 …을 놓다, ～이 …을 눕히다(**lay - laid – laid / laying**) `능동태` I **laid** the boy on the bed. 니는 그 소년을 침대 위에 눕혔다. `수동태` The boy **was laid** on the bed (by me). 그 소년은 (나에 의해) 침대에 뉘여졌다. `능동태` She **laid** the books on the desk. 그녀는 책상 위에 책들을 놓았다. `수동태` The books **were laid** on the desk (by her). 그 책들은 (그녀에 의해) 책상 위에 놓여졌다.

문장의 5형식 대표 동사

A 1형식 완전자동사

왕래발착/거주/이전	go 가다 come 오다 arrive(= get) 도착하다 leave 떠나다 stay 머무르다 reside(= dwell) 거주하다 move 움직이다, 이동[이사]하다
자연현상	live 살다 die 죽다 rise 상승하다, 떠오르다 set 지다 rain 비가 오다 snow 눈이 내리다 exist(= be) 있다, 존재하다 appear(= emerge) 나타나다, 출현하다 disappear 사라지다 last 지속되다 happen(= occur, take place) 발생하다
인간의 본능	talk 말하다 speak 말하다 sleep 잠자다 breathe 숨을 쉬다 laugh 웃다 cry 울다
인간의 움직임	work 일하다 play 놀다 walk(= stroll) 걷다 run 달리다 swim 수영하다 dance 춤추다 sing 노래하다 sit 앉다 stand 서다 lie 눕다
기타	remain 남아 있다 proceed 나아가다, 진출하다 commute 통근하다 resign 사임하다 retire 은퇴하다 expire 종료되다 matter 중요하다

Cultural differences among nations **are disappearing** through various exchanges.

국가 간의 문화적 차이가 다양한 교류를 통해 사라지고 있다.

A horrible traffic accident **happened** at the intersection.

그 교차로에서 끔찍한 교통사고가 발생했다.

There **is a coffeepot** on the table.

테이블 위에 커피 주전자가 있다.

There **are coffee cups** on the table.

테이블 위에 커피 잔들이 있다.

BONUS　1형식/2형식 문장에 모두 쓰이는 동사

appear, remain 등은 1형식, 2형식 동사로 사용할 수 있다.

1형식 She **appeared** in fashion magazines in the early 1990s. 그녀는 90년대 초에 패션 잡지에 등장했다.

2형식 She **appeared** (to be) tired. 그녀는 피곤해 보였다.

1형식 Ancient Aztecan civilization still **remains** in the form of buildings.

고대 아즈텍 문명은 아직도 건물의 형태로 남아 있다.

2형식 It **remains** (to be) seen what will happen in the future.

= What will happen in the future **remains** (to be) seen. 미래에 어떤 일이 벌어질지는 두고 보아야 한다.

B 2형식 불완전자동사

대표동사	be(= am, are, is / was, were / been, being) (주어가) ~보어(명사/형용사)이다
변화동사	become(= get, go, come, run, grow, turn) (주어가) ~보어(명사/형용사)가 되다
상태유지동사	remain(= keep, stay) (주어가) ~보어(명사/형용사)한 상태를 유지하다
감각(5감)동사	look ~처럼 보이다 sound ~처럼 들리다 feel ~한 느낌이 들다 smell ~한 냄새가 나다 taste + 형용사 보어 ~한 맛이 나다
판단동사	seem ~인 것 같다 appear ~처럼 보이다 prove(= turn out) + (to be) + 보어(명사/형용사) ~임이 알려지다, ~이 되다

❶ be동사(A는 B이다)

`수식` The chairman's post **is** vacant. 의장 직위가 공석이다.

`수식` He **was** not strong enough to fight against his political enemies.

그는 자신의 정적들에 대항할 만큼 충분히 강하지 못했다.

`동격` He **is** a police officer. 그는 경찰관이다.

❷ become(A는 B가 되다)

`수식` She **became** healthy again. 그녀는 다시 건강해졌다.

`동격` She finally **became** a lawyer. 그녀는 마침내 변호사가 되었다.

❸ 오감동사: 항상 형용사 보어를 사용하며 명사 보어를 취할 수 없다.

`수식` You **look** gorgeous in the pink dress.

분홍색 드레스를 입으니 멋져 보입니다.

BONUS 오감동사와 용법이 비슷한 seem

`수식/to부정사` She **seems** to be ready for more mature roles.

그녀는 좀 더 성숙한 역할을 할 준비가 되어 있는 것 같다.

BONUS 전치사 뒤에 목적어가 나오는 오감동사

The snow **looked** like white flowers on the tree. 그 눈은 나무에 핀 흰 꽃처럼 보였다.

Your plan **sounds** like a good idea. 당신의 계획은 좋은 생각인 것 같다.

---

❹ 상태유지동사: remain, keep, stay

`수식` The company **remains** competitive in the global market.

그 회사는 해외 시장에서 경쟁력을 유지하고 있다.

 The machines **remained** idle in the warehouse.

그 기계들은 창고 안에 방치된 상태로 있었다.

 Jeju Island **remains** the best holiday spot in Korea.

제주도는 한국에서 최고의 휴가지의 지위를 유지하고 있다.

BONUS 상태유지동사와 함께 쓰이는 형용사 보어류

competitive 경쟁력이 있는	locked 잠긴
stable 안정된	calm 냉정한
operational 가동 중인, 작동 중인	silent 조용한
idle 사용되지 않고 있는, 쉬고 있는	alert 빈틈없는, 민감한, 조심성 있는

---

❺ 변칙동사: 1형식 완전자동사가 2형식 불완전자동사로 사용되는 경우

C 3형식 완전타동사

3형식 완전타동사 문장부터는 **능동태/수동태**를 구분해야 한다. 1형식과 2형식의 자동사 문장은 수동태 전환이 불가능하지만 3형식부터는 수동태 전환이 가능하다.

access ~에 접속하다	want ~을 원하다	describe ~을 설명하다
accept ~을 수락하다[받다]	exceed ~을 초과하다	cut ~을 자르다
address ~을 처리하다[해결하다]	explain ~을 설명하다	read ~을 읽다
announce ~을 발표하다	settle ~을 해결하다	do ~을 하다
approve ~을 승인하다	conduct ~을 행하다	fulfill ~을 행하다
approach ~에 접근하다	renew ~을 갱신하다	answer ~에 답하다
appraise ~을 칭찬하다	discuss ~을 토론하다	provide ~을 제공하다
assume ~을 떠맡다	suggest ~을 제안하다	say ~을 말하다
attend ~에 참석하다	see ~을 보다	make ~을 만들다
attract ~을 끌어들이다	repair ~을 수리하다	know ~을 알다
attach ~을 붙이다	meet ~을 만나다	hire ~을 고용하다

※참고 acc-, att-, add-, app-처럼 [모음 a + 겹자음]으로 시작하면 대개 타동사이다.

능동태 I **want** some information about the tourist attractions.

나는 관광 명소들에 대한 약간의 정보를 원한다.

능동태 We **have known** each other for the past few years.

우리는 지난 몇 년간 서로 알고 지내고 있다.

수동태 In the debate, very sensitive topics **were discussed**.

그 토론에서, 매우 민감한 문제들이 논의되었다.

수동태 Applications **will be accepted** starting May 10.

지원서는 5월 10일부터 접수될 것이다.

❶ 타동사지만 수동태로 사용할 수 없는 동사

have ~을 소유하다(= possess)	s + result in + o s가 결과적으로 O가 되다	s + result from + o s는 o의 결과이다
belong to ~에 속하다	cost (값·비용 등이) ~이다	resemble ~을 닮다
consist of ~으로 구성되다	lack ~이 부족하다	let ~하게 하다[시키다]

His report **consists of** five chapters. (o)

His report **is consisted of** five chapters. (×)

그의 보고서는 다섯 개의 장으로 구성되어 있다.

The shutdown of the nuclear reactors **resulted in** energy shortages. (o)

The shutdown of the nuclear reactors **was resulted in** energy shortages. (×)

원자로의 폐쇄는 에너지 부족 사태로 귀결되었다.

❷ 필수 암기 3형식 완전타동사

3형식 완전타동사 중 목적어로 **to부정사**를 취하는 동사와 **동명사**를 취하는 동사를 구분해 암기해야 한다.

to부정사 목적어	**바람** want(= hope, wish) ~을 원하다[바라다/소망하다] expect ~을 예상하다 desire ~을 바라다 　　　 need ~이 필요하다 ask ~을 요구하다 **계획/결심** plan ~할 예정이다 prepare ~을 준비하다 decide(= choose, determine) ~하기로 　　　 결정[결심]하다 **약속/동의/제안** promise ~하기로 약속하다 agree(= assent, consent) ~하는 데 동의하다 　　　　　 propose ~을 제안하다 **기타** tend ~하는 경향이 있다 refuse ~을 거절하다 offer ~하겠다고 제안하다 　　 afford ~할 여유가 있다 fail ~에 실패하다 hesitate ~을 망설이다 seek ~을 시도하다 　　 strive ~하려고 애쓰다 prefer ~을 선호하다 manage ~을 해내다
동명사 목적어	**완료/포기** finish ~을 끝마치다 give up ~을 포기하다 stop(= quit, discontinue) ~을 그만두다 **연기** delay(= postpone, put off) ~을 뒤로 미루다/연기시키다 **회피** avoid ~을 피하다 escape ~을 모면하다 deny ~을 부인하다 **회상/후회** recall ~을 회상하다 repent ~을 후회하다 **선호** enjoy ~을 즐기다 mind ~을 꺼리다 **기타** suggest(= recommend) ~을 제안하다 include ~을 포함시키다 consider ~을 고려하다 　　 admit ~을 승인[인정]하다 anticipate ~을 예상하다

to + v Most people **failed to go** a full week without media.

　거의 모든 사람들은 대중매체 없이 한 주 동안 사는 데 실패했다.

to + v Some automakers **have strived to develop** eco-friendly vehicles.

　몇몇 자동차 회사는 친환경 차량 개발을 위해 노력해 오고 있다.

v + -ing We **have already finished reviewing** the plans.

　우리는 이미 그 계획의 검토를 끝마쳤다.

v + -ing They **are still considering acquiring** their rival company.

　그들은 여전히 자신들의 경쟁 회사 매입을 고려 중이다.

D 4형식 수여동사

수여동사는 목적어가 2개(간접목적어 + 직접목적어)인 만큼 2가지 수동태 문장이 가능하며 4형식 문장을 3형식 문장으로 전환할 때는 동사에 따라 각각 다른 전치사가 사용된다.

❶ 4형식 문장의 3형식 전환

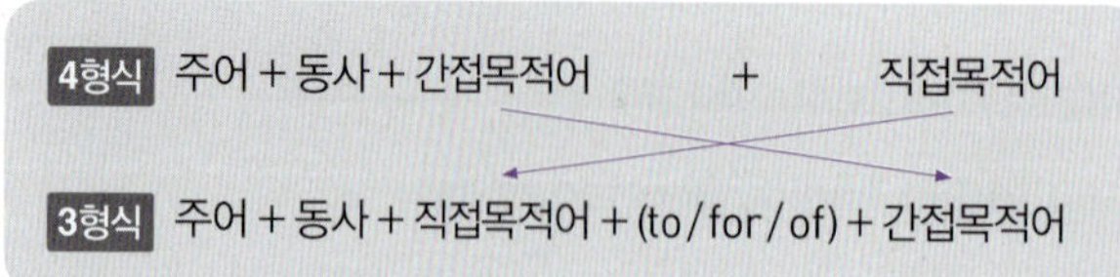

❷ 3형식 전환 시 전치사 to를 사용하는 동사

give 주다	show 보여 주다	tell 알려 주다	send 보내 주다
offer 제공하다	allow 허용하다	pay 지불하다	bring 가져다 주다
grant (권리 등을) 주다	award (상/벌 등을) 주다	lend 빌려주다	teach 가르쳐 주다

1. I **gave** her a car. 나는 그녀에게 자동차 한 대를 주었다.

2. She **was given** a car (by me).

3. I **gave** a car **to** her. [3형식 전환]

4. A car **was given to** her (by me). [3형식 전환 이후 수동태]

❸ 3형식 전환 시 전치사 for를 사용하는 동사

make 만들어 주다	buy 사 주다	get 얻어 주다	do 해 주다
find 찾아 주다	prepare 준비해 주다	build 지어 주다	sing 노래를 불러 주다
oder 주문해 주다	leave 남겨 주다	choose 골라 주다	cook 요리해 주다

1. I **bought** her ice cream. 나는 그녀에게 아이스크림을 사 주었다.

2. She **was bought** ice cream (by me).

3. I **bought** ice cream **for** her. [3형식 전환]

4. Ice cream **was bought for** her (by me). [3형식 전환 이후 수동태]

❹ 3형식 전환 시 전치사 of를 사용하는 동사

ask 묻다, 요구하다	demand 요구하다	require 요구하다

1. John **asked** Jane the answer. John은 Jane에게 답을 물어보았다.

2. Jane **was asked** the answer (by John).

3. John **asked** the answer **of** Jane. [3형식 전환]

4. The answer **was asked of** Jane (by John). [3형식 전환 이후 수동태]

❺ 3, 4, 5형식에 모두 쓰이는 만능 동사

다음 동사는 3, 4, 5형식에 모두 쓰이며, 능동태/수동태 형태 모두 시험에 자주 출제된다.

동사	형식	능동태	수동태		
notify 통지하다	3	A of B	A	be v + -ed	of B
	4	sby that s + v	sby	be v + -ed	that s + v
	5	sby to + v	sby	be v + -ed	to + v
remind 상기시켜 주다	3	A of B	A	be v + -ed	of B
	4	sby that s + v	sby	be v + -ed	that s + v
	5	sby to + v	sby	be v + -ed	to + v
inform 알려 주다	3	A of B	A	be v + -ed	of B
	4	sby that s + v	sby	be v + -ed	that s + v
	5	sby to + v	sby	be v + -ed	to + v
assure 확신[보증]하다	3	A of B	A	be v + -ed	of B
	4	sby that s + v	sby	be v + -ed	that s + v
	5	sby to + v	sby	be v + -ed	to + v
convince 설득[확신]시키다	3	A of B	A	be v + -ed	of B
	4	sby that s + v	sby	be v + -ed	that s + v
	5	sby to + v	sby	be v + -ed	to + v

3형식/능동 I **notified** her **of my arrival time.**

나는 그녀에게 나의 도착 시간을 알렸다.

3형식/수동 She **was notified of my arrival time** (by me).

4형식/능동 I **notified** her **that I arrived in Korea.**

나는 그녀에게 내가 한국에 도착했음을 알렸다.

4형식/수동 She **was notified that I arrived in Korea** (by me).

5형식/능동 I **notified** her **to carry out the plans.**

나는 그녀에게 그 계획을 실행하라고 알렸다.

5형식/수동 She **was notified to carry out the plans** (by me).

E 5형식 불완전타동사

5형식 불완전타동사가 쓰인 문장에서 목적어와 보어의 관계는 **동격**, 혹은 **수식**이다. 통상 보어 자리에는 **형용사**가 나와 목적어를 수식한다.

s + v + A as B	regard (= consider) A를 B로 간주하다 describe A를 B라고 말하다[평하다] define A를 B로 정의하다 recognize A를 B로 인정[인지]하다 appoint (= name) A를 B로 임명하다
s + v + o + o.c.	make ~을 …하게 만들다 keep ~을 …하게 유지하다 find ~이 …하다는 것을 발견하다 consider ~을 …으로 간주하다 think (= believe) ~을 …이라고 생각하다 / 믿다 presume (= assume, suppose) ~을 …이라고 추측[추정]하다 call ~을 …이라고 부르다 elect ~을 …으로 선출하다 appoint (= name) ~을 …으로 임명하다
s + v + sby + to + v	**요청**　　ask (= request, require) 요구[요청]하다 want (= would like) 원하다 direct 지시하다 **설득·강요**　encourage 독려하다 persuade 설득하다 get 시키다 order (= tell) 명령하다 　　　　　urge 촉구하다 force 강요하다 **허용**　　allow (= permit) 허락하다 enable 가능하게 하다 lead 이끌다 **기타**　　advise 조언하다 invite 초대하다 cause 야기하다 expect 기대하다

동격 I think <u>him a pleasant person</u>. 나는 그가 호감형이라고 생각한다.

= I think (that) <u>he is a pleasant person</u>. [3형식]

수식 I think <u>him diligent</u>. 나는 그가 부지런하다고 생각한다.

= I think (that) <u>he is diligent</u>. [3형식]

동격 We made <u>this city the most frequently visited attraction</u> in the nation.

우리는 이 도시를 우리나라에서 가장 많이 찾는 명소로 만들었다.

수식 They think <u>the hotel agreeable</u> for the conference.

그들은 그 호텔이 회의에 적합하다고 생각한다.

동격 We called <u>the girl the Queen</u> of the Ice.

우리는 그 소녀를 은반의 여왕이라고 불렀다.

동격 We elected <u>Mr. Ibis representative</u> of the association.

우리는 Ibis 씨를 협회의 대표로 선출했다.

동격 The president named <u>Mr. Kim (as) chairperson</u>.

사장은 Kim 씨를 의장으로 임명했다.

❶ 사역동사와 지각동사

사역동사는 [~을 시키다/~을 당하다]의 의미의 강제성을 나타내는 특정 동사를 말한다. 5형식 **지각동사**는 2형식 감각동사(5감동사)와는 다른 동사이므로 명확히 구분해서 사용해야 한다.

동사의 종류	형태	목적어	목적격 보어(형용사)
사역동사	make have let	능동(사람)	원형부정사
		수동(사물)	과거분사
준사역동사	get	능동(사람)	to부정사
		수동(사물)	과거분사
	help	능동(사람)	원형부정사/to부정사
		수동(사물)	과거분사(v + -ed)
지각동사	see watch behold observe hear	능동(사람)	원형부정사/현재분사
		수동(사물)	과거분사

능동태/원형부정사 I **made** the mechanic **repair** my car.

    나는 그 정비공에게 내 차를 수리시켰다.

수동태/to + v The mechanic **was made** **to repair** my car (by me).

능동태/과거분사 I **made** my car **repaired** by the mechanic.

    나는 내 차가 그 정비공에 의해 수리되도록 시켰다.

능동태/원형부정사 I **had** her **turn off** the TV.

    나는 그녀에게 TV를 끄도록 시켰다.

능동태/과거분사 I **had** the TV **turned off** (by her).

    나는 (그녀에 의해) TV가 꺼지도록 시켰다

능동태/원형부정사 Please, **let** me **work** at the farm.

    제가 농장에서 일하도록 해 주세요.

능동태/to + v I **got** her **to wash** the floor.

    나는 그녀에게 바닥을 닦도록 시켰다.

능동태/과거분사 I **got** the floor **washed** (by her).

    나는 (그녀에 의해) 바닥이 닦여지도록 시켰다.

`help 1` She **helped** me **finish/to finish** my report.

그녀는 내가 보고서를 끝마칠 수 있도록 도와주었다.

`help 2` His advice can **help solve/to solve** your problem.

그의 조언은 당신의 문제를 해결하는 데 도움이 될 수 있다.

`지각동사 1` I **saw** her **plant/planting** some flowers in the garden.

나는 그녀가 정원에 꽃을 심는 것을 보았다.

`지각동사 2` I **saw** some flowers **planted** by my mother.

나는 어머니에 의해 심어진 꽃들을 보았다.

[주어 + 동사]의 수 일치

모든 문장은 **주어의 단수/복수** 여부에 따라 **동사의 단수/복수**가 결정된다.

A 주어가 3인칭 단수, 시제가 현재/현재완료인 경우

동사 [-s/-es]를 붙인다.

Mr. Kim has been a strong advocate for children's rights.
Kim 씨는 어린이 권익의 열렬한 옹호자다.

The bakery is a hit with locals and tourists alike.
그 제과점은 지역민과 관광객 모두에게 명소이다.

There **has been a rush** of orders for the new model.
신제품 주문이 폭주하고 있다.

B 동명사, to부정사(명사적 용법), 명사구, 명사절

모두 3인칭 단수로 취급한다.

`동명사` **Saving** energy **means** saving money as well.
에너지를 절약하는 것은 돈도 절약한다는 의미다.

`to부정사` **To support** patients **has been** our major concern.
환자들을 후원하는 것은 우리의 주요 관심사다.

`명사절` **What you did in the past is** not important to me.
당신이 과거에 무엇을 했는지는 나에게 중요치 않다.

기준명사에 따라 단수/복수가 결정된다.

Some of **the plant workers were injured** by the accident.
공장의 직원들 중 몇 명이 그 사고로 부상을 입었다.

According to the report, **some** of **the equipment was** defective.
보고에 따르면 일부 장비가 불량이었다.

One of **the ways** to increase revenues **is** to mark up the price.
수익을 증가시킬 수 있는 방법 중 하나는 가격 인상이다.

D 주격 관계대명사 이하 동사

선행사의 수에 일치시킨다.

The buildings which **are located** in the area **are** earthquake-proof.
그 지역에 위치하고 있는 건물들은 내진 설계가 되어 있다.

We'll help **those** who **are** unfamiliar with the new system.
우리는 새로운 체제에 익숙하지 않은 사람들을 도울 것이다.

E [주어 + 동사]는 아무리 멀리 있어도 수 일치가 우선

The committee (which was formed for new projects) **is** now only nominal.
신규 프로젝트를 위해 구성되었던 위원회는 현재 유명무실하다.

Our strategy (designed to promote new products) **is paying off**.
신제품 홍보를 위해 고안된 우리의 전략은 성과를 내고 있다.

Dairy products (on the market) **are** good sources of calcium and protein.
시판 중인 유제품은 칼슘과 단백질의 좋은 공급원이다.

F 수량형용사에 따라 단수/복수 결정

many, few, a few, several 등은 **가산명사의 복수**를 수식하고, much, little, a little 등은 **불가산명사의 단수**를 수식한다.

Many restaurants around the resort **are** booming.
그 유원지 근처의 많은 식당들은 호황을 누리고 있다.

Much machinery **has** been sold in Argentina through an importer.
많은 기계류가 수입업체를 통해 아르헨티나에서 판매되고 있다.

G 헷갈리기 쉬운 수 일치

a couple of / a pair of + **복수명사** + **복수/단수동사**
a group of / a series of / a total of + **복수명사** + **단수/복수동사**
a box of / a list of + **복수명사** + **단수동사**

A couple of controversial ideas were discussed. [대부분 복수로 사용]

논란의 여지가 있는 몇몇 아이디어가 논의되었다.

There **is/are a couple of things** to do. [단수/복수 모두 가능]

해야 할 일이 몇 가지 있다.

The couple was on holiday at that time. [두 사람을 하나의 공동체로 취급 → 단수]

그 커플은 그때 휴가 중이었다.

The couple were arrested at the airport. [두 사람을 개별 구성원으로 취급 → 복수]

그 커플은 공항에서 체포되었다.

A group of medical experts **has been developing** a new vaccine.

일단의 의료 전문가들이 새로운 백신을 개발해 오고 있는 중이다.

A series of animated films **was produced** by film director Christopher Grant.

영화감독인 Christopher Grant에 의해 일련의 만화영화가 제작되었다.

A list of products and companies **is posted** online to boycott.

불매 운동을 할 제품과 기업은 온라인에 게시된다.

H 등위상관접속사

B 주어 일치의 법칙에 따라 B에 동사의 수를 일치시킨다.

• not only **A** but also **B** A뿐만 아니라 B도	• neither **A** nor **B** A, B 둘 다 아닌
= not only **A** but **B** as well, **B** as well as **A**, **B** together with **A**	• not **A** but **B** = **B**, but not **A** A가 아니라 B
• either **A** or **B** A나 B 둘 중 하나	• both A and B A, B 둘 다 [복수로 고정]

Neither the manager nor **the employees were informed** to leave the office.

매니저뿐만 아니라 직원들도 사무실을 떠나라는 통보를 받지 못했다.

Both the company **and** the union **have to find** a way to coexist.

회사와 노조 둘 다 공존할 수 있는 방법을 찾아야 한다.

시제는 주어의 동작이 일어나는 구체적인 시간(때)을 말하며 **12시제**로 표현된다.

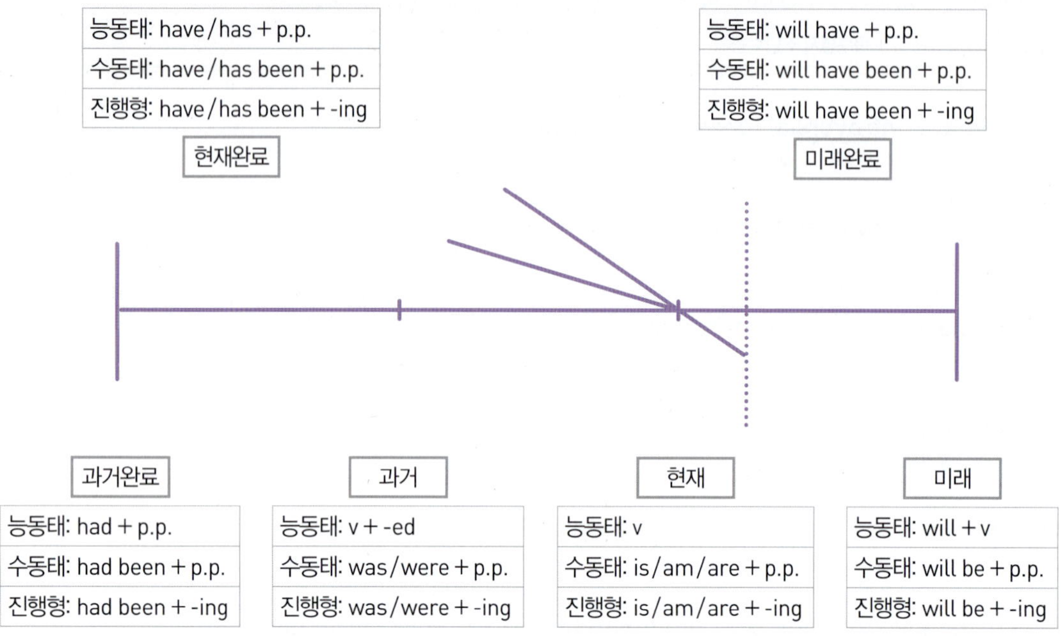

단순시제	완료시제	진행시제	완료진행시제
단순현재	현재완료	현재진행	현재완료진행
단순과거	과거완료	과거진행	과거완료진행
단순미래	미래완료	미래진행	미래완료진행

A 시제에 따른 문장의 형태

시제	태	예문
① 단순현재	능동태	I **study** English. 나는 영어를 공부한다.
② 단순과거		I **studied** English. 나는 영어를 공부했다.
③ 단순미래		I **will study** English. 나는 영어를 공부할 것이다.
④ 단순현재	수동태	English **is studied** (by me). 영어는 내가 공부한다.
⑤ 단순과거		English **was studied** (by me). 영어는 내가 공부했다.
⑥ 단순미래		English **will be studied** (by me). 영어는 내가 공부할 것이다.
⑦ 현재완료	능동태	I **have studied** English. 나는 영어를 공부했다. (과거의 일이 현재까지 영향을 줌)
⑧ 과거완료		I **had studied** English. 나는 영어를 공부했었다. (과거의 어느 시점에서 완료된 일)
⑨ 미래완료		I **will have studied** English. 나는 영어 공부를 다 했을 것이다. (미래의 어느 시점에 완료되어 있을 일)

⑩ 현재완료	수동태	English **has been studied** (by me). 영어는 내가 공부했다. (과거의 일이 현재까지 영향을 줌)
⑪ 과거완료		English **had been studied** (by me). 영어는 내가 공부했었다. (과거의 어느 시점에서 완료된 일)
⑫ 미래완료		English **will have been studied** (by me). 영어는 내가 공부할 것이다. (미래의 어느 시점에 완료되어 있을 일)
⑬ 현재진행	능동태	I **am studying** English. 나는 영어를 공부하는 중이다. (현재 진행되고 있는 일)
⑭ 과거진행		I **was studying** English. 나는 영어를 공부하는 중이었다. (과거의 어느 한 시점에서 진행된 일)
⑮ 미래진행		I **will be studying** English. 나는 영어를 공부하는 중일 것이다. (미래에 행해질 일)
⑯ 현재진행	수동태	English **is being studied** (by me). 영어는 내가 공부하는 중이다. (현재 진행되고 있는 일)
⑰ 과거진행		English **was being studied** (by me). 영어는 내가 공부하는 중이었다. (과거의 어느 한 시점에서 진행된 일)
⑱ 미래진행		English **will be being studied** (by me). 영어는 내가 공부하는 중일 것이다. (미래에 행해질 일)
⑲ 현재완료진행	능동태	I **have been studying** English. 나는 영어를 공부해 오고 있다. (예전부터 지금까지 계속되는 일)
⑳ 과거완료진행		I **had been studying** English. 나는 영어를 공부해 오고 있었다. (과거의 어느 시점에서 특정 시점까지 지속된 일)
㉑ 미래완료진행		I **will have been studying** English. 나는 영어를 공부하고 있을 것이다. (미래의 어느 시점에도 계속될 일)
㉒ 현재완료진행	수동태	English **has been being studied** (by me). 영어는 내가 공부해 오고 있다. (예전부터 지금까지 계속되는 일)
㉓ 과거완료진행		English **had been being studied** (by me). 영어는 내가 공부해 오고 있었다. (과거의 어느 시점에서 특정 시점까지 지속된 일)
㉔ 미래완료진행		English **will have been being studied** (by me). 영어는 내가 공부할 것이다. (미래의 어느 시점에도 계속될 일)

B 단순현재

현재의 꾸준한 습관, 습성, 사실, 경향, 상태, 과학적 사실, 불변의 법칙, 속담, 격언에는 단순현재 시제를 사용한다.

My teacher **taught** us yesterday that time **is** gold.
우리 선생님은 어제 우리에게 시간은 금이라고 가르쳐 줬다.

❶ 왕래발착동사는 현재 혹은 현재진행시제가 미래시제를 대신할 수 있다.

go 가다 come 오다 arrive 도착하다 get 도착하다 reach ~에 도착하다 begin 시작되다 start 출발하다 depart 출발하다 leave 떠나다

미래시제를 써도 틀린 건 아니다.

I **will leave** here tomorrow. 나는 내일 여기를 떠날 것이다.

= I **leave** here tomorrow.

= I **am leaving** here tomorrow.

❷ 시간이나 조건의 부사절에서는 미래 대신 현재, 미래완료 대신 현재완료를 사용한다.

If you **meet** Terry tomorrow, say "hello" to him.
만약 당신이 내일 Terry를 만나면 그에게 안부를 전해 주세요.

By the time **(when)** he **arrives** here in 2 hours, we will have prepared a report for him.
2시간 후 그가 여기에 도착할 때까지 우리는 그를 위한 보고서 준비를 완료해 놓을 것이다.

Please wait for me **until** I **have finished** reviewing the proposal.
내가 그 안건 검토를 끝낼 때까지 기다려 주세요.

❸ 단순현재를 나타내는 시간 표시 부사 장치

always 늘	usually 대개	often 종종	every + day[week, year] 매일[주, 해]
now 지금	currently 현재	presently 현재	today 오늘 these days 요즘

He **usually** **drinks** coffee in the morning.
그는 보통 아침에 커피를 마신다.

She **always** **works** hard and never **wastes** time.
그녀는 항상 열심히 일하고 결코 시간을 낭비하는 법이 없다.

They **get together** **every day** to study English.
그들은 영어 공부를 하기 위해 매일 모인다.

C 단순과거와 단순미래

과거의 역사적 사실은 단순과거로 나타낸다. 미래에 계획된 일은 단순미래로 나타낸다.

The Korean War **broke out** **in 1950**.
한국전쟁은 1950년에 발발했다.

John. F. Kennedy **was assassinated** **in 1963**.
John. F. Kennedy는 1963년에 암살되었다.

❶ 단순과거를 나타내는 시간 표시 부사 장치

수사 + ago ~전에	in + 과거연도 ~에	last + 시간명사 지난 ~에
yesterday 어제	at that time 그때	in those days 그 당시에

I **met** him at the mall **2 days ago**.
나는 이틀 전에 쇼핑몰에서 그를 만났다.

I **became** a general supervisor of the company **in 2010**.
나는 2010년에 이 회사의 총 관리자가 되었다.

❷ 단순미래를 나타내는 시간 표시 부사 장치

tomorrow 내일	someday 언젠가	as of + 미래 시간
next + week[month, year] 다음 주[달, 해]	soon 곧	in the future 미래에

He **will be back** from his business trip **soon**.
그는 곧 출장에서 돌아올 것이다.

A special art exhibition **will be held** **next week**.
다음 주에 특별 미술전이 열릴 것이다.

D 현재완료

과거의 한 시점에 시작해 현재까지 영향을 미치는 동작이나 상태를 나타낸다.

for + 수사 + 단위 명사(for 2 weeks) ~ 동안	since + 과거 시점 명사(since last week) ~ 이후로	
so far, until now, up to now 지금까지	as yet 지금까지, 아직까지	lately, recently 최근에
• s + v(have p.p.) since s + v(과거동사)		

I **have studied** organic chemistry **for 10 years**.
나는 10년 동안 유기화학을 공부해 오고 있다.

Japan **has experienced** extreme temperature fluctuations **since the 1970s**.
일본은 1970년대부터 극심한 기온차를 겪고 있다.

It **has been** 11 years **since** I **began** studying English.
나는 영어 공부를 시작한 지 11년이 되었다.

Some companies **have studied** alternative energy sources **for the past few years**.
몇몇 기업들은 지난 몇 년간 대체 에너지원을 연구해 오고 있다.

E 과거완료

복문에서 과거를 기준으로 과거보다 한 시제 앞선 시제를 나타낸다.

I just **found** that he **had already left** for the day.
나는 그가 이미 퇴근했다는 사실을 지금 막 알았다.

I **had often heard** about her before I **met** her.
나는 그녀를 만나기 전에 그녀에 대한 이야기를 자주 들었다.

When we **arrived at** the ticket office, the tickets **had already been sold out**.
우리가 매표소에 도착했을 때 표는 이미 매진된 상태였다.

F 미래완료

미래완료는 과거나 현재의 동작이 미래의 특정 시점까지 완료되어 있을 것이라는 추정을 나타내고 미래완료 진행은 과거나 현재의 동작이 미래에도 계속되고 있을 것임을 나타낸다.

We **will have managed** the affairs **for 2 months by the end of the month**.

이번 달 말까지면 우리는 2개월간 그 일을 관리하게 되는 것이다.

The construction of the building **will have been** complete **by the end of next year**.

내년 말까지는 그 건물의 공사가 완료될 것이다.

The project **will have been proceeding** for 3 weeks **by the end of the week**.

이번 주 말까지면 그 사업은 3주 동안 진행되는 것이다.

G 조동사의 시제와 기능

조동사는 [**조동사 + 동사 원형**] 구조를 암기하는 것도 중요하지만 조동사의 보조 기능, 즉 시제와 각 조동사, 준조동사 등의 기능을 파악하는 것이 더 중요하다.

일반 조동사(I)	will, shall, can, may, must, ought to + v
일반 조동사(II)	would, should, could, might, had to + v
조동사 = 일반동사	do, need, dare (주로 부정문 / 의문문에서 사용)
준조동사(I)	be going to + v, be about to + v, be able to + v, have / has to + v
준조동사(II)	had better + v, used to + v, would rather + v, would like to + v
준조동사(III)	may as well(= had better), may well + v
가정법 과거	If + s + 과거동사, s + would[could, should, might] + v
가정법 과거완료	If + s + had p.p., s + would[could, should, might] + have + p.p.
가정법 미래	If + s + should + v, s + v(일반동사)

주어의 의지/미래 I **will visit** the factory the day after tomorrow.

나는 내일 모레 그 공장을 방문할 것이다.

시제의 일치 He **said** that he **would invest** up to 1 million dollars in the new project.

그는 최대 100만 달러를 신규 사업에 투자하겠다고 말했다.

중복 사용 불가 She **will be able to achieve** success in the financial business.

그녀는 금융업에서 성공할 수 있을 것이다.

과거의 한때 I **used to live** in London.

나는 런던에 살았던 적이 있다.

시제/부정 I **do not like** humid weather.

나는 습한 날씨를 좋아하지 않는다.

 You **may as well go** early and take a rest.

너는 일찍 가서 쉬는 것이 좋겠다.

 If I **had known** the password, I **could have gained** access to the database.

만약 내가 비밀번호를 알았다면 데이터베이스에 접속할 수 있었을 텐데.

 If you **should need** any additional help, just call me anytime.

만약 추가 지원이 더 필요하면 아무 때나 제게 전화 주십시오.

H [자동사 + 전치사 = 타동사구] 구문과 수동태

account for ~을 설명하다, ~만큼 차지하다	agree to[with/on] ~에 동의하다
apologize to[for] ~에게 사과하다	comply with ~에 순응하다, 따르다
specialize in ~을 전공하다	focus on ~에 집중하다 (= concentrate on)
deal with ~을 해결하다[다루다] (= handle)	lay off ~을 해고시키다 (= dismiss, fire)
interfere with ~을 방해하다	object to ~에 반대하다
listen to ~을 듣다	refrain from ~을 삼가다
reply to ~에 반응하다 (= respond to, react to)	talk about ~에 대해 논하다
return to ~으로 돌아오다	check for ~이 있는지 점검하다
succeed in ~에서 성공하다	look over ~을 조사하다 (= look into)
benefit from ~에서 이득을 취하다	look at ~을 보다 (= see)
go through ~을 겪다 (= experience)	insist on ~을 주장하다
laugh at ~을 비웃다	care for ~을 좋아하다[돌보다]
rely on ~에 의지하다 (= depend on), ~을 믿다	participate in ~에 참가하다

 We **should deal with** the problem with extreme care.

우리는 그 문제를 매우 조심스럽게 다루어야 한다.

 The problem **should be dealt with** with extreme care (by us).

 People **laughed at** me in the beginning.

처음에는 사람들이 나를 비웃었다.

 I **was laughed at** in the beginning (by people).

 You **can rely on** his discretion.

당신은 그의 신중함을 믿어도 된다.

 His discretion **can be relied on** (by you).

1. After examining the market conditions closely, we ------- our sales goal feasible.
   (A) found
   (B) founded

2. There ------- numerous requests from customers for the reserved parking spaces.
   (A) has been
   (B) have been

3. It ------- to be seen whether the result of the survey will be positive or not.
   (A) is remained
   (B) remains

4. We once ------- radical changes in foreign exchange rates due to false economic policies.
   (A) experience
   (B) experienced

5. In general, the price surge happens when certain products run ------- of supply.
   (A) short
   (B) shortly

6. The Korean housing market ------- in a prosperous period over the last 10 years.
   (A) has been
   (B) was

7. The new security system failed ------- the required standards in the final process of choice.
   (A) meeting
   (B) to meet

8. We'll send a large delegation ------- the Furniture Design Exposition to be held in Boston.
   (A) to
   (B) for

9. Private loaning is intended for people who ------- not have access to regular bank loans.
   (A) are
   (B) do

10. Our strategic merger can help both of us ------- in the competitive industry.
    (A) survive
    (B) surviving

PART 5

1. Due to a family emergency, the manager made me ------- the planning meeting.
   (A) lead
   (B) leading
   (C) led
   (D) to lead

2. Now denying past mistakes ------- they have no qualms about their wrong behavior.
   (A) have meant
   (B) to mean
   (C) mean
   (D) means

3. Though his new theory seemed persuasive, few of the experts ------- sure of its success.
   (A) was
   (B) were
   (C) has been
   (D) to be

4. New hires should be ------- against any attempts to follow outdated systems and practices.
   (A) alert
   (B) alerts
   (C) alertly
   (D) alertness

5. Either the CEO or the board of directors ------- to gather opinions from the field managers.
   (A) have
   (B) has
   (C) were
   (D) are

6. No one predicted that Mr. Phillip ------- take over the position as CEO of the company.
   (A) will
   (B) can
   (C) would
   (D) has to

7. The process of creating our new TV commercials ------- by advertising producer Pit Morris.
   (A) oversees
   (B) has overseen
   (C) will oversee
   (D) will be overseen

8. We'll open a branch in Japan, so some employees will ------- be transferred to work there.
   (A) increasingly
   (B) quietly
   (C) shortly
   (D) exactly

9. Only applicants with the required qualifications will be ------- for the programmer position.
   (A) considered
   (B) repeated
   (C) programmed
   (D) excluded

10. A hotel receptionist notified me that all the banquet halls ------- weeks in advance.
    (A) was reserved
    (B) will be reserved
    (C) had reserved
    (D) had been reserved

Questions 1-4 refer to the following advertisement.

MARKETING DIRECTOR

Wilson Group is seeking a dynamic marketing director to oversee its marketing department. To be ------- for the position, applicants must have three years of experience **1.** in a related field. One of the main ------- of the position will be converting the firm's **2.** marketing strategy away from traditional approaches into web-based approaches. -------. Given the international nature of the firm which operates ------- three countries, **3.** **4.** a willingness to travel abroad and multilingual abilities will work as positive factors.

For an application pack, please visit www.wilsongroup.com/recruit.

---

1. (A) permitted
   (B) eligible
   (C) recognized
   (D) conscious

2. (A) task
   (B) tasked
   (C) tasking
   (D) tasks

3. (A) Additional training will be given to undergraduates and recent graduates.
   (B) The successful applicants will be compensated for their travel expenses for the interview.
   (C) Preference will be given to candidates with online marketing experience for that reason.
   (D) Multilingual abilities are not necessarily essential for the position.

4. (A) throughout
   (B) through
   (C) next to
   (D) near

PART 7

Questions 1-2 refer to the following invitation.

You are invited to join us in honoring

Diane Walker

as she retires after 30 years of service
as Chief of Records at Royal Haastrup Hospital

Saturday, May 9
The Crystal Room at the Cornwall Hotel
10 Smith Road
Cambridge VH2 7UE

Evening Schedule:
6:30 P.M. Dinner
7:30 P.M. Speeches and Award Presentation by Dr. Adriana Corley
8:00 P.M. Dancing with Live Music by Dale Pond's Jazz Band

RSVP to event coordinator Gabriel Robinson at extension 445
by May 5 or visit his office in the administrative wing of the hospital.

1. What is the purpose of the event?
   (A) To unveil the plans for a new hospital
   (B) To congratulate a doctor on an award
   (C) To celebrate the career of a retiring employee
   (D) To recognize the contributions of a department

2. What are guests encouraged to do?
   (A) Vote for a coworker
   (B) Respond to an invitation
   (C) Select a meal from a list
   (D) Make reservations for dinner

명사(II) / 동명사 & to부정사

동명사와 to부정사는 **준동사** 중 가장 큰 비중을 차지하는 영역으로 준동사의 하위 범주에는 **동명사, to부정사**와 함께 **원형부정사**와 **분사**가 있다.

Grammar Points

1. 동명사와 to부정사는 동사의 성격을 지니고 있으므로 [의미상 주어]가 있고 자동사/타동사에 따라 [목적어와 보어]를 수반한다.
2. 동명사는 3인칭 단수명사로 간주되며 의미상의 주어는 인칭대명사의 소유격이다.
3. to부정사는 [명사, 형용사, 부사적]으로 사용되며 의미상의 주어는 [for + 명사]이다.
4. 동명사와 부정사를 목적어나 보어로 받는 특정 동사, 부정사와 동명사를 이용한 관용어구는 암기해야 한다.

동명사

동명사는 하나의 명사로, 문장의 주어, 타동사 + 목적어, 전치사 + 목적어, 보어로 사용된다.

[주어] **Providing** our customers with outstanding services **is** our top priority.
> 우리 고객들에게 뛰어난 서비스를 제공하는 것은 우리의 최우선 사항이다.

[타동사 + 목적어] We are considering **opening** an outlet in Macau next year.
> 우리는 내년에 마카오에 판매 대리점 개점을 고려 중이다.

[전치사 + 목적어] They have attracted tourists by **holding** spectacular festivals.
> 그들은 화려한 축제를 개최함으로써 관광객들을 유치해 오고 있다.

[보어] My hobby is **taking** photos for pleasure and profit.
> 나의 취미는 즐거움과 수익을 위해 사진을 찍는 것이다.

to부정사

명사적, 형용사적, 부사적 용법으로 사용된다.

A to부정사의 명사적 용법

3인칭 단수명사로 간주되며 문장의 주어, 타동사 + 목적어, 보어로 사용된다.

주어 **To drive** alone in the fog that night **was** a nightmare for me.

그날 밤 안개 속에서 혼자 운전하는 것은 나에게 악몽이었다.

가주어/진주어 용법 **It** was a nightmare **for me to drive** alone in the fog that night.

그날 밤 안개 속에서 혼자 운전한 것은 악몽이었다.

타동사+목적어 1 I **want to renew** the subscription when it expires.

나는 구독 기간이 끝나면 구독을 갱신하고 싶다.

타동사+목적어 2 He **made it** possible **for us to take** a business trip to Chicago.

그는 우리가 시카고 출장을 떠나는 것을 가능하게 만들었다.

보어 **The purpose** of this meeting **is to find** ways to cope with the revised regulations.

본 회의의 목적은 개정된 법규에 대처하기 위한 방법을 찾는 것이다.

B to부정사의 형용사적 용법: 한정적 용법과 서술적 용법

❶ to부정사(형용사적 용법)의 수식을 받는 명사

ability to + v ~할 수 있는 능력	attempt to + v ~하려는 시도	failure to + v ~에 대한 실패
plan to + v ~하려는 계획	opportunity to + v ~할 기회	reluctance to + v ~에 대한 망설임
way to + v ~할 수 있는 방법	chance to + v ~할 기회	readiness to + v ~하려는 준비
time to + v ~해야 할 시간	decision to + v ~하려는 결정	effort to + v ~하려는 노력
right to + v ~할 권리	request to + v ~에 대한 요구	authority to + v ~할 수 있는 권한

BONUS **후치 수식을 받는 명사**

-thing, -one, -body로 끝나는 명사의 경우 to부정사(형용사적 용법) 및 형용사는 명사 뒤에서 수식한다.

We need something **to eat**. 우리는 먹을 것이 필요하다.

I need something **special** to reverse this situation. 나는 이 상황을 반전시킬 특별한 것이 필요하다.

---

❷ 한정적 용법: 명사를 수식하되 보어로 사용되지 않은 경우

The president reserves the right **to refuse** the proposal from the board of directors.

사장은 이사회의 제안을 거부할 수 있는 권리가 있다.

Fatigue and stress can decrease the ability **to remember**.

피로와 스트레스는 기억력을 저하시킬 수 있다.

❸ 서술적 용법: 보어로 사용되는 경우

`주격 보어` We are **to visit** the new plant in Texas. [예정/의무]

우리는 텍사스에 있는 새 공장을 방문할 것이다.

`목적격 보어` The union **asked** the management **to withdraw** its restructuring plan.

노조는 경영진에게 구조조정 계획을 철회하라고 요구했다.

C to부정사의 부사적 용법(7가지)

`목적/~을 위하여` (In order) **to study** English, I'm attending Mr. Lee's class.

영어 공부를 하기 위해 나는 Lee 선생님의 수업을 듣고 있다.

I usually **read** English books (so as) **to improve** my English.

내 영어 실력 향상을 위해 주로 영어책을 읽는다.

`원인·이유/~ 때문에` I'm **sorry to fail** to get a job.

직장을 구하지 못해 유감이다.

I'm **glad to hear** that you are safe now.

저는 당신이 이제 안전하다는 말을 듣게 되어 기뻐요.

`판단의 근거/~하다니` You are very **lucky to meet** such a nice teacher.

그렇게 훌륭한 선생님을 만나다니 당신은 굉장히 운이 좋군요.

`조건/~한다면` **To see** him in person, you may change your mind.

그를 직접 본다면, 당신은 마음이 바뀔 수도 있다.

`결과/~하다` They tried hard only **to fail** to get the positive result.

그들은 열심히 노력했지만 긍정적인 결과를 얻는 데 실패했다.

`부사 수식` The inspector was alert enough **to find** minor glitches.

그 조사관은 작은 결함까지 찾아낼 만큼 아주 빈틈이 없었다.

We are old enough **to distinguish** what is right from what is wrong.

우리는 무엇이 옳고 그른지를 구별할 만큼 나이를 먹었다.

`형용사 수식` This software program is easy **to use**.

이 소프트웨어 프로그램은 사용하기 쉽다.

동명사/to부정사의 의미상 주어

A 동명사의 의미상 주어

동명사의 의미상 주어는 **소유격 인칭대명사**를 쓴다. 단, 의미상 주어가 문장의 주어인 경우, 목적어와 동일한 경우, 일반적인 사람인 경우 생략된다.

Do you mind my using your computer?

제가 당신의 컴퓨터를 사용해도 될까요?

I don't understand Billy's giving up the chance to be an architect.

나는 Billy가 건축가가 될 수 있는 기회를 포기했다는 것을 이해할 수 없다.

My mother scolded me for (my) being lazy.

어머니는 내가 게으르다고 꾸짖었다.

James was arrested for (his) stealing a car.

James는 자동차를 훔쳤기 때문에 체포 당했다.

B to부정사의 의미상 주어

to부정사의 의미상 주어는 [**for + 목적격**(혹은 of + 목적격)]을 쓴다. 단, 의미상 주어가 문장의 주어인 경우, 목적어와 동일한 경우, 일반적인 사람인 경우 생략된다.

It took a long time for her to become a teacher.

그녀가 교사가 되기까지는 오랜 시간이 걸렸다.

The event was a good chance for the employees to think about their responsibilities.

그 행사는 직원들이 자신들의 책임에 대해 생각해 볼 수 있는 좋은 기회였다.

We decided (for us) to carry out the task by ourselves.

우리는 스스로 그 업무를 수행하기로 결정했다.

BONUS 성격을 나타내는 형용사와 의미상 주어

성격을 나타내는 형용사류 kind, foolish, generous, stupid, nice, good, selfish, polite 등이 사용될 때 **의미상 주어는** [of + 목적격]으로 나타낸다.

It is kind of you to help me out of this mess.

이 난장판을 수습하도록 도와주시다니 당신은 친절하시군요.

It is generous of you to offer me a discount.

저에게 할인 혜택을 주시다니 당신은 너그러우시군요.

A 동명사와 to부정사의 의미

to부정사/미래지향 I want **to be** a doctor. 나는 의사가 되고 싶다.

동명사/과거지향 I finished **writing** a report. 나는 보고서 작성을 마쳤다.

to부정사/능동적 I got her **to wash** my car. 나는 그녀에게 내 자동차를 세차하라고 시켰다.

동명사/수동적 My car needs **washing**. 내 자동차는 세차가 필요하다.

to부정사/특수 목적 **A sword** is a tool **to cut**. 검은 자르기 위한 도구이다.

동명사/일반 목적 **A knife** is a tool **for cutting**. 칼은 자르기 위한 도구이다.

B to부정사/동명사 빈출 코드

❶ to부정사와 동명사를 목적어로 취하는 3형식 완전타동사

to부정사 목적어	**바람** want(= hope, wish) 원하다 expect 기대하다 desire 바라다 need 필요로 하다 ask 요청하다 **계획/결심** plan 계획하다 prepare 준비하다 decide(= choose, determine) 결심하다 **약속/동의/제안** promise 약속하다 agree(= assent, consent) 동의하다 propose 제안하다 **기타** tend ~하는 경향이 있다 refuse 거절하다 offer 제안하다 afford 제안하다 fail ~할 여유가 있다 　hesitate 주저하다 seek 추구하다 strive 노력하다 prefer 선호하다 manage 그럭저럭 해내다
동명사 목적어	**완료/포기** finish 끝내다 abandon(= give up) 포기하다 stop(= quit, discontinue) 그만두다 **연기** delay(= postpone, put off) 연기하다 **회피** avoid 피하다 escape 도망치다 deny 부정하다 resist 저항하다 **회상/후회** recollect(= recall) 회고하다 repent 후회하다 **선호** enjoy 즐기다 mind 꺼리다 **기타** suggest(= recommend) 제안하다 include 포함하다 consider 고려하다 admit 인정하다 　practice 연습하다 anticipate 예상하다

We **expect to break** even in the first year of business.
우리는 사업 첫해에 손익분기점에 이를 것이라고 예상한다.

They **failed to gain** a lead in the competitive market.
그들은 경쟁이 치열한 시장에서 선두를 점하는 데 실패했다.

Morgan Inc. **has delayed launching** its own clothing line for 2 weeks.
Morgan Inc.는 자사의 의류 제품 출시를 2주 동안 미루고 있다.

I'm **considering applying** the security patch to my computer.
나는 보안패치를 내 컴퓨터에 설치할까 고려 중이다.

❷ 목적어 형태(to부정사/동명사)에 따라 의미가 달라지는 3형식 완전타동사

remember 기억하다	forget 잊다	regret 유감이다	stop 그만두다	try 노력하다

`미래지향` I **remember** to meet him.
나는 그를 만나야 한다는 것을 기억하고 있다.

`과거지향` I **remember** meeting him.
그를 만났던 기억이 난다.

`미래지향` I **regret** to miss the chance to meet him.
나는 그를 만날 수 있는 기회를 놓치게 되어 유감이다.

`과거지향` I **regret** missing the chance to meet him.
나는 그를 만날 수 있는 기회를 놓친 것을 후회한다.

`미래지향` I **stopped** to drink coffee.
나는 커피를 마시기 위해 멈추었다.

`과거시향` I **stopped** drinking coffee.
나는 커피를 끊었다.

`노력하다` He **tried** to swim across the river.
그는 강을 헤엄쳐 건너려고 노력했다.

`시도하다` He **tried** swimming across the river.
그는 강을 헤엄쳐 건널 수 있는지 시도해 보았다.

❸ 목적어 형태(to부정사/동명사)에 따른 의미 차이가 없는 3형식 완전타동사

love 사랑하다	like 좋아하다	prefer 선호하다	hate 미워하다	dislike 싫어하다
begin 시작하다	start 시작하다	continue 계속하다	cease 그만두다	intend 의도하다

She **began** to study law to become a lawyer.
그녀는 변호사가 되기 위해 법학 공부를 시작했다.

She **began** studying law to become a lawyer.
그녀는 변호사가 되기 위해 법학 공부를 시작했다.

❹ 목적격 보어(to부정사의 형용사적 용법)를 취하는 5형식 불완전타동사

want ~이 …하기를 원하다	allow(= permit) ~이 …하도록 허락하다
would like ~이 …하기를 바라다	enable ~이 …을 가능하게 하다
expect ~이 …하리라 예상하다[기대하다]	forbid ~이 …하는 것을 금지하다
invite ~이 …하도록 초대하다	remind ~에게 …하도록 상기시키다
encourage(= motivate) ~이 …하도록 장려하다	notify(= inform) ~에게 …하도록 알려 주다
persuade(= convince) ~이 …하도록 설득하다	warn[advise] ~이 …하도록 조언하다
cause(= urge) ~이 …하도록 야기하다	lead ~이 …하도록 이끌다
ask(= require, request) ~이 …하도록 요구하다	direct(= instruct) ~이 …하도록 지시하다
tell ~이 …하도록 말하다	teach ~에게 …하는 것을 가르치다
force(= get, compel) ~이 …하도록 시키다	

능동태 1 We **expected** Eric **to succeed in** the last challenge.

수동태 1 Eric **was expected to succeed in** the last challenge.

우리는 Eric이 마지막 도전에서 성공할 것이라고 예상했다.

능동태 2 I can **ask** her **to copy** the document.

수동태 2 She can **be asked to copy** the document.

나는 그녀에게 서류를 복사해 달라고 요청할 수 있다.

C to부정사/동명사 관용어구

to부정사 관용어구	to tell the truth(= to be frank with you, to be honest) 솔직히 말하면 to make matters worse 설상가상으로 so to speak 즉, 다시 말하면 not to speak of + n(= to say nothing of + n) ~은 말할 것도 없이 strange to say 이상한 말이지만
동명사 관용어구	have difficulty (in) -ing ~하느라 애먹다 have trouble (in) -ing ~하느라 애먹다 have a difficult/hard time (in) -ing ~하느라 애먹다 have a problem (in) -ing ~하느라 애먹다 look forward to -ing ~을 고대하다 be busy (in) -ing ~하느라 바쁘다 be worth -ing ~할 만한 가치가 있다 be used to -ing(= get used to -ing) ~에 익숙해지다 can't help -ing ~하지 않을 수 없다 it is no use -ing ~해야 소용없다 with a view to -ing ~할 목적으로 spend 돈·시간 (on/in) -ing ~에 (돈·시간)을 쓰다 on -ing(= upon -ing) ~하자마자 be devoted[dedicated/committed] to -ing ~에 헌신/노력/전념하다

To make matters worse, he couldn't get any loans from Capital Bank.

설상가상으로, 그는 Capital Bank로부터 대출을 전혀 받을 수 없었다.

I think his business proposal **is worth considering**.

나는 그의 사업 제안이 고려해 볼 만한 가치가 있다고 생각한다.

John had to **spend** a whole day **looking for** the missing invoices.

John은 사라진 송장을 찾는 데 꼬박 하루를 허비해야 했다.

Many oil refining companies **are devoted to developing** alternative fuels.

많은 정유회사들이 대체 연료 개발에 전념하고 있다.

D to부정사와 동명사의 단순/완료 VS 수동/진행

to부정사		동명사	
단순부정사	s + v + to + v	단순동명사	s + v + v + -ing
완료부정사	s + v + to + have p.p.	완료동명사	s + v + having p.p.
부정사(수동)	s + v + to + be p.p.	동명사(수동)	s + v + being p.p.
부정사(진행)	s + v + to + be -ing	동명사(진행)	없음

`단순부정사` She seems **to be** happy. 그녀는 행복해 보인다.

`완료부정사` She seems **to have been** happy.

그녀는 (과거에) 행복했던 것처럼 보인다.

`부정사의 수동` The plants need **to be watered** once a week.

그 식물들은 일주일에 한 번 물을 주어야 한다.

`부정사의 진행` She seems **to be watching** TV alone in her room.

그녀는 자신의 방에서 혼자 TV를 보고 있는 것 같다.

`단순동명사` I don't like him for **being** lazy.

나는 그 남자가 게을러서 싫다.

`완료동명사` I don't like him for **having been** lazy.

나는 그 남자가 게을렀던 적이 있어서 싫다.

`동명사(수동)` Employees complained severely about a pay raise **being delayed**.

직원들은 임금 인상이 미루어진 것에 대해 심한 불만을 토로했다.

E **be to 용법(예정/의무)**

be to 용법은 2형식 불완전자동사인 be동사의 보어 자리에 to부정사의 형용사적 용법을 사용하는 관용적인 표현 방식이다.

예정 1 Arnold **is to** deliver a speech this evening.

Arnold는 오늘 저녁에 연설을 할 것이다.

예정 2 Ms. White **is to** be here at noon.

White 씨는 정오에 여기에 올 것이다.

의무 As long as you insist on your right, you **are to** perform your duty as well.

자신의 권리를 주장하는 한, 자신의 의무 또한 행해야 한다.

> **BONUS** **to부정사(명사적 용법) 보어를 취하는 주어**
>
> **문장의 주어**가 purpose, goal, aim, objective, plan인 경우 **be동사의 보어**는 일반적으로 **to부정사의 명사적 용법**이 사용된다.
>
> **The purpose** of the motor show is to introduce the latest compact cars.
>
> 이번 모터쇼의 목적은 최신 소형 자동차를 출시하는 데 있다.
>
> **The aim** of this program is to emphasize the importance of marine ecosystem.
>
> 이 프로그램의 목적은 해양 생태계의 중요성을 강조하는 데 있다.

1. Offering our clients the best services ------- our major concern for the past few years.
(A) have been
(B) has been

2. Our plant manager is considering ------- safety inspectors in every assembly line.
(A) positioning
(B) to position

3. It was impossible ------- to overcome the financial difficulties caused by external factors.
(A) for us
(B) our

4. In short, the ultimate goal of marketing strategies is ------- people to certain products.
(A) attracting
(B) to attract

5. Mr. Phillip is the only person that has the authority ------- the number of new employees.
(A) to limit
(B) of limit

6. My company released new products rather suddenly ------- to take a lead during the peak season.
(A) in order
(B) in the order

7. She stepped down right after the members failed ------- a unanimous consensus at the meeting.
(A) to reach
(B) reaching

8. The manager asks us ------- further ahead instead of focusing on the short-term profit.
(A) looking
(B) to look

9. Most companies in the electronics industry are dedicated ------- energy-efficient appliances.
(A) to developing
(B) to development

10. The repair shop informed us that some of the files on the hard disk were found -------.
(A) to delete
(B) to have been deleted

PART 5

1. Due to the success in ------- the two departments into one division, Angela deserves recognition.
   (A) merge
   (B) to merge
   (C) merging
   (D) merger

2. Ms. Palm willingly agreed ------- your proposal to increase domestic sales next year.
   (A) acceptance
   (B) acceptable
   (C) to accept
   (D) accepting

3. We'll move our production plants to Maine, but our main office is ------- in Vermont.
   (A) to remain
   (B) remained
   (C) remains
   (D) remain

4. Prior to successfully ------- the major marketing campaign, Mr. Alan was a mediocre manager.
   (A) arrange
   (B) arranging
   (C) arranged
   (D) arrangement

5. Thank you for accepting my invitation and I look forward to finally ------- you in person.
   (A) see
   (B) have seen
   (C) being seen
   (D) seeing

6. If you accept our job offer, we'll cover the costs ------- to relocate to Singapore.
   (A) you
   (B) your
   (C) for you
   (D) of you

7. The food sanitation law requires food manufacturers ------- expiration dates on the labels.
   (A) print
   (B) to print
   (C) printing
   (D) printed

8. Reducing operational costs while preserving the quality ------- our major concern for the past quarter.
   (A) were
   (B) has been
   (C) have been
   (D) are

9. The researchers of the team have been dedicated ------- new medicines for viral infections.
   (A) developing
   (B) to develop
   (C) to development
   (D) to developing

10. ------- is necessary for you to mail the signed contract back to my office without delay.
    (A) There
    (B) It
    (C) That
    (D) This

PART 6

Questions 1-4 refer to the following article.

Quebec — The Royal Symphony Orchestra announced its new program which ------- **1.** its reputation as one of the premier orchestras. In addition to performances of the works of several ------- **2.** young composers, the program consists of the classics by famous musicians ------- **3.** Schubert, Beethoven, and Strauss. The first performance of the season will be broadcast live through Q-TV. ------- **4.**. Tickets will be sold at the box office from 10 A.M. to 5 P.M. daily during the season.

1. (A) preserve
   (B) preserved
   (C) will preserve
   (D) have preserved

2. (A) promising
   (B) exhausting
   (C) demanding
   (D) lasting

3. (A) as to
   (B) up to
   (C) as for
   (D) such as

4. (A) All the proceeds from the concert will go to the foundation.
   (B) This orchestra has been selected out of the top 10 teams.
   (C) This is the first time in the history of the orchestra.
   (D) Classical music is the specialty of those musicians.

Questions 1-2 refer to the following survey.

Thank you for participating in our survey. Please fill out this form and return it to our office to claim your 10% discount coupon.

Name: Alice Hill
City: Bath

1. Are you satisfied with your purchase?

Very ☐   Somewhat ☑   Not really ☐   Unsatisfied ☐

2. If not, what's the reason?

I planned to purchase an affordable laptop, but the salesman showed me the newest model. Although he explained various functions of the model coherently, I felt pressured by him to buy it. I think the model is too big, more expensive and has functions I don't need actually.

3. How often do you visit White Mall?

Less than once a year	
Several times a year	✓
Once a month	
Once a week	

4. How do you like our customer services?

Excellent	
Satisfactory	
Unsatisfactory	✓
Unpleasant	

Mail to: White Mall Survey, P.O. Box 3452, Manvers, Bath BA1 2JP

1. What will customers get for filling out the survey?
(A) A refund
(B) A future discount
(C) A free membership
(D) A different model

2. What can be implied about Ms. Hill's purchase?
(A) It is affordable.
(B) It can be exchanged.
(C) It is the latest product.
(D) It will be useful for her.

명사(III) / 명사구 & 명사절

명사구와 **명사절**은 3인칭 단수명사로 취급되는 **낱말 덩어리**로, 일반적인 명사처럼 문장의 주어, 타동사의 목적어, 전치사의 목적어 또는 보어로 사용된다.

Grammar Points

1. **명사구**는 2개 이상의 낱말이 합쳐진 하나의 덩어리 명사로 12가지가 있다.
2. **명사절**은 [접속사 + 주어 + 동사]가 합쳐진 하나의 덩어리 명사로 6가지가 있다.
3. 명사구와 명사절은 3인칭 단수명사로 취급하며 타동사 또는 전치사의 목적어로 사용된다.
4. 명사절은 접속사의 종류와 문장의 완전/불완전 여부를 파악해야 한다.

명사구 12가지

명사구는 의문사(11가지)를 접속사로 쓴 명사절(의문사(접속사) + 주어 + 동사)을 **[의문사 + to + v]** 형태로 만든 것으로 하나의 명사 역할을 한다. 의문사 11가지 이외에 whether을 쓴 명사절 접속사 [whether + 주어 + 동사]를 [whether + to + v]로 바꿔 쓸 수 있으므로 명사구는 총 12가지다.

종류	기본 형태	+ to부정사	실제 형태
의문대명사(4가지)	① what	+ to + v	what to do
	② which	+ to + v	which to buy
	③ who	+ to + v	who to hire
	④ whom	+ to + v	whom to hire
의문형용사(3가지)	⑤ what book	+ to + v	what book to read
	⑥ which book	+ to + v	which book to read
	⑦ whose book	+ to + v	whose book to read
의문부사(4가지)	⑧ where	+ to + v	where to go
	⑨ when	+ to + v	when to begin
	⑩ why	+ to + v	why to work hard
	⑪ how	+ to + v	how to live
whether(1가지)	⑫ whether	+ to + v	whether to stay or leave

What to do when fires break out **was** the topic of the seminar.
화재가 발생했을 때 무엇을 해야 하는지가 세미나의 주제였다.

What to do first in such a situation **is** to ask for help from the neighbors.
그런 상황에서 우선적으로 해야 하는 것은 이웃에 도움을 요청하는 것이다.

Which item to buy **depends on** the price. 어떤 제품을 구매할지는 가격에 달려 있다.

How to work out the problems **will be discussed** later today.
그 문제들을 어떻게 해결할지에 대해서는 오늘 늦게 논의할 것이다.

Whether to accept their offer or not **has widened** the schism in the management.
그들의 제안을 수락할 것인지 아닌지가 경영진 내의 분열을 심화시켰다.

B 타동사의 목적어

I **know** **what to do** before leaving. 나는 떠나기 전에 무엇을 해야 하는지 알고 있다.

Let your subordinates **know** **who[whom] to contact** in your absence.
당신이 부재 중일 때 누구에게 연락을 해야 하는지 부하 직원들에게 알려 주십시오.

The representatives of the labor union **will decide** **which policy to stick to**.
노조 대표들은 어떤 정책을 고수할지 결정할 것이다.

We'll **discuss** **whether to apply** stricter ethical standards to our workforce.
우리는 좀 더 엄격한 윤리 기준을 우리 직원들에게 적용할지 여부를 논의할 것이다.

They **will tell** you **where to stay** before you leave.
그들은 당신이 출발하기 전에 어디 머무를지 당신에게 알려 줄 것이다.

C 전치사의 목적어

We had a discussion **about** **when to launch** our new model.
우리는 우리의 신제품을 언제 출시할지에 관해 논의했다.

Residents reached a consensus **on** **what to do** with the unused common fund.
주민들은 사용되지 않은 공동 기금으로 무엇을 해야 할지에 대한 합의를 보았다.

They were at a loss **as to** **what to say** in the awkward situation.
그들은 그런 어색한 상황에서 뭐라고 해야 할지 난감했다.

I have no idea **on** **whether to sign up for** such a demonstrative program.
그런 과시용 프로그램에 등록을 해야 할지 말지 판단이 안 된다.

They are familiar **with** **how to use** the new office equipment.
그들은 새 사무 장비를 사용하는 방법에 익숙하다.

명사절 6가지

명사절은 **[접속사 + 주어 + 동사]**의 말 덩어리로 명사절에 쓰이는 접속사의 종류는 6가지이다. 문장의 완전/불완전 여부에 따라 쓸 수 있는 접속사가 달라지기 때문에 문장의 형태를 꼭 확인해야 한다.

종류(6가지)		기본 형태	문장 형태
that절		that + s + v	완전
if/whether절		if + s + v	완전
		whether + s + v	완전
의문사 전체(11가지)	의문대명사(4가지)	what + s + v	**불완전**
		which + s + v	**불완전**
		who + s + v	**불완전**
		whom + s + v	**불완전**
	의문형용사(3가지)	what book + s + v	완전
		which book + s + v	완전
		whose book + s + v	완전
	의문부사(4가지)	where + s + v	완전
		when + s + v	완전
		why + s + v	완전
		how + s + v	완전
복합관계대명사(4가지)		whatever + s + v	**불완전**
		whichever + s + v	**불완전**
		whoever + s + v	**불완전**
		whomever + s + v	**불완전**
복합관계형용사(3가지)		whatever book + s + v	완전
		whichever book + s + v	완전
		whosever book + s + v	완전
관계대명사 what절		what + s + v	**불완전**

A that절

가장 많이 사용되는 명사절로 **완전 문장**을 이끈다. 주로 3형식 완전타동사의 목적어, 4형식 수여동사의 직접목적어, 주격 보어 등으로 사용된다.

주어 **That Alan became the head of his department is true.**

= **It** is true **that** Alan became the head of his department.

Alan이 부서의 팀장이 되었다는 것은 사실이다.

타+목1 **Dr. Kent explained that diabetes usually occurs in patients in their 50s or 60s.**

Kent 박사는 당뇨병이 보통 50대와 60대 환자들에게서 발병한다고 설명했다.

`타 + 목2` She **told** me that she sent all the invoices herself.

그녀는 나에게 자신이 직접 모든 송장을 발송했다고 말했다.

`전 + 목` The new product is quite different from the old one **in** that it is much lighter.

그 신제품은 훨씬 가볍다는 점에서 기존 제품과 아주 다르다.

`보어` One problem **is** that it will be costly to replace old parts.

한 가지 문제는 낡은 부품을 교체하는 데 많은 비용이 들 것이라는 점이다.

B if/whether절

if/whether은 모두 완전 문장을 이끄는 접속사다. whether절은 주어, 목적어, 보어 등 명사처럼 다양한 기능을 하지만, if절은 타동사의 목적어로만 사용된다. whether에는 통상 or not이 함께 쓰인다.

`주어` Whether we can overcome the financial crisis or not **remains** to be seen.

= **It** remains to be seen whether we can overcome the financial crisis or not.

우리가 금융 위기를 극복할 수 있을지 여부는 두고 봐야 안다.

`타 + 목1` Many people **wonder** whether he can survive in the big league.

많은 사람들이 그가 메이저리그에서 살아남을 수 있을지 여부를 궁금해한다.

`타 + 목2` I **asked** him if he had something to do with the news article.

나는 그에게 그가 뉴스 기사와 관련이 있는지 여부를 물어보았다.

`전 + 목` There is no news **about** whether or not she will participate in the competition.

그녀가 이번 대회에 참가할 것인지 아닌지에 대한 소식은 없다.

`보어` What I want to know **is** whether he is aware of the rising investment risks.

내가 알고 싶은 것은 그가 투자 위험성 증가에 대해 알고 있는지 여부이다.

C 의문사

의문사는 모두 11가지로, 의문대명사 4가지는 불완전 문장을 이끌고, 의문형용사 3가지와 의문부사 4가지는 완전 문장을 이끈다. 의문부사와 관계부사 둘 다 명사절에 사용될 수 있다.

`의 · 대/주어` Who was missing from the first team is still unknown.

첫 번째 팀에서 **누가** 실종되었는지는 아직 미궁이다.

`의 · 형/주어` Whose fault it was hasn't been confirmed.

그것이 **누구의 실수**였는지는 아직 확인되지 않고 있다.

`의 · 부/주어` Why we have to learn interpersonal skills will be revealed.

왜 우리가 대인관계 기술을 배워야 하는지가 밝혀질 것이다. (의문부사)

우리가 대인관계 기술을 배워야 하는 **이유가** 밝혀질 것이다. (관계부사)

`의 · 대/타 + 목` I don't **know** what will happen tomorrow.

나는 내일 **무슨 일이** 벌어질지 모른다.

`의·형/타+목` He will **decide** which options are better for us.

그는 우리에게 **어떤 선택이** 더 나을지 결정할 것이다.

`의·부/타+목` The company **announced** when the new policy would be effective.

그 회사는 **언제** 새 정책의 효력이 발생될지 발표했다. (의문부사)

그 회사는 새 정책의 효력이 발생되는 **시간을** 발표했다. (관계부사)

`의·대/전+목` I have some information **about** what the problem is.

나는 **무엇이** 문제인지에 대한 약간의 정보를 가지고 있다.

`의·형/전+목` We have much interest **in** whose proposal will be chosen.

우리는 **누구의 제안서**가 채택될지에 대해 많은 관심이 있다.

`의·부/전+목` There is no limit **to** how many times you can use the facility a day.

그 시설을 하루에 **몇 번** 이용할 수 있는지에 대해서는 제한이 없다.

`의·대/보어` One of the problems **is** who[whom] I should trust.

문제 중 하나는 내가 **누구를** 믿어야 하는가이다.

`의·형/보어` What I want to know **is** whose approval I need for the next stage.

내가 알고 싶은 것은 다음 단계를 위해 **누구의 승인**이 필요한 가이다.

`의·부/보어` The point **is** when we can get to the destination.

요점은 **언제** 우리가 목적지에 도착할 수 있는 가이다. (의문부사)

요점은 우리가 목적지에 **도착할 수 있는 시간**이다. (관계부사)

D 복합관계대명사

의문대명사 what, which, who, whom에 -ever를 붙인 **whatever, whichever, whoever, whomever**형태가 **복합관계대명사**이다. 의문대명사가 불완전 문장을 이끄는 것처럼 복합관계대명사도 불완전 문장을 이끈다.

`주어` **Whatever you say during the interview** can affect the final decision.

= **Anything that** you say during the interview can affect the final decision.

면접 때 당신이 말하는 **것은 무엇이든** 최종 결정에 영향을 줄 수 있다.

`타+목` They **will hire** whoever has more than 3 years of experience.

= They will hire **anyone who** has more than 3 years of experience.

그들은 3년 이상 경력이 있는 **사람이라면 누구든지** 고용할 것이다.

`전+목` He will give a job **to** whomever I recommend.

= He will give a job to **anyone whom** I recommend.

그는 내가 추천하는 **사람이라면 누구든지** 일자리를 줄 것이다.

의문형용사 what book, which book, whose book에 -ever를 붙인 **whatever book, whichever book, whosever book**
형태가 **복합관계형용사**이다. 목적어 혹은 보어의 어순이 도치되어 있어도 문장은 완전하다.

주어 **Whatever position they can offer to you** will not give you full satisfaction.

= **Any position which** they can offer to you will not give you full satisfaction.

그들이 당신에게 제공할 수 있는 **어떤 직책도** 당신을 전적으로 만족시키지는 못할 것이다.

타+목 You can **rent whichever car you like at the same price**.

= You can rent **any car which** you like at the same price.

당신은 같은 가격으로 당신이 좋아하는 **어떤 자동차든지** 렌트할 수 있다.

전+목 I'm fine **with whichever side you are on**.

= I'm fine **with any side which** you are on.

나는 당신이 **어느 편**을 들든지 상관없다.

F 관계대명사 what절(the thing which ∼)

의문대명사 what과 관계대명사 what은 그 형태와 문장 구조가 동일하며 의문대명사는 '**무엇**'으로 해석하고 관계대명사는 '**∼하는 것**'으로 해석한다. 의문대명사/관계대명사 what은 불완전 문장을 이끈다.

I **know what you did last summer**.
나는 당신이 지난 여름에 **무엇**을 했는지 알고 있다. (의문대명사)

= I know **the thing which** you did last summer.

나는 당신이 지난 여름에 **한 일**을 알고 있다. (관계대명사)

주어 **What he really wants to do is** to bring her back to his company.

= **The thing which** he really wants to do is to bring her back to his company.

그가 정말로 **원하는 것**은 그녀를 그의 회사로 다시 데려오는 것이다.

타+목 I **will show** you **what I found at the scene of the accident**.

= I will show you **the thing which** I found at the scene of the accident.

당신에게 제가 사고 현장에서 **발견한 것**을 보여 드리겠습니다.

전+목 She knows too much **about what I do at the company**.

= She knows too much about **the thing which** I do at the company.

그녀는 회사에서 내가 **하는 일**에 대해 너무 많이 알고 있다.

보어 The merger of the two companies **was** what the employees really wanted.

= The merger of the two companies was the thing which the employees really wanted.

그 두 회사의 합병은 직원들이 정말로 **원했던 것**이었다.

the + 형용사

[**the + 형용사**]도 명사상당어구 중 하나로 문장의 주어, 타동사의 목적어, 전치사의 목적어, 그리고 보어로 사용된다. [the + 형용사]는 통상 [**집합적 복수명사**]로 취급되지만 경우에 따라 단수/복수로 모두 사용될 수 있다.

기본 형태	단수/복수 여부
the old = old people 노인들 the young = young people 젊은이들 the rich = rich people 부자들 the poor = poor people 가난한 사람들 the British = British people 영국인들	• 복수 취급 〈집합적〉 ~한 사람들
the deceased 고인/고인들 the accused 피고인/피고인들 the insured 피보험자/피보험자들	• 단수/복수 혼용 • 단수 취급: ~한 개인 • 복수 취급: ~한 사람들
the true 진(眞), 진실된 것(들) / 진실된 사람(들) the good 선(善), 좋은 것(들) / 좋은 사람(들) the beautiful 미(美), 아름다운 것(들) / 미인(들)	• 추상명사: 단수 • 단수 취급: ~한 것 / ~한 사람 • 복수 취급: ~한 것들 / ~한 사람들

주어 **The British are** gentle and polite.

영국인들은 점잖고 예의가 바르다.

타+목 Most insurance companies **require** the insured to prove their loss specifically.

대부분의 보험사들은 **보험 가입자들**에게 손실을 구체적으로 입증할 것을 요구한다.

전+목 Lawmakers should take into account the interests **of** the disabled.

국회의원들은 **장애인들**의 이익을 고려해야 한다.

보어 Linda **was** the accused in the fraud case.

Linda는 사기 사건의 **피고인**이었다.

단수 **The deceased was** identified as a 45-year-old British businessman.

사망자는 45세의 영국인 사업가로 확인되었다.

복수 **The deceased were** taken to a local hospital.

사망자들은 현지 병원으로 이송되었다.

1. What to do first when your car stops on the road ------- to push it to the roadside.
   (A) are
   (B) is

2. I will let you know ------- deal with customer complaints through the training session.
   (A) how to
   (B) what to

3. We'll have a discussion about ------- to hire additional help to finish the work on time.
   (A) whom
   (B) whether

4. ------- Simpson has been responsible for the project for nearly 6 years is surprising.
   (A) What
   (B) That

5. Ms. Poter claimed ------- assembly line workers are exposed to high levels of noise.
   (A) that
   (B) what

6. She will tell us ------- we have to carry out to prevent possible accidents in the workplace.
   (A) whatever
   (B) whenever

7. We have to decide ------- merger offer we should adopt to make a new leap.
   (A) when
   (B) whose

8. I asked the industry insiders ------- they regarded the practice as their own method or not.
   (A) that
   (B) whether

9. The researchers showed us ------- they had found at several excavation sites in China.
   (A) what
   (B) how

10. I tried my utmost to answer ------- questions they asked during the job interview.
    (A) whatever
    (B) whenever

PART 5

1. Please note ------- you have to fill out the enclosed form and return it to my office by Friday.
   (A) what
   (B) that
   (C) unless
   (D) as

2. Ms. Silvia delivered her speech on TV yesterday on ------- to cope with natural disasters.
   (A) if
   (B) how
   (C) whose
   (D) whom

3. The personnel manager will determine ------- will lead the design team from next month.
   (A) that
   (B) how
   (C) whose
   (D) who

4. If you don't know ------- to find periodicals, please let one of our librarians know without hesitation.
   (A) where
   (B) when
   (C) what
   (D) whatever

5. Our new CFO clearly answered the questions about ------- we could attract foreign capital.
   (A) which
   (B) what
   (C) that
   (D) how

6. The customers have the right to choose ------- they will get a refund or exchange items.
   (A) so
   (B) whatever
   (C) what
   (D) whether

7. We can't determine ------- strategy has the highest probability of avoiding other problems.
   (A) who
   (B) which
   (C) whenever
   (D) because

8. Financial experts advised ------- the related companies find a solution to address the issue.
   (A) whether
   (B) what
   (C) that
   (D) whatever

9. New sales representatives learned ------- to best use their ability by enrolling in a training session.
   (A) about
   (B) how
   (C) what
   (D) which

10. The law firm will continually do ------- they can do to help us with the court case.
    (A) what
    (B) how
    (C) where
    (D) whoever

Questions 1-4 refer to the following e-mail.

To: sarah@oriental.com
From: helenhill@sunnyelec.com
Subject: Confirmation
Date: December 20

I'm sending this e-mail to ------- your order. The order number for your electric stove is
1.

739484. Our record shows that you requested our ------- product, GX-2. We have enough
2.

stock on hand, so we guarantee on-time delivery. We will attach a bill to the shipment and

you have to pay it within 5 business days of your receipt. The shipment should arrive at

your address ------- December 26. Our delivery man will give you a call before he visits
3.

your address. We need your signature to confirm receipt. -------.
4.

Best regards,
Helen Hill, Manager
Sales Department

1. (A) confirm
    (B) receive
    (C) return
    (D) refund

2. (A) late
    (B) later
    (C) latest
    (D) lately

3. (A) in
    (B) on
    (C) at
    (D) with

4. (A) However, you have to pay for it on
        delivery.
    (B) You can return the item within a
        month of purchase.
    (C) Thus, you should be in your house at
        the appointed time.
    (D) Enclosed is the invoice that shows
        the quantity and price.

PART 7

Questions 1-2 refer to the following invitation.

The College of Education at the University of Ontario will hold a reception on the night of June 10 in honor of professor Kevin Scott who will be retiring after 23 years of loyal service to the organization. Everyone is welcome, so come and show your respect for his achievements and contributions.

- Date and Time: 7:00 – 9:00 P.M., Monday, June 10
- Place: Vincent Hall, 2nd floor, Milky Way Convention Center
- Dinner, Live Music, Casual Attire, Free Parking

For further information regarding the event, contact Paul Smith, dean's assistant at 662-7582-6903.

1. What kind of event will be held on Monday?
(A) A graduation
(B) An inauguration
(C) A retirement
(D) An alumni reunion

2. Who most likely is Mr. Scott?
(A) An educator
(B) An office worker
(C) A researcher
(D) A president of a university

CHAPTER 06

형용사

형용사는 **명사**를 앞뒤에서 **수식**하는 품사로 **주격 보어**, **목적격 보어**로 사용된다. 부사와 마찬가지로 **원급 – 비교급 – 최상급**으로 **비교 변화**한다.

Grammar Points

1. 형용사는 [2:5]이다. 2는 명사를 수식하고 보어로 사용되는 형용사의 2가지 기능을 말한다. 5는 형용사류 5가지로 [① 일반 형용사, ② 형용사구, ③ 형용사절, ④ to부정사, ⑤ 분사]가 있다.

2. 형용사는 명사를 앞뒤에서 수식하는데, 명사를 기준으로 형용사가 앞에 있으면 전치 수식, 뒤에 있으면 후치 수식이라 한다.

3. 형용사는 명사를 수식하는 한정적 용법의 형용사, 보어로 사용되는 서술적 용법의 형용사로 나뉜다.

4. 형용사는 원급 – 비교급 – 최상급으로 비교 변화하며 형용사가 포함된 관용어구는 암기해야 한다.

형용사류(5가지)

일반 형용사	• 접미사 -ful, -ous, -ive, -ite, -ate -able, -ible, -less, -ory, -ent, -ant, -ic, -cal, -ish, -y, 명사 + -ly 등 • 전치/후치 수식이 모두 가능하고 보어로 사용된다.	
형용사구(전명구)	• 명사를 **항상 후치 수식**하며 보어로 사용될 수 있다.	
형용사절(10개)	• 관계대명사(사람 수식) • **항상 후치 수식, 보어 불가**	❶ who[that] s + v ❷ whose s + v ❸ whom[that] s + v
	• 관계대명사(사물 수식) • **항상 후치 수식, 보어 불가**	❹ which[that] s + v ❺ whose[= of which] s + v ❻ which[that] s + v
	• 관계부사 • **항상 후치 수식, 보어 불가**	❼ the place **where**(that) s + v ❽ the time **when**(that) s + v ❾ the reason **why**(that) s + v ❿ the way **how**(that) s + v
to부정사(형용사적 용법)	• 명사를 **항상 후치 수식**	• 보어로 사용 가능
분사 형용사	• 현재분사(v + -ing) 능동/진행 • 과거분사(v + -ed) 수동/완료	• 전치/후치 수식 가능 • 동사적 성격이 있음

일반 형용사

A 한정적 용법의 형용사

명사의 앞뒤에서 단순히 명사를 수식할 뿐 보어로 사용되지 않는 문장 내 모든 형용사를 말한다.

My class consists of **various** students.

나의 학급은 다양한 학생들로 구성되어 있다.

We have served only **healthy** food to our customers for over 10 years.

우리는 10년이 넘도록 우리 고객들을 위해 몸에 좋은 음식만을 제공해 오고 있다.

There are **some** methods **available** to diagnose the **exact** cause **of cancer**.

암의 정확한 원인을 진단하는 데 이용 가능한 방법들이 있다.

We have money **enough** to spend a week **enjoying** our summer days.

우리는 여름을 즐기며 일주일을 보낼 수 있을 만큼의 충분한 돈이 있다.

BONUS 후치 수식하는 형용사

-thing, -one, -body로 끝나는 명사를 수식할 때, to부정사(형용사적 용법), 형용사구, 형용사절 등은 항상 **후치 수식**한다.

We tried to get something **more reliable** than what had been known.

우리는 알려진 내용보다 좀 더 믿을 만한 내용을 얻으려고 노력했다.

He wants to hire someone **familiar** with the new rules.

그는 새로운 규정에 정통한 사람을 고용하고 싶어 한다.

We have a plan **to enhance** partnership with foreign organizations.

우리는 해외 기구와 협력을 증진할 계획을 가지고 있다.

Immigrants will have a chance **of living** a more prosperous life.

이민자들은 좀 더 성공적인 삶을 살 수 있는 기회를 갖게 될 것이다.

There are many applicants **who are fluent in English**.

영어에 능통한 많은 지원자들이 있다.

B 서술적 용법의 형용사

서술적 용법의 형용사란 보어로 사용되는 형용사를 말한다.

❶ 주격 보어

Mr. Carl is **diligent**. Carl 씨는 부지런하다.

She is **to attend** the meeting. 그녀는 회의에 참석할 것이다.

The result was **surprising**. 결과는 놀라웠다.

Many houses were **damaged** during the earthquake.

지진으로 많은 주택이 손상되었다.

The building is **under renovation**. 그 건물은 보수 중이다.

❷ 목적격 보어

I believe him **innocent** at least in relation to this case.

나는 최소한 이번 사건만큼은 그가 결백하다고 믿는다.

They found the result **interesting**.

그들은 결과가 흥미롭다는 사실을 발견했다.

We leave the doors **closed**. 우리는 그 문을 닫아 둔다.

The manager advised us **to focus on** unity and teamwork.

그 관리자는 우리에게 단결과 협력에 집중하라고 조언했다.

She had the employees **work** overtime to meet the deadline.

그녀는 마감 시한을 맞추기 위해 직원들에게 초과 근무를 시켰다.

> **BONUS** | 서술적 용법으로 쓰이는 형용사류
>
> alive 살아 있는 asleep 잠든 alone 혼자의 awake 깨어 있는 aware 알고 있는 afraid 두려운 alike 닮은 ashamed 부끄러운 fond 좋아하는
>
> Many people are **afraid** of snakes. 많은 사람들이 뱀을 무서워한다.
>
> We found him **asleep** in the car. 우리는 자동차 안에서 잠들어 있는 그를 발견했다.

형용사구(전명구)

한정적/서술적 용법으로 모두 사용되며 항상 후치 수식하는 형용사류이다.

A 한정적 용법

The building currently **under construction** will be used for residential purposes.

현재 공사 중인 그 건물은 주거 목적으로 사용될 것이다.

I have been to the new headquarters **in Manhattan**.

나는 맨해튼에 있는 새 본사에 다녀왔다.

I read articles **in newspapers** that agree with the government's tax policy.

나는 정부의 조세 정책에 동조하는 신문 기사를 읽었다.

B 서술적 용법

A new bridge **is** presently **under construction**.

현재 새로운 교량 하나가 건설 중이다.

I think the machine **is beyond repair**. 내 생각에 그 기계는 수리가 불가능하다.

The present situation **is out of control**. 현 상황은 통제 불능 상태이다.

Management **thought** all the situations **in good order**.

경영진은 모든 상황이 순조롭다고 생각했다.

They **regarded** the quick-fix solution **of no use**.

그들은 그 임시방편을 소용없다고 생각했다.

BONUS 주격/목적격 보어로 자주 출제되는 형용사구

of use = useful 유용한	out of danger = safe 안전한	on the way 진행 중인
of no use = useless 쓸모없는	out of order 고장 난	in a hurry 바쁜
of value = valuable 귀중한	out of print 절판된	beyond me (나에게) 어려운
of importance = important 중요한	out of control 통제 불능의	of an age 동갑의
of interest = interesting 흥미로운	out of date 구식의	on air 방송 중인

항상 후치 수식하며 보어로 사용될 수 없다. 관계대명사의 경우 선행사가 사람인지 또는 사물인지, 주격, 소유격, 목적격 중 어떤 기능을 하는지 확인해야 알맞은 형용사절 접속사를 찾을 수 있다.

• 관계대명사(사람 수식) • 항상 후치 수식, 보어 불가	① who[that] s + v ② whose s + v ③ whom[that] s + v
• 관계대명사(사물 수식) • 항상 후치 수식, 보어 불가	④ which[that] s + v ⑤ whose[= of which] s + v ⑥ which[that] s + v
• 관계부사 • 항상 후치 수식, 보어 불가	⑦ the place where[that] s + v ⑧ the time when[that] s + v ⑨ the reason why[that] s + v ⑩ the way how[that] s + v

A 관계대명사

❶ 선행사 / 사람

주격 I have the colleagues **who[that]** are generous and competent.

내게는 관대하고 능력 있는 동료들이 있다.

소유격 I have the colleagues **whose** ability has been underestimated.

내게는 자신들의 능력을 과소평가 받아 온 동료들이 있다.

목적격 I have the colleagues **whom[that]** I can respect.

내게는 존경할 만한 동료들이 있다.

목적격 I have some colleagues **whom[that]** you may want to work with.

나에게는 당신도 함께 일하고 싶어 할 만한 동료 몇 명이 있다.

❷ 선행사 / 사물·동물

주격 I have a book **which[that]** was written by J. S. Miller.

내게는 J. S. Miller에 의해 쓰여진 책 한 권이 있다.

소유격 I have some books **whose** feature is an easy approach to scientific theories.

내게는 과학적 이론에 대한 손쉬운 접근법을 특징으로 하는 책이 몇 권 있다.

소유격 I have some books **of which the** feature is an easy approach to scientific theories.

내게는 과학적 이론에 대한 손쉬운 접근법을 특징으로 하는 책이 몇 권 있다.

목적격 I have the book **which[that]** you wanted to read.

나는 당신이 읽고 싶어 했던 책을 가지고 있다.

B 관계부사

I have been to the place **where[that]** the accident happened.

나는 사고가 발생했던 장소에 다녀왔다.

I know the time **when[that]** he left the office.

나는 그가 사무실을 떠난 시간을 알고 있다.

I know the reason **why[that]** she refused the offer.

나는 그녀가 그 제안을 거절한 이유를 알고 있다.

I like the way ~~(how)~~ you solved the problems.

나는 당신이 문제를 해결한 방식을 좋아한다.

= I like ~~(the way)~~ **how** you solved the problems.

나는 당신이 문제를 해결한 방식이 마음에 든다.

to부정사의 형용사적 용법

한정적/서술적 용법 모두 사용 가능하며 항상 후치 수식한다.

A 한정적 용법

You will have a chance **to become** a specialist in consulting.

당신은 컨설팅 분야의 전문가가 될 수 있는 기회를 잡게 될 것이다.

They have the right **to refuse** the bill.

그들은 법안을 거부할 수 있는 권리가 있다.

I have a plan **to study** abroad next year.

나는 내년에 해외 유학을 갈 계획이다.

ability to + v ~할 수 있는 능력	attempt to + v ~하려는 시도	failure to + v ~에 대한 실패
plan to + v ~하려는 계획	opportunity to + v ~할 수 있는 기회	reluctance to + v ~에 대한 망설임
way to + v ~할 수 있는 방법	chance to + v ~할 수 있는 기회	readiness to + v ~하려는 준비
time to + v ~해야 할 시간	decision to + v ~하려는 결정	effort to + v ~하려는 노력
right to + v ~할 수 있는 권리	request to + v ~에 대한 요구[요청]	authority to + v ~할 수 있는 권한

B 서술적 용법

❶ 2형식 불완전자동사의 주격 보어일 경우 be to 용법 적용(예정/의무/의도/가능/운명)

예정 We **are to retrieve** trust from our stockholders.

우리는 주주들로부터 신뢰를 회복할 것이다.

의무 We **are to work** diligently to stay afloat in competitive markets.

우리는 경쟁이 치열한 시장에서 살아남기 위해 부지런히 일해야 한다.

❷ 5형식 불완전타동사의 목적격 보어일 경우 [ask + sby + to do + sth] 용법 적용

Mr. Dole **asked** me **to escort** him to the hotel.

Dole 씨는 나에게 호텔까지 자신을 안내해 달라고 요구했다.

The inspector **advised** our site managers **to improve** working conditions.

그 조사관은 우리 현장의 관리자들에게 작업 환경을 개선하라고 조언했다.

분사 형용사

동사에 [-ing] 혹은 [-ed]를 붙여 형용사로 사용되는 형태이다. 현재분사[v + -ing]는 능동/진행의 의미를, 과거분사[v + -ed]는 수동/완료의 의미를 나타내며 명사를 수식한다. 전치/후치 수식 모두 가능하고 보어로 사용될 수 있다. 후치 수식의 경우 능동/수동에 따라 [-ing]를 취하는지 [-ed]를 취하는지 묻는 문제가 자주 출제된다. 후치 수식의 경우 명사와 분사 사이에는 [**주격 관계대명사 + be동사**(who is/which is)]가 생략된 형태로 나타내며 동사의 성질이 있기 때문에 **자동사/타동사**에 따라 분사 이하에 **보어**, 혹은 **목적어**를 수반해야 한다.

A 자동사/타동사에 따른 능동/진행, 수동/완료 만들기

자동사	현재분사(v + -ing)/진행	~하고 있는 / ~ 중인	**missing** document 분실된 서류 **missing** child 없어진 아이 **sleeping** baby 잠들어 있는 아기
	과거분사(v + -ed)/완료	이미 ~한 / 이미 ~된	**fallen** leaves 낙엽 **retired** soldier 전역 군인 **faded** flower 시든 꽃
타동사	현재분사(v + -ing)/능동	~을 하게 만드는 ~을 시키는 ~한 감정을 유발하는	**interesting** show 재미있는 쇼 **surprising** result 놀라운 결과 **disappointing** sales 실망스러운 매출
	과거분사(v + -ed)/수동	~이 된 / ~을 당한 ~한 감정을 느끼는	**preferred** method 선호되는 방법 **broken** arm 부러진 팔 **revised** report 수정된 보고서

자동사/진행 We could not find the **missing** luggage.

우리는 분실된 짐을 찾을 수 없었다.

자동사/완료 A banquet will be held next week for our **retired** employees.

은퇴한 우리 직원들을 위해 다음 주에 연회가 열릴 것이다.

타동사/능동 We hope for another **surprising** result in the second attempt.

우리는 두 번째 시도에서 한 번 더 놀라운 결과를 기대하고 있다.

타동사/수동 The recently **revised** policy requires high integrity.

최근에 개정된 그 정책은 높은 도덕성을 요구한다.

who is 생략 The person (who is) **taking care** of the new account is Mr. Wilson.

새 거래처를 관리하는 담당자는 Wilson 씨이다.

which was 생략 The movie (which was) **directed by him** gained much popularity.

그에 의해 연출된 영화는 많은 인기를 얻었다.

B 감정동사의 분사용법

감정동사는 모두 타동사이며 **능동/수동**을 구분하는 문제로 출제된다. 감정을 불러일으키는 대상(사물)을 나타낼 때는 능동의 **[-ing]**를, 감정을 느끼는 주체(사람)를 나타낼 때는 수동의 **[-ed]**를 사용한다.

interest ~의 흥미를 유발시키다	bewilder ~을 당혹시키다
excite ~을 흥분시키다	confuse ~을 혼란시키다
please ~을 기쁘게 하다	fascinate ~을 매혹시키다
satisfy ~을 만족시키다	disappoint ~을 실망시키다
surprise (= stagger) ~을 놀라게 하다	frustrate ~을 좌절시키다
tire (= exhaust) ~을 피곤하게 하다	discourage ~을 낙담시키다
bore ~을 지루하게 하다	depress ~을 우울하게 만들다
embarrass ~을 당황시키다	impress ~을 감동시키다

능동 The show was so **interesting** that I became a fan of it like others.

그 공연은 너무 재미있어서 나는 다른 사람들처럼 그 공연의 팬이 되었다.

수동 We were **disappointed** to find out that she failed to pass the test.

우리는 그녀가 시험에 떨어졌다는 사실을 알고 실망했다.

능동 We consider *Pierce 2* as the most **impressing** movie in its own genre.

우리는 〈Pierce 2〉를 해당 장르에서 가장 감동적인 영화로 생각한다.

수동 He felt **bewildered** by the unexpected questions.

그는 예상치 못했던 질문에 당혹감을 느꼈다.

비교 변화

형용사는 **원급 – 비교급 – 최상급**의 3단계로 **비교 변화**한다. 비교의 대상이 없으면 원급, 비교의 대상이 둘일 때는 비교급, 비교의 대상이 셋 이상일 때는 최상급을 사용한다.

원급 I have **many** books.
나는 많은 책을 가지고 있다.

비교급 I have **more** books **than Peter**.
나는 Peter보다 더 많은 책을 가지고 있다.

최상급 I have **the most** books **in my class**.
나는 우리 학급에서 가장 많은 책을 가지고 있다.

A 규칙 변화

❶ 형용사의 원급에 모음 음절이 1개 혹은 2개일 때는 원급에 -er, -est를 붙인다.

원급	비교급	최상급
high 높은	higher 더 높은	highest 가장 높은
fast 빠른	faster 더 빠른	fastest 가장 빠른
clever 영리한, 숙련된	cleverer 더 영리한, 더 숙련된	cleverest 가장 영리한, 가장 숙련된
healthy 건강한	healthier 더 건강한	healthiest 가장 건강한

❷ 형용사의 원급에 모음 음절이 3개 이상일 때는 원급 앞에 more, most를 붙인다.

원급	비교급	최상급
famous 유명한	more famous 더 유명한	most famous 가장 유명한
important 중요한	more important 더 중요한	most important 가장 중요한
plentiful 풍부한	more plentiful 더 풍부한	most plentiful 가장 풍부한
agreeable 적합한, 쾌적한	more agreeable 더 적합한, 더 쾌적한	most agreeable 가장 적합한, 가장 쾌적한

B 불규칙 변화

원급	비교급	최상급
good 좋은	better 더 좋은	best 최고의
bad 나쁜	worse 더 나쁜	worst 최악의
many 많은(가산명사)	more 더 많은	most 가장 많은
much 많은(불가산명사)	more 더 많은	most 가장 많은
few 적은(가산명사)	fewer 더 적은	fewest 가장 적은
little 적은(불가산명사)	less 더 적은	least 가장 적은

C 라틴 비교

라틴어에 어원을 둔 형용사들은 비교급에 **than** 대신 **to**를 사용한다.

prior to ~보다 앞서, ~보다 전에	senior to ~보다 연상인, ~보다 선배인
superior to ~보다 우수한, ~보다 뛰어난	junior to ~보다 연하의, ~보다 후배인
inferior to ~보다 떨어지는, ~보다 열등한	major to ~보다 큰, ~보다 중요한

Prior to the public ceremony, he emphasized the roles we must perform.

공식 행사에 앞서, 그는 우리가 해야 하는 역할을 강조했다.

I'm sure that our service is **superior to** that of any other businesses in the region.

나는 우리의 서비스가 이 지역 어떤 업체의 서비스보다 우수하다고 확신한다.

D 비교 강조부사

원급 수식 강조부사	very 매우 quite 꽤 so 무척 pretty 꽤 extremely 아주
비교급 수식 강조부사	much / even / still / far / a lot 훨씬 a bit 살짝 a little 약간 significantly 상당히 noticeably 두드러지게
최상급 수식 강조부사	single 유일하게, 단독으로 only 오로지 by far 단연코 much 너무

원급 We had a **very good** time at the party.

우리는 그 파티에서 아주 좋은 시간을 보냈다.

비교급 The new computer is **much better** than the old one.

그 새 컴퓨터는 이전 컴퓨터보다 훨씬 좋다.

최상급 Education is the **single best** way to make a sound society.

교육은 건전한 사회를 만드는 유일한 최선책이다.

E as ~ as 동급비교

as ~ as 사이에는 형용사 또는 부사의 원급만 사용된다.

- S + 완전자동사 + as **부사** as + 비교 대상
- S + 불완전자동사 + as **형용사** as + 비교 대상
- S + 완전타동사 + as **형용사** + 명사 as + 비교 대상

완전자동사 She **walks as fast as** I walk. 그녀는 나만큼 빨리 걷는다.

불완전자동사 She **is as pretty as** her mother. 그녀는 자신의 어머니만큼 예쁘다.

완전타동사 She **has as many** books **as** I have. 그녀는 나만큼 많은 책을 가지고 있다.

F 비교급에 정관사 the를 사용하는 예외의 경우

❶ the + 비교급, the + 비교급(~하면 할수록 …하다)

The more we have, **the more** we want. 많이 가지면 가질수록 우리는 더 많이 원한다.

The more sophisticated the computer is, **the more** vulnerable to viruses it is.

컴퓨터가 정교할수록 바이러스에 더 취약하다.

❷ **of the two**(둘 중 하나로 한정될 때)

Of the two candidates, Benson is **the better** for the position.

두 후보 중에서 Benson이 그 직책에 더 적합하다.

수량형용사

A 가산명사를 수식하는 수량형용사

one[a / another] 1의(다른 하나의)	two[both] 2의(둘 다의)	three 3의	ten 10의
one hundred 100의	two thousand 2천 개의	few 거의 없는	a few 몇 개의
several 몇 개의	many 많은	diverse 다양한	
numerous[a number of] 다수의	various[a (wide) variety of] 다양한	a couple of 두 개의	a pair of 한 쌍의

Macmillan Technology Co., ventured into **a variety of** domestic projects.

Macmillan Technology Co.는 다양한 내수 사업에 과감히 뛰어들었다.

There have been **numerous** requests for more frequent airline service to South America.

남아메리카행 항공 서비스의 증편에 대한 수많은 요청이 있었다.

B 불가산명사를 수식하는 수량형용사

little 거의 없는	a little 약간의	much 많은	a (good) deal of 다량의	an amount of 많은	a large amount of 많은

Passengers should put up with **a little** inconvenience to ensure their safety.

승객들은 자신들의 안전을 보장받기 위해 약간의 불편함을 감수해야 한다.

An iceberg caused **a large amount of** damage to the passenger liner.

빙산은 여객선에 큰 손상을 야기했다.

C 가산/불가산명사를 모두 수식하는 수량형용사

all 모든	some 일부	any 어느, 어떤	most 가장 많은	more 더 많은
enough 충분한	a lot of 많은	lots of 많은	plenty of 많은	no 조금도 ~ 아닌

Most people are for the foreign policy of the government.

대부분의 사람들은 정부의 외교 정책에 찬성한다.

Most information about the confidential project has been digitally stored.

기밀 사업에 대한 대부분의 정보는 디지털 방식으로 저장되었다.

be upset about ~에 대해 화나다	be furious about[with] ~에 격분하다
be similar to ~와 유사하다	be subject to ~을 겪다, ~을 받기 쉽다
be comparable to ~에 필적하다	be responsive to ~에 반응을 보이다
be consistent in[with] ~와 일치하다	be noted[known] for ~으로 유명하다
be eligible for ~할 자격이 있다	be responsible for ~에 책임이 있다
be valid for ~ 동안 유효하다	be ideal for ~에 이상적이다
be critical of ~을 비판하다	be full of ~으로 가득 차다
be capable of ~할 수 있다	be aware of ~을 알다
be envious of ~을 부러워하다	be cognizant of ~을 알다
be fond of ~을 좋아하다	be (= run) short of ~이 부족하다
be appreciative of ~에 감사하다	be compatible with ~와 호환되다
be proud of ~을 자랑하다	be fed up with ~에 싫증을 내다
be conscious of ~을 인식하다	be commensurate with ~와 비례하다
be incapable of ~할 수 없다	be satisfied with ~에 만족하다

Our travel schedule **is subject to** change according to local situations.
우리의 여행 일정은 현지 상황에 따라 바뀌기 쉽다.

If you **run short of** time to make a presentation, just hand in the written report.
만일 발표할 시간이 부족하면 서면 보고서를 제출해 주십시오.

Your salary will **be commensurate with** your contribution to the project.
여러분들의 급여는 이 사업에 대한 여러분들의 기여도에 상응하게 될 것입니다.

1. We serve only ------- food to our customers considering their physical well-being.
   (A) instant
   (B) healthy

2. Most people agree that there is nothing ------- important than our health.
   (A) more
   (B) much

3. In an effort ------- cordial relations, we hold periodic meetings with vendors and suppliers.
   (A) to promote
   (B) for promoting

4. An improvised dance performance took place after the ------- concert held last night.
   (A) live
   (B) alive

5. Merriam Complex currently ------- will be used as residential and commercial purposes.
   (A) under the construction
   (B) under construction

6. We had several cases of theft but I thought it was not a matter ------- at that time.
   (A) of importance
   (B) of important

7. The applicants ------- are good at English will have even higher employment opportunities.
   (A) who
   (B) whom

8. The external hard disk drives give us more storage room ------- we can instantly access.
   (A) which
   (B) where

9. We advised our affiliated companies ------- for the government-sponsored programs.
   (A) registering
   (B) to register

10. If you run ------- of time to attend the training session, you can make up for it next month.
    (A) short
    (B) shortly

PART 5

1. The growth of our company will come through ------- employees and their commitment to the organization.
   (A) dedicating
   (B) dedicated
   (C) to dedicate
   (D) dedication

2. Due to corrupt practices, we took a strong measure ------- illegal and dishonest attempts.
   (A) to prevent
   (B) prevented
   (C) preventable
   (D) preventive

3. Most companies consider personal abilities and experience ------- important than paper specs.
   (A) much
   (B) more
   (C) most
   (D) very

4. The director filmed the same scene over and over again until he was completely -------.
   (A) satisfy
   (B) satisfying
   (C) satisfied
   (D) satisfaction

5. The famous Jeju Island still remains one of ------- popular tourist attractions in Korea.
   (A) the much
   (B) the most
   (C) the best
   (D) the better

6. Mr. Gordiva stated that he would launch the company on the stock market ------- his official retirement.
   (A) less than
   (B) faster than
   (C) prior than
   (D) prior to

7. We closed the assembly line temporarily due to mechanical faults ------- by the safety inspectors.
   (A) discovering
   (B) discovered
   (C) to discover
   (D) for discovering

8. He bought a new cell phone, Stellar X-8, which is as expensive ------- a desktop computer.
   (A) than
   (B) to
   (C) as
   (D) as to

9. The more complex the experiment process becomes, ------- manpower we will need to supervise it.
   (A) the best
   (B) the most
   (C) the less
   (D) the more

10. Mr. Carlson is ------- qualified for the managerial position of the two final candidates.
    (A) the more
    (B) the most
    (C) more
    (D) much

PART 6

Questions 1-4 refer to the following instructions.

Read the following instructions ------- before starting to use Tess Electric Portable Heater.
1.

-------. If not, it could cause a fire. The heater has special buttons for regulating the fan's
2.

temperature. This electric heater shuts down automatically ------- the heater temperature
3.

reaches a certain point. ------- attach the filter to the back of the heater, which is for
4.

filtering dust out.

---

1. (A) careful
    (B) carefully
    (C) with careful
    (D) care

2. (A) Please, keep the product manual if possible.
    (B) First, take the grills on the heater to pieces.
    (C) The heater will give off a smell of burning.
    (D) Keep your heater on a flat surface.

3. (A) when
    (B) though
    (C) because
    (D) since

4. (A) Conditionally
    (B) Quickly
    (C) Diversely
    (D) Securely

PART 7

Questions 1-2 refer to the following text-message chain.

George Anderson 10:00 A.M.
The office supplies we ordered arrived a few minutes ago.

Carol Evans 10:01 A.M.
Good! I found the printshop sent our brochures early this morning.

George Anderson 10:01 A.M.
When will they arrive? I'd like to set them up before the end of the day.

Carol Evans 10:02 A.M.
Maybe between 4 and 5 o'clock.

George Anderson 10:03 A.M.
Okay. Can you order some extra posters for the event? I think we will need some of them on the day.

Carol Evans 10:04 A.M.
I'm way ahead of you. They are coming with the brochures. Don't worry about it.

1. What does George want to do during the day?
(A) Pick up more brochures for the conference
(B) Redesign the event posters
(C) Display some promotional materials
(D) Return some materials he ordered

2. At 10:04 A.M., what does Ms. Evans mean when she writes, "I'm way ahead of you"?
(A) She has requested additional posters.
(B) She has arrived at the event venue.
(C) She has made a payment in advance.
(D) She needs directions to the printshop.

CHAPTER 07 부사

부사는 완전 문장의 필수 성분이 아닌 부속 성분으로, **명사를 제외한 모든 품사를 수식**할 수 있는 수식어이다.

Grammar Points

1. 부사는 [6:8:4]이다. 6은 부사가 수식하는 대상으로 부사는 [① 다른 부사, ② 부사구(전명구), ③ 부사절(9가지), ④ 동사, ⑤ 형용사, ⑥ 문장 전체]를 수식한다.

2. 부사의 약 90%는 동사를 수식하며 동작이 일어난 8가지 정보, 즉 동작이 일어난 [① 장소, ② 방법, ③ 시간, ④ 날짜, ⑤ 이유, ⑥ 정도, ⑦ 빈도, ⑧ 부정]을 알려 준다.

3. 4는 부사류 4가지로 [① 부사, ② 부사구(전명구), ③ 부사절(9가지), ④ to부정사(부사적 용법, 7가지)] 등이 있다.

4. 부사도 형용사처럼 원급 – 비교급 – 최상급으로 비교 변화한다.

부사 [6:8:4]

부사에는 수식 기능 6가지, 동작 정보 8가지가 있고, 부사류에는 4가지가 있다.

수식 기능(6가지)	❶ 다른 부사 ❷ 부사구(전명구) ❸ 부사절(9가지) ❹ 동사 ❺ 형용사 ❻ 문장 전체	
동작 정보(8가지)	❶ 장소 ❷ 방법 ❸ 시간 ❹ 날짜 ❺ 이유 ❻ 정도 ❼ 빈도 ❽ 부정	
부사류(4가지)	❶ 부사	
	❷ 부사구(전명구)	
	❸ 부사절(9가지)	1. 시간: when s + v 2. 조건: if s + v 3. 이유: because s + v 4. 양보: though s + v 5. 목적: s + v + so that + s + v	6. 결과: s + v + so ~ that + s + v 7. 동시 발생: as s + v 8. 비례/양태: as s + v 9. 복합관계사(10가지): however s + v
	❹ to부정사 (부사적 용법)	1. **목적: to + v (~하기 위하여)** 2. 원인/이유: to + v (~하기 때문에) 3. (상황 판단의) 근거: to + v (~하다니) 4. 조건: to + v (~한다면)	5. 결과: to + v (~하게 되다) 6. **부사 수식** 7. **형용사 수식**

다른 부사 Johnson presented his strategies **very** clearly.

Johnson은 자신의 전략을 매우 명료하게 제시했다.

부사구 The general meeting of stockholders will begin **promptly** at 10 o'clock.

주주총회는 정확히 10시에 시작될 것이다.

부사절 We get few customer complaints **largely** because we comply with industry standards.

우리는 통상 산업 표준을 준수하기 때문에 고객 불만이 거의 없다.

동사 Modern Technologies **finally** agreed to sign the contract with us.

Modern Technologies는 마침내 우리와 계약을 체결하는 데 동의했다.

BONUS 부사의 동사 수식 패턴

주어 + **부사** + 동사	I **always** exercise regularly to stay healthy. 나는 건강을 유지하기 위해 늘 규칙적으로 운동한다.
조동사 + **부사** + 본동사	He will **easily** be able to repay his mortgage loan. 그는 주택담보대출을 쉽게 상환할 수 있을 것이다.
be + **부사** + v + -ing	She is **still** working on her sales report. 그녀는 여전히 매출 보고서 작업을 하고 있다.
be + **부사** + v + -ed	The proposal was **favorably** accepted by the management. 그 제안은 경영진에 의해 흔쾌히 받아들여졌다.
have + **부사** + v + -ed	I have **just** been to the airport to see Peter off. 나는 방금 Peter를 배웅하러 공항에 갔다 왔다.
has + **부사** + v + -ed	The level of happiness has **significantly** dropped lately. 행복 수준이 최근에 현저히 하락했다.
had + **부사** + v + -ed	We had **ideally** combined sports events with marketing. 우리는 스포츠 행사와 마케팅을 이상적으로 결합했다.

증감동사	증감동사 수식 부사
increase vt. ~을 증가시키다 vi. ~이 증가하다	substantially 상당히, 굉장히
decrease vt. ~을 축소시키다 vi. ~이 축소하다	significantly 상당히, 현저히
reduce vt. ~을 줄이다 vi. ~이 줄어들다	noticeably 두드러지게, 현저하게
decline vt. ~을 거절하다 vi. ~이 하락하다	markedly 현저하게, 뚜렷하게
go up vi. ~이 오르다, 상승하다	dramatically 극적으로
rise vi. ~이 상승하다	sharply 급격하게
soar vi. ~이 상승하다	greatly 크게, 몹시, 매우
fall vi. ~이 하락하다	considerably 상당히, 현저히
drop vi. ~이 하락하다	slightly 약간, 조금

The number of polar bears has dropped **sharply** with climate change.

기후 변화와 함께 북극곰의 수가 급격히 줄어들고 있다.

The market for medical equipment is growing **noticeably**.

의료 장비 시장이 눈에 띄게 성장하고 있다.

형용사　It is **very** important to learn how to invest in various stocks and funds.

다양한 주식 및 펀드 투자 방법을 배우는 것은 매우 중요하다.

The bridge he designed is **currently** under construction.

그가 설계한 다리는 현재 공사 중이다.

The new office equipment is **entirely** reliable.

새 사무 장비는 전적으로 믿을 수 있다.

문장 전체　**Fortunately**, we improved the general performance of our new vehicles.

다행히, 우리는 신차의 전반적인 성능을 개선했다.

부사의 동작 정보(8가지)

부사의 약 90%는 동사를 수식하여 동작이 일어난 [① **장소**, ② **방법**, ③ **시간**, ④ **날짜**, ⑤ **이유**, ⑥ **정도**, ⑦ **빈도**, ⑧ **부정**] 등의 기본 정보 **8가지**를 알려 준다.

장소　The crash happened **at a curve after a straightaway**.

충돌은 직진 구간 다음인 곡선 구간에서 일어났다.

`방법` These dry cells contain mercury, so they should be handled **carefully**.

이 건전지들은 수은 성분이 들어 있어 취급 시 주의해야 한다.

`시간` Under stressful situations, just a few minutes **sometimes** seem like several hours.

스트레스를 유발하는 환경에서는 단 몇 분도 몇 시간처럼 여겨질 때가 있다.

`날짜` The grand opening ceremony of the store will be held **tomorrow**.

그 상점의 개장식이 내일 열릴 것이다.

`이유` Many employees of our company lost their jobs **due to the economic crisis**.

우리 회사의 많은 직원들은 경제 위기 때문에 직장을 잃었다.

`정도` I **completely** forgot to respond to the questions of the customer.

나는 그 고객의 질문에 응답하는 걸 완전히 잊고 있었다.

`빈도` We decided to carry out half Wednesday hours **every other week**.

우리는 격주로 수요일에 반나절 근무를 실행하기로 결정했다.

`부정` They **never** cared about the economic ripple effect.

그들은 경제적 파급 효과를 전혀 고려하지 않았다.

부사류(4가지)

부사류에는 [① **부사**, ② **부사구**, ③ **부사절**, ④ **to부정사의 부사적 용법**]이 있다.

A 부사

기본 형태가 부사인 경우와 [**형용사 + -ly**]가 만나 부사가 되는 두 가지 경우가 있다.

형용사 + -ly	careful 주의하는 / carefully 주의 깊게 thorough 빈틈없는 / thoroughly 철두철미하게	easy 쉬운 / easily 쉽게 expert 전문적인 / expertly 전문적으로
빈출 부사	always 항상 usually 대개 often 종종 sometimes 가끔 very 아주 so 매우 too 너무 never 절대 ~ 않는 hardly 거의 ~ 않는 already 이미 still 아직 yet (부정문) 아직	

The rate of alternative energy has risen **steadily** for over 10 years.

대체 에너지 비율이 10여 년간 꾸준히 상승해 오고 있다.

The managers and the workers got pay raises of 5% and 7% **respectively**.

관리자들과 직원들은 임금이 각각 5%와 7% 인상됐다.

B 부사구

부사구는 [전치사 + 전치사의 목적어(명사, 대명사, 동명사)]로 이루어진 일명 [전명구]가 단독 품사인 부사처럼 동사, 형용사, 문장 전체를 수식하는 것을 말한다. 전명구는 부사구와 형용사구로 쓰이므로 헷갈리기 쉽다.

The shopping mall is conveniently located **near a subway station**. [부사구가 동사 수식]

그 쇼핑몰은 교통이 편리한 지하철역 근처에 위치하고 있다.

As of September 10, your current ID card will no longer work. [부사구가 문장 전체 수식]

9월 10일부터 당신의 현재 신분증은 더 이상 효력이 없습니다.

Several offices in the building are not occupied. [형용사구가 명사 수식]

이 건물 내의 몇몇 사무실은 비어 있다.

The details provided in the report are of use to investors. [형용사구가 보어/명사 수식]

이 보고서에 나와 있는 세부 사항은 투자자들에게 유용하다.

C 부사절

부사절은 [접속사 + 주어 + 동사]의 말 덩어리로, 부사절 접속사에는 [① **시간**, ② **조건**, ③ **이유**, ④ **양보**, ⑤ **목적**, ⑥ **결과**, ⑦ **동시 발생**, ⑧ **비례/양태**, ⑨ **복합관계사**] 등 총 9가지가 있다.

시간	when ~할 때 after ~ 후에 before ~ 전에 while ~하는 동안 until ~할 때까지 since ~ 이래로 as soon as ~하자마자 by the time (when) ~일 때까지
조건	if / proving (that) / provided (that) / suppose (that) / supposing (that) ~이라면 unless 만약 ~ 않는다면 in case (that) ~할 경우에
이유	because / since / as / now that ~이므로, ~이니까
양보	though / although / even though / even if / whereas / while (문두) 비록 ~이더라도, ~임에도 불구하고
목적	so (that) / in order that ~하기 위하여
결과	so + (부사 · 형용사) + that / such + (a + 형용사 + 명사) + that 너무 ~해서 …하다
동시 발생	while / as ~하는 동안
비례/양태	as / as if / as though 마치 ~처럼, 마치 ~이듯이
복합관계사	whatever 무엇을 ~하든 간에 whichever 어느 것을 ~하든 간에 whoever 누가 ~하든 간에 whomever 누구를 ~하든 간에 whenever 언제 ~하든 간에 wherever 어디서 ~하든 간에 however 아무리 ~하더라도

 Our new president set an ambitious goal **once he assumed the position**.

우리의 신임 사장은 직책을 맡자마자 야심 찬 목표를 세웠다.

 If you have any questions, simply log on to our Web site.

질문이 있으시면 저희 웹사이트에 접속하세요.

 The Earth is a special planet **because it has water**. 지구는 물이 있기 때문에 특별한 행성이다.

 Although it looks old-fashioned, the machine has various functions.

비록 구식처럼 보이지만 이 기계는 다양한 기능을 가지고 있다.

D to부정사의 부사적 용법(7가지)

to부정사의 부사적 용법은 총 7가지가 있지만, 이 중 **[목적, 부사 수식, 형용사 수식]** 용법 등이 자주 출제된다.

> ① **목적: to + v (~하기 위하여)**
> ② 원인/이유: to + v (~하기 때문에)
> ③ (상황 판단의) 근거: to + v (~하다니)
> ④ 조건: to + v (~한다면)
> ⑤ 결과: to + v (~하게 되다)
> ⑥ **부사 수식**
> ⑦ **형용사 수식**

 (In order) to update your personal information, you will have to complete the customer data form on our Web site.

개인정보를 갱신하려면, 우리 웹사이트의 고객 자료 서식을 작성해야 합니다.

We opened new local offices **(so as) to maintain** a connection with the locals.

우리는 지역민과 유대 관계를 유지하기 위해 새로운 지점들을 열었다.

 I'm glad **to hear** that you are safe now.

당신이 이제 안전하다는 말을 들으니 다행입니다.

 She must be careless **to make** such a mistake.

그런 실수를 하다니 그녀는 부주의한 게 틀림없다.

 To leave at once, you will be there in time.

당장 출발하면 제시간에 그곳에 갈 수 있을 것이다.

결과 Many people left their hometown **never to return**.

많은 사람들이 자신들의 고향을 떠난 뒤 다시는 돌아오지 못했다.

부사 수식 They were alert enough **to cope with** emergency.

그들은 비상시에 대처가 가능할 만큼 충분히 주의했다.

형용사 수식 His lecture was easy **to understand**.

그의 강의는 이해하기 쉬웠다.

부사의 비교 변화

부사도 형용사처럼 비교 변화한다. 부사의 최상급에는 통상 the를 붙이지 않는 것이 원칙이다.

원급	비교급	최상급
well 잘, 능숙하게	better 더 잘	best 가장, 최고로
much 많이	more 더 많이	most 가장 많이
early 빨리, 일찍이	earlier 더 빨리, 더 일찍	earliest 가장 일찍
hard 열심히, 단단히	harder 더 열심히, 더 단단히	hardest 가장 열심히, 가장 단단히
quickly 빨리	more quickly 더 빨리	most quickly 가장 빠르게

원급 Fill in the application form **completely** before turning it in.

제출하기 전에 신청서를 빠짐없이 작성하십시오.

비교급 I explained the new contract terms and conditions **more specifically**.

나는 새로운 계약 조건을 좀 더 구체적으로 설명했다.

최상급 Michael reviewed the proposal **most carefully** among the team members.

Michael은 팀원 중 가장 면밀하게 그 안건을 검토했다.

예외 The award will be given to the employee who has worked **hardest**.

그 상은 가장 열심히 일한 직원에게 수여될 것이다.

hard	형용사	The desk is **hard**. (견고한) 책상이 견고하다.
	부사 1	He studied **hard**. (열심히) 그는 열심히 공부했다.
	부사 2	He **hardly** studies. (= hardly ever, almost never) 그는 거의 공부를 안 한다.
late	형용사	He was **late** for school. (늦은, 지각한) 그는 학교에 지각했다.
	부사 1	He came **late**. (늦게) 그는 늦게 왔다.
	부사 2	I haven't seen her **lately**. (최근에) 나는 최근에 그녀를 본 적이 없다.
high	형용사	The mountain is **high**. (높은) 산이 높다.
	부사 1	The bird flies **high**. (높게) 새가 높이 난다.
	부사 2	This model is **highly** recommended for its durability. (매우) 이 모델은 내구성 때문에 적극 추천된다.
sharp	형용사	I think the knife is really **sharp**. (날카로운) 그 칼이 정말 날카로운 것 같아.
	부사 1	I will meet you there **at 10 o'clock sharp**. (정확히) 나는 너를 10시 정각에 그곳에서 만날 거야.
	부사 2	Our sales dropped **sharply**. (날카롭게, 급격히) 우리 매출이 급격히 하락했다.

1. Speaking foreign languages is regarded as an important factor but not ------- the only requirement for getting a job.
   (A) necessarily
   (B) necessary

2. A recent study ------- shows that consumer preferences are changing depending on their age and gender.
   (A) distantly
   (B) distinctly

3. We could get some positive results ------- after the project began last May.
   (A) shortly
   (B) rightly

4. The major project seems to be a failure ------- due to improper environmental influence appraisals.
   (A) enormously
   (B) entirely

5. Visitors have to keep in mind that the whole exhibition halls close up at 8 o'clock -------.
   (A) sharp
   (B) sharply

6. Considering the age of the old equipment, the replacement must start ------- this year.
   (A) no later than
   (B) no more than

7. President Wilson looked over the proposal ------- carefully among the executive members.
   (A) very
   (B) most

8. We concluded that our employees depend ------- on the online network when carrying out office tasks.
   (A) firmly
   (B) heavily

9. To ------- the feasibility of the project, a team of engineers will be dispatched to the local area.
   (A) gauge
   (B) gauging

10. Our regular staff meeting is held every Monday ------- at 9 in the main conference room.
    (A) exactly
    (B) clearly

PART 5

1. Ms. Chang delivered her presentation on the project ------- clearly and eloquently.
(A) quite
(B) much
(C) too
(D) even

2. We never release faulty items ------- the quality control team strictly examines the finished products.
(A) because of
(B) because
(C) due to
(D) while

3. -------, the recognition of our products is being improved among people all around the world.
(A) To increase
(B) Increase
(C) Increasing
(D) Increasingly

4. Mr. Davis got to the banquet hall first and the CEO of Golden Motors arrived shortly -------.
(A) enormously
(B) sharply
(C) thereafter
(D) later

5. Housing transactions are sluggish at present, but experts expect that housing trades will become active again -------.
(A) eventually
(B) exclusively
(C) conveniently
(D) similarly

6. ------- the residents may be exposed to risks, determining a site for a power plant will inevitably be difficult.
(A) While
(B) Although
(C) Because
(D) Unless

7. The device will allow users to read the electronic text more ------- than the text printed on the paper.
(A) convenient
(B) conveniently
(C) convenience
(D) convene

8. ------- the current economic growth rate, the government should ease some business regulations if necessary.
(A) Maintain
(B) Maintained
(C) To maintain
(D) For maintain

9. Our major local offices are ------- located in the core commercial districts of major cities.
(A) conveniently
(B) kindly
(C) boldly
(D) immensely

10. Since we conducted safety training, the number of accidents has decreased -------.
(A) consider
(B) consideration
(C) considerably
(D) considerable

PART 6

Questions 1-4 refer to the following instruction.

Use of Computer Lab

The computer lab ------- the 10th floor is to be used only by the employees who have
1.

enrolled for an online training course through the technical services department. -------.
2.

Any employees who want to take online training courses must get their manager's -------
3.

first and fill out the proper course application form. You should then hand in the form to

David Howman in the technical services department, who will give you ------- information
4.

about how to use the computer lab.

---

1. (A) in
   (B) on
   (C) at
   (D) to

2. (A) We had to close the space for a
       regular maintenance check.
   (B) Only new employees will be use
       the computers from now on.
   (C) Employees cannot use the facility
       for any other purposes.
   (D) The staff are having trouble running
       the new software programs.

3. (A) approval
   (B) appointment
   (C) payment
   (D) proposal

4. (A) statistical
   (B) manipulated
   (C) previous
   (D) additional

Questions 1-3 refer to the following letter.

Modern Medical Science
435 Stein Road, Ontario

October 18
Jessica Glenshaw
8487 Mendoza Street
Ontario

Dear Glenshaw,

— [1] —. Thank you for being a subscriber to *Modern Medical Science*. We'd like to let you know that your current subscription expires on October 31. — [2] —. Just fill out and send back the renewal form that has been enclosed with this letter.

Modern Medical Science is a leading health magazine in the country and provides readers with the latest news and developments in the medical field. — [3] —. As always, we are sure that you will continue to enjoy all of our contents including the entertaining columns of Dr. Anderson Rio and the informative health tips from Professor Oscar Weaver. — [4] —.

Sincerely,

Sarah Brightman
Circulation Director

---

1. What is the purpose of the letter?
(A) To offer health advice
(B) To introduce a new magazine
(C) To suggest renewing the subscription
(D) To promote a special event

2. What is suggested about Dr. Anderson Rio?
(A) He will give a presentation.
(B) He writes for a magazine.
(C) He is subscribing to a magazine.
(D) He develops medical tools.

3. In which of the positions marked [1], [2], [3] and [4] does the following sentence best belong?

"If you renew your account by the end of the month, you will receive a versatile bag at no charge."
(A) [1]
(B) [2]
(C) [3]
(D) [4]

 08 한정사

한정사는 수식어 중 하나로 **명사의 성격을 한정한다**는 점에서 형용사의 범주에 포함되지만 명사의 성질, 상태, 신구, 색상 등을 나타내는 의미적 수식어가 아니라 명사의 **[단수/복수, 한정(限定)/부정(不定)]**을 나타내는 **기능적 수식어**이다.

Grammar Points

1. 한정사는 [4:8:6]이다. 4는 한정사의 4가지 기능으로 명사의 [단수/복수, 한정(限定)/부정(不定)]을 나타낸다.
2. 8은 명사의 단수/복수를 나타내는 기본 한정사 8가지로 [a, one, each, every, another, either, neither, -s/-es]가 있다.
3. 6은 기본 한정사 이외의 한정사로 [정관사 the, 지시형용사, 소유격, some/any, no, 각종 수량형용사]가 있다.
4. 수량형용사를 제외한 한정사는 다른 한정사와 중복 사용할 수 없다.

명사와 한정사

명사와 한정사는 분리할 수 없는 하나의 집합체이다.

명사와 한정사의 용법

① 명사는 가산명사와 불가산명사를 구분해 써야 하며 가산명사는 반드시 단수/복수를 나타내는 한정사와 함께 쓰인다.
② 가산명사는 단수/복수 이외에도 한정/부정, 수량 등을 나타내는 한정사와 함께 쓰인다.
③ 불가산명사는 단수로 취급하며 단수/복수를 나타내는 한정사를 쓰지 않는 것이 원칙이다.

한정사 [4:8:6]

4: 한정사는 명사가 ① **단수**인지, ② **복수**인지, ③ **한정**된 명사인지, ④ **부정**된 명사인지 4가지 기본 조건을 한정한다.

8: 단수/복수를 나타내는 기본 한정사 8가지

　① **a** book ② **one** book ③ **each** book ④ **every** book ⑤ **another** book

　⑥ **either** book ⑦ **neither** book ⑧ 복수의 **-s, -es**

6: 명사의 성격을 정확하게 한정하는 한정사 3가지

　① 정관사 **the** ② 지시형용사(this/that, these/those) ③ 소유격(my, your, his, her 등)

가산/불가산, 단수/복수를 모두 수식할 수 있는 만능 한정사 2가지 ① some/any ② no

각종 수량형용사

- many, few, a few, various, several, numerous, a number of, a variety of, a couple of
- much, little, a little, a great amount of, a good deal of
- all, most, more, lots of, a lot of, some/any, no, plenty of

---

A 단수/복수 한정사

단수/복수 한정사 (8가지)

단수/복수 한정사는 가산명사에만 사용하며 [① **a** book, ② **one** book, ③ **each** book, ④ **every** book, ⑤ **another** book, ⑥ **either** book, ⑦ **neither** book, ⑧ 복수의 **-s, -es**] 등 총 8가지가 있다.

`a/an` I borrowed **a book** from the library a few days ago.
> 나는 며칠 전 도서관에서 책 한 권을 대출했다.

`one` He has made it a habit of reading **one book** a week.
> 그는 일주일에 한 권의 책을 읽는 습관을 들였다.

`each` **Each book** in this series explains the features of Korean food.
> 이 시리즈의 각각의 책은 한식의 특징을 설명하고 있다.

`every` Websites such as Aladdin and Yes 24 make **every book** available online.
> Aladdin과 Yes24 같은 웹사이트는 모든 서적을 온라인을 통해 판매한다.

`another` Buster is looking for **another book** on Western art history.
> Buster는 서양미술사에 대한 다른 책을 찾고 있다.

`either` You can sit on **either side** of the tale.
> 당신은 테이블의 어느 쪽에 앉아도 상관없다.

`neither` **Neither authority** provides detailed information about the survey.
> 두 기관 중 어느 곳도 그 조사에 대한 상세한 정보를 제공하지 않고 있다.

`-s/-es` A wide variety of **events** are hosted by the residents of the city.
> 다양한 행사가 그 도시의 주민들에 의해 개최된다.

B 명사를 특정하는 한정사(정관사 the, 지시형용사, 소유격)

`the` I bought **a brand-new car** only 2 years ago but **the car** is already old-fashioned.
> 나는 불과 2년 전에 새 자동차를 샀는데 그 차는 이미 구식이 되어 버렸다.

`this/that` **This book** will have a huge effect on your personal development.
> 이 책은 당신 개인의 발전에 큰 영향을 줄 것이다.

`these/those` **These boxes** should be moved to the warehouse.
> 이 상자들은 창고로 옮겨져야 한다.

`소유격` Due to **his** daughter's wedding, Mr. Henry will not attend the meeting.

딸의 결혼 때문에 Henry 씨는 회의에 참석하지 않을 것이다.

This is **Martin's** fifth visit to New York.

이번이 Martin의 다섯 번째 뉴욕 방문이다.

C 만능 한정사: some/any, no

some/any, no는 가산명사의 단수/복수와 불가산명사를 모두 수식할 수 있는 만능 한정사이다.

❶ some/any

통상 **some**은 긍정문에서 사용되고, **any는 부정, 의문, 조건문**에서 사용된다. any는 강조를 위해 긍정문에서 사용되기도 한다.

`some/가산/단수` There must be **some reason** for his sudden resignation.

그의 갑작스러운 사임에는 분명 어떤 이유가 있을 것이다.

`some/가산/복수` Due to **some reasons**, he had to give up running for mayor.

몇몇 이유 때문에 그는 시장 출마를 포기해야 했다.

`some/불가산` I would like to get **some rest** for a while.

나는 당분간 휴식을 취하고 싶다.

`any/가산/단수` We don't have **any countermeasure** to respond to this situation.

우리는 이런 상황에 대한 대응책이 전혀 없다.

`any/가산/복수` We don't have **any plans** to expand our business into Europe.

우리는 유럽으로 사업을 확대할 계획이 전혀 없다.

`any/불가산` We don't have **any information** that has been saved on the server.

우리에게는 서버에 저장된 정보가 전혀 없다.

`any/긍정문/강조` **Any employee** is eligible to become a manager of a team.

어떤 직원이든 팀의 관리자가 될 자격이 있다.

❷ no

no는 가산명사의 단수/복수, 불가산명사를 모두 수식하며 의미상 전체를 부정한다.

`no/가산/단수` We have **no choice** but to compete with rival companies.

우리는 경쟁사들과 경쟁하는 것 이외에는 선택의 여지가 없다.

`no/가산/복수` The company has **no plans** to commercialize the concept car.

그 회사는 콘셉트카를 상용화할 계획이 없다.

`no/불가산` I've lost appetite and I have **no energy**.

나는 입맛도 없고 기운도 없다.

가산명사와 불가산명사를 수식하는 수량형용사의 형태와 종류는 다르다. 한정사 중 one, two, three와 같은 수사는 다른 한정사
와 중복해서 사용해도 무방하다.

가산명사 단수 수식	a/one 하나의 each 각각의 every 모든 another 또 다른 하나의 either 둘 중 어느 쪽이든 neither 어느 것도 ~ 않는
가산명사 복수 수식	two 둘의 both 둘 다의 few 거의 없는 a few 약간의 several 몇 개의 various (= a variety of) 다양한 numerous (= a number of)/many 많은 a couple of 두 개의
불가산명사 수식	little 거의 없는 a little 약간의 much, a deal of, an amount of 많은
가산/불가산 수식	all 모든 most 대부분의 some 일부의 any 어느, 어떤 no 어떤 ~도 없는 enough 충분한 plenty of/a lot of/lots of 많은

In spite of health concerns, some people drink **several** cans of soda a day.

건강에 대한 염려에도 불구하고 몇몇 사람들은 탄산음료를 하루에도 몇 캔씩 마신다.

To become a good teacher takes **a great amount of** practice and effort.

좋은 교사가 되는 데는 엄청난 양의 연습과 노력이 든다.

Most people help those who need their help.

대부분의 사람들은 도움이 필요한 사람들을 돕는다.

Most information about the flight is digitally stored in the black box recorder.

비행에 대한 대부분의 정보는 블랙박스 기록 장치에 디지털 방식으로 저장된다.

정관사와 부정관사의 용법

A 정관사, 부정관사, 무관사

불가산명사도 가산명사화되어 부정관사를 취할 수 있고, 정해진 사실에는 정관사를 사용한다. 정관사의 유무에 따라 한정/부정이
나뉜다.

부정관사 Butler is not such a man as would tell **a lie**.

Butler는 거짓말을 할 사람이 아니다.

We had **a good time** watching the movie.

우리는 그 영화를 보며 즐거운 시간을 보냈다.

정관사 What I really want to know is **the truth** about the unfortunate accident.

내가 정말로 알고 싶은 것은 이 불행한 사고에 대한 진실이다.

물질명사/무관사 Much to my surprise, Korea is a country that lacks **water**.

놀랍게도, 한국은 물 부족 국가이다.

정관사 We assumed that **the water** in the refrigerator would be safe to drink.

우리는 냉장고 안에 있는 물이 마셔도 안전할 것이라고 생각했다.

B 한정(限定)과 부정(不定)의 의미

명사를 한정하는 수식어구가 명사를 한정한다고 해도 정확히 한정되는 경우와 한정되지 않는 경우가 있다.

In **an effort** to hire new employees, we placed a help-wanted ad in newspapers.

신입 사원을 고용하려는 노력의 일환으로 우리는 신문에 구인광고를 냈다.

You must pay back the money by **the end** of this month.

당신은 이번 달 말까지 그 돈을 갚아야 합니다.

He fell on his back in **the middle** of the playground.

그는 운동장 한복판에서 뒤로 넘어졌다.

Look at **the man** who is standing on the deck of the boat.

배 갑판 위에 서 있는 저 사람을 보세요.

They were looking at **a man** who was swimming in the pool.

그들은 수영장에서 수영을 하고 있던 한 남자를 보고 있었다.

C 정관사/부정관사를 사용하는 경우 vs 한정사를 사용하지 않는 경우

❶ 정관사를 사용하는 경우

세상에서 유일한 것	the sun 태양 the moon 달 the earth 지구 the universe 우주
방향, 방위 표시	the east 동쪽 the west 서쪽 the south 남쪽 the north 북쪽 the right 오른쪽 the left 왼쪽
형용사의 최상급	the best choice 최고의 선택 the most important thing 가장 중요한 것
the + 서수	the first impression 첫인상 the second edition 2판
계절	the spring 봄 the summer 여름 the fall 가을 the winter 겨울
단위	by the hour 시간당 by the day 일당 by the pound 파운드당 by the yard 야드당

The city of Morenton is located in **the south** of Russia.

Morenton시는 러시아 남부에 있다.

Einstein's documents were shown online for **the first time**.

아인슈타인의 문서가 온라인상에 최초로 공개되었다.

We can rent a bicycle **by the hour**.

우리는 시간제로 자전거를 빌릴 수 있다.

❷ 부정관사를 사용하는 경우

in **an** attempt to + v ~하려는 시도[노력]으로	at least once **a** month 최소 한 달에 한 번
in **an** effort to + v ~하려는 시도[노력]으로서	as **a** symbol of ~의 상징[징표]로
reach **an** agreement 합의에 이르다	at **a** higher price 좀 더 비싼 가격에
an excellent way 뛰어난 방법	**a** modest target 적절한 목표
as **a** rule 통상적으로	**an** unexpected announcement 예상치 못한 발표
all of **a** sudden 갑자기	as **a** whole 총체적으로
make **a** decision 결정하다	give **a** refund 환불해 주다

This program was created in **an** effort to protect the environment.
이 프로그램은 환경을 보호하려는 노력의 일환으로 만들어졌다.

We made **a** decision to develop medicines for rare diseases.
우리는 희귀병 치료를 위한 의약품을 개발하기로 결정했다.

He usually drinks a certain brand of coffee at **a** higher price.
그는 보통 더 비싼 돈을 내고 특정 브랜드 커피만을 마신다.

❸ 관사를 사용하지 않는 경우

학문명/식사/운동/질병	economics 경제학 politics 정치학 statistics 통계학 mathematics 수학 physics 물리학 breakfast 아침 식사 lunch 점심 식사 baseball 야구 tennis 테니스 pneumonia 폐렴 cancer 암
수단/방법의 전치사 by의 목적어	by airplane 비행기로 by ship 배로 by bus 버스로 by e-mail 이메일로 by phone 전화로 by check 수표로 by credit card 신용카드로 by hand 손으로 by cash 현금으로
칭호/보어로 사용되는 직책/관직명	We elected Tom **chairperson** of the committee. 우리는 Tom을 위원회 회장으로 선출했다. **President** Roh 노 대통령 **Prime Minister** Margaret Thatcher 마거릿 대처 수상
직함/직업이 고유명사와 동격	Joanne K. Rowling, **author** of the *Harry Potter* series 〈해리포터〉 시리즈의 작가 Joanne K. Rowling Martin Giammarco, **professor** of UCLA UCLA 교수 Martin Giammarco
건물/시설 등의 본래의 목적	go to school 학교에 가다 go to church 교회에 가다 go to bed 잠자리에 들다 at table 식사 중인 at school 재학 중인 in hospital 입원한 in prison 수감된
기타	Incheon International Airport 인천국제공항 Seoul Station 서울역 Yellowstone National Park 옐로우스톤 국립공원 mother 어머니 father 아버지 uncle 삼촌 aunt 이모 side by side 옆으로 hand in hand 손에 손 잡고 face to face 얼굴을 맞대고 mom and dad 엄마와 아빠

Ashley Pagan graduated from Oxford and majored in **statistics**.

Ashley Pagan은 옥스퍼드 대학을 졸업했으며 통계학을 전공했다.

The most recent statistics show that our sales figures are on the rise.

가장 최근의 통계 자료는 우리 매출액이 증가하고 있음을 보여 준다.

Most **statistical** work is done on the computers in the office.

대부분의 통계 작업은 사무실 컴퓨터로 한다.

The first and second reports respectively should be written **by hand**.

1차 및 2차 보고서는 각각 수기로 작성되어야 한다.

We can focus our funds on the new project **by streamlining** the existing workforce.

우리는 기존 인력을 축소시킴으로써 신규 사업에 자금을 집중시킬 수 있다.

The people elected the former human rights lawyer **president** of the country.

국민들은 전직 인권 변호사를 대통령으로 선출했다.

1. To avoid possible errors, I make it a rule to double check ------- before turning it in.
   (A) every report
   (B) every reports

2. ------- book in this series has many pictures to make us understand more about our surrounding ecosystem.
   (A) Most
   (B) Each

3. I don't have ------- specific information regarding the performance appraisals of the sales representatives.
   (A) some
   (B) any

4. A number of special ------- will be held to promote active debates and social opportunities for the members.
   (A) sessions
   (B) session

5. Mr. Thompson, head of the marketing office invited us to ------- wife's piano recital.
   (A) his
   (B) the

6. Heavy yellow sand storms from China come to the Korean peninsula and cover ------- every spring.
   (A) clear sky
   (B) clear skies

7. In ------- effort to improve quality of life, the government will increase the welfare budget substantially.
   (A) an
   (B) the

8. Mr. Kennedy is a third-term lawmaker and he was appointed ------- of the environment.
   (A) a minister
   (B) minister

9. Khan Asset, an accounting company, wants all of its employees to get national accounting -------.
   (A) certification
   (B) certificate

10. They have to pass all the courses during the training session and there will be ------- exceptions granted.
    (A) not
    (B) no

PART 5

1. Some landlocked countries in Asia will benefit from the highway project by gaining ------- to ports.
   (A) better access
   (B) many accesses
   (C) any access
   (D) some accesses

2. While designers have successfully met their goal, R&D researchers haven't collected ------- to solve the problem.
   (A) informations
   (B) an information
   (C) every information
   (D) any information

3. Prices of your shopping items are subject to ------- due to the fluctuation in exchange rates.
   (A) your change
   (B) changeful
   (C) change
   (D) changing

4. It will take ------- for us to be ready for the merger with American Royal Bank.
   (A) long time
   (B) a long time
   (C) several times
   (D) at all times

5. When you review sales reports, there will be distinctive seasonal variations that you have to take into -------.
   (A) a consideration
   (B) the consideration
   (C) considerations
   (D) consideration

6. She never complained about the frequent business trips and always enjoyed that kind of -------.
   (A) work
   (B) a work
   (C) works
   (D) workings

7. Since Mr. Baker was employed last year, he has been dealing with various ------- very skillfully.
   (A) complain
   (B) complains
   (C) complaint
   (D) complaints

8. ------- clothing you ordered online today will be delivered within the next 5 business days.
   (A) A
   (B) The
   (C) These
   (D) Every

9. ------- the leading companies consider Singapore as the most ideal place to do business with Asian countries.
   (A) Almost of
   (B) Most
   (C) Most of
   (D) Some

10. The Spring Garden Hotel was chosen as ------- best place to stay while visitors travel around the city.
    (A) a
    (B) the
    (C) only
    (D) single

Questions 1-4 refer to the following article.

New Season for Lucerne Youth Choir

The Lucerne Youth Choir is ready to start ------- season of brilliant recitals. The choir
1.

------- a name for itself during the past few years, receiving positive reviews from the
2.

critics. This year promises to be even better, so it's a good idea to reserve your seats now.

-------. This event will be held right after the first show. If you book your tickets online this
3.

week, you can get your tickets ------- a 10% discount.
4.

1. (A) the other
(B) another
(C) others
(D) each other

2. (A) has made
(B) has been made
(C) will make
(D) will have made

3. (A) The members of the choir consist of
the local citizens.
(B) Surprisingly, a foreign conductor
leads the choir now.
(C) The choir members are selected
three times a year.
(D) The choir will also hold an
appreciation night for its fans.

4. (A) from
(B) on
(C) at
(D) for

PART 7

Questions 1-3 refer to the following review.

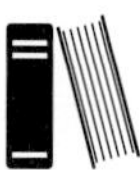

Daddy's Kitchen by Andrew Hill
Review by Linda Lopez

When I received *Daddy's Kitchen*, I was initially hesitant to open it. In recent years, countless cookbooks have been published. It seems that each one claims to have recipes that are the easiest to follow and that contain the healthiest ingredients. To be honest, I've been tired of reading those books.

However, when I opened *Daddy's Kitchen*, I was pleasantly surprised. Mr. Hill's latest book is head and shoulders above those of others. It contains more than 100 recipes, each of which is accompanied by one or two color photographs. The recipes are easy to follow and contain step-by-step instructions that even the least experienced cooks can follow. When I tried some of the recipes, the results were amazing.

Mr. Hill's book is a must-have for your kitchen, and I strongly recommend it. It's a little steep at $30 a copy, but it's well worth the price.

1. What is the reviewer's opinion of Mr. Hill's book?
(A) It should be purchased by people who like cooking.
(B) It is similar to other recently published cookbooks.
(C) It does not contain instructions that are easy to follow.
(D) It uses recipes with ingredients that are hard to find.

2. What can be inferred about Andrew Hill?
(A) He is a famous chef.
(B) He has his own restaurant.
(C) He is attending a cooking class.
(D) He wrote other cookbooks.

3. The word "steep" in paragraph 3, line 2 is closest in meaning to
(A) difficult
(B) abrupt
(C) expensive
(D) unusual

전치사는 낱말과 낱말을 연결해 주는 연결어로, 전치사 다음에는 전치사의 목적어가 붙어 **[전치사 + 전치사의 목적어]**의 구 (phrase)를 이룬다. 전치사의 목적어 자리에는 명사가 오기 때문에 **[전치사 + 명사] = [전명구]**라고 하며, 전명구가 명사를 수식할 때는 **[형용사구]**, 동사, 형용사, 부사, 문장 전체를 수식할 때는 **[부사구]**의 역할을 한다.

Grammar Points

1. 전치사는 [5:2]이다. 5는 전치사의 목적어로 사용되는 [① 명사, ② 대명사, ③ 동명사 / ④ 명사구, ⑤ 명사절] 5가지를 말한다.
2. 2는 전명구의 품사적 기능 2가지, 즉 형용사구와 부사구로서의 기능을 말한다.
3. 빈출 전치사 및 전치사가 쓰인 관용어구는 암기해야 한다.

전치사

전치사는 낱말과 낱말을 연결하는 연결어다.

The new policies will have a positive effect on the tourism industry of the city.
새로운 정책은 이 도시의 관광 산업에 긍정적인 영향을 미치게 될 것이다.

I've worked for Life Magazine as a reporter since 2011.
나는 2011년부터 Life Magazine에서 기자로 일해 오고 있다.

Full-time employees are eligible for full health benefits.
정규직 직원들은 모든 건강보험 혜택을 받을 자격이 있다.

전치사의 목적어와 [전명구]의 기능

[전치사 + 전치사]의 목적어 자리에는 [**명사**, 대**명사**, 동**명사** / 명사구, 명사절]이 사용되며 [**전명구**]는 형용사(구), 부사(구)의 역할을 한다.

전 + 명사/부사구 **Our visit was delayed due to inclement weather conditions.**

우리의 방문은 좋지 않은 날씨 때문에 지연되었다.

전 + 대명사/부사구 **They could take care of the task by themselves.**

그들은 자신들만의 힘으로 그 일을 해결할 수 있었다.

전＋동명사/부사구 We can save electricity **by** turning off spare lights in the rooms.

우리는 방 안의 여분의 전등을 소등함으로써 전기를 절약할 수 있다.

전＋명사구/형용사구 I came up with an idea **about** how to support them more efficiently.

나는 그들을 좀 더 효율적으로 지원할 수 있는 방법에 대한 아이디어 한 가지가 떠올랐다.

전＋명사절 1/부사구 Thank you **for** what you have done for me so far.

당신이 지금껏 나를 위해 해주신 일에 대해 감사드립니다.

전＋명사절 2/부사구 We will hire you **regardless of** whether you have experience or not.

우리는 경험 유무에 관계없이 당신을 고용할 것입니다.

BONUS 예외적인 전치사의 목적어: 형용사, 부사

형용사 Carnations **in general** express appreciation in Korea.
한국에서 카네이션은 일반적으로 감사의 뜻을 나타낸다.

부사 It takes about 10 minutes to walk **from here** to the train station.
여기부터 기차역까지는 걸어서 약 10분이 걸린다.

단독 전치사

in	시간: 상대적으로 긴 시간	in the morning 아침에 in September 9월에 in 2017 2017년에
	공간: ～ 안, 넓은 도시, 국가	in the building 건물에 in London 런던에서 in China 중국에서
at	시간: 짧고 정확한 시간	at 2 o'clock 2시에 at noon 정오에 at the end of the week 주말에
	공간: 특정 목적의 좁은 장소	at home 집에서 at school 학교에서 at work 직장에서 at the airport 공항에서
on	시간: 요일, 날짜	on Sunday 일요일에 on the 1st of May 5월 1일에
	공간: 밀착된 공간 ～ 위에	on the desk 책상 위에 on the second floor 2층에
with	수반, 동반: ～와 함께	have lunch with friends 친구들과 점심을 먹다
	소유, 휴대: ～을 가지고	rooms with a fine view 전망 좋은 방들
	도구, 수단: ～을 사용하여	work with heavy machinery 중장비를 사용해서 일하다

for	준비, 목적: ~을 위하여	no time for rest 쉴 시간 없음 go for a walk 산책하러 나가다
	기간: ~ 동안	for two years 2년 동안 for a decade 10년 동안
about **= regarding**	주제, 대상: ~에 관하여	reports about the case 그 사건에 관한 보고서 speak about the issue 그 주제에 대해 이야기하다
to/from	to: ~으로(도착점, 방향)	go to Chicago 시카고에 가다 a train to Tokyo 도쿄행 기차
	from: ~으로부터(분리, 이탈)	from Paris to Seoul 파리에서 서울까지 a week from today 오늘부터 일주일
due to **= because of**	이유, 원인: ~ 때문에	due to bad weather 악천후 때문에 because of his old age 그의 나이가 많기 때문에
despite **= in spite of**	양보: ~에도 불구하고	despite the changes 변화에도 불구하고 in spite of restrictions 제한에도 불구하고
by/until	by: ~까지(1회성)	give me an answer by tomorrow 내일까지 내게 답을 주다
	until: ~까지(계속성)	be posted until further notice 다른 공고가 있을 때까지 게시되다

You will get a chance that may come once **in** a lifetime.

당신은 평생에 한 번이나 올까 말까 한 기회를 갖게 될 것이다.

The next conference will be held **in** Paris.

다음 회의는 파리에서 열릴 것이다.

Tenants have to pay their utility bills **at** the end of the month.

임차인들은 자신들의 공과금을 이번 달 말에 지불해야 한다.

We will meet **at** the bus stop across the street.

우리는 길 건너편의 버스 정류장에서 만날 것이다.

Max Motors will unveil its latest model **on** May 10.

Max Motors는 자신들의 최신 모델을 5월 10일에 공개할 것이다.

Elderly citizens often fall **on** the icy streets in the winter.

노인들은 겨울철에 미끄러운 길에서 종종 넘어진다.

We had a lengthy discussion **about** the urgent matter.

우리는 그 긴급 사안에 대해 장황한 토론을 벌였다.

A be + 형용사 + 전치사

be responsible for + n ~에 책임이 있다	be valid for + 기간 ~ 동안 유효하다
= be accountable for + n	be interested in + n ~에 관심이 있다
= be in charge of + n	be subject to + n ~되기 쉽다, ~받아야 하다
= be liable for + n	be involved in + n ~와 관련이 있다
be eligible for + n ~할 자격이 있다	be aware of + n ~을 알고 있다[인식하다]
= be entitled to + n	= be cognizant of + n
= be entitled to + v	= be conscious of + n
be famous for + n ~으로 유명하다[알려지다]	be capable of + n ~할 수 있다
= be known for + n	be consistent with + n ~와 일관되다
= be known to + n	be comparable with + n ~와 비교될 만하다
= be known as + n	be commensurate with ~에 상응하다
be suitable for + n ~에 알맞다	be equipped with + n ~을 갖추고 있다

She **is responsible for** the new project.

그녀는 새 프로젝트를 담당하고 있다.

Customers **are eligible for** a refund within a month of purchase.

고객들은 구매한 지 한 달 이내에는 환불을 받을 자격이 있다.

The tour schedule **is subject to** change according to local conditions.

여행 일정은 현지 사정에 따라 변경될 수 있다.

B 전치사 + 명사 + 전치사

as a result of + n ~의 결과로	in excess of + n ~을 초과하여
at the rate of + n ~의 비율로	in the event of + n ~하는 경우에는
on the recommendation of + n ~의 추천으로	= in case of + n
on behalf of + n ~을 대신[대표]하여	in comparison with + n ~에 비교하여
in compliance with + n ~을 준수하여	in view of + n ~이라는 관점에서
= in accordance with + n	in place of + n ~을 대신하여
= in observance of + n	by means of + n ~을 수단으로
in charge of + n ~에 책임 있는	with the exception of ~을 제외하고
in addition to + n ~에 더하여	with regard to + n ~에 관하여

I welcome you **on behalf of** all the directors.

저는 모든 이사들을 대표해 여러분을 환영합니다.

In compliance with the safety regulations, we wear protective gear.

안전 규정을 준수하여, 우리는 안전 장비를 착용한다.

The survey was performed **by means of** an online questionnaire.
설문 조사는 온라인 설문지 방식으로 시행되었다.

C 명사 + 전치사

concerning[information about] + n ~에 대한 정보	chance of + n ~의 기회
regarding[questions about] + n ~에 대한 질문들	effect/impact on + n ~에 대한 영향
demand for + n ~에 대한 수요	emphasis on + n ~에 대한 강조
= request for + n	problem with + n ~의 문제[고장]
advocate of/for + n ~의 옹호자	access to + n ~에 대한 접근[이용]
concern about + n ~에 대한 걱정	alternative to + n ~에 대한 대안
qualifications for + n ~에 대한 자격	increase in + n ~의 증가
exposure to + n ~에 대한 노출	decrease in + n ~의 감소
dedication[commitment] to + n ~에 대한 노력[헌신]	interest in + n ~에 대한 관심

We have some <u>information</u> **about** the latest trends of our customers.
우리는 고객들의 최신 동향에 대한 정보를 가지고 있다.

I thought we had a <u>chance</u> **of** fixing the problem.
나는 우리에게 그 문제를 해결할 수 있는 기회가 있을 것이라고 생각했다.

A sharp <u>increase</u> **in** the number of vehicles has caused traffic congestion.
자동차 수의 급격한 증가가 교통 체증을 유발시켜 오고 있다.

D 자동사 + 전치사(= 타동사구)

interfere with + n ~을 방해하다	apologize to[for] ~에게[~에] 사과하다
deal with + n ~을 다루다[취급하다]	contribute to + n ~에 기여[공헌]하다
= handle + n	respond to + n ~에 응답[반응]하다
comply with + n ~을 준수하다	= react to + n, reply to + n
apply for + n ~에 지원하다, ~을 신청하다	object to + n ~에 반대하다
= put in for + n	depend on + n ~에 의존하다
account for + n ~을 설명하다, ~만큼 차지하다	= rely on + n, rest on + n
look into + n ~을 조사하다	focus on + n ~에 집중하다
= scrutinize + n	= concentrate on + n
go through + n ~을 겪다	specialize in + n ~을 전공하다, ~을 전문으로 하다
= experience + n	succeed in + n ~에서 성공하다
refer to + n ~을 참조하다[문의하다]	participate in + n ~에 참여[참가]하다
lay off + n ~을 해고하다	benefit from + n ~에서 이윤[혜택]을 취하다
= dismiss[fire] + n	refrain from + n ~을 삼가다
agree to[with/on] + n ~에 동의하다	consist of + n ~으로 구성되다

Your electronic devices may <u>interfere</u> **with** the navigation system of the plane.
여러분의 전자 장비는 비행기의 항법 시스템을 방해할 수 있다.

Employees have to comply **with** the new dress codes.
직원들은 새로운 복장 규정을 준수해야 한다.

Most citizens object **to** the decision to close the airport.
대부분의 시민들은 공항을 폐쇄하려는 결정에 반대한다.

E 전치사 + 명사/동명사

under construction 공사 중인	without having to pay 비용을 내지 않고
under renovation 보수 중인	without a doubt 의심 없이
upon[on] request 요청하자마자	without exception 예외 없이
upon[on] receipt of + n ~을 받자마자	for free 공짜로
upon[on] arrival 도착하자마자	= free of charge, out of charge
in duplicate (서류 등) 두 통으로	beyond repair 수리가 불가능한
in advance 미리, 사전에	behind schedule 예정보다 늦은
in detail 상세하게	ahead of schedule 예정보다 앞서
in writing 서면으로	much to one's[the] surprise 놀랍게도
in conclusion 결론적으로	above expectations 기대 이상으로
come in third 3등으로 들어오다	at the end of the month 이달 말에, 월말에

There are more than 10 power plants presently **under** construction.
현재 공사 중인 발전소는 10여 개가 넘는다.

Ms. Stein came **in** second with almost 35% of the vote.
Stein씨는 거의 35%의 득표로 2위를 차지했다.

We need to learn about their culture **in** advance.
우리는 미리 그들의 문화를 배울 필요가 있다.

For the sake of time, we'll not discuss the issue **in** detail.
시간 제약으로 인해 우리는 이 문제를 상세히 토론하지는 않을 것이다.

F be + p.p. + 전치사

be satisfied with + n ~에 만족하다	be worried about + n ~에 대해 걱정하다
be pleased with + n ~에 기뻐하다	= be concerned about + n
be crowded with + n ~으로 붐비다	be engaged in + n ~에 종사하다, ~와 관련이 있다
be faced with + n ~에 직면하다	be based in[at] + 장소 명사 ~에 있다
be covered with + n ~으로 뒤덮이다	be based on + n ~에 근거하다
be related to + n ~에 관련되다	be absorbed in + n ~에 몰두하다
be used to + n ~에 익숙하다	be made of + n ~으로 구성되다
be dedicated[devoted] to + n ~에 헌신하다	be aimed at + n ~을 목표로 하다

We **are faced with** a huge task of achieving the strategic target.

우리는 전략적 목표의 달성이라는 큰 과제에 직면해 있다.

The charity organization has **been dedicated to** helping children and the needy.

그 자선 단체는 아이들과 빈곤층을 돕는 데 전념해 오고 있다.

Almost 65% of the respondents **were satisfied with** their jobs.

응답자 중 거의 65%는 자신들의 직업에 만족해 하고 있었다.

G 타동사 + 목적어 + 전치사

choose A as B A를 B로 선택[선정]하다	attribute A to B A를 B의 탓[덕분]으로 돌리다
cite A as B A를 B로 인용[예증]하다, 꼽다	replace A with B A를 B로 교체하다
consider A as B A를 B로 간주하다	provide A with B A에게 B를 제공하다
= regard A as B	= provide B to[for] A B를 A에게 제공하다
define A as B A를 B로 정의하다	prevent A from B A가 B를 하지 못하게 막다
refer to A as B A를 B라고 언급하다[일컫다]	= stop[keep] A from B
check A for B A의 B를 점검하다	impose A on B A를 B에게 부과하다
compensate A for B A에게 B를 보상하다	remind A of B A에게 B를 상기시키다
charge A for B B에 대해 A를 청구[부과]하다	= notify A of B, inform A of B
extend A to B A를 B로 연장하다, B에게 A를 제공하다	relate A to B A를 B에 관련 짓다

He **cited** his health problem **as** the main reason for his sudden resignation.

그는 자신의 건강 문제를 그의 갑작스러운 사임의 주된 이유로 꼽았다.

We **consider** a diet **as** a medical choice.

우리는 식이요법을 의학적 선택으로 간주한다.

The city will **compensate** the affected residents **for** the loss of their property.

시는 해당 주민들이 받는 재산상의 손실을 보상할 것이다.

● in

in May 5월에 / in (the) summer 여름에 / in New York 뉴욕에서 / in the area[region] 그 지역에서 /
in my absence 내가 부재 중일 때 / in detail 상세하게 / in writing 서면으로 / in place 제자리에 / in plain view 잘 보이도록 /
be critical in determining + sth ~을 결정하는 데 중요하다 / advances in scientific technology 과학 기술의 진보

● on

on the 5th of September 9월 5일에 / on Christmas Day 크리스마스에 / on the waiting list 대기자 명단에 /
on the third floor 3층에 / every hour on the hour 매시간 정각에 / on one's way to + n ~으로 가는 길에 /
on business 사업차 (≠ on vacation 휴가 중인)

● at

at 8 o'clock 8시에 / at noon 정오에 / at half the price 반값에 / at a standard rate of 20% 20%의 기준 금리로 /
at the speed of 100 mph 시속 100마일로 / at 25 Oxford Street 옥스퍼드가 25번지에 /
call me at 866-8679 866 – 8679로 전화 주세요 / at kim@hotmail.com (이메일 주소) kim@hotmail.com으로

● of

a member of the group 그 단체의 회원 / his weeklong tour of Eastern Europe 그의 일주일간의 동유럽 여행 /
5 liters of water 5리터의 물 / 20% of the service fees 서비스 요금의 20%

● during / for

during the war 전쟁 동안 / during the summer break 여름 휴가 동안 / during the last 10 days 지난 10일 동안 /
during the same period 같은 기간 동안 / for a decade 10년 동안 / for 2 weeks 2주 동안 / for the past 5 years 지난 5년 동안 /
make plans for weekend outings 주말 소풍을 위해 계획을 세우다 / for the purpose of helping people 사람들을 도울
목적으로
for free 무료로 (= free of charge, out of charge) / compete for a position 자리를 차지하기 위해 경쟁하다 /
be required for the position 그 직책에는 ~이 요구된다

● until / by

wait until further notice 추후 통보까지 기다리다 / stay until 2 o'clock 2시까지 머무르다 /
continue until the end of the meeting 회의가 끝날 때까지 계속되다 / be back by 10 10시까지 돌아오다 /
hand in (sth) by Monday ~을 월요일까지 제출하다 / be submitted by Friday 금요일까지 제출되다 /
by me (= near me, next to me) 내 옆에 / by bus 버스로 / by reducing expenses 지출을 줄임으로써 /
by the end of the year 올 연말까지 / by May 23 5월 23일까지 / rise by 34% 34%까지 상승하다

● **between / among**

between you and me 우리 사이에 / between two buildings 두 건물 사이에 /
among the cell phone users (3 이상) 휴대전화 이용자들 사이에

● **about(= regarding) / concerning / as for / as to / with regard to**

information about + n ~에 대한 정보 / be concerned about + n ~에 대해 걱정하다 /
be concerned with + n ~에 관여하다, ~에 관심을 갖다

● **with / within / without**

be satisfied with + n ~에 만족하다 (= be pleased with + n) / work with heavy machinery 중장비를 사용해서 일하다 /
with the invention of + n ~의 발명으로 / with the doors open 문을 열어 둔 채 / within 2 weeks 2주일 이내에 /
within the institution 기관 내에서 / within reasonable limits 합리적 범주 내에서 / without a doubt 의심 없이 /
without paying any fee 비용을 내지 않고 / without exception 예외 없이

● **from / to**

be ordered from + n ~으로부터 주문되다 / from A to B A부터 B까지 / from around the city 도시 전역으로부터 /
go to her hometown 그녀의 고향으로 가다 / much to the[one's] disappointment 정말 실망스럽게도

● **over / throughout**

over the weekend 주말 동안 / over the next 2 years 향후 2년 동안 /
all over the world 전 세계에서 (= all around the world, across the world) / over the phone 전화상으로 /
throughout the year 한 해 내내 / throughout the world 전 세계적으로 / throughout the region 그 지역에 걸쳐

● **upon(= on)**

upon[on] request 요청하자마자 / upon[on] delivery 배달 시 / upon[on] receipt 수령하자마자

● **after / before**

after the presentation 발표 후에 / after the opening ceremony 개회식 후에 /
after hearing the news 소식을 들은 후에 (= following the news) / before the deadline 마감일 전에 (= prior to the deadline) /
before the contest 대회 전에

● **as**

as an associate manager 부지배인으로서 / as a family member 가족 구성원으로서 / as their stopover place 그들의
경유지로 / as a result of + n ~의 결과로서

● behind

behind the counter 카운터 뒤에 / from behind the door 문 뒤로부터 / behind schedule 예정보다 늦게 /
make (sby) fall behind ~을 뒤처지게 하다(부사)

● below / beyond / above

well below the average 평균에 훨씬 못 미치는 / below 10 degrees 10도 이하로 / below normal 정상치 이하로 /
beyond repair 수리할 수 없는 / beyond expectations 기대 이상으로 / beyond control 통제 불가능한 / above all 특히 /
above the average 평균 이상으로 / above expectations 기대 이상으로

● like / unlike

like many companies 많은 회사들처럼 / feel like -ing ~하고 싶다 / look like a lion 사자처럼 보이다 /
unlike western food 서양 음식과는 달리 / unlike big cities 대도시와는 달리

● except

except ~은 빼고, ~ 이외에(= apart from, aside from) / except Mr. Dean Dean 씨를 제외하고, Dean 씨를 빼고 /
except for every Sunday 매주 일요일을 제외하고(문두에는 except for)

● because of / due to / owing to / on account of

due to the time difference 시차 때문에 / owing to carelessness 부주의 때문에 /
because of his family emergency 그의 가족에게 생긴 긴급한 일 때문에 / due to inclement weather conditions 좋지 않은
기상 상태 때문에

● despite / in spite of

despite her physical disability 그녀의 신체적 장애에도 불구하고 / in spite of the obvious fire hazard 명백한 화재의 위험에도
불구하고

● including / excluding / considering(= given)

including financial services 금융 서비스를 포함하여 / excluding soft drinks 음료를 제외하고 /
considering his experience 그의 경험을 고려해(= given his experience)

1. The fair was canceled ------- the
   extensive damage Hurricane Laura
   inflicted on the region.
   (A) due to
   (B) despite

2. The public offices ------- the country
   are conducting an energy conservation
   campaign.
   (A) through
   (B) throughout

3. Some budget airlines will charge
   costs for in-flight meals ------- how
   passengers will react.
   (A) as to
   (B) regardless of

4. Leading electronics companies such
   as GE and Philips launched their new
   products ------- September 5.
   (A) on
   (B) in

5. The board of directors exercises their
   discretion ------- choosing appropriate
   takeover targets.
   (A) in
   (B) on

6. EF9, known as an eco-friendly vehicle,
   is equipped ------- both an electric
   motor and a gasoline engine.
   (A) with
   (B) of

7. He objected to charging even a
   nominal fee ------- downloading music
   and movie files.
   (A) to
   (B) for

8. The tenants are supposed to pay
   their utility bills ------- the end of each
   month.
   (A) at
   (B) in

9. We have been conducting a survey to
   hear public opinions ------- the new
   pension policy.
   (A) considering
   (B) concerning

10. Our discussion ------- a pay raise
    was exhausting but ultimately, it was
    mutually beneficial.
    (A) about
    (B) with

PART 5

1. The auditor responsible ------- the audit and inspection of the financial institution was appointed yesterday.
   (A) for
   (B) as for
   (C) with
   (D) as

2. If the dishwasher does not work properly ------- 30 days of purchase, we will replace it with another one.
   (A) with
   (B) within
   (C) after
   (D) before

3. The experts looked into the cause of the accident ------- extreme care and announced the results to the press.
   (A) for
   (B) due to
   (C) with
   (D) carefully

4. The synthetic detergent can easily remove dirt and stains from clothes ------- any fading and discoloring.
   (A) without
   (B) in
   (C) depending on
   (D) aside from

5. The applicants with the required qualifications will have a better chance ------- being hired by the company.
   (A) in
   (B) of
   (C) for
   (D) to

6. The great advances ------- science and medicine are now enabling human beings to live much longer.
   (A) with
   (B) across
   (C) in
   (D) opposite

7. Every sector of the company ------- the ailing construction field experienced a considerable increase in profit.
   (A) excepted
   (B) except
   (C) to except
   (D) except that

8. The directions on how to put in a new toner cartridge are posted on the wall ------- the photocopier.
   (A) on
   (B) below
   (C) down
   (D) above

9. A variety of events were held in Paris ------- the 52nd anniversary of the international film festival.
   (A) for
   (B) forward
   (C) as
   (D) amid

10. I don't have as much patience as other teachers ------- dealing with fractious students.
    (A) in
    (B) for
    (C) on
    (D) in spite of

Questions 1-4 refer to the following article.

--------. This product, named MT-7, features free video telephoning between users using
1.
smartphones or tablet computers. The company could save production costs --------
2.
some of its assembly lines became fully automatized. --------, the retail price will go down
3.
by 0.5 percent compared to that of last year.

However, competitors showed negative opinions on the decision and employees who

may lose their jobs due to the automatized system, have been on strike -------- last week.
4.

1. (A) Max Technology will lower the price of its newest tablet computer.
    (B) Max Technology are suffering from financial difficulty.
    (C) Max Technology decided to postpone releasing its new products.
    (D) Max Technology finally decided to invest $10 million in a new project.

2. (A) though
    (B) because
    (C) as if
    (D) unless

3. (A) However
    (B) Consequently
    (C) Furthermore
    (D) At the same time

4. (A) over
    (B) for
    (C) since
    (D) during

PART 7

Questions 1-3 refer to the following announcement.

 **Special Guest Appearance by Celebrity Chef Daniel O'Connell**

On Friday, March 15, celebrity chef Daniel O'Connell is going to make an appearance at Public Books. Everyone in the Georgia area is welcome to attend the event.

Mr. O'Connell will speak for about 30 minutes, and then he will answer questions from the audience. Following the Q&A session, he will make a quick dessert using one of the recipes in his new book. Everyone will get the opportunity to enjoy his food at the reception being held afterward.

The event will start with Mr. O'Connell speaking at 4:00 P.M. The cooking demonstration will begin immediately afterward. Then, the reception will begin. There will be copies of Mr. O'Connell's cookbooks available for purchase at the front counter.

Public Books is conveniently located at the corner of Winston Avenue and Third Street. For more information, log on to our website, www.publicbooks.com.

---

1. What is the purpose of the announcement?
(A) To give information about the bookstore location
(B) To promote an upcoming event
(C) To attract new customers
(D) To provide free meals to neighbors

2. What will happen on Friday at 4 P.M.?
(A) A special guest will make a speech.
(B) A bookstore will open its door.
(C) A reception will come to an end.
(D) A cooking demonstration will begin.

3. Why will people visit the Web site?
(A) To put their names on the list
(B) To register for a cooking class
(C) To participate in the Q&A session
(D) To get details about the event

접속사는 문장과 문장, 즉 주절과 등위절, 주절과 종속절을 연결하는 연결어다. 종속접속사가 이끄는 각각의 **종속절**은 하나의 품사 기능을 하며 **명사절, 형용사절, 부사절**로 나뉜다.

> ### Grammar Points
>
> 1. 접속사는 [4:3]이다. 4는 접속사의 종류로 [① 등위접속사, ② 등위상관접속사, ③ 종속접속사, ④ 문장접속부사]가 있다.
> 2. 3은 종속접속사가 이끄는 종속절의 품사 기능으로 [① 명사절, ② 형용사절, ③ 부사절]이 있다.
> 3. 명사절 접속사는 6가지, 형용사절 접속사는 10가지, 부사절 접속사는 9가지가 있다.

접속사의 기능

접속사는 문장(주절)과 문장(등위절, 종속절)을 연결하는 연결어다.

등위접속사 They looked around carefully **and** (they) began to move slowly.
그들은 조심스럽게 주위를 살피고 천천히 움직이기 시작했다.

등위상관접속사 Game addiction **not only** ruins young adults **but also** (game addiction) **leads to** social problems.
게임 중독은 젊은이들을 피폐하게 만들 뿐만 아니라 사회적인 문제를 일으킨다.

종속접속사/명사절 I know **that** she is a dedicated employee.
나는 그녀가 헌신적인 직원이라는 사실을 알고 있다.

종속접속사/형용사절 I know the man **who** comes here as a safety inspector.
나는 안전 감독관으로 여기에 오는 그 남자를 알고 있다.

종속접속사/부사절 **When** people feel tired, their work performance is also reduced.
사람들은 피곤을 느낄 때, 업무 능력 또한 저하된다.

문장접속부사 Regular exercise is important for our health; **however,** too much exercise destroys our metabolism.
건강을 위해서는 규칙적인 운동이 중요하지만, 과도한 운동은 우리의 신진대사를 저해한다.

접속사의 종류

A 등위접속사

절과 절, 구와 구, 낱말과 낱말을 병렬 구조로 대등하게 연결하며 순접, 역접, 선택으로 나뉜다. 주절과 등위절의 **병렬 구조 문제**가 자주 출제된다.

and 그리고	but (= yet) 그러나	or 혹은, 또는	so 그래서	for ~이기 때문에

She is wise **and** (~~she is~~) intelligent in every way.

= She is wise **and** intelligent in every way.

그녀는 모든 면에서 현명하고 지적이다.

I want to go to university **and** (~~I want~~) to study physics.

= I want **to go** to university **and to study** physics.

나는 대학에 가서 물리학을 공부하고 싶다.

You should read the document **carefully and in its entirety**.

당신은 그 서류를 꼼꼼하게 전부 읽어 봐야 한다.

The researchers worked hard but the experiment ended in failure.

연구원들은 열심히 일했지만 그 실험은 결과적으로 실패했다.

You can visit **the cave or a museum** nearby.

여러분들은 그 동굴이나 근처에 있는 박물관을 방문할 수 있습니다.

The monthly rent should be paid **on or before** the 15th of each month.

월세는 매달 15일 혹은 그 이전에 지불되어야 한다.

B 등위상관접속사

상관구문은 암기해야 하며 근접 주어 일치의 법칙(일명 B 주어 일치의 법칙)에 따라 수 일치가 결정된다.

- not only A but also **B** A뿐만 아니라 B도
- = not only A but **B** as well / **B** as well as A / **B** together with A
- either A or **B** A나 B 둘 중 하나
- neither A nor **B** A, B 둘 다 아닌 (= not A, nor B)
- not A but **B** A가 아니라 B (= **B**, but not A)
- both A and **B** A, B 둘 다

Not only the president **but also the directors** agree with the proposal.

사장뿐만 아니라 이사들도 그 제안에 동의한다.

People can **either take** a tram **or walk** to enjoy the ocean view.

사람들은 바다 경치를 즐기기 위해 트램을 타거나 걸을 수 있다.

Neither the president **nor the managers** are conscious of financial difficulties.

사장도 관리자들도 재정난을 인식하지 못하고 있다.

We did **not** have any equipment, **nor** did we have skilled workers.

우리에게는 장비도 없었고, 숙련공도 없었다.

What we need at the moment is **not** competition **but** collaboration.

우리에게 지금 필요한 것은 경쟁이 아니라 협력이다.

Both the bird **and** swine flu epidemics resulted in numerous victims.

조류독감과 돼지독감의 유행으로 많은 희생자가 발생했다.

C 종속접속사

종속접속사가 이끄는 종속절은 각각의 품사적 성질에 따라 **명사절(6가지), 형용사절(10가지), 부사절(9가지)**로 나누어진다.

❶ 종속접속사

품사별 기능	종류 및 형태
명사절(6)	① that s + v ② if / whether s + v ③ 의문사(11가지) s + v 　• **의문대명사(4가지)** what, which, who, whom s + v 　• **의문형용사(3가지)** what book, which book, whose book s + v 　• **의문부사(4가지)** where, when, why, how s + v ④ 복합관계대명사(4가지) s + v 　• whatever, whichever, whoever, whomever s + v ⑤ 복합관계형용사(3가지) s + v 　• whatever book, whichever book, whosever book s + v ⑥ 관계대명사 what s + v
형용사절(10)	① 관계대명사 who, whose, whom s + v ② 관계대명사 which, whose(= of which), which s + v ③ 관계부사 where, when, why, how s + v
부사절(9)	① 시간 when, after, before, until, while, since, as soon as s + v ② 조건 if, unless, proving that, provided that, suppose that s + v ③ 이유 because, as, since s + v ④ 양보 though, although, even though, even if s + v ⑤ 목적 s + v so that s + v ⑥ 결과 s + v so / such ~ that s + v ⑦ 동시 발생 as s + v ⑧ 비례/양태 as s + v ⑨ 복합관계사(10가지) 　• 복합관계대명사(4가지) whatever, whichever, whoever, whomever s + v 　• 복합관계형용사(3가지) whatever book, whichever book, whosever book s + v 　• 복합관계부사(3가지) whenever, wherever, however s + v

❷ 복합관계사가 이끄는 종속접속사(10가지)

구분	형태	명사절	양보의 부사절
복합관계대명사 (4가지)	whatever (대상: 무한대)	anything that ~ ~하는 것은 무엇이든	no matter what ~ 무엇을 ~할지라도
	whichever (대상: 선택적)	any thing that ~ ~하는 것은 어느 것이든	no matter which ~ 어느 쪽을 ~할지라도
	whoever (주격)	anyone who ~ ~하는 사람은 누구나	no matter who ~ 누가 ~할지라도
	whomever (목적격)	anyone whom ~ ~하는 사람은 누구나	no matter whom ~ 누구를 ~할지라도
		명사절	양보의 부사절
복합관계형용사 (3가지)	whatever book (대상: 무한대)	any book that ~ ~할 수 있는 책은 무엇이든	no matter what book ~ 어떤 책을 ~하든
	whichever book (대상: 선택적)	any book that ~ ~할 수 있는 책은 어느 것이든	no matter which book ~ 어떤 책을 ~하든
	whosever book	whose book that ~ ~하는 누구의 책이든	no matter whose book ~ 누구의 책을 ~하든
		시간 · 장소의 부사절	양보의 부사절
복합관계부사 (3가지)	wherever	at any place where ~ ~하는 것은 어디에서나	no matter where ~ 어디에서 ~할지라도
	whenever	at any time when ~ ~할 때는 언제나	no matter when ~ 언제 ~할지라도
	however	해당 없음	no matter how ~ 아무리 ~할지라도

종속접속사절 – 명사절

LS Global Inc., announced **that it would merge with GG Ad**.

LS Global Inc.는 GG Ad와 합병하겠다는 사실을 발표했다.

I asked her **if she would like some information**.

나는 그녀에게 정보가 필요한지 물었다.

Whether they will come to the negotiating table or not remains to be seen.

= **It** remains to be seen **whether they will come to the negotiating table or not**.

그들이 협상 테이블에 올 것인지 아닌지는 두고 보아야 안다.

We need to identify **what the direct cause of the explosion was**. (의문대명사)

우리는 폭발의 직접적인 원인이 무엇이었는지 확인할 필요가 있다.

We still do not know **what information they are looking for.** (의문형용사)

우리는 아직도 그들이 어떤 정보를 찾고 있는지 모른다.

Mr. Santos explained **how officials could work out the details.**

Santos 씨는 관계자들이 어떻게 세부 사항들을 해결할 수 있을지 설명했다.

She convinced me that I could do **whatever I wanted in the country.**

= She convinced me that I could do **anything that I wanted in the country.**

그녀는 이 나라에서 내가 원하는 것은 무엇이든 할 수 있다는 것을 납득시켰다.

Whoever comes to the grand opening can enjoy free refreshments.

= **Anyone who comes to the grand opening** can enjoy free refreshments.

개업식에 오는 사람은 누구든 무료 다과를 즐길 수 있다.

They are seeking **whatever information they can use.**

= They are seeking **any information that they can use.**

그들은 자신들이 이용할 수 있는 정보라면 무엇이든 찾아 나섰다.

We could easily get **what we needed at the camp site.**

= We could easily get **the thing(s) which we needed at the camp site.**

우리는 그 야영지에서 필요했던 것(들)을 손쉽게 구할 수 있었다.

종속접속사절 – 형용사절(기본)

구분	선행사	격	형 태	관계사 이하 어순
관계대명사	사람	주격	who[that]	+ v
		소유격	whose	+ s + v + 명사 + s + vt + (×)
		목적격	whom[that]	+ s + vt + (×) + s + vi + 전 + (×)
	사물 동물	주격	which[that]	+ v
		소유격	whose(= of which)	+ s + v + 명사 + s + vt + (×)
		목적격	which[that]	+ s + vt + (×) + s + vi + 전 + (×)

관계부사	the place	접속사	where[that] = in which = on which = at which	+ s + v (완전 문장)
	the time	접속사	when[that] = in which = on which = at which	+ s + v (완전 문장)
	the reason	접속사	why[that] = for which	+ s + v (완전 문장)
	the way	접속사	how[that] = in which	+ s + v (완전 문장)

A 관계대명사: 사람이 선행사인 경우

People **who do not have their pets on a leash** will be fined.

애완동물에 목줄을 매지 않은 사람들에게는 벌금이 부과될 것이다.

An old man **whose name hasn't been released** became the lucky winner.

이름이 알려지지 않은 한 노인이 행운의 주인공이 되었다.

The driver **whose car I hit** was not wearing a seat belt.

내가 들이받은 자동차의 운전자는 안전벨트를 매고 있지 않았다.

The woman **whom he married** was one of his elementary school alumni.

그가 결혼한 여자는 초등학교 동창 중 한 명이었다.

The clients **whom I was talking with** complained about our customer service.

내가 이야기를 나누었던 그 고객들은 우리의 고객 서비스에 대해 불만을 토로했다.

B 관계대명사: 사물이나 동물이 선행사인 경우

The car **which crashed into the guardrail** turned out to have mechanical defects.

보호벽을 들이받은 그 차에는 기계 결함이 있었던 것으로 드러났다.

Our researchers developed a powerful motor **whose use is versatile**.

= Our researchers developed a powerful motor **of which the use is versatile**.

우리 연구원들은 용도가 다양한 강력 모터를 개발했다.

The position **which you want** requires firm leadership.

당신이 원하는 그 직책은 강력한 지도력을 요구한다.

The position **which you are interested in** requires 3 years of experience.

당신이 관심을 갖고 있는 그 직책은 3년의 경력을 요구한다.

C 관계부사: where, when, why, how

I know the place **where the conference will be held next week**.

나는 다음 주 회의가 열릴 장소를 알고 있다.

BONUS 관계부사(형용사절/명사절)/의문부사(명사절) 구분하기

관계부사는 형용사절, 명사절로 모두 사용될 수 있지만, 의문부사는 명사절로만 사용된다.

I know **where the conference will be held next week**. [관계부사/명사절]

I know the place **where the conference will be held next week**. [관계부사/형용사절]

나는 다음 주 회의가 열릴 **장소**를 알고 있다.

I know **where the conference will be held next week**. [의문부사/명사절]
나는 다음 주 회의가 **어디에서** 열리는지 알고 있다.

I reserved the hotel **where the delegates will stay during negotiations**.

나는 협상하는 동안 대표단이 체류할 호텔을 예약했다.

I remember the day **when they visited our laboratory**.

나는 그들이 우리 실험실을 방문했던 날을 기억한다.

No one has identified the reason **why honeybees disappeared in the region**.

아무도 그 지역에서 꿀벌이 사라진 이유를 밝혀 내지 못하고 있다.

Dr. Oliver revealed the way **(how) ants have evolved over time**.

Oliver 박사는 개미들이 오랜 시간에 걸쳐 어떻게 진화되어 왔는지를 밝혔다.

BONUS　주의 – 관계부사 how

I know the way <u>how</u> she treats others. (×) [the way와 how는 함께 사용 불가]

나는 그녀가 다른 사람들을 어떻게 대하는지 알고 있다.

I know the way she treats others. (○) [how를 생략한 경우]

= I know how she treats others. (○) [관계부사/의문부사]

= I know the way which she treats others in. (○) [목적격 관계대명사]

= I know the way in which she treats others. (○) [목적격 관계대명사]

종속접속사절 – 형용사절(응용)

A 관계대명사의 두 가지 용법

한정적 용법에서는 who, whom, which 대신 that을 사용할 수 있지만, 계속적 용법에서는 that을 사용할 수 없다.

한정적 용법 I know the manager **who[that] introduced a new work schedule**.

　　나는 새로운 근무 일정을 도입한 관리자를 알고 있다.

계속적 용법 I know the manager, **who[~~that~~] introduced a new work schedule**.

　　나는 그 관리자를 아는데, 그가 새로운 근무 일정을 도입했다.

B 관계대명사 that의 특별 용법

선행사가 [the only, the very, the same, the + 최상급 형용사, the + 서수, all, every, any, no] 등의 수식을 받는 경우, 선행사가 [사람 + 사물(동물), -thing, -one, -body, all, 의문대명사]인 경우 who, whom, which를 사용해도 무방하지만 관계사는 보통 that을 사용한다. 또한 관계대명사 that은 전치사의 목적어 자리에 사용될 수 없고 계속적 용법에서도 올 수 없다. 명사절을 이끄는 관계대명사 what도 계속적인 용법에서는 사용될 수 없다.

The only measure that we can take now is to extend the term of redemption.

현재 우리가 취할 수 있는 유일한 조치는 상환 기간을 연장하는 것이다.

All that we have experienced in the field can be valuable assets to our successors.

우리가 이 분야에서 경험한 모든 일은 우리의 후임들에게 귀중한 자산이 될 수 있다.

The number of **people and vehicles that use the bridge** keeps increasing.

그 다리를 이용하는 사람과 자동차 수가 계속 증가하고 있다.

Who that is a normal person would be willing to make that kind of choice?

정상적인 사람이라면 누가 기꺼이 그런 선택을 하겠는가?

C 관계대명사의 생략 2가지

① 한정적 용법의 주격 관계대명사와 be동사

[주격 관계대명사 + be동사]는 -ing / -ed와 같은 분사형용사, 일반형용사, 형용사구 앞에서 통상 생략된다. 계속적 용법인 경우, 주격 관계대명사와 be동사를 생략하지 않는 것이 원칙이나 현대 영어에서는 종종 생략되는 추세이다.

The man **(who is)** repairing the copier is one of the new employees.

= The man **repairing** the copier is one of the new employees.

복사기를 수리 중인 남자는 신입 사원 중 한 명이다.

A worker **(who was)** dismissed last month sued the company for the wrongful termination.

= A worker **dismissed** last month sued the company for the wrongful termination.

지난달에 해고당한 한 직원은 부당 해고로 회사를 고소했다.

The calculator **(which was)** on the desk is missing.

= The calculator **on the desk** is missing.

책상 위에 있던 계산기가 사라졌다.

② 한정적 용법의 목적격 관계대명사

The man **(whom)** I met at the company banquet is our outside consultant.

= The man **I met at the company banquet** is our outside consultant.

내가 회사 연회에서 만났던 그 남자는 우리의 외부 자문위원이다.

The computer **(which)** you are using now needs to be upgraded regularly.

= The computer **you are using now** needs to be upgraded regularly.

당신이 현재 사용 중인 컴퓨터는 주기적으로 업그레이드를 해야 한다.

D 관계대명사 which의 특수 용법

which는 일반적으로 사물이나 동물 같은 선행사를 대신하는 주격/목적격 관계대명사이다. 그러나 **계속적 용법의 주격 관계대명사 which**는 앞 문장 전체를 선행사로 취할 수 있다.

Our delegation failed to win the bid, which disappointed our stockholders.

우리 대표단은 입찰에 실패했는데, 그 사실은 우리 주주들을 낙담시켰다.

Mr. Baker got into trouble with directors, which was rare for him.

Baker 씨는 이사들과 충돌을 일으켰는데, 이는 그에게 이례적인 경우였다.

E 유사관계대명사

일반적인 관계대명사와 쓰임새는 같으나 모양이 다르며 항상 짝을 지어 사용된다.

Managers like **such** a worker **as** is motivated and dedicated. [who 대용]

관리자들은 적극적이고 헌신적인 직원을 좋아한다.

I also have **the same** idea **as** you have. [which 대용]

나 또한 당신과 똑같은 생각을 가지고 있다.

Mr. Kim is **as** diligent an employee **as** I've ever worked with. [whom 대용]

Kim 씨는 내가 함께 일해 보았던 그 누구 못지않게 부지런한 직원이다.

I like **the same** movie **as** does Susan. [which 대용 → 문어체]

= I like **the same** movie **as** Susan does. [which 대용 → 구어체]

나도 Susan이 좋아하는 영화를 좋아한다.

His father usually gives her **more** pocket money **than** she needs. [which 대용]

그녀의 아버지는 보통 그녀가 필요한 것보다 더 많은 용돈을 주신다.

The unemployment rate rose **more than** expected. [than = (which was) expected to rose]

실업률은 예상보다 더 많이 상승했다.

There is **no** rule **but** has some exceptions. [that = which 대용]

= There is **no** rule **that** does not have some exceptions.

예외 없는 규칙은 없다.

There is **no** father **but** loves his children. [who 대용]

자신의 자녀를 사랑하지 않는 아버지는 없다.

F 관계부사의 불규칙 활용

the place	where[that] = in which, on which, at which	+ s + v (완전 문장)
the time	when[that] = in which, on which, at which	+ s + v (완전 문장)
the reason	why[that] = for which	+ s + v (완전 문장)
the way	how[that] = in which	+ s + v (완전 문장)

❶ where

I remember the place **where(= that)** the accident happened. [관계부사 → 한정적 용법]

나는 그 사고가 발생했던 장소를 기억한다.

I remember the place, **where**(~~that~~) the accident happened. [관계부사 → 계속적 용법]

나는 그 장소를 기억하는데, 그곳에서 사고가 발생했다.

= I remember the place **the accident happened**. [관계부사 생략 → 한정적 용법]

= I remember **where the accident happened**. [관계부사/의문부사 → 명사절]

I know a city **where** gambling is legal. [관계부사]

나는 도박이 합법인 도시를 알고 있다.

= I know a city **which** gambling is legal **in**. [관계대명사 → 넓은 장소 in]

= I know a city **in which** gambling is legal. [관계대명사 → 목적격]

The website **where** the attack began has been shut down. [관계부사]

공격이 시작된 그 웹사이트는 폐쇄되었다.

= The website **which** the attack began **at** has been shut down. [관계대명사 → 좁은 장소 at]

= The website **at which** the attack began has been shut down. [관계대명사 → 목적격]

This is the bench **where** they were sitting. [관계부사] 이것이 그들이 앉아 있던 벤치이다.

= This is the bench **which** they were sitting **on**. [관계대명사 → ~ 위에 on]

= This is the bench **on which** they were sitting. [관계대명사 → 목적격]

❷ when

I met them in 2010 **when** I founded my own company.

나는 내 소유의 회사를 설립한 2010년에 그들을 만났다.

= I met them in 2010 **which** I founded my own company **in**.

= I met them in 2010 **in which** I founded my own company.

❸ why

I don't understand the reason **why** they turned down our offer.

나는 그들이 우리의 제안을 거부한 이유를 이해할 수 없다.

= I don't understand the reason **which** they turned down our offer **for**.

= I don't understand the reason **for which** they turned down our offer.

❹ how

Please let me know the way (~~how~~) you could make up for your defects.

당신이 단점을 보완할 수 있었던 방법을 좀 알려 주세요.

= Please let me know the way **which** you could make up for your defects **in**.

= Please let me know the way **in which** you could make up for your defects.

종속접속사절 – 부사절(기본)

구분	접속사의 형태
시간	until / by the time (when) ~할 때까지 when ~할 때 as ~할 때, ~함에 따라 while ~하는 동안 even as ~하는 동안에도 after ~한 이후에 before ~하기 전에 since ~한 이래 줄곧 as soon as ~하자마자 (= immediately after, soon after, right after, shortly after)
조건	if 만약 ~이라면 unless 만일 ~이 아니라면 as long as / as far as / so long as / providing (that) / provided (that) / supposing (that) / suppose (that) / on condition (that) 만일 ~이라면, ~이라는 조건으로 only if 오직 ~하는 경우에만 in case (that) ~하는 경우를 대비해 in the event (that) ~하는 경우에 once 우선 ~하면
이유	because / as / since / now that ~ 때문에 in that ~이라는 점에서
양보	though / although / even though / even if ~에도 불구하고 whereas, while ~한 반면에 whether ~이든 말든 관계없이
목적	s + v + so (that) s + ~ may [can, will] ~하기 위해서 s + v + in order that ~ may [can, will]
결과	so + 형용사 + a + 명사 ~ that 너무 ~해서 (결과적으로) …하다 so + 형용사 / 명사 ~ that such + a + 형용사 + 명사 ~ that
동시 발생	as ~하면서 동시에 …하다
비례 / 양태	as ~ as …만큼 ~한 -er than …보다 ~한 as ~처럼 like ~처럼
복합관계사	whatever, whichever, whoever, whomever whatever book, whichever book, whosever book wherever, whenever, however

시간 We are subject to making mistakes **when** we are too nervous.
우리는 너무 긴장할 때 실수를 저지르기 쉽다.

조건 **If** you spend the weekend efficiently, you can do various club activities.
만약 주말을 효율적으로 사용한다면 당신은 다양한 동호회 활동을 할 수 있다.

이유 **Because** he was too young, he couldn't take care of his family.
그는 너무 어렸기 때문에 가족을 돌볼 수 없었다.

양보 **Though** it was very cold outside, we had to move for over 5 hours.
바깥 날씨가 매우 추웠음에도 불구하고 우리는 5시간 이상을 이동해야 했다.

목적 We will expand training programs **so (that)** we **can** improve employee productivity.
우리는 직원 생산성을 향상시키기 위해 연수 프로그램을 확대할 것이다.

결과 1 The meeting is **so** important **that** all the managers will participate.
이 회의는 너무 중요해서 모든 관리자들이 참석할 것이다.

결과 2 A food shortage is **such** a serious problem **that** we need extraordinary measures.
식량 부족은 너무 심각한 문제여서 우리는 특단의 조치가 필요하다.

BONUS 무조건 [so ~ that]을 사용하는 경우

many/much/few/little이 수식하는 명사가 있는 경우 무조건 [so ~ that]을 사용한다.

We have breached deficit targets **so many times that** we may face penalties.
우리는 재정 적자 감축 목표를 수없이 어겼기 때문에 징계를 받을 수 있다.

He lost **so much money that** he had to abandon the joint venture.
그는 손해를 너무 많이 입어서 합작 투자를 포기해야 했다.

동시 발생 I usually do my paperwork **as** I listen to the radio.
나는 주로 라디오를 들으며 문서 작업을 한다.

비례/양태 **As** the exam day was coming, he was getting more nervous.
시험일이 다가옴에 따라 그는 점점 더 긴장감을 느꼈다.

Don't touch the papers; leave them just **as** they are.
서류에 손대지 말고 있는 그대로 두세요.

복합관계사 **Whatever** you ask them to do, they will not complain about it.
= **No matter what** you ask them to do, they will not complain about it.
당신이 그들에게 무엇을 해 달라고 요청하든 그들은 그것에 대해 불평하지 않을 것이다.

Accidents will happen **wherever** human beings live.
= Accidents will happen **at any place where** human beings live.
인간이 사는 곳이라면 어디든 사고는 일어나기 마련이다.

Wherever we work, we have to do our utmost.

= **No matter where** we work, we have to do our utmost.

우리는 어디에서 일을 하든 최선을 다해야 한다.

However hard you may try, you can't finish the work on time.

= **No matter how** hard you may try, you can't finish the work on time.

당신이 아무리 열심히 노력한다 해도 그 일을 제때 끝마칠 수 없다.

종속접속사절 – 부사절(응용)

A 시간/조건부사절의 동사 처리

시간/조건부사절의 시제는 미래 대신 **현재**, 미래완료 대신 **현재완료**를 사용하며 이때 주절의 시제는 [will, shall, can, may, must, 명령문, 현재, 현재완료] 등이 사용된다.

시간 **When** my immediate supervisor **comes**, I **will** pass your message to him.

저의 직속 상관이 돌아오면 당신의 메시지를 그에게 전달하겠습니다.

Please wait a moment **until** I **have finished** copying these files.

제가 이 파일 복사를 마칠 때까지 잠시 기다려 주세요.

조건 **If** you **meet** him in person, you **will** change your mind.

그를 직접 만나게 된다면 당신은 마음을 바꾸게 될 것이다.

B 분사구문

분사구문은 **부사절**(시간, 조건, 이유, 양보, 동시 발생, 비례/양태), **형용사절**, **등위절**의 동사에 [-ing/-ed] 등을 붙여 종속절을 분사로 나타낸 구문이다.

❶ 부사절

When ~~you~~ **sign** the contract, **you** must read the conditions carefully.

= When **signing** the contract, you must read the conditions carefully.

= **Signing** the contract, you must read the conditions carefully.

계약을 체결할 때 당신은 계약 조건을 꼼꼼히 읽어야 한다.

If ~~you are~~ **faced** with a lawsuit, **you**'d better consult a lawyer.

= If **faced** with a lawsuit, you'd better consult a lawyer.

= **Faced** with a lawsuit, you'd better consult a lawyer.

만일 당신이 피소된다면, 변호사와 상담해야 한다.

• 과거분사구문에서 being p.p.를 쓰는 경우

after / before가 이끄는 부사절을 과거분사구문으로 바꿀 경우에 being p.p.를 사용해야 한다.

After **he** was discharged from his team, **he** began to learn painting.

= After being discharged from his team, **he** began to learn painting.

= Being discharged from his team, **he** began to learn painting.

= Discharged from his team, **he** began to learn painting.

팀에서 방출된 후에 그는 그림을 배우기 시작했다.

Before **she** was rescued, **she** was out in the mountains for a month.

= Before being rescued, **she** was out in the mountains for a month.

구조되기 전에 그녀는 한 달 동안 산에 있었다.

Because he did **not know** the result of the test, **he** couldn't prepare the final report.

= **Not knowing** the result of the test, he couldn't prepare the final report.

그는 테스트 결과를 몰랐기 때문에 최종 보고서를 준비할 수 없었다.

After **I had completed** the form, **I** handed it in at the booth.

= **Having completed** the form, I handed it in at the booth.

양식을 작성한 후 나는 그것을 부스에 제출했다.

Judging from + n ~으로 판단할 때 Taking everything into account 모든 것을 고려할 때 Considering everything 모든 것을 고려할 때	Generally speaking 일반적으로 말하자면 Strictly speaking 엄격히 말하자면 Speaking of + n ~에 대해 말하자면 Compared with + n ~와 비교하자면

Judging from his accent, he seems to be an Englishman.

억양으로 판단하건대, 그는 영국인인 것 같다.

Speaking of Mr. Park, he will be promoted soon.

Park 씨 이야기가 나와서 말인데, 그는 곧 승진할 것이다.

Compared with last year, prices have gone up by almost 10%.

작년에 비교했을 때, 물가가 거의 10% 상승했다.

❷ 형용사절

My colleague (who is) **taking care of** the new accounts will be promoted to manager.

= My colleague **taking care of** the new accounts will be promoted to manager.

새로운 거래처를 관리하는 나의 동료는 관리자로 승진할 것이다.

The energy (which is) **stored** in each battery can be used for up to 2 days.

= The energy **stored** in each battery can be used for up to 2 days.

각 배터리에 저장된 에너지는 최대 이틀까지 사용 가능하다.

The company (which was) **importing** high-end whisky was charged with tax evasion.

= The company **importing** high-end whisky was charged with tax evasion.

고급 위스키를 수입하던 그 회사는 탈세 혐의로 기소되었다.

A worker (who was) **dismissed** last year sued the company for the unfair dismissal.

= A worker **dismissed** last year sued the company for the unfair dismissal.

작년에 해고당한 한 직원이 부당 해고로 회사를 고소했다.

The weapon (which was) **used** in the murder was not found.

= The weapon **used** in the murder was not found.

살해에 사용된 무기는 발견되지 않았다.

The road (which is) **connecting** the two cities is very narrow.

= The road **connecting** the two cities is very narrow.

두 도시를 연결하는 도로는 매우 좁다.

❸ 등위절

He said goodbye to us, and he left for his home country.

= He said goodbye to us, **leaving** for his home country.

그는 우리에게 작별 인사를 하고 자신의 모국으로 떠나 버렸다.

She was wearing a pink dress, and she caught everyone's attention.

= She was wearing a pink dress, **catching** everyone's attention.

그녀는 분홍색 드레스를 입고 있어서 모든 사람들의 주목을 끌었다.

He was sitting on the wall, <u>and he crossed his legs.</u>

= He was sitting on the wall **with** his legs **crossed**.

그는 다리를 꼰 채 담장 위에 앉아 있었다.

I slept last night, <u>and the window was open.</u>

= I slept last night **with** the window **open**.

나는 어젯밤 창문을 열어 둔 채 잠들었다.

We took the bus early in the morning, <u>so we arrived at the convention center in time.</u>

= We took the bus early in the morning, **arriving** at the convention center in time.

우리는 아침 일찍 버스를 탔기 때문에 회의장에 시간 내에 도착할 수 있었다.

문장접속부사

문장접속부사는 문장과 문장의 사이에 쓰이며 ;(세미콜론)이 있어야 접속사 기능을 할 수 있다. 세미콜론이 없는 경우는 단순 부사이다.

---

however 그렇지만 otherwise 그렇지 않다면 nevertheless 그럼에도 불구하고 therefore 따라서 furthermore 더 나아가

moreover 게다가 consequently 결과적으로 in fact 사실 in contrast 대조적으로 by the way 참, 그런데 meanwhile 그 동안

단순부사 He worked as hard as he could. **However**, his supervisor did not like him.

그는 최선을 다해 일했다. 하지만, 그의 상사는 그를 좋아하지 않았다.

접속사 He worked as hard as he could; his supervisor did not like him.

그는 최선을 다해 일했지만, 그의 상사는 그를 좋아하지 않았다.

문장접속부사 1 He worked as hard as he could**; however,** his supervisor did not like him.

= He worked as hard as he could, **however,** his supervisor did not like him.

그는 최선을 다해 일했지만, 그의 상사는 그를 좋아하지 않았다.

문장접속부사 2 You should learn to save now**; otherwise,** you may want in your old age.

여러분들은 지금 절약하는 방법을 배워야 하며, 그렇지 않으면 나이 들어서 곤궁해질 수 있습니다.

1. Steroids are ------- illegal to use in sports but very harmful to your health as well.
   (A) not only
   (B) either

2. We identified ------- was the cause of the problem repeatedly occurring in the assembly process.
   (A) what
   (B) that

3. We are going to hire ------- meets our strict terms and conditions of employment.
   (A) who
   (B) whoever

4. I know the convention center ------- the conference will be held next month.
   (A) where
   (B) which

5. Several directors noticed that the draft plan was obscure, difficult, ------- controversial in some places.
   (A) and
   (B) but

6. The chief financial officer ------- we work with now was once well known for his perfectionism.
   (A) whose
   (B) who

7. I have personal connections with the guest speaker, ------- will deliver a speech tomorrow.
   (A) that
   (B) who

8. The positions ------- are posted on the Internet require at least 2 years of experience in catering services.
   (A) which
   (B) in which

9. ------- the two companies will merge to become a bigger one or not still remains to be seen.
   (A) If
   (B) Whether

10. Mr. Molina, the CEO and founder of M&A Motors, announced ------- we had spent millions of dollars developing a new model.
    (A) what
    (B) that

PART 5

1. Korea seems to be vulnerable to rising oil prices ------- importing crude oil would erode its trade surplus.
(A) what
(B) that
(C) because
(D) though

2. Mr. Park will take a business trip to L.A. soon, ------- means that he has the possibility of being a manager there.
(A) which
(B) that
(C) what
(D) it

3. A joint venture with the rival company is such an important matter ------- the issue needs to be dealt with with extreme care.
(A) that
(B) which
(C) if
(D) as

4. After his business trip ------- he made a contract with the Iraq government, Mr. Ibis was appointed branch manager.
(A) in that
(B) but that
(C) during which
(D) of which

5. The poll ------- by a group showed that over 60 percent of the residents pursued higher education.
(A) conducting
(B) conducted
(C) to conduct
(D) conduct

6. He recommends this website for ------- is thinking about purchasing a secondhand car.
(A) whoever
(B) whichever
(C) whatever
(D) whenever

7. Customer services employees should not lose their temper ------- annoying the situations may be.
(A) as
(B) whenever
(C) so long as
(D) however

8. The man ------- my garden has accumulated vast knowledge as to various wild plants and trees.
(A) to maintaining
(B) maintaining
(C) maintained
(D) maintain

9. Most people recognize that the method ------- free trade agreement talks are being achieved is open to question.
(A) why
(B) for which
(C) in which
(D) when

10. When ------- with your employer, use the most appropriate words or phrases that reveal your opinions.
(A) communicating
(B) communicated
(C) having communicated
(D) communicate

PART 6

Questions 1-4 refer to the following e-mail.

From: Patricia Evans
To: All employees
Sent: Monday, October 19, 11:33 A.M.
Subject: New corporate identity guidelines
Attachment: corporate_identity_guidelines.pdf

Dear employees,

Please find the ------- document showing our new corporate identity guidelines, including
1.
our newly designed logo. -------. We'll apply our new logo on all product packaging and
2.
in all marketing communications from then onwards. We are ------- working on renovating
3.
the company website to reflect the new corporate identity guidelines, and hope to have

this finalized by the end of November. ------- you have any queries regarding the new
4.
policy, please feel free to contact me.

Best wishes,
Patricia Evans
Public Relations Director

---

1. (A) required
(B) attached
(C) closed
(D) manipulated

2. (A) These guidelines will come into
effect on December 1.
(B) These guidelines have already
been in effect for 3 weeks.
(C) These guidelines had to be revised
several times.
(D) These guidelines will be designed
by some of the staff.

3. (A) currently
(B) hardly
(C) likely
(D) jointly

4. (A) Has
(B) Have
(C) Had
(D) Should

PART 7

Questions 1-2 refer to the following form.

Elite Kitchen Supplies
Online Order Form

Order Number: 409-4033
Name: Rita Campbell
Address: 309 Watertown Avenue, Richmond, VA
Telephone: 854-5753
E-mail: campbell@topmail.com

Item Number	Item Description	Quantity	Price per Unit	Total Price
4042	16-Piece Dinnerware Set	1	$29.99	$29.99
9102	Stainless Steel Teapot	1	$15.00	$15.00
3934	Crystal Wine Glass	6	$19.99	$119.94
4211	Cast-Iron Frying Pan	1	$55.99	$55.99
			Subtotal	$220.92
			Tax	$13.26
			Shipping	$6.00
			Total	**$240.18**

Your order is being sent by airmail and it will take 3 business days to arrive.
Payment: Paid in full by credit card XXXX XXXX XXXX 4857
Order Placed: September 10

1. What is correct about Ms. Campbell's order?
   (A) She ordered wrong items.
   (B) It was made by phone.
   (C) A discount will be given.
   (D) She paid for delivery.

2. How did Ms. Campbell pay for the items?
   (A) In cash
   (B) By credit card
   (C) By bank transfer
   (D) By check

CHAPTER  **특수동사, 가정법, 도치**

특수동사, 가정법, 도치는 암기가 필요한 영역으로, 정기 시험에 매회 출제된다.

Grammar Points

1. 주장, 제안, 요구, 요청의 동사가 이끄는 that절에서는 should를 생략하고 동사 원형을 사용한다.
2. 가정법에서는 가정법 과거, 가정법 과거완료, 가정법 미래, 혼합가정법, 가정법 전치사 등을 이해해야 한다.
3. 도치는 [주어 + 동사]의 어순이 [동사 + 주어]의 어순으로 바뀌는 것을 말하며 가정법 도치, 유도부사 도치, 부정부사 도치, 형용사 강조 도치 등이 있다.

특수동사(주장/제안 동사)

주장/제안 동사는 3형식 완전타동사이다. 이들 동사의 목적어인 that절이 [~ 해야 한다]는 당위성을 나타낼 때 that절에서는 조동사 **should를 생략하고 동사 원형을 사용**한다. 당위성이 없을 때는 일반적인 시제 법칙을 따른다.

특수동사류	동사형	분사형	명사형
주장	insist 주장하다 claim 주장하다 urge 촉구하다	insisted / insisting	insistence
제안/권고	propose 제안하다 suggest 제안하다 recommend 추천하다	proposed / proposing	proposal, suggestion
요구/요청	ask 요구하다 require 요청하다 request 요청하다 demand 요구하다	asked / asking	requirement
결정	decide 결정하다 choose 선택하다	decided / deciding	decision
명령	order 명령하다 command 지휘하다 forbid 금하다	ordered / ordering	order, command
조언	advise 조언하다	advised / advising	advice
소망	prefer 선호하다	preferred / preferring	preference

이성/감정 형용사가 이끄는 that절이 당위성을 나타내면 that절에서는 **should를 생략하고, 동사 원형을 사용**한다.

---

important 중요한 necessary 필요한 desirable 바람직한 mandatory 의무적인 urgent 긴급한 essential 필수적인, 본질적인
vital 필수적인 imperative 반드시 해야 하는 difficult 어려운 natural 자연스러운 sorry 유감인 hard 어려운 easy 쉬운

당위성/○ Ms. Kim **insisted that** Peter **take over** the full control of the team.

Kim 씨는 Peter가 팀의 전권을 맡아야 한다고 주장했다.

당위성/× Ms. Kim **insisted that** Peter **took over** the full control of the team.

Kim 씨는 Peter가 팀의 전권을 맡고 있다고 주장했다.

당위성/× The witness **claimed that** the accident **had happened** on the crosswalk.

증인은 그 사고가 횡단보도에서 일어났다고 주장했다.

당위성/○ The residents **ask that** environmental influence appraisals **be conducted** first.

주민들은 우선 환경 영향 평가가 실시되어야 한다고 요구한다.

당위성/○ It is **imperative that** the task force **focus on** resolving the urgent problems.

특별 전담팀은 긴급한 문제를 해결하는 데 집중해야 한다.

가정법

A 가정법 과거

현재 사실에 대한 반대 가정, 원망, 후회를 표현한다.

기본 구조	If + s + v(일반동사 과거형/were), s + would(could/should/might) + v

If I **were** the president of the company, I **could give** you all a bonus.

= Because I **am not** the president of the company, I **can't give** you all a bonus.

만일 내가 이 회사의 사장이라면 여러분 모두에게 보너스를 줄 수 있을 거예요.

It **would be** awesome if I **had** a chance to be a full-time employee.

= It **is not** awesome because I **don't have** a chance to be a full-time employee.

내가 정규직이 될 수 있는 기회가 있다면 정말 좋을 텐데.

B 가정법 과거완료

과거 사실에 대한 반대 가정, 원망, 후회를 표현한다.

기본 구조	If + s + v(had + p.p.), s + v(would/could/should/might) have + p.p.

If I **had worked** hard at that time, I **could have made** a lot of money.

= Because I **did not work** hard at that time, I **could't make** a lot of money.

만약 내가 그때 열심히 일했으면 큰돈을 벌었을 텐데.

I **could have recovered** quickly if I **had taken** the medicine regularly.

= I **did not recover** quickly because I **didn't take** the medicine regularly.

내가 약을 제때 먹었다면 빨리 회복할 수 있었을 텐데.

C 가정법 미래

실현 가능한 미래에 대한 가정을 표현한다.

가능성 (○)	If + s + v(should + v), s + v (would/could/should/might + v) (will/can/shall/may + v, 명령문, 현재동사)
가능성 (×)	If + s + v(were to + v), s + v (would/could/should/might + v) (will/can/shall/may + v, 명령문, 현재동사)

If you **should need** any help, please don't hesitate to call me anytime.

만일 도움이 필요하면 주저하지 마시고 언제든 저에게 전화 주세요.

If I **were to** go back to my school days, I **would study** hard.

만일 내가 학창 시절로 돌아갈 수 있다면 공부를 열심히 할 텐데.

D 혼합가정법

If절은 가정법 과거완료, 주절은 가정법 과거를 사용한다.

If we **had collaborated** with Air Asia, we **could make** significant profits **now**.

만일 우리가 Air Asia와 손을 잡았더라면 지금 막대한 이익을 내고 있을 텐데.

E 가정법 전치사

가정법에서 if절 대신 without, but for, barring, if not for 등을 쓸 수 있다.

If it were not for our continued efforts, we could not provide better education.

= **Without** our continued efforts, we could not provide better education.

= **But for** our continued efforts, we could not provide better education.

우리의 지속적인 노력이 없다면 우리는 더 좋은 교육을 제공하지 못할 것이다.

If it had not been for your assistance, we could not have succeeded in the project.

= **Without** your assistance, we could not have succeeded in the project.

= **But for** your assistance, we could not have succeeded in the project.

당신의 도움이 아니었더라면 우리는 그 사업에 성공하지 못했을 것이다.

F I wish that 가정법

[s + wish that s + v]에서 that절은 가정법 과거 혹은 가정법 과거완료 시제가 사용된다.

I wish (that) I **were** rich. 지금 내가 부자라면 좋을 텐데.

I wish (that) it **would not snow**. 지금 눈이 내리지 않으면 좋을 텐데.

I wish (that) I **had gone** to Busan at that time. 그때 내가 부산에 갔어야 했는데.

I wish (that) I **could have participated in** the competition. 내가 그 대회에 참가했어야 했는데.

G as if/as though가 이끄는 가정법

주절과 관계없이 as if, as though가 이끄는 종속절은 가정법으로 나타낸다.

He talks **as if** he **were** a doctor.

= In fact, he is not a doctor.

그는 마치 자신이 의사인 것처럼 말한다.

He talked **as if** he **were** a doctor.

= In fact, he was not a doctor.

그는 마치 자신이 의사인 것처럼 말했다.

He talks **as if** he **knew** the rumor.

= In fact, he does not know the rumor.

그는 마치 자신이 그 소문을 알고 있는 것처럼 말한다.

She talks **as if** she **had seen** the game.

= In fact, she did not see the game.

그녀는 마치 자신이 그 경기를 봤던 것처럼 말한다.

She talked **as if** she **had seen** the game.

= In fact, she did not see the game.

그녀는 마치 자신이 그 경기를 봤던 것처럼 말했다.

예외 Please prepare for the event **as if** the invited guests **will** all **show up**.

초대된 손님들이 모두 참석한다고 가정하고 행사를 준비해 주세요.

도치

[주어 + 동사]의 일반적 어순이 [동사 + 주어]로 바뀌어 **강조, 놀람, 감탄** 등을 나타내는 서술 방식이다.

A 가정법 문장에서 if를 생략하는 경우

If it were not for your help, I could not succeed in the new business.

= **Were** it not for your help, I could not succeed in the new business.

당신의 도움이 없다면 나는 새 사업에서 성공하지 못할 것이다.

If we had invested in the new project, we would have gone bankrupt.

= **Had** we **invested in** the new project, we would have gone bankrupt.

우리가 신규 사업에 투자를 했었다면 파산했을 것이다.

If you should need any additional help, please contact our customer service center.

= **Should** you **need** any additional help, please contact our customer service center.

혹시 추가로 도움이 필요하시면 저희 고객서비스 센터로 연락 주십시오.

B 유도부사 there/here의 도치

There is a book on the table.

테이블 위에 책 한 권이 있다.

There are many books on the shelves.

선반 위에 많은 책들이 있다.

There have been some attempts to take over some logistics companies.

몇몇 물류 회사를 인수하려는 시도가 수차례 있었다.

Here comes the train to Boston.

여기 보스턴행 기차가 막 들어오고 있다.

C 부정부사 도치

부정부사 not, only, never, little, hardly(=rarely, seldom), neither, nor, no sooner ~ than, so 등이 문두에 위치하면 어순이 도치된다. 통상 부정부사는 **부사, 부사구, 부사절** 등을 수식하고 이하에 도치 구문이 뒤따른다.

Only (recently) **did** we **realize** the serious threats of global warming.

최근이 되어서야 우리는 지구 온난화의 심각한 위협을 깨닫게 되었다.

Not (until this morning) **did** we **learn** the plans to reorganize our subsidiaries.

우리는 오늘 아침까지 우리의 자회사에 대한 구조조정 계획을 모르고 있었다.

Not (until we got further information) **could** we **take** any measure to fix the situation.

우리는 좀 더 상세한 정보를 입수할 때까지 그 상황을 수습하기 위한 어떠한 조치도 취할 수 없었다.

Only (after a massive reinvestigation was launched) **did** the family **pay** overdue fines.

대대적인 재수사가 단행된 이후에야 그 일가는 미납되었던 벌금을 납부했다.

Not only did he **write** books, but also he produced some movies.

그는 책을 집필했을 뿐만 아니라 몇 편의 영화도 제작했다.

Never did I dream that I could be an English teacher.

나는 영어 교사가 되리라고는 결코 상상하지 못했다.

We **cannot** control the stock price, **nor can** it **be controlled** artificially.

주가는 통제할 수도, 인위적으로 통제되지도 않는다.

No sooner had I **arrived** home **than** I lay down on the bed.

나는 집에 도착하자마자 침대 위에 누워 버렸다.

D 부사(구)와 형용사가 문두에 오는 경우

Below are listed the most popular attractions on the island.

이 섬의 가장 인기 있는 명소들이 아래에 열거되어 있다.

In the western part of the city lies my hometown.

그 도시의 서쪽에 나의 고향이 있다.

Just outside the main gate is a large crowd of supporters.

바로 정문 밖에 대규모 지지자들이 있다.

Currently on the waiting list is only my name.

현재는 내 이름만 대기자 명단에 있다.

Enclosed is a sample in the package.
= A sample is enclosed in the package.

소포에는 샘플이 동봉되어 있다.

Attached is an application form in this e-mail.

= An application form is attached in this e-mail.

이 이메일에는 지원서가 첨부되어 있다.

Impossible is nothing.

= Nothing is impossible.

불가능한 일은 없다.

1. The president of marketing suggested that Mr. Anderson ------- international marketing.
   (A) is in charge of
   (B) be in charge of

2. It is imperative that the authorities ------- an effort to make student loans available at a lower interest rate.
   (A) make
   (B) made

3. ------- another earthquake hit the area, the damage would increase exponentially.
   (A) Has
   (B) Should

4. It would be very nice ------- I a chance to be promoted to the level of head researcher.
   (A) have
   (B) had

5. All of the part-time workers asked that the overtime hours ------- fully paid without further delay.
   (A) be
   (B) are

6. If we had missed the trade fair in Beijing, we ------- our new clients from Uzbekistan.
   (A) couldn't meet
   (B) couldn't have met

7. ------- you have any questions or concerns, just give us a call at your earliest convenience.
   (A) Had
   (B) Should

8. We would not have met the needs of our customers ------- your commitment to customer satisfaction.
   (A) without
   (B) but if

9. We will have to arrange tables and seats ------- all the invited guests will attend the formal dinner party.
   (A) as if
   (B) even if

10. Joy Mart does not offer refunds, ------- does it accept exchange requests for the items featuring slashed prices.
   (A) nor
   (B) so

PART 5

1. If Mr. Green had attended the meeting, he ------- clear directions on how to fill out the new time sheet.
   (A) acquired
   (B) had acquired
   (C) could acquire
   (D) could have acquired

2. Only after Ms. Britney finally agreed to work together, ------- our team launch the construction project.
   (A) did
   (B) so
   (C) as
   (D) that

3. If they had helped me in timely manner, I ------- the analysis of the market survey on time.
   (A) will finish
   (B) could finish
   (C) could have finished
   (D) had finished

4. Should ------- need more information regarding additional services, contact us toll-free at 3495-8893.
   (A) you
   (B) your
   (C) yours
   (D) yourself

5. ------- you come a little bit earlier, you could have gotten a complimentary ticket to the movie.
   (A) If
   (B) Had
   (C) Should
   (D) Have

6. It is essential that every employee working at the production facility ------- with the safety regulations.
   (A) comply
   (B) complied
   (C) complying
   (D) has complied

7. The company policy requires that every employee ------- to the office by 8:00 in the morning.
   (A) report
   (B) reports
   (C) will report
   (D) has reported

8. ------- is an assembly manual, which provides you with directions for how to assemble parts.
   (A) Enclosures
   (B) To enclose
   (C) Enclosing
   (D) Enclosed

9. No sooner ------- the main plan been chosen than the management brought in specialists from various fields.
   (A) have
   (B) had
   (C) did
   (D) should

10. ------- the company's excellent accomplishments this year is a rise of overseas market share.
    (A) Over
    (B) Except for
    (C) Among
    (D) Besides

PART 6

Questions 1-4 refer to the following letter.

Dear Minakami,

I am writing to ------- **1.** you that you have reached the final stage of interviews to become a flight attendant. Your interview is scheduled for 11:15 on Monday, May 18. -------. **2.** Two of the company representatives will be from our headquarters in Canada. They will not ask you any questions in Japanese, ------- **3.** can you answer them in it. We've learned that you are well ------- **4.** for the position. Therefore, your main focus on the appointed day should be on impressing them. Good luck.

Sincerely,

Robin Williams
Head of Human Resources
Rosemary Airlines

---

1. (A) present
   (B) admit
   (C) inform
   (D) announce

2. (A) You will be tested on our navigation system.
   (B) I recommend that you practice speaking English.
   (C) You have successfully passed the physical training.
   (D) You need to improve interpersonal skills.

3. (A) nor
   (B) so
   (C) either
   (D) but

4. (A) qualify
   (B) to qualify
   (C) qualifying
   (D) qualified

Questions 1-4 refer to the following article.

Kellerton (November 6) — The Technology & Innovation Committee(TIC) will honor leaders and innovators from various industries in the business world during the annual Business Awards Banquet on Saturday, December 10, at the Riveria Hotel. The event, originally started by TIC Chairman Ariel Won, presents awards such as the Most Popular Software Program and the prestigious Top Innovator, given to the leader of this year's most innovative company.

According to a TIC representative, three individuals have been selected from a wide pool of qualified candidates for the Top Innovator award. The nominees this year for the award are: Lily Horvitz, founder of the digital marketing firm, Exceed Media; Spencer Donne, co-founder of Donne Pix, an image sharing website; and Josh Bruger, a nominee from our last banquet, whose famous Web site, Filmpop, provides detailed reviews of the latest movies. As usual, the TIC chairman will present the Top Innovator award.

Guests who are not members of TIC can also attend this gala by purchasing tickets for $60. Tickets are available to TIC members at the discounted price of $40. Tickets can be ordered by visiting www.tic.com or calling 657-863-2678. "Anyone who keeps up with technology should consider becoming a member. It only costs $35 to join. Our members have access to many benefits," urges TIC representative Lucy Morgan. Everyone attending will be entered into the banquet's prize raffle, which includes a three-night trip to the famous Oceania Beach Resort.

---

1. What is suggested about TIC's Business Awards Banquet?
(A) It will be shown live on the Internet.
(B) It honors innovators from multiple industries.
(C) It can be attended by TIC members only.
(D) It will take place at a new location this year.

2. The word "last" in paragraph 2, line 4, is closest in meaning to
(A) following
(B) final
(C) previous
(D) current

3. Who will present the Top Innovator award?
(A) Ms. Won
(B) Ms. Horvitz
(C) Mr. Donne
(D) Mr. Bruger

4. What recommendation does Ms. Morgan make?
(A) To test a new product
(B) To vote for nominees
(C) To contact the Oceania Beach Resort
(D) To pay for a membership

12 독해 따라잡기

독해는 R/C 100 문제 중 **54 문제(147~200)**를 차지하는 영역으로 **단일지문 10세트(147~175/29 문제), 이중지문 2세트 (176~185/10 문제), 삼중지문 3세트(186~200/15 문제)**로 구성된다.

Reading Points

1. 글의 제목과 문제를 먼저 읽는다. 이때 보기는 읽지 않는다.
2. 각종 서식, 도표 등은 문제를 파악한 후 바로 본문 관련 포인트만 읽고 정답을 찾는다.
3. 부분적인 정보만 읽고 한 세트의 정답을 모두 찾았다면 바로 다음 세트로 넘어간다.
4. 신문기사, 170번 대의 장문 독해, 이중·삼중지문의 연계 문제는 가볍게 풀고 넘어간다.
5. 암시, 추론, True/NOT 등의 문제가 제시된 본문의 길이가 길 때 대부분 D, C가 정답이다.
6. 지문을 읽으면서 질문과 관련된 내용이 나오는 부분이나 핵심어에는 연필로 표시해 둔다.

지문 유형

각종 서식, 주문서, 거래 영수증, 초대장, 명함, 쿠폰, 이메일, 편지, 광고, 신문기사, 회람(memo), 지시문, 알림, 정보, 문자 메시지, 단체 대화방, 웹 화면, 목록, 논평(review), 일정표 등이 출제된다.

Questions 1-2 refer to the following advertisement.

Morgan Travel

Are you ready for a spectacular vacation? [1] **Save big on flights right now!**

Get up to $400 off of regular airfares to your destinations on flights between March 1 and May 31.

....

- This offer is available only for airfares within the Pacific region.
- Tickets must be booked prior to February 20.
- [2] A discount is available only for tickets purchased through www.morgantravel.com.

Please visit our Web site right now to take advantage of this special offer!

---

1. What is being discounted? / Flight tickets

2. Who can take advantage of this offer? / Online buyers

1. 무엇이 할인될 것인가? / 비행기 표
2. 누가 이 제안을 이용할 수 있는가? / 온라인 구매자들

Questions 3-4 refer to the following e-mail.

<table>
<tr><td colspan="2" align="center">E-Mail message</td></tr>
<tr><td>From:</td><td>Diane Jackson <dianej@crmotors.com></td></tr>
<tr><td>To:</td><td>Jay Morgan <jaymorgan@jajs.com></td></tr>
<tr><td>Subject:</td><td>Confirmation Request</td></tr>
<tr><td>Date:</td><td>May 23</td></tr>
</table>

Dear Mr. Morgan,

I received your e-mail yesterday with the completed invoice for the work your security company did for my office last week. However, (3) after reviewing the invoice, I noticed a few problems with it.

....

~ For that reason, if I have to pay for the labor of a whole day of work for that 3 hour job, I think it would be unreasonable.

....

~ Apart from these problems, (4) I'm satisfied with your work. I'm sure that my office is as secure as possible following your installations.

Sincerely,

Diane

3. What's the purpose of the e-mail? / To solve problems

4. What can be inferred about Ms. Jackson? / She thinks her office is protected.

3. 이메일의 목적은 무엇인가? / 문제 해결
4. Jackson 씨에 관해 추론할 수 있는 것은 무엇인가? / 사무실 보안이 유지되고 있다고 여긴다.

난이도별 지문 유형

난이도별로 단일지문, 이중지문, 삼중지문이 출제된다.

A 단일지문: 10세트(147~175/29문제)

하나의 지문에 통상 2~3문제에서 4~5문제까지 출제된다.

Questions 1-2 refer to the following information.

1. For whom is the information most likely intended? / Amateur photographers
2. What is mentioned about submissions? / Previously published images will be ineligible.

1. 정보는 누구를 대상으로 하는 것 같은가? / 아마추어 사진작가들
2. 제출에 관해 언급된 것은 무엇인가? / 전에 출간된 이미지들은 부적격이다.

B 이중지문: 2세트(176~185/10문제)

두 개의 지문으로 한 세트가 구성되며 세트당 5개의 문제가 출제된다. 통상 한 문제는 지문과 지문 사이의 연계 내용을 물으며 난도가 높다.

Questions 1-5 refer to the following notice and e-mail.

To all full-time workers:

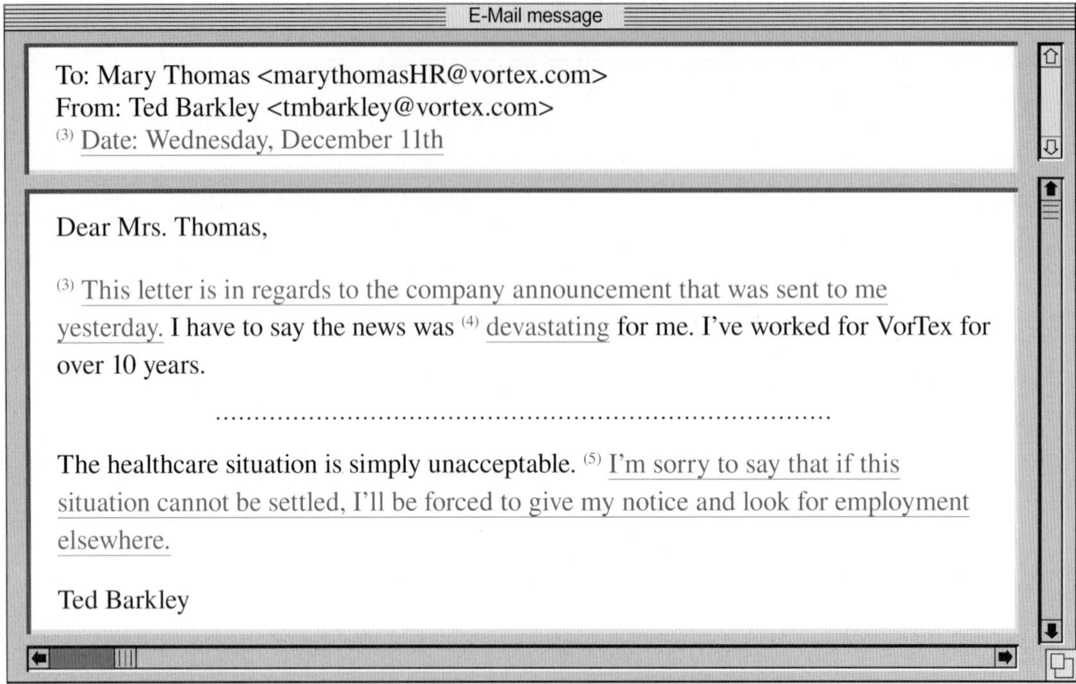

1. What is the purpose of the notice? / To announce some new company policies

2. What is mentioned about health care support? / The employees have to find alternatives.

3. When was the notice sent to employees? / On December 10

4. In the e-mail, the word "devastating" in line 2, is closest in meaning to / Frustrating

5. What does Mr. Barkley imply he will do? / Leave the company

1. 공지의 목적은 무엇인가? / 회사 신규 정책 몇 가지를 알리기 위해서

2. 건강보험 지원에 관해 무엇이 언급되고 있는가? / 직원들은 대안을 찾아야 한다.

3. 언제 공지가 직원들에게 발송됐는가? / 12월 10일에

4. 이메일에서 두 번째 줄의 'devastating'과 의미가 가장 비슷한 것은 무엇인가? / Frustrating(불만스러운)

5. Barkley 씨는 무엇을 할 것이라고 암시하는가? / 퇴사하기

C 삼중지문: 3세트(186~200/15문제)

세 개의 지문으로 한 세트가 구성되며 세트당 5개의 문제가 출제된다. 통상 한 문제는 지문과 지문 사이의 연계 내용을 묻으며 난이도가 높다.

Questions 1-5 refer to the following e-mails and itinerary.

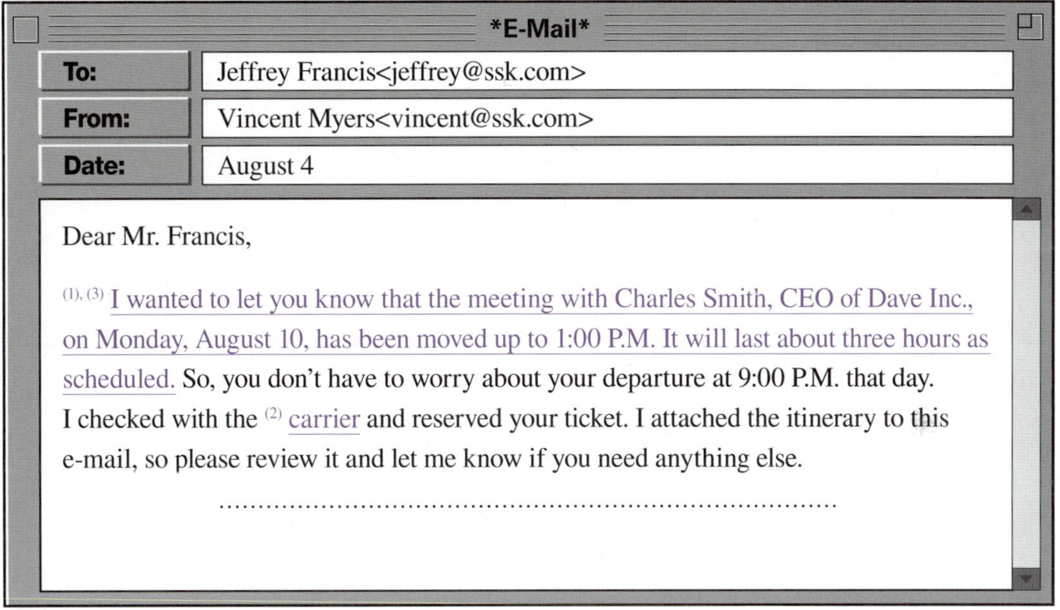

To:	Jeffrey Francis<jeffrey@ssk.com>
From:	Vincent Myers<vincent@ssk.com>
Date:	August 4

Dear Mr. Francis,

(1), (3) I wanted to let you know that the meeting with Charles Smith, CEO of Dave Inc., on Monday, August 10, has been moved up to 1:00 P.M. It will last about three hours as scheduled. So, you don't have to worry about your departure at 9:00 P.M. that day. I checked with the (2) carrier and reserved your ticket. I attached the itinerary to this e-mail, so please review it and let me know if you need anything else.

Star Airlines E-Ticket ✈

Name: Jeffrey Francis

Total: USD 650				
August 10, Palm Springs, CA to San Francisco, CA				
Star Airlines 9947	Depart: (4) 09:00 P.M. (PS) Arrive: 10:30 P.M. (SF)	Non-stop 1h 30m 430 miles	Class: Economy 500 Award miles No Meal	Reservation: Confirmed
August 14, San Francisco, CA to Palm Springs, CA				
Star Airlines 0647	Depart: 09:00 A.M. (SF) Arrive: 10:30 A.M. (PS)	Non-stop 1h 30m 430 miles	Class: Economy 500 Award miles No Meal	Reservation: Confirmed

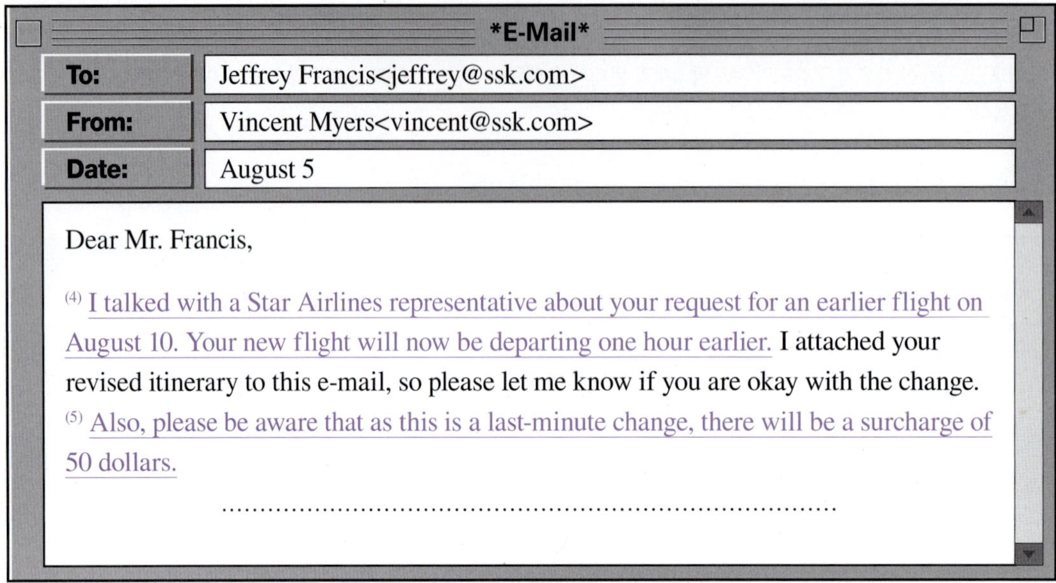

1. Who most likely is Mr. Myers? / An office assistant

2. In the first e-mail, the word "carrier" in line 4, is closest in meaning to / Airline

3. What is indicated about Mr. Francis? / He will have a meeting next Monday.

4. What time will Mr. Francis leave on August 10? / 8:00 P.M.

5. What is suggested about Mr. Francis in the second e-mail? / He will have to pay an extra charge.

1. Myers 씨는 누구일 것 같은가? / 사무 보조
2. 첫 번째 이메일에서 네 번째 줄의 'carrier'와 의미가 가장 비슷한 것은 무엇인가? / Airplane
3. Francis 씨에 관해 언급된 것은 무엇인가? / 그는 다음 주 월요일에 회의를 할 것이다.
4. 8월 10일 몇 시에 Francis 씨가 떠날 것인가? / 오후 8시
5. 두 번째 이메일에서 Francis 씨에 관해 언급된 것은 무엇인가? / 그는 추가 요금을 지불해야 할 것이다.

주제별 지문 유형

각종 서식, 주문서, 거래 영수증, 초대장, 명함, 쿠폰, 이메일, 편지, 광고, 신문기사, 회람(memo), 지시문, 알림, 정보, 문자 메시지, 단체 대화방, 웹 화면, 목록, 논평(review), 일정표 등이 출제된다.

Questions 1-2 refer to the following invitation.

(1) You are invited to join us in honoring

Peter Grimes

as he retires after 25 years of service
as Chief of Records at Fairfax Hospital

Evening Schedule:
6:30 P.M. Dinner
7:30 P.M. Speeches and Award Presentation by Dr. Adriana Corley
8:00 P.M. Dancing with Live Music by Dale Pond's Jazz Band

(2) RSVP to event coordinator Gabriel Mencia at extension #3381 by May 5 or visit his office in the administrative wing of the hospital.

1. What is the purpose of the event? / To celebrate the career of a retiring employee

2. What are guests encouraged to do? / Respond to an invitation

1. 행사의 목적은 무엇인가? / 퇴임하는 직원의 근속을 기념하기 위해서
2. 손님들은 무엇을 하도록 권고 받는가? / 초대장에 답하기

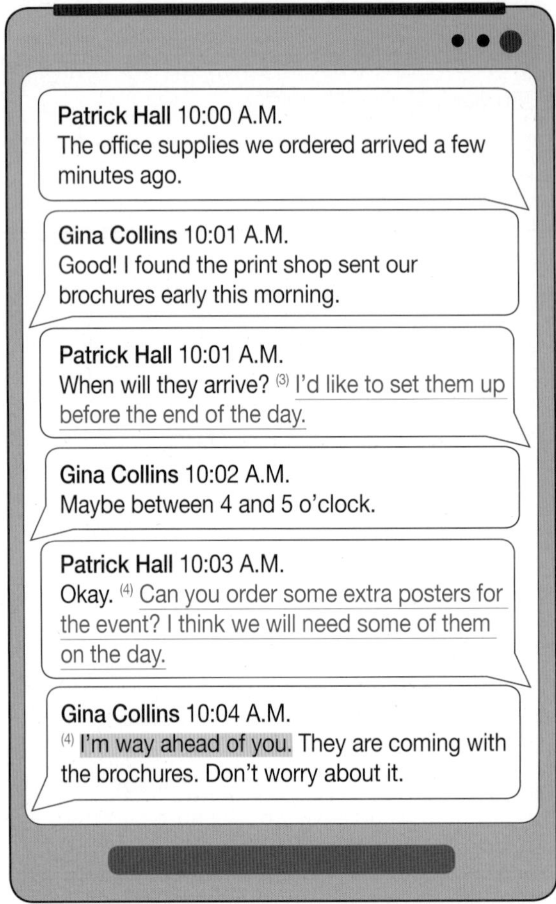

3. What does Patrick want to do during the day? / Organize some promotional materials

4. At 10:04 A.M., what does Ms. Collins mean when she writes, "I'm way ahead of you"? / She has requested additional posters.

3. Patrick 씨는 낮 동안 무엇을 하고 싶어 하는가? / 몇 가지 홍보용 자료 정리하기

4. 오전 10시 4분에 Collins 씨가 쓴 "I'm way ahead of you"라는 말이 의미하는 것은 무엇인가? / 그녀는 추가 포스터를 요청했었다.

Questions 5-7 refer to the following letter.

Modern Medical Science
435 Stein Road, Ontario

....

Dear Glenshaw,

— [1] —. Thank you for being a subscriber to Modern Medical Science. [5] We'd like to let you know that your current subscription expires on October 31. [7] — [2] —. Just fill out and send back the renewal form that has been enclosed with this letter.

Modern Medical Science is a leading health magazine in the country and provides readers with the latest news and developments in the medical field. — [3] —. [6] As always, we are sure that you will continue to enjoy all of our contents including the entertaining columns of Dr. Anderson Rio and the informative health tips from Professor Oscar Weaver. — [4] — .

....

5. What is the purpose of the letter? / To suggest renewing a subscription

6. What is suggested about Dr. Anderson Rio? / He writes for the magazine.

7. In which of the positions marked [1], [2], [3] and [4] does the following sentence best belong? / [2]

   "If you make your payment by the end of the month, you will receive a versatile bag at no charge."

5. 편지의 목적은 무엇인가? / 정기 구독 갱신을 제안하기 위해서

6. Anderson Rio 박사에 관해 언급된 것은 무엇인가? / 그는 잡지에 글을 쓴다.

7. [1], [2], [3], [4] 중에서 다음 문장이 들어갈 자리로 가장 알맞은 곳은 어디인가?
   "이달 말까지 지불해 주시면 무료 다용도 가방을 받으실 겁니다."

A General Information Question(GIQ, 종합적인 정보 문제)

What's the purpose of the e-mail?
이메일의 목적은 무엇인가?

What's the main point of the notice?
공지의 요점은 무엇인가?

What kind of business is being advertised?
어떤 종류의 업체가 광고되고 있는가?

What's the notice mainly about?
공지는 주로 무엇에 관한 것인가?

Why did Mr. Gorden send the message?
Gorden 씨는 왜 메시지를 보냈는가?

B Specific Information Question(SIQ, 구체적인 정보 문제)

What is indicated about the Compton Association?
Compton Association에 관해 언급된 것은 무엇인가?

What does the letter indicate about the applicant?
편지에서 지원자에 관해 언급된 것은 무엇인가?

What did Mr. Brighton do to assist Ms. Perry?
Brighton 씨는 Perry 씨를 돕기 위해 무엇을 했는가?

What should the customers do to get discounts?
고객들은 할인을 받기 위해 무엇을 해야 하는가?

According to the brochure, how can visitors receive complimentary items?
안내 책자에 따르면 방문객들은 어떻게 무료 물품을 받을 수 있는가?

C 특정 낱말/어구의 뜻을 묻는 문제

The word "property" in paragraph 2, line 1, is closest in meaning to
두 번째 단락 첫 번째 줄의 "property"와 의미가 가장 가까운 것은 무엇인가?

In the first e-mail, the word "reservation" in paragraph 2, line 3, is closest in meaning to
첫 번째 이메일에서, 두 번째 단락 세 번째 줄의 "reservation"과 의미가 가장 가까운 것은 무엇인가?

At 10:00 A.M., what does John mean when he writes, "There is a reason it's popular"?
오전 10시에 John이 쓴 "인기 있는 이유가 있네요"라는 말이 의미하는 것은 무엇인가?

At 1:45 P.M., what does Janet most likely mean when she writes, "I will sign it today"?

오후 1시 45분에 Janet이 쓴 "저는 오늘 등록할 거예요"라는 말이 의미하는 것은 무엇이겠는가?

D 추론/암시 문제

What can be inferred about Mr. Gomez?

Gomez 씨에 관해 추론할 수 있는 것은 무엇인가?

What is implied about the final decision?

최종 결정에 관해 알 수 있는 것은 무엇인가?

What is suggested about the new product?

신제품에 관해 알 수 있는 것은 무엇인가?

What is suggested about Mr. Moon?

Moon 씨에 관해 알 수 있는 것은 무엇인가?

What does Mr. Cooper suggest about the joint venture?

Cooper 씨는 합작 투자에 관해 무엇을 제안하는가?

E True/Not 문제

What is probably true about the anniversary?

기념 행사에 관해 옳은 것은 무엇인가?

What is true about the invoice?

송장과 관련해 옳은 것은 무엇인가?

What is NOT indicated about the qualifications for the position?

그 직책의 자격 요건에 관해 언급되지 않은 것은 무엇인가?

What is NOT mentioned as a feature of the event?

행사의 특징으로 언급되지 않은 것은 무엇인가?

What is NOT a stated duty of the job?

직무 내용으로 서술되지 않은 것은 무엇인가?

F 문장 완성형 문제

In which of the positions marked [1], [2], [3] and [4] does the following sentence best belong?
"I'm sure we can work out the details once we have agreed on the basic issue."

[1], [2], [3], [4] 중에서 다음 문장이 들어갈 자리로 가장 알맞은 곳은 어디인가?

"기본적인 사항만 협의되면 세부 사항을 해결할 수 있을 것입니다."

PART 7

Questions 1-3 refer to the following advertisement.

The Book of the Month: *Go Your Own Way*

Amazon Book Club chose *Go Your Own Way* as the book of the month. The book has been listed on the nonfiction bestseller section for the past 5 weeks. It is now available to the club members at a special price of 15 dollars. This book has been very popular with young adults and parents alike and continues to provide assistance to parents through a deep understanding as to their teen's stress from study, relationships and their increasing concern about securing a job upon graduation. This book also contains some insightful views from well-known education professors. Place your order today and get this invaluable book within 2 business days.

1. For whom is this advertisement intended?
(A) Inconsiderate parents
(B) The general public
(C) Book club members
(D) Education professors

2. Whose opinions are expressed in the book?
(A) Education specialists
(B) High school teachers
(C) Many parents
(D) Young adults

3. How long does it take to get a book?
(A) Just one day
(B) Within 24 hours
(C) A couple of days
(D) It depends on the size of the order.

Questions 4-5 refer to the following article.

As summer has begun, both state and private power companies are entering into emergency situations. Because we usually have a higher power demand during the hottest period, the companies have trouble meeting growing energy needs almost every summer. A power outage occurred last summer and paralyzed several major cities. Considering the present supply and demand status, another blackout could take place this summer. To avoid this, the heads of major power companies had a meeting with specialists in energy-related affairs last week. Allegedly, they set up contingency plans such as the early operation of two nuclear plants and an official restriction of electricity use imposed on government organizations that consume a large volume of energy.

4. What is the problem?
   (A) Frequent accidents at the power plants
   (B) A lack of awareness among the public
   (C) A general power shortage
   (D) A shutdown of power plants

5. Why did the representatives of the power companies hold a meeting?
   (A) To carry out emergency measures
   (B) To discuss a plan to build new power plants
   (C) To report on their general operations
   (D) To explain the best solution

Questions 6-10 refer to the following help-wanted ad and e-mail.

Eliot Office Supplies

127 Victoria Street, Hamilton, WI

We are looking for energetic and competent new employees.

• Sales Representative

Requirements: Applicants should be friendly, organized and self-motivated and be willing to create strong ties with our customers. An excellent track record as a salesperson is a must. Preference will be given to those who can speak foreign languages.

• Forklift Operator

Requirements: Entry-level position. Applicants must be a licensed forklift operator. Experience is not required, but preference will be given to those with some experience. Working hours are flexible.

• Store Manager

Requirements: Applicants should have more than 2 years of experience in retail and a strong understanding of management procedures. The prospective individual should have excellent leadership and interpersonal skills.

• Public Relations Assistant Manager

Requirements: Applicants should have at least 3 years of experience in public relations areas and previous achievements in the field. A master's degree in public relations is required.

Qualified applicants should send a cover letter, résumé and licenses to Oscar Stein at oscar@ eos.com. Successful candidates will be contacted personally for an interview with the vice president. Should you have any further questions, just contact Mr. Stein at 184-834-8573.

E-Mail message	
From:	Rick Anderson <randerson@yahoo.com>
To:	Oscar Stein <oscar@eos.com>
Subject:	Job Application
Date:	October 10

Dear Mr. Stein,

I'm writing to express interest in the assistant manager position posted on the online recruiting site, myjobs.com. I recently finished my course work and received a master's degree in public relations. Before beginning the course, I worked at the PR team of Pecara Airlines for over 3 years and successfully created a series of TV commercials. Testimonial materials will be sent you by the manager of Pecara Airlines. For this reason, I think I fulfill all of the requirements listed for the position. Attached to this e-mail are my résumé and cover letter. I would appreciate it if you allow me an opportunity to discuss my possible employment with your vice president. I'm looking forward to hearing from you soon.

Thank you for your time and consideration.

Rick Anderson

6. Which of the positions requires the most experience?
   (A) Sales representative
   (B) Forklift operator
   (C) Store manager
   (D) Public relations assistant manager

7. What is required as a must in the sales representative position?
   (A) A warm and friendly manner
   (B) Ability to make good relationship with suppliers
   (C) Prominent previous results
   (D) Fluency in speaking foreign languages

8. Who can meet the vice president?
   (A) Applicants who fulfill the requirements
   (B) Applicants who have the most experience
   (C) Applicants who finished a master's degree
   (D) Applicants who can speak foreign languages

9. In the help-wanted ad, the word "preference" in paragraph 2, line 2 is closest in meaning to
   (A) change
   (B) privilege
   (C) reservation
   (D) position

10. What is implied about Rick Anderson?
   (A) He will succeed in getting a job.
   (B) He is the most qualified candidate.
   (C) He is short of experience.
   (D) He searched a website for a job.

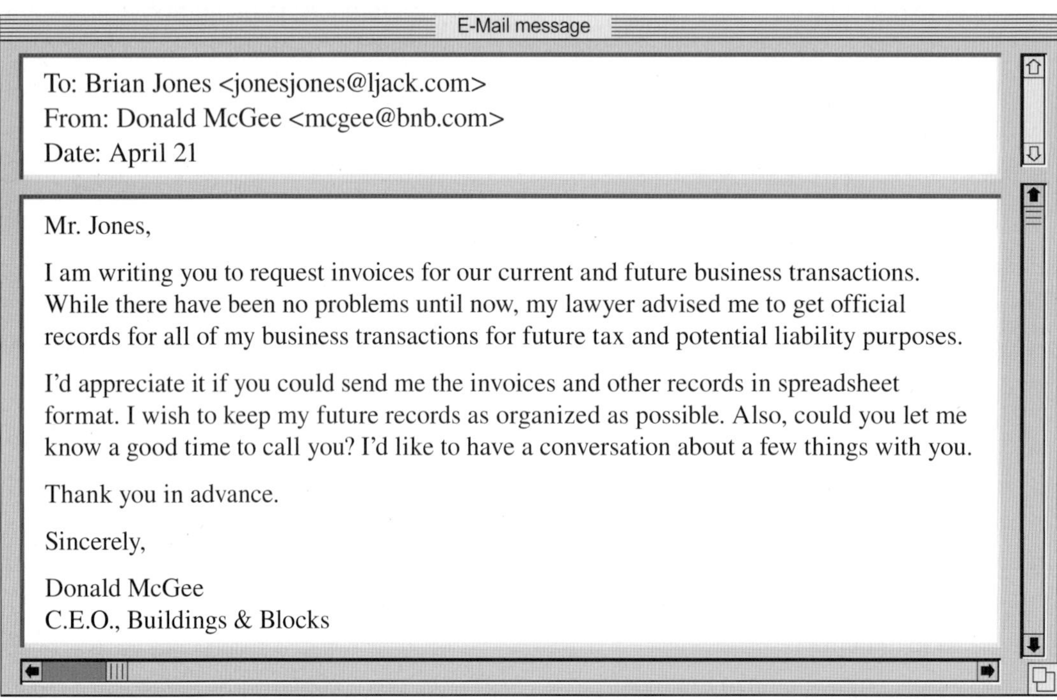

E-Mail message
To: Brian Jones <jonesjones@ljack.com>
From: Donald McGee <mcgee@bnb.com>
Date: April 21

Mr. Jones,

I am writing you to request invoices for our current and future business transactions. While there have been no problems until now, my lawyer advised me to get official records for all of my business transactions for future tax and potential liability purposes.

I'd appreciate it if you could send me the invoices and other records in spreadsheet format. I wish to keep my future records as organized as possible. Also, could you let me know a good time to call you? I'd like to have a conversation about a few things with you.

Thank you in advance.

Sincerely,

Donald McGee
C.E.O., Buildings & Blocks

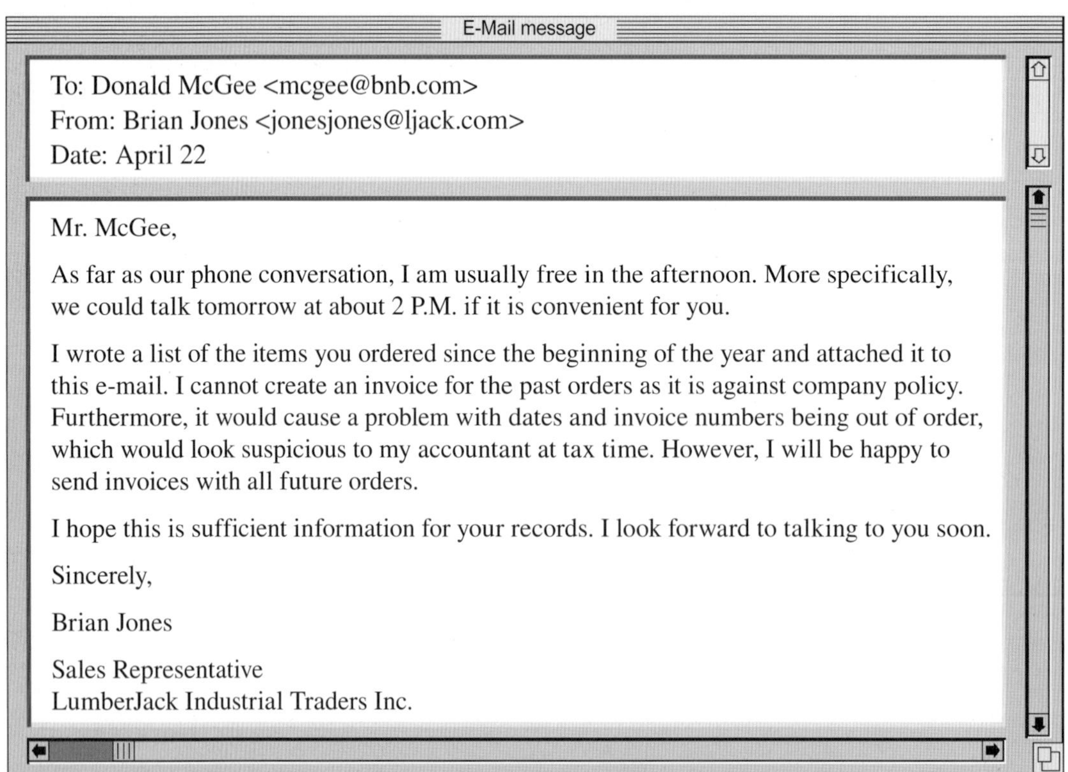

E-Mail message
To: Donald McGee <mcgee@bnb.com>
From: Brian Jones <jonesjones@ljack.com>
Date: April 22

Mr. McGee,

As far as our phone conversation, I am usually free in the afternoon. More specifically, we could talk tomorrow at about 2 P.M. if it is convenient for you.

I wrote a list of the items you ordered since the beginning of the year and attached it to this e-mail. I cannot create an invoice for the past orders as it is against company policy. Furthermore, it would cause a problem with dates and invoice numbers being out of order, which would look suspicious to my accountant at tax time. However, I will be happy to send invoices with all future orders.

I hope this is sufficient information for your records. I look forward to talking to you soon.

Sincerely,

Brian Jones

Sales Representative
LumberJack Industrial Traders Inc.

Items ordered by Buildings & Blocks (Jan 1 – Apr 22)

Item	Volume and Quantity	Price
Cement Mix	100kg	$1,200.00
Plywood (2cm)	400 sheets	$2,000.00
Oil-based Paint (white)	24L	$360.00
Latex Paint (white)	51L	$765.00
Finishing Nail (3cm)	10 boxes	$100.00
Air-compression Nail Gun	4 units	$480.00
Compound Crack Filler	10L	$50.00
	Total	$4,955.00

11. What is the purpose of the first e-mail?

(A) To ask for some information

(B) To request paperwork

(C) To explain his contingency plans

(D) To schedule a phone interview

12. What is implied about Mr. McGee?

(A) He is in construction.

(B) He has not paid his taxes.

(C) He violated company rules.

(D) He is facing a lawsuit.

13. In the second e-mail, the phrase "As far as" in paragraph 1, line 1 is closest in meaning to

(A) Firstly

(B) Shortly

(C) Regarding

(D) In brief

14. Why doesn't the sales representative fulfill the request?

(A) He is currently too busy to do it.

(B) He needs his accountant's approval.

(C) He couldn't find the previous invoices.

(D) It would be against the rules.

15. Which of the following was NOT purchased by Mr. McGee?

(A) Nails

(B) Lumber

(C) Compressed air

(D) Various paints

기초부터 제대로 시작하는

아이원 토익

이성영 저

해설서

토익 정답 코드를 숫자와 도표로 완벽하게 풀어냈다!

I WANT TOEIC

PAGODA Books

아이원 토익

이성영 저

해설서

PAGODA Books

LC

PART 1

CHAPTER 01 실전 예상 문제

1. (C)　2. (B)　3. (A)　4. (C)　5. (A)　6. (D)

1. (A) She's reaching for an item on the shelf.
(B) She's looking for the counter.
(C) She's pushing a cart.
(D) She's walking on the path.
(A) 여자가 선반 위의 물건을 집으려고 손을 뻗고 있다.
(B) 여자가 계산대를 찾고 있다.
(C) 여자가 카트를 밀고 있다.
(D) 여자가 오솔길을 걷고 있다.

해설 여자가 쇼핑 카트를 밀며 상품을 둘러보는 모습이므로 (C)가 정답이다.

어휘 reach for (~을 향해 손·발 등을) 뻗다　shelf n. 진열장, 선반　look for ~을 찾다[구하다]　path n. 오솔길, 산책로

2. (A) A man is leaning against the car.
(B) A man is checking under the hood of the car.
(C) The hood of the car is being opened.
(D) The engine has been lifted out of the car.
(A) 남자가 자동차에 기대어 서 있다.
(B) 남자가 자동차의 엔진을 점검하고 있다.
(C) 자동차의 후드가 열리고 있다.
(D) 자동차 바깥에 엔진이 분리돼 있다.

해설 남자가 자동차 후드를 연 상태에서 엔진을 점검하는 모습이므로 (B)가 정답이다.

어휘 lean against ~에 등지고 기대다　hood n. (자동차의) 후드, 덮개　lift vt. ~을 들어 올리다

3. **(A) A woman is working on the ladder.**
(B) A woman is carrying a ladder.
(C) A woman is stacking bricks on top of each other.
(D) A woman is wearing protective gear.
(A) 여자가 사다리 위에서 작업 중이다.
(B) 여자가 사다리를 나르고 있다.
(C) 여자가 벽돌을 차곡차곡 쌓고 있다.
(D) 여자가 보호장비를 착용하고 있다.

해설 여자가 사다리 위에 올라간 상태에서 작업 중인 모습이므로 (A)가 정답이다.

어휘 ladder n. 사다리　carry vt. ~을 운반하다　stack vt. ~을 쌓다　brick n. 벽돌　protective gear 보호장비

4. (A) A woman is holding a hose.
(B) A woman is trimming the plant.
(C) A woman is watering the plant.
(D) A woman is working in a florist shop.
(A) 여자가 호스를 들고 있다.
(B) 여자가 식물을 다듬고 있다.
(C) 여자가 식물에 물을 주고 있다.
(D) 여자가 꽃 가게에서 일하고 있다.

해설 여자가 물뿌리개로 화초에 물을 주고 있는 모습이므로 (C)가 정답이다.

어휘 hold vt. ~을 들다　hose n. 호스　trim vt. ~을 다듬다　water vt. ~에 물을 주다　florist shop 꽃 가게

5. **(A) She's talking on the phone.**
(B) She's working at the keyboard.
(C) She's adjusting the monitor.
(D) She's signing the paper.
(A) 여자가 통화 중이다.
(B) 여자가 키보드로 작업 중이다.
(C) 여자가 모니터를 조절하고 있다
(D) 여자가 서류에 서명하고 있다.

해설 여자가 책상에 앉아 전화 통화 중인 모습이므로 (A)가 정답이다.

어휘 talk vi. 말하다　work at the keyboard 키보드로 작업하다　adjust vt. ~을 조정하다　sign vt. ~에 서명하다

6. (A) She's installing a computer.
(B) She's sitting on the desk.
(C) She's reviewing some documents.
(D) She's focusing on the monitor.
(A) 여자가 컴퓨터를 설치하고 있다.
(B) 여자가 책상 위에 앉아 있다.
(C) 여자가 서류를 검토하고 있다.
(D) 여자가 모니터에 집중하고 있다.

해설 여자가 책상에 앉아 모니터를 보고 있는 모습이므로 (D)가 정답이다. 최근 '~을 보다'라는 의미로 focusing on이 출제되기도 한다.

어휘 install vt. ~을 설치하다　review vt. ~을 검토하다　document n. 서류　focus on ~에 집중하다

CHAPTER 01 Dictation Drill

1. (A) She's reaching for an item on the shelf.
(B) She's looking for the counter.
(C) She's pushing a cart.
(D) She's walking on the path.

2. (A) A man is leaning against the car.
   (B) A man is checking under the hood of the car.
   (C) The hood of the car is being opened.
   (D) The engine has been lifted out of the car.

3. (A) A woman is working on the ladder.
   (B) A woman is carrying a ladder.
   (C) A woman is stacking bricks on top of each other.
   (D) A woman is wearing protective gear.

4. (A) A woman is holding a hose.
   (B) A woman is trimming the plant.
   (C) A woman is watering the plant.
   (D) A woman is working in a florist shop.

5. (A) She's talking on the phone.
   (B) She's working at the keyboard.
   (C) She's adjusting the monitor.
   (D) She's signing the paper.

6. (A) She's installing a computer.
   (B) She's sitting on the desk.
   (C) She's reviewing some documents.
   (D) She's focusing on the monitor.

CHAPTER 02 실전 예상 문제

1. (A)   2. (C)   3. (D)   4. (B)   5. (B)   6. (A)

1. **(A) Some people are sitting outdoors.**
   (B) The tables are being arranged outside.
   (C) Some chairs have been piled up.
   (D) Food is being served to the customers.
   (A) 몇 명의 사람들이 야외에 앉아 있다.
   (B) 테이블이 야외에 놓이고 있다.
   (C) 의자 몇 개가 차곡차곡 쌓여 있다.
   (D) 손님들에게 음식이 제공되고 있다.

해설 (B)와 (D)에 해당하는 동작은 보이지 않으며, (C)는 사진과 관련 없는 묘사이다.

어휘 arrange vt. ~을 배열하다, 정리하다 pile vt. ~을 쌓다 serve vt. (음식 등을) 제공하다

2. (A) One of them is using a tool.
   (B) They are wearing glasses.
   (C) They are looking over the blueprint.
   (D) One of them is examining the structure.
   (A) 사람들 중 한 명이 도구를 사용하고 있다.
   (B) 사람들은 안경을 착용하고 있다.
   (C) 사람들은 설계도를 검토하고 있다.
   (D) 사람들 중 한 명이 구조물을 살펴보고 있다.

해설 등장인물 모두의 공통된 동작은 looking over(검토하다)이다. (A) 도구가 보이지 않으며, (B) 두 사람 모두 안경을 착용한 것이 아니고, (D) 구조물을 살펴보는 모습도 아니다.

어휘 use vt. ~을 이용하다 look over ~을 검토하다 blueprint n. 설계도 examine vt. ~을 살펴보다 structure n. 구조물

3. (A) They are seated in the shade.
   (B) They are having a conversation.
   (C) They are riding their bicycles.
   (D) They are resting on a bench.
   (A) 사람들이 그늘에 앉아 있다.
   (B) 사람들이 대화를 나누고 있다.
   (C) 사람들이 자전거를 타고 있다.
   (D) 사람들이 벤치에서 쉬고 있다.

해설 (A) 그늘이 없으며, (B) 대화를 나누는 모습이 아니며, (C) 자전거는 보이지만 현재 타고 있지는 않으므로 (D) 벤치에서 쉬고 있다는 묘사가 정답이다.

어휘 seated a. 앉아 있는 shade n. 그늘 conversation n. 대화 rest vi. 쉬다

4. (A) They are facing each other.
   (B) They are looking at the bulletin board.
   (C) The posters are being attached on the board.
   (D) One of them is pointing at a notice.
   (A) 사람들이 서로 마주보고 있다.
   (B) 사람들이 게시판을 보고 있다.
   (C) 포스터가 게시판에 부착되고 있다.
   (D) 사람들 중 한 명이 게시물을 가리키고 있다.

해설 (A) 사진 속의 인물들은 마주보는 상태가 아니며, (C) 구체적인 동작을 하고 있지 않고, (D) 무언가를 가리키는 모습도 아니다.

어휘 face vt. ~을 보다, ~을 향하다 look at ~을 보다 bulletin board 게시판 attach vt. ~을 부착하다 point at ~을 가리키다

5. (A) Some people are applauding.
   (B) Some people are playing instruments.
   (C) Some people are standing with some luggage.
   (D) Some people are walking along the path.
   (A) 몇몇 사람들이 박수를 치고 있다.
   (B) 몇몇 사람들이 악기를 연주하고 있다.
   (C) 몇몇 사람들이 짐을 들고 서 있다.
   (D) 몇몇 사람들이 산책로를 따라 걷고 있다.

해설 (A) 박수를 치는 모습은 보이지 않으며, (C) 짐을 들고 있는 모습도 보이지 않는다. (D) path가 아니라 street다.

어휘 applaud vi. 박수갈채를 보내다 instrument n. 악기, 도구 luggage n. 짐 path n. 오솔길, 산책로

---

6. **(A) Passengers are standing on the platform.**

(B) Passengers are boarding the train.

(C) The train has pulled into the station.

(D) They are waiting in line to board the train.

(A) 승객들이 승강장에 서 있다.

(B) 승객들이 기차에 탑승하고 있다.

(C) 기차가 역에 도착해 있다.

(D) 사람들이 기차를 타기 위해 줄을 서서 기다리고 있다.

해설 (B) 현재 탑승하는 모습이 아니고, (C) 기차가 역에 도착해 있는지 정확히 알 수 없으며, (D) 줄을 서 있는 모습은 보이지 않으므로 오답이다.

어휘 platform n. 승강장 board vt. ~에 탑승하다 pull into ~에 도착하다, 역에 들어오다 in line 줄을 서서

CHAPTER **02** **Dictation Drill**

1. (A) Some people are sitting outdoors.

(B) The tables are being arranged outside.

(C) Some chairs have been piled up.

(D) Food is being served to the customers.

2. (A) One of them is using a tool.

(B) They are wearing glasses.

(C) They are looking over the blueprint.

(D) One of them is examining the structure.

3. (A) They are seated in the shade.

(B) They are having a conversation.

(C) They are riding their bicycles.

(D) They are resting on a bench.

4. (A) They are facing each other.

(B) They are looking at the bulletin board.

(C) The posters are being attached on the board.

(D) One of them is pointing at a notice.

5. (A) Some people are applauding.

(B) Some people are playing instruments.

(C) Some people are standing with some luggage.

(D) Some people are walking along the path.

6. (A) Passengers are standing on the platform.

(B) Passengers are boarding the train.

(C) The train has pulled into the station.

(D) They are waiting in line to board the train.

CHAPTER **03** **실전 예상 문제**

1. (D) 2. (A) 3. (C) 4. (C) 5. (B) 6. (B)

1. (A) A narrow street is being improved.

(B) A stairway leads to a store.

(C) Merchandise is being arranged on the shelf.

(D) Some clothes are displayed in the alley.

(A) 좁은 길이 개량되고 있다.

(B) 계단이 상점으로 이어진다.

(C) 상품이 선반 위에 놓이고 있다.

(D) 몇몇 옷들이 골목길에 진열되어 있다.

해설 골목길에 옷들이 진열된 모습으로, (A)에 해당하는 동작이 보이지 않으며, (B) 계단도 상점으로 이어지는지 알 수 없다. (C) shelf(선반)가 보이지 않으므로 오답이다.

어휘 narrow a. 좁은 street n. 길, 거리 improve vt. ~을 개선하다 stairway n. 계단 lead to ~으로 이어지다 merchandise n. 상품 shelf n. 선반, 진열대 alley n. 골목길

---

2. **(A) Some tables have been placed in a row.**

(B) The tables are in different shapes.

(C) Chairs are being placed in rows.

(D) Some plants are displayed by the entrance.

(A) 테이블이 일렬로 놓여 있다.

(B) 테이블 모양이 제 각각이다.

(C) 의자가 줄지어 놓이고 있다.

(D) 화초 몇 개가 출입구 옆에 진열되어 있다.

해설 테이블이 일렬로 정리된 실내 사진으로, (B) 테이블은 모두 동일한 모양이고, (C)에 해당하는 동작은 보이지 않으며, (D) 화초로 보이는 사물들은 창문 뒤쪽에 진열되어 있으므로 오답이다.

어휘 place vt. ~을 두다[놓다] in a row 일렬로 shape n. 모양 display vt. ~을 진열하다 entrance n. 입구

3. (A) The vehicles are loaded in a cargo ship.

(B) The vehicles are displayed at a motor show.

(C) The vehicles are parked on multiple stories.

(D) The vehicles are lined up along the street.

(A) 자동차가 화물선에 선적되어 있다.

(B) 자동차가 모터쇼에서 전시되고 있다.

(C) 자동차가 여러 층에 주차되어 있다.

(D) 자동차가 거리를 따라 줄지어 있다.

해설 자동차들이 여러 층에 주차된 사진으로, (A) 화물선이 보이지 않고, (B) 모터쇼라는 실내 행사가 아니며, (D) 자동차가 거리에 주차된 것이 아니므로 오답이다.

어휘 vehicle n. 차량 load vt. ~을 선적하다 cargo ship 화물선 multiple a. 여럿의 story n. (건물 등의) 층

4. (A) She's lying on her side.

(B) She's listening to music.

(C) She's wearing a headset.

(D) She's sitting on the carpet.

(A) 여자가 옆으로 누워 있다.

(B) 여자가 음악을 듣고 있다.

(C) 여자가 헤드셋을 착용하고 있다.

(D) 여자가 카펫 위에 앉아 있다.

해설 여자가 헤드셋을 착용한 상태로 엎드려 있는 사진이다. (A) 여자는 옆으로 누워 있지 않으며, (B) 음악을 듣고 있는지는 알 수 없으며, (D) 엎드려 있는 모습이므로 오답이다.

어휘 lie vi. 눕다 headset n. 헤드셋, 헤드폰 sit vi. 앉다 carpet n. 카펫

5. (A) A light is being installed on the ceiling.

(B) There is a centerpiece on the table.

(C) There are some pictures hanging on the wall.

(D) The chairs are being moved away.

(A) 조명이 천장에 설치되고 있는 중이다.

(B) 테이블 위에는 중앙 장식물이 있다.

(C) 몇 점의 그림이 벽에 걸려 있다.

(D) 의자들이 치워지고 있다.

해설 중앙 장식물이 올려져 있는 테이블 사진이다. (A)와 (D)는 현재 진행 중인 동작이 없으므로 오답이며, (C) 벽에는 한 점의 그림만 걸려 있으므로 오답이다.

어휘 light n. 전등 install vt. ~을 설치하다 ceiling n. 천장 centerpiece n. 중앙 장식물 hang vt. ~을 걸다 vi. 걸리다 wall n. 벽

6. (A) They are wearing shorts.

(B) They are facing the water.

(C) The sun is rising above the horizon.

(D) They are standing in the water.

(A) 사람들이 반바지를 입고 있다.

(B) 사람들이 물을 향해 있다.

(C) 태양이 수평선 위로 떠오르고 있다.

(D) 사람들이 물 속에 서 있다.

해설 두 사람이 손을 잡고 바다를 향해 서 있는 모습이다. (A) 두 사람 모두 반바지를 입은 것은 아니며, (C) 태양은 뜨는 것인지 아니면 지는 것인지 알 수 없다. (D) 물 속에 서 있는 것이 아니라 해변 위에 서 있다.

어휘 shorts n. 반바지 face vt. ~을 향하다 rise vi. 상승하다, 떠오르다 horizon n. 수평선, 지평선

CHAPTER **03** **Dictation Drill**

1. (A) A narrow street is being improved.

(B) A stairway leads to a store.

(C) Merchandise is being arranged on the shelf.

(D) Some clothes are displayed in the alley.

2. (A) Some tables have been placed in a row.

(B) The tables are in different shapes.

(C) Chairs are being placed in rows.

(D) Some plants are displayed by the entrance.

3. (A) The vehicles are loaded in a cargo ship.

(B) The vehicles are displayed at a motor show.

(C) The vehicles are parked on multiple stories.

(D) The vehicles are lined up along the street.

4. (A) She's lying on her side.

(B) She's listening to music.

(C) She's wearing a headset.

(D) She's sitting on the carpet.

5. (A) A light is being installed on the ceiling.

(B) There is a centerpiece on the table.

(C) There are some pictures hanging on the wall.

(D) The chairs are being moved away.

6. (A) They are wearing shorts.

(B) They are facing the water.

(C) The sun is rising above the horizon.

(D) They are standing in the water.

PART 2

CHAPTER **04** 실전 예상 문제

1. (A) 2. (C) 3. (A) 4. (A) 5. (B) 6. (C)
7. (A) 8. (B) 9. (C) 10. (B) 11. (A) 12. (B)
13. (C) 14. (A) 15. (C)

---

1. What should I wear for the interview?

(A) Your brown suit will be fine.

(B) I usually wear jeans.

(C) Yes, that will be fine.

제가 면접을 위해 무엇을 입어야 할까요?
(A) 당신의 갈색 정장이 좋을 것 같아요.
(B) 저는 보통 청바지를 입어요.
(C) 네, 그게 좋겠어요.

해설 면접을 위해 입어야 할 구체적인 '의류'인 사물을 묻는 질문이다. 의문사의문문에는 (C)처럼 Yes나 No로 답할 수 없다.

어휘 wear vt. ~을 입다 interview n. 면접 suit n. 정장 jeans n. (청바지 따위의) 진바지

---

2. Which one is the file that needs proofreading?

(A) No, I don't need the file.

(B) I made the draft.

(C) The one with the yellow cover.

교정이 필요한 서류가 어떤 것인가요?
(A) 아니요, 저는 그 파일이 필요 없어요.
(B) 제가 초안을 작성했어요.
(C) 노란색 표지의 파일이요.

해설 which를 사용해 구체적인 '어떤 것'을 물어보는 경우에는 the one 이 들어간 표현이 대부분 정답이다.

어휘 proofreading n. 교정 draft n. (서류 등의) 초안 cover n. 표지

---

3. What's the weather like this time in London?

(A) It's foggy and cloudy.

(B) Yes, I like London, too.

(C) I have a rain coat.

지금 런던의 날씨는 어때요?
(A) 안개가 끼고 흐려요.
(B) 네, 저도 런던을 좋아해요.
(C) 저는 비옷이 있어요.

해설 구체적인 날씨를 묻는 질문이므로 날씨와 관련된 표현을 사용한 (A)가 정답이다.

어휘 weather n. 날씨 foggy a. 안개 낀 cloudy a. 흐린 rain coat n. 비옷

---

4. Who took the potted plant that was on the table?

(A) It's on the window sill.

(B) I took him to a restaurant.

(C) At the patio table.

누가 테이블 위의 화분을 가져갔나요?
(A) 그것은 창턱에 있어요.
(B) 제가 그를 식당에 데리고 갔어요.
(C) 테라스용 테이블에요.

해설 who로 물을 때는 사람뿐만 아니라 장소, 기관 등이 정답으로 나오는 경우도 있다.

어휘 take vt. ~을 가져가다 potted plant 화분에 심은 식물 sill n. 창턱 patio table 테라스용 테이블

---

5. Who's going to make a presentation first?

(A) I bought the present.

(B) The sales manager will start out.

(C) He was the last person.

누가 가장 먼저 발표를 할 예정인가요?
(A) 제가 그 선물을 샀어요.
(B) 영업부장이 첫 발표를 할 거예요.
(C) 그가 마지막이었어요.

해설 who로 묻고 이에 대해 직책 명사로 답한 경우로, (A)의 present는 질문의 presentation과 발음이 유사한 함정 보기이다.

어휘 make a presentation 발표하다 buy vt. ~을 사다 present n. 선물 start out 시작하다

---

6. What do you think about our budget plan?

(A) The product is successful.

(B) We'd better plan on attending the meeting.

(C) Actually, I didn't have time to review it.

당신은 우리의 예산안에 대해 어떻게 생각하세요?
(A) 그 제품은 성공적입니다.
(B) 우리는 회의에 참석하는 게 좋겠어요.
(C) 사실, 그것을 검토할 시간이 없었어요.

해설 what을 이용해서 상대방의 의견을 묻는 질문이다. (C)와 같이 질문에 대해 간접적으로 답하는 경우도 정답으로 자주 등장한다.

어휘 budget plan 예산안 successful a. 성공적인 plan on ~을 할 예정이다 review vt. ~을 검토하다

---

7. What would you like to drink?

(A) Just some water.

(B) No, that's not to my taste.

(C) We don't serve alcoholic drinks.

무엇을 마시겠습니까?
(A) 그냥 물을 주세요.
(B) 아니요, 그건 제 취향이 아니에요.
(C) 우리는 알코올 음료를 제공하지 않아요.

해설 ▶ what을 사용해서 상대가 마실 구체적인 사물인 '음료'를 묻고 있으므로 water로 답한 (A)가 정답이다.

어휘 ▶ would like to ~하고 싶다 taste n. 기호, 입맛 serve vt. (음식 등을) 제공하다 alcoholic drinks 알코올 음료

8. What are you going to do over the weekend?

(A) Of course, I'm going.

(B) I have to catch up on some paperwork.

(C) Yes, he's going over the report.

당신은 주말 동안 무엇을 하실 것입니까?
(A) 물론, 저도 갈 것입니다.
(B) 저는 밀린 서류 업무를 처리해야 합니다.
(C) 네, 그는 보고서를 검토하고 있습니다.

해설 ▶ what을 이용해 구체적인 계획을 묻는 질문이므로 '밀린 서류 업무를 처리하겠다'고 구체적으로 응답한 (B)가 정답이다.

어휘 ▶ catch up on (밀렸던 일 등을) 보충하다 go over ~을 검토하다 report n. 보고서, 보고

9. Whose duty is to get all the invoices in order?

(A) He lost the invoices at the warehouse.

(B) The files are in the cabinet.

(C) That's Mr. Smith's job.

송장을 정리하는 것은 누구의 업무입니까?
(A) 그는 창고에서 송장을 분실했어요.
(B) 그 서류들은 캐비닛 안에 있어요.
(C) 그건 Smith 씨의 일입니다.

해설 ▶ whose로 물어도 who 의문문과 마찬가지로 인명, 직책명 등이 제시되면 정답이다.

어휘 ▶ duty n. 의무, 업무 invoice n. 송장, 계산서 warehouse n. 창고 file n. 파일, 서류철

10. Which of these items do you want?

(A) No, please show me another.

(B) The smaller one on the bottom shelf.

(C) That would be great.

이 제품들 중 당신은 무엇을 원하십니까?
(A) 아니요, 다른 것을 보여 주세요.
(B) 맨 아래 선반에 있는 더 작은 것이요.
(C) 그거 좋겠군요.

해설 ▶ which는 선택의 여지가 있을 때 그 중 구체적인 '어떤 것'을 묻는 의문사이다. the smaller one처럼 구체적인 the one으로 한정되면 대부분 정답이다.

어휘 ▶ item n. 물건, 제품 another n. 다른 것[사람] bottom shelf 맨 아래 선반

11. What's the deadline for the report?

(A) It's July 10.

(B) Yes, the report.

(C) I know the deadline.

보고서의 마감일이 언제입니까?
(A) 7월 10일입니다.
(B) 네, 그 보고서요.
(C) 저도 마감일을 알아요.

해설 ▶ what을 이용해 구체적인 시간이나 날짜 등을 물을 수 있다. 마감일을 정확히 제시한 (A)가 정답이다.

어휘 ▶ deadline n. 마감일 July n. 7월 know vt. ~을 알다

12. What's the extension for customer services?

(A) We provide home delivery service.

(B) 725.

(C) It begins on Monday.

고객 서비스 부서의 내선 번호는 무엇입니까?
(A) 우리는 택배 서비스를 제공합니다.
(B) 725번이요.
(C) 그것은 월요일에 시작됩니다.

해설 ▶ extension은 '연장, 확장'이라는 뜻과 함께 '내선 번호'라는 의미로 사용된다. 난이도가 높은 문제로, 숫자를 제시한 (B)가 정답이다.

어휘 ▶ extension n. 내선 번호 customer services 고객 서비스 부서 provide vt. ~을 제공하다 begin vi. 시작되다

13. What's the phone number of Mr. Blair?

(A) No, the number is wrong.

(B) Mr. Blair is on duty.

(C) Let me check that for you.

Blair 씨의 전화번호는 무엇입니까?
(A) 아니요, 그 번호는 틀려요.
(B) Blair 씨는 근무 중입니다.
(C) 당신을 위해 제가 그것을 확인해 보겠습니다.

해설 ▶ what을 이용해 구체적인 전화번호를 묻는 질문으로 전화번호를 숫자로 제시하는 경우도 있지만 (C)와 같은 표현도 정답으로 출제된다.

어휘 ▶ phone number 전화번호 wrong a. 잘못된, 틀린 on duty 근무 중인 check vt. ~을 확인하다

14. Who should I talk to if I want to get a refund?

(A) I can take care of it.

(B) You need the original receipt.

(C) Within 30 days of purchase.

환불을 받으려면 누구에게 말해야 합니까?
(A) 제가 해결해 드릴 수 있어요.
(B) 당신은 원본 영수증이 필요합니다.
(C) 구매일로부터 30일 이내에요.

해설 ▶ who를 이용한 의문문에는 대개 대명사가 정답으로 올 수 없지만, 대화의 당사자인 1인칭 I는 종종 정답으로 등장한다.

어휘 ▶ talk to ~에게 말하다 get a refund 환불받다 take care of ~을 처리하다, 돌보다 receipt n. 영수증 purchase n. 구매

15. What division does Sara Chang work in?

    (A) Sara is working it out now.

    (B) She has a talent in sales.

    (C) Doesn't she work in the accounting office?

Sara Chang이 어떤 부서에서 일합니까?
(A) Sara는 지금 그 일을 해결 중입니다.
(B) 그녀는 판매 분야에 재능이 있어요.
(C) 그녀는 회계과에서 일하지 않나요?

해설 ▶ what division, 즉 '어떤 부서'인지 물었으므로 '회계과'라고 정확히
표현한 (C)가 정답이다. 역질문 형식의 보기는 대부분 정답이다.

어휘 ▶ division n. 부서 work sth out ~을 해결하다 talent n. 재능
accounting office 회계과, 경리부

CHAPTER **04** **Dictation Drill**

1. Q. What should I wear for the interview?

    A. Your brown suit will be fine.

2. Q. Which one is the file that needs proofreading?

    A. The one with the yellow cover.

3. Q. What's the weather like this time in London?

    A. It's foggy and cloudy.

4. Q. Who took the potted plant that was on the
table?

    A. It's on the window sill.

5. Q. Who's going to make a presentation first?

    A. The sales manager will start out.

6. Q. What do you think about our budget plan?

    A. Actually, I didn't have time to review it.

7. Q. What would you like to drink?

    A. Just some water.

8. Q. What are you going to do over the weekend?

    A. I have to catch up on some paperwork.

9. Q. Whose duty is to get all the invoices in order?

    A. That's Mr. Smith's job.

10. Q. Which of these items do you want?

    A. The smaller one on the bottom shelf.

11. Q. What's the deadline for the report?

    A. It's July 10.

12. Q. What's the extension for customer services?

    A. 725.

13. Q. What's the phone number of Mr. Blair?

    A. Let me check that for you.

14. Q. Who should I talk to if I want to get a refund?

    A. I can take care of it.

15. Q. What division does Sara Chang work in?

    A. Doesn't she work in the accounting office?

CHAPTER **05** 실전 예상 문제

1. (B)	2. (C)	3. (A)	4. (C)	5. (C)	6. (B)
7. (C)	8. (B)	9. (B)	10. (A)	11. (A)	12. (A)
13. (B)	14. (A)	15. (A)			

1. When can I get a cost estimate from the
contractor?

    (A) At the end of last month.

    (B) Sometime next week.

    (C) No, it's a waste of time.

제가 언제쯤 그 업자로부터 견적서를 받을 수 있을까요?
(A) 지난달 말이에요.
(B) 다음 주 중에요.
(C) 아니요, 그것은 시간 낭비예요.

해설 ▶ When can I ~?는 '내가 언제 ~할 수 있는지' 물어보는 표현이므
로 정답이 요구하는 시제가 미래라는 것을 알 수 있다. 따라서 미래
를 나타내는 부사구를 사용한 (B)가 정답이다.

어휘 ▶ get vt. ~을 구하다[받다] cost estimate 견적서 contractor n.
계약업자 at the end of ~의 말에

---

2. How often should your car be checked?

    (A) I'll buy a car anyway.

    (B) I've already checked my car.

    (C) Once every two years.

당신의 자동차는 얼마나 자주 점검을 받아야 하나요?
(A) 어쨌든 저는 자동차를 살 것입니다.
(B) 저는 이미 제 차를 점검했어요.
(C) 2년에 한 번이요.

해설 ▶ how often은 빈도를 물어보는 질문으로 once, twice, three times처럼 빈도를 숫자로 제시하는 보기가 정답이다.

어휘 ▶ often adv. 자주, 종종 check vt. ~을 점검하다 anyway adv. 어쨌든 already adv. 이미, 벌써

---

3. Why is Mr. Gomez quitting his job?
   (A) He plans to start his own company.
   (B) His job wasn't difficult.
   (C) Can I go over it for a moment?

왜 Gomez 씨가 일을 그만두나요?
(A) 그는 자기 사업을 할 예정이에요.
(B) 그의 일은 어렵지 않았어요.
(C) 제가 잠시 그것을 검토할 수 있을까요?

해설 ▶ 일을 그만두는 이유에 대해 because가 생략된 [주어 + 동사]의 문장은 항상 정답 1순위 후보이다. 질문의 job과 (B)의 His job에서 job은 중복음 함정이다.

어휘 ▶ quit vt. ~을 중지하다[그만두다] plan vt. ~할 예정이다 go over ~을 검토하다 for a moment 잠시

---

4. Where can I purchase printer toner?
   (A) I reviewed the papers carefully.
   (B) On the new copy machine.
   (C) Ask someone in the purchasing office.

프린터용 토너를 어디서 구매할 수 있죠?
(A) 저는 그 서류를 신중하게 살펴보았어요.
(B) 새 복사기 위에요.
(C) 구매부 직원에게 물어보세요.

해설 ▶ where로 물어본 질문에 장소 부사구가 제시된 보기는 (B)이지만 구매를 할 수 있는 장소가 아니므로 오답이다. 질문에 대한 정확한 장소를 모를 때는 차라리 '다른 사람에게 물어보라'와 같은 명령문 보기가 정답이다.

어휘 ▶ purchase vt. ~을 구매하다 printer toner 프린터용 토너 review vt. ~을 검토하다 copy machine 복사기 purchasing office 구매부

---

5. When are you coming back from your business trip?
   (A) Not any more.
   (B) You can count on me.
   (C) As soon as I finish my assignments.

언제 출장에서 돌아오세요?
(A) 더 이상 그렇지 않아요.
(B) 나를 믿으세요.
(C) 제 업무를 끝내자마자 돌아올 거예요.

해설 ▶ 언제 출장에서 돌아올 것인지 미래의 시점을 묻고 있는 질문으로 미래 시간을 나타내는 시간 부사절 'as soon as s + v(~하자마자)'로 답하는 (C)가 정답이다.

어휘 ▶ come back 돌아오다 business trip 출장 count on ~을 믿다 finish vt. ~을 끝내다 assignment n. 업무, 할당량

---

6. Why don't we put these boxes by the door?
   (A) The door remains open.
   (B) That's a good idea.
   (C) Actually, we can't open the box.

이 상자들을 문 옆에 두는 게 어때요?
(A) 문이 열린 채로 있어요.
(B) 좋은 생각입니다.
(C) 사실, 우리는 그 상자를 열 수 없어요.

해설 ▶ Why don't we ~?(= Let's ~.) 구문은 제안하는 문장으로 수락이나 거절의 이유가 나오는 답이 일반적이다.

어휘 ▶ put vt. ~을 두다[놓다] remain vi. (~한 상태를) 유지하다

---

7. Where can I find a rack I can hang my jacket on?
   (A) No, it will be too cold.
   (B) Turn the volume down.
   (C) Next to the sofa in the living room.

제 재킷을 걸 만한 옷걸이가 어디에 있나요?
(A) 아니요, 너무 추울 거예요.
(B) 볼륨을 낮춰 주세요.
(C) 거실 소파 옆에 있어요.

해설 ▶ Where can I find ~?로 특정 장소를 묻고 있다. 공간 전치사 'next to + n'(~ 옆에)를 사용해서 답하는 (C)가 정답이다.

어휘 ▶ find vt. ~을 발견하다 rack n. 옷걸이, 선반 hang vt. ~을 걸다 turn down (볼륨 등을) 줄이다 living room 거실

---

8. How about renovating the west wing of the building?
   (A) Of course, I'm leaving soon.
   (B) That's a good plan.
   (C) At the building downtown.

건물 서쪽 별관을 새롭게 수리하는 것이 어떨까요?
(A) 물론, 저도 곧 출발합니다.
(B) 좋은 계획이에요.
(C) 시내에 있는 건물에서요.

해설 ▶ How about -ing? 구문을 이용해 상대방의 의견을 묻는 질문으로 (B) 유형의 정답이 자주 출제된다.

어휘 ▶ renovate vt. ~을 수리[보수]하다 west wing 서쪽 별관 leave vi. 떠나다

9. Where did you purchase this faulty product?

    (A) Make a purchase now.

    (B) At a shop next to the movie theater.

    (C) A few days ago.

이 불량품을 어디서 구매했어요?
(A) 지금 구매하세요.
(B) 극장 옆에 있는 상점에서요.
(C) 며칠 전에요.

해설 ▶ where를 이용해 제품을 구매한 장소 정보를 묻는 문제로, (A)처럼 문제에 등장했던 특정 낱말을 중복 사용하는 경우는 대부분 중복음 함정이다. 장소 부사구로 답하는 (B)가 정답이다.

어휘 ▶ purchase vt. ~을 구매하다 n. 구매 faulty a. 고장의, 불량의 movie theater 극장

---

10. When did you complete the packaging design?

    (A) Late last month.

    (B) Yes, it's a new style.

    (C) The designer you recommended.

당신은 언제 포장 디자인을 완성했나요?
(A) 지난달 말에요.
(B) 네, 이것은 새로운 스타일입니다.
(C) 당신이 추천했던 디자이너요.

해설 ▶ 의문사 when 다음에 did가 나왔다면 과거 시간을 나타내는 부사가 사용된 (A)가 정답이다. (C)에는 design/designer의 유사 발음 함정이 사용되었다.

어휘 ▶ complete vt. ~을 완성하다 packaging design 포장 디자인 recommend vt. ~을 추천하다

---

11. How can I contact you from now on?

    (A) I will give you my business card.

    (B) Anytime is okay with me.

    (C) Yesterday afternoon.

제가 지금부터 당신에게 어떻게 연락하죠?
(A) 제 명함을 드리겠습니다.
(B) 저는 아무 때나 좋습니다.
(C) 어제 오후에요.

해설 ▶ how를 이용해 연락 방법을 묻고 있다. (A)는 명함에 나온 전화나 이메일 등으로 연락을 하라는 우회적인 정답이다.

어휘 ▶ contact vt. ~에게 연락하다 from now on 지금부터 business card 명함

---

12. When will the next flight to London depart?

    (A) You have to wait two more hours.

    (B) Prices are too high in London.

    (C) Just a few days ago.

다음 런던행 비행기는 언제 출발합니까?
(A) 2시간은 더 기다려야 해요.
(B) 런던의 물가는 너무 높아요.
(C) 며칠 전에요.

해설 ▶ when 다음에 이어지는 조동사 will을 참조해 미래 시간을 정답으로 선택한다. 질문에 나온 London을 사용한 (B)는 함정이며, 두 시간을 더 기다려야 한다는 (A)가 정답이다. (C)는 시제가 맞지 않으므로 오답이다.

어휘 ▶ flight n. (정기) 항공편 depart vi. 출발하다[떠나다] wait vi. 기다리다 price n. 가격, 물가 high a. 높은

---

13. Where is the nearest parking lot around here?

    (A) My office is on the second floor.

    (B) Try the empty space behind the building.

    (C) 10 dollars per hour.

이 부근에 가장 가까운 주차장은 어디에 있습니까?
(A) 제 사무실은 2층에 있어요.
(B) 건물 뒤편의 공터를 이용하세요.
(C) 시간당 10달러요.

해설 ▶ where를 이용해 가까운 주차장을 묻는 질문이다. (A)는 장소이지만 주차할 수 있는 장소가 아니고, (C)는 가격에 대한 답변이다. (B)처럼 '~하세요'와 같은 명령문 보기도 빈출 정답 유형 중 하나이다.

어휘 ▶ nearest a. 가장 가까운 parking lot 주차장 floor n. (건물 등의) 층 empty space 공터

---

14. When are you going to examine the sample items?

    (A) Not until Wednesday at the earliest.

    (B) Yes, it took place last week.

    (C) I have various samples.

당신은 샘플 품목을 언제 검사할 예정인가요?
(A) 빨라야 수요일에요.
(B) 네, 그 일은 지난주에 일어났어요.
(C) 저는 다양한 견본품을 가지고 있습니다.

해설 ▶ 의문사 when 다음에 미래 시제인 'are going to + v'가 이어지므로 유일하게 미래 시간 부사구를 사용한 (A)가 정답이다. (C)는 sample을 쓴 중복음 함정이다.

어휘 ▶ be going to ~할 예정이다 examine vt. ~을 검사하다 sample item 샘플 품목 at the earliest 빨라도, 일러도 take place 일어나다, 발생하다 various a. 다양한

---

15. Why did you leave the meeting early this morning?

    (A) I had to lead another one.

    (B) Here's the final report.

    (C) Because she already took care of it.

당신은 오늘 아침 왜 일찍 회의장을 떠났습니까?
(A) 다른 회의를 주관해야 했습니다.
(B) 여기 최종 보고서가 있습니다.
(C) 그녀가 그것을 이미 마무리했거든요.

해설 ▶ why로 물어본 질문에 대해 (C)처럼 because가 사용되면 함정일 가능성이 크다. 일찍 자리를 뜬 이유를 물었으므로 다른 회의를 주관해야 했다고 이유를 말하는 (A)가 정답이다.

어휘 ▶ leave vt. ~을 떠나다 meeting n. 회의 lead vt. ~을 주관하다 take care of ~을 돌보다[처리하다]

1. Q. When can I get a cost estimate from the contractor?
A. Sometime next week.

2. Q. How often should your car be checked?
A. Once every two years.

3. Q. Why is Mr. Gomez quitting his job?
A. He plans to start his own company.

4. Q. Where can I purchase printer toner?
A. Ask someone in the purchasing office.

5. Q. When are you coming back from your business trip?
A. As soon as I finish my assignments.

6. Q. Why don't we put these boxes by the door?
A. That's a good idea.

7. Q. Where can I find a rack I can hang my jacket on?
A. Next to the sofa in the living room.

8. Q. How about renovating the west wing of the building?
A. That's a good plan.

9. Q. Where did you purchase this faulty product?
A. At a shop next to the movie theater.

10. Q. When did you complete the packaging design?
A. Late last month.

11. Q. How can I contact you from now on?
A. I will give you my business card.

12. Q. When will the next flight to London depart?
A. You have to wait two more hours.

13. Q. Where is the nearest parking lot around here?
A. Try the empty space behind the building.

14. Q. When are you going to examine the sample items?
A. Not until Wednesday at the earliest.

15. Q. Why did you leave the meeting early this morning?
A. I had to lead another one.

CHAPTER **06** 실전 예상 문제

1. (A)	2. (C)	3. (C)	4. (C)	5. (A)	6. (B)
7. (B)	8. (B)	9. (A)	10. (C)	11. (A)	12. (A)
13. (B)	14. (C)	15. (B)			

1. You're not going to be in the office this Thursday, are you?
(A) No, I'll be on leave for vacation that day.
(B) I heard it was Friday.
(C) Thursday is my busiest day of the week.

당신은 이번 주 목요일에 사무실에 있을 거죠, 그렇지요?
(A) 아니요, 저는 그날 휴가를 떠납니다.
(B) 저는 금요일이었다고 들었어요.
(C) 제게는 목요일이 주중 가장 바쁜 날입니다.

해설 ▶ 부정부사 not은 없다고 생각하고 사무실에 있으면(be동사) yes를, 아니면 no를 선택하는 문제로 (B), (C)의 Friday와 Thursday 등 요일을 쓴 보기는 각각 연상 단어와 중복음을 이용한 함정 보기이다.

어휘 ▶ on leave 휴가 중인, 떠나 있는 busy a. 바쁜

2. Haven't you already turned in your certificates?
(A) She didn't turn in the files.
(B) I'll return to work tomorrow.
(C) Yes, I already sent them.

당신은 이미 증명서를 제출하셨지요?
(A) 그녀는 서류를 제출하지 않았어요.
(B) 저는 내일 직장으로 돌아가요.
(C) 네, 이미 증명서를 그들에게 보냈습니다.

해설 ▶ 동사 turned in(제출했다)에 초점을 맞춰 Yes/No를 결정하면 된다. (A), (B)의 turn in과 return은 각각 중복음, 유사 발음 등을 이용한 함정이다.

어휘 ▶ turn in ~을 제출하다 certificate n. 자격증, 증서 file n. 서류
return vi. 돌아가다 send vt. ~을 보내다

3. You are going to launch your new product in June, aren't you?
(A) No, she's not coming.
(B) I usually have lunch at noon.
(C) Yes, that's our plan.

당신은 6월에 신제품을 출시하죠, 그렇지요?
(A) 아니요, 그녀는 오지 않을 거예요.
(B) 저는 보통 정오에 점심을 먹어요.
(C) 네, 그것이 우리의 계획입니다.

해설 ▶ 동사 launch에 초점을 맞추어 Yes/No로 답한다. (B)의 lunch는 질문의 launch와 발음이 유사한 함정이다.

어휘 ▶ launch vt. ~을 출시하다 June 6월 have lunch 점심을 먹다 at noon 정오에

4. Our branch offices have been opened in Hong Kong, haven't they?
(A) I've been to Hong Kong several times.
(B) I like the office, too.
(C) No, the plan has been postponed.

홍콩에 우리 지사가 개점을 했어요, 그렇지요?
(A) 저는 홍콩에 몇 차례 다녀왔어요.
(B) 저도 그 사무실이 좋아요.
(C) 아니요, 그 계획은 연기되었어요.

해설 ▶ be동사의 보어 opened에 초점을 맞춰 Yes/No로 답한다. (A) Hong Kong, (B) office 등은 질문의 어휘를 사용한 함정이다.

어휘 ▶ branch office 지점 open vt. ~을 열다 several times 몇 차례 postpone vt. ~을 연기하다

5. Should I copy these papers for the meeting now?
(A) I will review them first.
(B) Yes, just fill out this paper.
(C) Refreshments for the meeting.

회의에 필요한 이 서류들을 지금 복사해야 하나요?
(A) 우선 제가 서류를 검토해 볼게요.
(B) 네, 이 서류만 작성해 주세요.
(C) 회의를 위한 다과요.

해설 ▶ 동사 copy에 초점을 맞춰 응답해야 하지만, Yes/No 없이 응답한 경우다. (B)의 paper, (C)의 for the meeting 등은 중복음을 이용한 함정이다.

어휘 ▶ copy vt. ~을 복사하다 paper n. 서류, 종이 review vt. ~을 검토하다 fill out ~을 작성하다 refreshments n. 다과

6. Haven't you heard the workshop was delayed?
(A) As soon as possible.
(B) Yes, it'll be held in a couple of days.
(C) I can see you at the workshop.

그 워크숍이 연기되었다는 말을 들었나요?
(A) 가능한 한 빨리요.
(B) 네, 며칠 뒤에 열릴 거예요.
(C) 저는 당신을 워크숍에서 볼 수 있습니다.

해설 ▶ 동사 heard에 초점을 맞춰 Yes/No로 답한다. (C)의 workshop은 중복음 함정이다.

어휘 ▶ hear vt. ~을 듣다 workshop n. 워크숍, 연수회 delay vt. ~을 연기하다 a couple of 두서너 개의

7. Have you been to the laboratory yet?
(A) Yes, she's working in the laboratory.
(B) I'll be there in a minute.
(C) It's near the sports complex.

당신은 벌써 실험실에 다녀오셨나요?
(A) 네, 그녀는 실험실에서 일하고 있어요.
(B) 잠시 뒤에 갈 거예요.
(C) 스포츠 단지 부근에 있어요.

해설 ▶ 동사 been에 초점을 맞춰 Yes/No로 답하거나 Yes/No 없이 질문의 요지에 알맞은 내용으로 답한다. (A) laboratory는 중복음 함정이다.

어휘 ▶ laboratory n. 실험실 sports complex 스포츠 단지 near prep. ~ 근처에

8. Do you want me to help you fill out the form?
(A) Sign on the line here.
(B) No, it's very straightforward.
(C) How can I help you?

양식을 작성할 수 있도록 제가 도와 드릴까요?
(A) 여기 선 위에 서명해 주세요.
(B) 아니에요, 양식이 간단합니다.
(C) 무엇을 도와 드릴까요?

해설 ▶ 동사 want에 초점을 맞춰 Yes/No로 답한다. (A)와 (C)는 도움을 받는 입장에서 답하는 표현이 아니므로 정답은 (B)이다.

어휘 ▶ fill out ~을 작성하다 form n. (서류 등의) 양식 straightforward a. 간단한, 솔직한

9. Are there any messages for me?
(A) Let me check that for you.
(B) By e-mail.
(C) While you were out for lunch.

제게 온 소식이 있나요?
(A) 확인해 보겠습니다.
(B) 이메일로요.
(C) 당신이 점심 먹으러 나갔던 동안에요.

해설 ▶ be동사 are에 초점을 맞춰 Yes/No로 답한다. (A)는 회피성 답변으로 만능 정답이다. (B) e-mail은 message의 연상 단어 함정이다.

어휘 ▶ message n. 전갈, 소식 check vt. ~을 확인하다

10. This new desk looks nice, doesn't it?

(A) At the furniture shop near our office.

(B) Yes, leave the document on the table.

(C) I think the former one was better.

이 새 책상은 멋져 보여요, 그렇지요?
(A) 우리 사무실 근처에 있는 가구점에서요.
(B) 네, 탁자 위에 서류를 두세요.
(C) 제 생각에는 이전 것이 더 나았어요.

해설 ▶ 형용사 보어 nice에 초점을 맞춰 Yes/No로 답한다. (A)의 furniture와 (B)의 on the table은 연상 단어 함정이다.

어휘 ▶ look vi. ~처럼 보이다 furniture shop 가구점 leave vt. ~을 두다[놓다] document n. 서류 former a. 이전의

11. Are you attending the reception this afternoon?

(A) No, I have a lot of things to do.

(B) Yes, she'll be there.

(C) I think at the reception.

당신은 오늘 오후에 환영식에 참석하시나요?
(A) 아니요, 할 일이 많아요.
(B) 네, 그녀는 거기에 갈 거예요.
(C) 제 생각에는 환영식에서요.

해설 ▶ 동사 attending에 초점을 맞춰 Yes/No로 답한다. (B)는 인칭대명사 오류이고, (C)의 reception은 중복음 함정이다.

어휘 ▶ attend vt. ~에 참가하다 reception n. 환영식

12. Will Mr. Ward be able to take part in the convention next week?

(A) Yes, he is supposed to go there.

(B) No, I won't be there so soon.

(C) I heard it's next week.

Ward 씨는 다음 주에 열리는 회의에 참가할 수 있나요?
(A) 네, 그는 거기에 가기로 예정되어 있어요.
(B) 아니요, 저는 그렇게 빨리 그곳에 갈 수 없어요.
(C) 저는 그것이 다음 주라고 들었습니다.

해설 ▶ 동사 take part in(~에 참가하다)에 초점을 맞춰 Yes/No로 답한다. (B)는 인칭대명사 오류이고, (C)의 next week은 중복음 함정이다.

어휘 ▶ take part in ~에 참가하다 convention n. 회의 be supposed to ~하기로 예정되다

13. This computer isn't working again, is it?

(A) No, she is working again.

(B) A service engineer is coming.

(C) I can't afford the rent.

이 컴퓨터는 작동이 또 안 되는 거죠, 그렇지요?
(A) 아니요, 그녀는 다시 일하고 있어요.
(B) 수리공이 올 거예요.
(C) 저는 집세를 낼 형편이 안 돼요.

해설 ▶ 동사 working에 초점을 맞춰 Yes/No로 답한다. (A)는 인칭대명사 오류와 중복음 함정이고, (C)는 질문 내용과 관련 없는 답변이다.

어휘 ▶ work vi. 일하다[작동하다] service engineer 수리공 afford vt. ~할 여유가 있다 rent n. 임대(료)

14. Doesn't the restaurant offer coffee with the deserts?

(A) Cheesecake is my favorite.

(B) May I have the bill?

(C) You need to order it separately.

그 식당은 후식과 함께 커피를 제공하지요?
(A) 치즈케이크는 제가 가장 좋아하는 것입니다.
(B) 계산서를 주시겠습니까?
(C) 커피는 별도로 주문해야 합니다.

해설 ▶ 동사 offer에 초점을 맞춰 Yes/No로 답한다. (A)의 Cheesecake은 deserts의 연상 단어 함정이다.

어휘 ▶ restaurant n. 식당 desert n. 후식 favorite n. 가장 좋아하는 것 bill n. 계산서 separately adv. 별도로

15. Does anyone have time to help me restock the supply closet?

(A) Please send it by tomorrow.

(B) Carla just finished her break.

(C) You need to make a reservation.

비품장에 비품을 다시 채워 넣는 일을 도울 시간이 있는 사람 있나요?
(A) 내일까지 그것을 보내 주세요.
(B) Carla가 막 휴식 시간이 끝났어요.
(C) 당신은 예약을 하셔야 합니다.

해설 ▶ 동사 have에 초점을 맞춰 Yes/No로 답한다. 정답은 (B)로 'Carla가 휴식을 마치고 사무실로 돌아왔으니 그녀에게 부탁하라'는 의미이다.

어휘 ▶ restock vt. ~을 보충해 넣다 supply closet 비품장 make a reservation 예약하다

1. Q. You're not going to be in the office this Thursday, are you?

A. No, I'll be on leave for vacation that day.

2. Q. Haven't you already turned in your certificates?

A. Yes, I already sent them.

3. Q. You are going to launch your new product in June, aren't you?

A. Yes, that's our plan.

4. Q. Our branch offices have been opened in Hong Kong, haven't they?

A. No, the plan has been postponed.

5. Q. Should I copy these papers for the meeting now?

A. I will review them first.

6. Q. Haven't you heard the workshop was delayed?

A. Yes, it'll be held in a couple of days.

7. Q. Have you been to the laboratory yet?

A. I'll be there in a minute.

8. Q. Do you want me to help you fill out the form?

A. No, it's very straightforward.

9. Q. Are there any messages for me?

A. Let me check that for you.

10. Q. This new desk looks nice, doesn't it?

A. I think the former one was better.

11. Q. Are you attending the reception this afternoon?

A. No, I have a lot of things to do.

12. Q. Will Mr. Ward be able to take part in the convention next week?

A. Yes, he is supposed to go there.

13. Q. This computer isn't working again, is it?

A. A service engineer is coming.

14. Q. Doesn't the restaurant offer coffee with the deserts?

A. You need to order it separately.

15. Q. Does anyone have time to help me restock the supply closet?

A. Carla just finished her break.

CHAPTER 07 실전 예상 문제

1. (A)	2. (B)	3. (B)	4. (B)	5. (C)	6. (A)
7. (C)	8. (B)	9. (A)	10. (B)	11. (A)	12. (C)
13. (B)	14. (C)	15. (A)			

1. Do you know when the regional director will visit our office?

(A) Not until next week.

(B) Yes, once a month.

(C) I think it will be his last visit.

당신은 지점장이 언제 우리 사무실을 방문하는지 아세요?

(A) 다음 주는 되어야 할 거예요.

(B) 네, 한 달에 한 번이요.

(C) 제 생각에는 이것이 그의 마지막 방문이 될 거예요.

해설 ▶ 간접의문문은 기본적으로 Yes/No로 답할 수 있지만, Yes/No 없이 의문사 when에 초점을 맞춰 시간 정보를 답으로 제시하는 경우가 더 자주 출제된다. 언제 방문할지 물었으므로 구체적인 때를 말한 (A)가 정답이다.

어휘 ▶ regional director 지점장 visit vt. ~을 방문하다 n. 방문

2. Are you ready to order now or sometime later?

(A) I like the steak well done.

(B) I'll call you after my partner comes.

(C) At the same restaurant.

주문을 지금 하시겠습니까 아니면 나중에 하시겠습니까?

(A) 저는 스테이크를 완전히 익혀 주세요.

(B) 동행이 오면 부를게요.

(C) 같은 식당에서요.

해설 ▶ 선택의문문으로 now 혹은 later 중 하나를 선택하는 문제이다. 답은 later(나중에)를 암시하는 (B)이다.

어휘 ▶ be ready to ~할 준비가 되다 order vt. ~을 주문하다 steak n. 스테이크 call vt. ~을 부르다, ~에게 전화하다

3. It looks like it's going to rain any minute now.

(A) Exactly 10 minutes.

(B) Did you check the weather report?

(C) Yes, we had much rain last month.

지금 당장이라도 비가 내릴 것 같아요.

(A) 딱 10분이요.

(B) 기상 예보를 확인해 보셨나요?

(C) 네, 지난달에 비가 많이 내렸어요.

해설 ▶ 평서문 문제로 적절한 호응 표현을 찾아야 한다. 평서문 문제에 (B)처럼 역질문을 하는 형태의 보기는 대부분 정답이다.

어휘 ▶ any minute now 지금 당장이라도 weather report 기상 예보

4. Do you know why the original plan was changed?

(A) Yes, we changed it a lot.

(B) Due to an unexpected lack of funds.

(C) He changed the plans.

당신은 왜 원래의 계획이 변경되었는지 아세요?

(A) 네, 우리는 그것을 대폭 수정했어요.

(B) 예상치 못했던 자금 부족 때문에요.

(C) 그가 그 계획을 변경했습니다.

해설 의문사 why에 초점을 맞춰 '∼ 때문에'라고 답하는 (B)가 정답이다. (A)와 (C)는 changed를 이용한 중복음 함정이다.

어휘 original plan 원래 계획 change vt. ∼을 바꾸다[변경하다] unexpected a. 예상치 못한 lack n. 부족, 결핍 fund n. 자금

5. Should the office supplies be ordered today, or is tomorrow okay?

(A) At an office supply store.

(B) Yes, talk to him tomorrow.

(C) We still have some.

사무용품을 오늘 주문해야 하나요 아니면 내일 해도 될까요?

(A) 사무용품점에서요.

(B) 네, 내일 그에게 알려 주세요.

(C) 우리에게는 아직도 비품이 남아 있습니다.

해설 오늘과 내일 중 하나를 선택하는 의문문이므로 아직 비품이 남아 있다고 우회적으로 말하는 (C)가 정답이다. 선택의문문에는 (B)와 같은 Yes/No를 답으로 사용하지 않는 것이 원칙이다.

어휘 office supply 사무용품 order vt. ∼을 주문하다 store n. 상점 talk vi. 말하다 still adv. 여전히

6. Do you know which design was chosen for the new packaging?

(A) Yes, the one Mr. Whang came up with.

(B) Sorry, the design is incomplete.

(C) We'll use the new packaging soon.

새로운 포장재로 어떤 디자인이 선정되었는지 아시나요?

(A) 네, Whang 씨가 고안한 디자인이요.

(B) 죄송하지만, 그 디자인은 미완성이에요.

(C) 우리는 곧 새로운 포장재를 사용할 거예요.

해설 which design에 초점을 맞춰 the one으로 답하는 (A)가 정답이다. (B)와 (C)는 중복음 함정이다.

어휘 design n. 디자인 packaging n. 포장, 포장재 come up with (아이디어 등을) 떠올리다 incomplete a. 불완전한

7. Do you know who's going to take over Mr. Yang's position?

(A) Yes, he took me to the dinner.

(B) I know your position and role.

(C) It hasn't been decided yet.

당신은 Yang 씨의 후임이 누구인지 아시나요?

(A) 네, 그가 저를 만찬에 데려갔어요.

(B) 나는 당신의 지위와 역할을 알고 있어요.

(C) 아직 결정되지 않았어요.

해설 의문사 who에 초점을 맞춰 인명, 직책명 등이 정답으로 출제되기도 하지만 아직 결정되지 않아 '모른다'는 회피성 답변인 (C)는 어떤 유형의 질문에도 정답이 될 수 있다.

어휘 take over ∼을 인수하다[떠맡다] position n. 직책 decide vt. ∼을 결정하다

8. Do you know how to apply for the job?

(A) The job does not pay that well.

(B) They only accept online applications.

(C) The rule doesn't apply in this case.

당신은 그 일자리에 어떻게 지원하는지 아세요?

(A) 그 일은 보수가 좋지 않아요.

(B) 그들은 온라인 지원만 받아요.

(C) 그 규정은 이 경우에는 적용되지 않아요.

해설 의문사 how에 초점을 맞춰 접수 방법이 제시된 (B)가 정답이다. (A)에는 job이, (C)에는 apply가 중복음 함정이다.

어휘 apply for ∼에 지원하다, 신청하다 accept vt. ∼을 받다 online application 온라인 신청 apply vi. 적용되다, 들어맞다

9. Do you take a bus or drive to work?

(A) Neither, I use the subway.

(B) She can drive a car.

(C) Usually on Mondays.

당신은 직장에 버스를 타고 갑니까 아니면 운전을 해서 갑니까?

(A) 둘 다 아니에요, 저는 지하철을 이용합니다.

(B) 그녀는 운전을 할 수 있습니다.

(C) 보통은 월요일마다요.

해설 선택의문문에 either, neither, both로 시작되는 답변은 대부분 정답이다. either는 '둘 중 아무거나'라는 뜻이고 neither는 제시된 '두 개가 다 아니다'라는 뜻이다. both는 '둘 다 좋다'의 뜻이다.

어휘 take a bus 버스를 타다 subway n. 지하철 usually adv. 보통은, 통상적으로

10. I can't believe our proposal was rejected.

(A) He proposed various ideas.

(B) I'm also sorry to hear that.

(C) Just within a month.

우리 제안서가 거부당하다니 믿을 수가 없어요.

(A) 그는 다양한 아이디어를 제시했어요.

(B) 저도 그 소식을 듣게 되어 유감이에요.

(C) 딱 한 달 이내에요.

해설 제안서가 거부되었다는 소식이 유감이라고 동조하는 (B)가 가장 어울리는 정답이다. (A)는 proposal/proposed의 유사 발음을 이용한 함정이다.

어휘 believe vt. ∼을 믿다 proposal n. 안건, 제안서 reject vt. ∼을 거절하다[기각하다] various a. 다양한

11. I had a great time at the Bay Sands Resort during my vacation.

(A) I'm glad to hear that.

(B) How long will you be there?

(C) You'd better reserve a room in advance.

저는 휴가 동안 Bay Sands 리조트에서 즐거운 시간을 보냈어요.
(A) 그 말을 들으니 기쁘군요.
(B) 거기에 얼마나 오래 있을 거예요?
(C) 미리 방을 예약하는 게 좋아요.

해설 평서문에 대한 알맞은 호응 표현을 찾는 문제이다. 휴가를 즐겁게 보냈다는 말에 동조하며 답한 (A)가 정답이다. (B)는 시제 오류, (C)는 Resort/reserve의 연상 단어를 이용한 함정이다.

어휘 have a good time 즐거운 시간을 보내다 resort n. 유원지 glad a. 기쁜 in advance 미리

---

12. You need to organize the collected data before the staff meeting.

(A) It will be decided after the meeting.

(B) She didn't bring it on time.

(C) I'll do that now.

당신은 직원 회의 전에 수집된 자료를 정리해야 합니다.
(A) 그것은 회의 후에 결정될 거예요.
(B) 그녀는 그것을 제시간에 가져오지 못했어요.
(C) 지금 당장 그것을 하겠습니다.

해설 평서문 문제로 (A)에는 중복음 함정이, (B)에는 인칭대명사 오류가 있다. 특정 업무가 주어지자 '지금 바로 하겠다'고 답하는 (C)가 정답이다.

어휘 organize vt. ~을 정리하다 data n. 자료 decide vt. ~을 결정하다 bring vt. ~을 가져오다 on time 정시에, 시간에 맞게

---

13. I think there is a parking garage near the conference center.

(A) I have to attend the conference.

(B) Yes, it's just across the street.

(C) An emergency meeting was called.

회의장 근처에 주차장이 하나 있는 것 같아요.
(A) 저는 그 회의에 참석해야 합니다.
(B) 맞아요, 바로 길 건너편에 있어요.
(C) 비상 회의가 소집되었어요.

해설 평서문 문제로 (A)는 중복음을 이용한 함정이고 (C)는 meeting이라는 연상 단어를 이용한 함정 보기이다.

어휘 parking garage 주차장 attend vt. ~에 참가하다, 참석하다 across prep. ~ 건너편에 emergency meeting 비상 회의 call vt. ~을 소집하다, 부르다

---

14. Can you finish the work on time or do you need more time?

(A) Yes, at that time.

(B) You need more training.

(C) I can meet the deadline.

당신은 정시에 일을 마칠 수 있나요 아니면 시간이 좀 더 필요한가요?
(A) 네, 바로 그때예요.
(B) 당신은 훈련이 더 필요해요.
(C) 마감 시간에 맞출 수 있어요.

해설 선택의문문으로 시간에 맞추어 끝낼 수 있다고 답하는 (C)가 정답이다. 선택의문문에는 (A)처럼 Yes/No로 답할 수 없다.

어휘 training n. 교육, 훈련 meet the deadline 마감 시간에 맞추다

---

15. That's such a nice view.

(A) Yes, that's why I recommended this place.

(B) The reviews are not all negative.

(C) To enjoy the beautiful scenery.

정말 멋진 경치네요.
(A) 네, 그래서 제가 이곳을 추천한 거예요.
(B) 평가가 모두 부정적인 것은 아니에요.
(C) 아름다운 경치를 즐기기 위해서요.

해설 평서문 문제로 경치가 좋다는 말에 알맞은 호응 표현은 (A)이다. (B)는 유사 발음을 이용한 함정이고, (C)의 scenery는 질문의 view와 유사한 연상 단어 함정이다.

어휘 view n. 전망 recommend vt. ~을 추천하다 review n. 평가, 평 negative a. 부정적인 enjoy vt. ~을 즐기다, 감상하다 scenery n. 경치, 경관

1. Q. Do you know when the regional director will visit our office?

A. Not until next week.

2. Q. Are you ready to order now or sometime later?

A. I'll call you after my partner comes.

3. Q. It looks like it's going to rain any minute now.

A. Did you check the weather report?

4. Q. Do you know why the original plan was changed?

A. Due to an unexpected lack of funds.

5. Q. Should the office supplies be ordered today, or is tomorrow okay?
   A. We still have some.

6. Q. Do you know which design was chosen for the new packaging?
   A. Yes, the one Mr. Whang came up with.

7. Q. Do you know who's going to take over Mr. Yang's position?
   A. It hasn't been decided yet.

8. Q. Do you know how to apply for the job?
   A. They only accept online applications.

9. Q. Do you take a bus or drive to work?
   A. Neither, I use the subway.

10. Q. I can't believe our proposal was rejected.
    A. I'm also sorry to hear that.

11. Q. I had a great time at the Bay Sands Resort during my vacation.
    A. I'm glad to hear that.

12. Q. You need to organize the collected data before the staff meeting.
    A. I'll do that now.

13. Q. I think there is a parking garage near the conference center.
    A. Yes, it's just across the street.

14. Q. Can you finish the work on time or do you need more time?
    A. I can meet the deadline.

15. Q. That's such a nice view.
    A. Yes, that's why I recommended this place.

1. (B)	2. (B)	3. (A)	4. (A)	5. (C)	6. (A)
7. (C)	8. (A)	9. (A)	10. (A)	11. (A)	12. (B)
13. (A)	14. (B)	15. (C)			

1. Ms. Kate, there is a package for you.
   (A) It's good to see you.
   (B) Who's it from?
   (C) Yes, two packages please.

   Kate 씨, 소포가 왔어요.
   (A) 만나서 반가워요.
   (B) 누가 보낸 거예요?
   (C) 네, 두 상자 주세요.

   해설 ▶ 평서문에 대한 역질문 답변은 대부분 정답이다. (A)는 질문 내용과 관련이 없는 답이고, (C)는 중복음을 이용한 함정이다.

   어휘 ▶ package n. 소포 see vt. ~을 보다

2. How much money does our company donate to charitable works?
   (A) Yes, we donated a lot.
   (B) I'm not really sure.
   (C) He also donated much money.

   우리 회사는 자선활동에 얼마를 기부하나요?
   (A) 네, 우리는 기부를 많이 했어요.
   (B) 저도 잘 모르겠어요.
   (C) 그도 많은 돈을 기부했어요.

   해설 ▶ 어떤 유형의 질문에도 회피성 답변은 정답이 될 수 있다. (A)와 (C)는 중복음을 이용한 함정이다.

   어휘 ▶ donate vt. ~을 기부하다 charitable work 자선사업, 자선활동 also adv. 또한, 역시

3. Do you know who's going to replace Ms. Sidney?
   (A) It hasn't been decided yet.
   (B) She's also going there.
   (C) Of course, she is qualified for it.

   Sidney 씨 후임은 누구인지 아세요?
   (A) 아직 결정되지 않았어요.
   (B) 그녀도 거기에 갈 겁니다.
   (C) 물론, 그녀는 그 직책에 적격입니다.

   해설 ▶ (A)도 '모른다'라는 의미의 회피성 답변 중 하나로 자주 출제되는 정답 중 하나이다.

   어휘 ▶ replace vt. ~을 대신하다[대체하다] decide vt. ~을 결정하다 yet adv. 아직, 이미 be qualification for ~에 적임이다

4. What should we do to prepare for the general meeting?

(A) **Why don't you ask your supervisor?**

(B) It's a general meeting of stockholders.

(C) He is already prepared for it.

총회를 준비하기 위해 우리는 무엇을 해야 하죠?
(A) 당신의 상사에게 물어보는 게 어때요?
(B) 이것은 주주총회입니다.
(C) 그는 이미 준비가 되어 있어요.

해설 (A)는 '왜 물어보지 않니?'라는 뜻의 의문문과 '한번 물어보는 게 어때?'라는 뜻의 청유의문문으로 사용할 수 있는 표현이다.

어휘 prepare for ~을 준비하다 general meeting 총회 supervisor n. 상사, 감독관, 관리자 stockholder n. 주주

5. How about playing a round of golf this Saturday?

(A) She's coming tomorrow.

(B) They are playing tennis instead.

(C) **That sounds good.**

이번 주 토요일에 골프 한 게임 어때요?
(A) 그녀는 내일 옵니다.
(B) 대신 그들은 테니스를 치고 있어요.
(C) 좋아요.

해설 '~하는 거 어때요?'라는 뜻의 청유의문문에 대해 '좋다'와 같은 긍정형 답변 보기는 대부분 정답이다.

어휘 How about -ing? ~하는 거 어때요? play golf 골프를 치다

6. I heard we'll close some of our outlets.

(A) **In fact, personnel restructuring is also inevitable.**

(B) Yes, it's very close.

(C) We also close at 10.

우리 매장 중 몇 군데가 문을 닫는다는 소식을 들었어요.
(A) 사실, 인력 구조조정 또한 불가피합니다.
(B) 네, 그곳은 매우 가깝습니다.
(C) 우리도 10시에 문을 닫습니다.

해설 '사실은 ~'이라는 의미의 in fact, actually로 시작하는 보기는 대부분 정답이다.

어휘 close vt. ~을 폐쇄하다 a. 가까운 outlet n. 매장 personnel restructuring 직원 구조조정 inevitable a. 불가피한

7. How about trying some sushi for dinner?

(A) I tried but I failed this time again.

(B) Dinner was not bad.

(C) **That's a good idea.**

저녁 식사로 초밥 어때요?
(A) 노력해 보았지만 이번에도 실패했어요.
(B) 저녁 식사는 나쁘지 않았어요.
(C) 그거 좋은 생각이에요.

해설 청유의문문에는 대부분 긍정형 보기가 정답이다.

어휘 try vt. ~을 먹어 보다 sushi n. 초밥 dinner n. 식사, 정찬 fail vi. 실패하다

8. Did you check the damage from the accident?

(A) **Actually, it was worse than expected.**

(B) We had a car accident.

(C) To cover the damage.

그 사고의 피해를 확인해 보셨나요?
(A) 사실, 생각보다 심각했습니다.
(B) 우리는 교통사고를 당했어요.
(C) 손해를 보상하려고요.

해설 일반의문문에는 actually로 시작되는 우회적인 응답이 대부분 정답이다.

어휘 check vt. ~을 확인하다 damage n. 손상, 손해 accident n. 사고 worse a. (bad의 비교급) 더 나쁜, 더 심각한

9. I recommend you buy the tickets in advance.

(A) **Is it less expensive to buy them earlier?**

(B) Thank you for the ticket.

(C) I think at the box office.

표를 예매하실 것을 권해 드립니다.
(A) 표를 미리 구매하면 덜 비싼가요?
(B) 표 고마워요.
(C) 제 생각에는 매표소에서요.

해설 평서문에 대한 역질문 보기는 대부분 정답이다. (B)는 중복음 함정, (C)는 연상 단어 함정이다.

어휘 recommend vt. ~을 추천하다 in advance 미리 expensive a. 비싼 box office 매표소

10. This is the watch you ordered.

(A) **How much does it cost?**

(B) Yes, it's out of order.

(C) You need to wake up early in the morning.

이것이 당신이 주문한 시계입니다.
(A) 얼마입니까?
(B) 네, 그것은 고장 났어요.
(C) 당신은 아침 일찍 일어나야 해요.

해설 (A)는 평서문 질문에 대한 역질문 정답이고 (B)는 유사 발음 함정이다.

어휘 watch n. 시계 order vt. ~을 주문하다 cost vt. (비용 등이) 들다 out of order 고장 난 wake up (잠에서) 깨다, 일어나다

11. Did the manager approve of the advertising plan?

(A) **Ask Phillip, the person in charge.**

(B) Yes, he's a manager.

(C) In the advertising department.

매니저는 그 광고 계획을 승인했나요?
(A) 담당자인 Phillip에게 물어보세요.
(B) 네, 그는 매니저입니다.
(C) 광고부에서요.

해설 (A)는 자신은 모르니 '~에게 물어보라'는 명령문 답변으로, 이러한 유형이 정답으로 자주 출제된다. (B)와 (C)는 중복음이 사용된 함정이다.

어휘 approve of ~을 승인하다 advertising plan 광고 계획 in charge 담당인

12. Who is the employee of the month?

(A) I heard this month only.

(B) It hasn't been announced yet.

(C) Ms. Torres is leaving next month.

이달의 최우수 사원은 누구입니까?
(A) 이번 달에 한해서라고 들었습니다.
(B) 아직 발표되지 않았습니다.
(C) Torres 씨는 다음 달에 떠납니다.

해설 (B)는 '발표되지 않아 아직 모른다'는 의미의 회피성 답변으로 빈출 정답 유형 중 하나이다. (A)와 (C)는 중복음 함정이다.

어휘 employee of the month 이달의 사원 announce vt. ~을 발표하다 leave vi. 떠나다

13. Can you finish the budget plan as soon as possible?

(A) When's the deadline?

(B) We're suffering from lack of budget.

(C) He will help me if possible.

가능한 한 빨리 예산안을 마무리해 주실 수 있나요?
(A) 마감일이 언제죠?
(B) 우리는 예산 부족에 시달리고 있어요.
(C) 가능하다면 그는 저를 도울 것입니다.

해설 (A)는 전형적인 역질문 정답이다. (B)와 (C)는 중복음 함정이다.

어휘 finish vt. ~을 끝내다 budget plan 예산안 deadline n. 마감일 suffer from ~으로 고생하다 lack n. 부족

14. Do the hotels around here always charge high costs?

(A) Only one hotel has rooms available.

(B) It depends on the season.

(C) It costs 800 dollars a night.

이 근처의 호텔은 항상 비싼 요금을 부과합니까?
(A) 한 호텔만이 빈 객실이 있어요.
(B) 시기에 따라 다릅니다.
(C) 1박에 800달러입니다.

해설 (B)는 '모른다'는 의미의 회피성 정답이다.

어휘 charge vt. ~을 부과하다 high cost 고비용 available a. 이용 가능한 depend on ~에 달려 있다, ~에 의지하다

15. Where can I buy some cosmetics?

(A) It will take some time.

(B) You'd better give it a try.

(C) Try the department store across the street.

어디에서 화장품을 살 수 있나요?
(A) 시간이 좀 걸릴 거예요.
(B) 한번 시도해 보세요.
(C) 도로 건너편에 있는 백화점에 가 보세요.

해설 (C)는 '~하세요'라는 의미의 명령문 답변으로 빈출 정답 유형이다.

어휘 buy vt. ~을 구매하다[사다] cosmetics n. 화장품 department store n. 백화점

CHAPTER **08** Dictation Drill

1. Q. Ms. Kate, there is a package for you.
A. Who's it from?

2. Q. How much money does our company donate to charitable works?
A. I'm not really sure.

3. Q. Do you know who's going to replace Ms. Sidney?
A. It hasn't been decided yet.

4. Q. What should we do to prepare for the general meeting?
A. Why don't you ask your supervisor?

5. Q. How about playing a round of golf this Saturday?
A. That sounds good.

6. Q. I heard we'll close some of our outlets.
A. In fact, personnel restructuring is also inevitable.

7. Q. How about trying some sushi for dinner?
A. That's a good idea.

8. Q. Did you check the damage from the accident?
A. Actually, it was worse than expected.

9. Q. I recommend you buy the tickets in advance.
   A. Is it less expensive to buy them earlier?

10. Q. This is the watch you ordered.
    A. How much does it cost?

11. Q. Did the manager approve of the advertising plan?
    A. Ask Phillip, the person in charge.

12. Q. Who is the employee of the month?
    A. It hasn't been announced yet.

13. Q. Can you finish the budget plan as soon as possible?
    A. When's the deadline?

14. Q. Do the hotels around here always charge high costs?
    A. It depends on the season.

15. Q. Where can I buy some cosmetics?
    A. Try the department store across the street.

PART 3

CHAPTER **09** 실전 예상 문제

1. (D)	2. (A)	3. (C)	4. (B)	5. (C)	6. (A)
7. (C)	8. (D)	9. (D)	10. (A)	11. (B)	12. (A)

Questions 1-3 refer to the following conversation.

W: David, (1) **I heard you started your own consulting company.** How do you like your new work?

M: Good. I have to work longer hours but I think it's worth it. Well, business has really been brisk for the past few months, so (2) **I'm thinking about hiring some employees. Can you recommend someone for me?**

W: In fact, I have a friend with a degree in Consulting. She doesn't have much experience but she's very adaptable and learns fast.

M: Experience is important but not indispensable if she's aggressive and hardworking. (3) **Please let her know my e-mail address so she can send me her résumé.**

여: David, 컨설팅 회사를 창업했다는 이야기를 들었어요. 새 일은 어때요?
남: 좋습니다. 더 긴 시간을 일해야 하지만, 그만한 가치가 있다고 생각해요. 그리고 지난 몇 달 동안 정말 경기가 좋아서, 직원 몇 명을 채용할까 생각 중이에요. 누구 추천할 만한 사람이 있습니까?
여: 사실, 컨설팅 학위를 가진 친구가 있어요. 경력은 많지 않지만, 적응력이 빠르고 뭐든 빨리 배우는 편이에요.
남: 경력도 중요하지만 적극적이고 성실하기만 하다면 꼭 필요한 것은 아니에요. 그 친구가 저에게 이력서를 보낼 수 있도록 제 이메일 주소를 그녀에게 알려 주세요.

어휘 ▶ hear vt. ~을 듣다 be worth it 그만한 가치가 있다 brisk a. 호황의 hire vt. ~를 고용하다 recommend vt. ~을 추천하다 degree n. 학위 experience n. 경험, 경력 adaptable a. 적응력이 좋은 learn vt. ~을 배우다 indispensable a. 필수의 aggressive a. 적극적인 hardworking a. 성실한 send vt. ~을 보내다 résumé n. 이력서

1. What are the speakers talking about?
   (A) The man's new partner
   (B) The man's new address
   (C) The man's new supervisor
   (D) The man's new job

   화자들은 무엇에 대해 이야기하는가?
   (A) 남자의 새 협력자
   (B) 남자의 새 주소
   (C) 남자의 새 직장 상사
   (D) 남자의 새로운 일

해설 ▶ 주제는 보통 첫 번째 화자의 첫 번째 대사에 제시된다. (1) I heard you started your own consulting company.를 통해 대화의 주제가 남자가 새로 시작한 일이라는 것을 알 수 있다.

2. What's the man considering?
   (A) Employing new staff
   (B) Changing his jobs
   (C) Recommending his friend
   (D) Sending a résumé

   남자는 무엇을 고려하고 있는가?
   (A) 새 직원 채용하기
   (B) 자신의 직업 바꾸기
   (C) 자신의 친구 추천하기
   (D) 이력서 보내기

해설 ▶ 남자의 첫 번째 대사, (2) I'm thinking about hiring some employees. Can you recommend someone for me?를 통해 직원 채용을 고려 중이라는 사실을 알 수 있다.

---

3. What will the woman give her friend?

(A) The man's phone number

(B) The man's company address

(C) The man's e-mail address

(D) The man's financial statements

여자는 자신의 친구에게 무엇을 줄 것인가?

(A) 남자의 전화번호

(B) 남자의 회사 주소

(C) 남자의 이메일 주소

(D) 남자의 재무제표

해설 ▶ 남자의 마지막 대사 (3) Please let her know my e-mail address so she can send me her résumé.를 통해 여자가 자신의 친구에게 줄 것은 남자의 이메일 주소라는 것을 알 수 있다.

Questions 4-6 refer to the following conversation.

W: Andrew, I'd like to extend my stay to close the negotiations with Jeen Motors. But first, (4)I need to find a different place to stay. The cost of the hotel I'm staying is just too high and also the services are poor for the price.

M: Well, (5)most accommodations in this area charge higher rates during this time of the year because more tourists than usual come to the city to enjoy various spring festivals. Anyway, (6)I have a friend who's running an inn downtown. I'll call him to see if he has any rooms available.

W: Thank you. I hope I can stay for a few more days for less money with your help.

여: Andrew, Jeen Motors와 협상을 종결 짓기 위해 체류를 연장하고 싶어요. 하지만, 먼저 다른 숙소를 찾아야겠어요. 제가 묵고 있는 호텔의 숙박비가 너무 비싸고 가격에 비해 서비스도 형편없어요.

남: 네, 이 지역 대부분의 숙박 시설들은 연중 이맘때 평소보다 더 많은 관광객들이 다양한 봄 축제를 즐기기 위해 이 도시에 오기 때문에 더 높은 비용을 부과합니다. 아무튼, 시내에서 작은 호텔을 운영하는 친구가 한 명 있어요. 전화를 걸어 방이 있는지 알아볼게요.

여: 고마워요. 당신 도움으로 좀 더 저렴한 비용으로 며칠 더 머무를 수 있었으면 좋겠어요.

어휘 ▶ **extend** vt. ~을 연장하다 **negotiation** n. 협상 **accommodation** n. 숙박업소 **charge** vt. ~을 부과하다 **tourist** n. 관광객 **festival** n. 축제 **run** vt. ~을 운영하다 **inn** n. 작은 호텔, 여관 **available** a. 이용 가능한

---

4. What's the problem in the conversation?

(A) The rooms are unavailable.

(B) Hotel costs are too high.

(C) The delivery service is slow.

(D) The woman failed in business.

대화에서 문제는 무엇인가?

(A) 이용 가능한 객실이 없다.

(B) 호텔 객실료가 너무 비싸다.

(C) 배달 서비스가 느리다.

(D) 여자가 사업에 실패했다.

해설 ▶ 여자의 첫 번째 대사, (4) I need to find a different place to stay. The cost of the hotel I'm staying is just too high를 통해 비싼 숙박비가 문제임을 알 수 있다.

---

5. Why does the accommodation cost more than usual?

(A) It is the summer peak season.

(B) There are few accommodations in the city.

(C) More people visit the city around this time.

(D) Most events take place on the weekends.

왜 평소보다 숙박비가 더 많이 드는가?

(A) 지금은 여름 성수기이다.

(B) 도시에는 숙박업소가 거의 없다.

(C) 이맘때쯤 더 많은 사람들이 이 도시를 방문한다.

(D) 대부분의 행사가 주말에 열린다.

해설 ▶ 남자의 대사, (5) most accommodations in this area charge higher rates during this time of the year because more tourists than usual come to the city to enjoy various spring festivals를 참조할 때 호텔 비용이 더 높은 이유는 축제를 즐기기 위해 평소보다 더 많은 관광객들이 도시를 방문하기 때문이라는 것을 알 수 있다.

---

6. What will the man do later?

(A) Contact the owner of an inn downtown

(B) Cancel a business meeting

(C) Delay the immediate expansion

(D) Meet one of his friends

남자는 이후에 무엇을 할 것인가?

(A) 시내에 있는 호텔 주인에게 연락을 취한다.

(B) 업무 회의를 취소한다.

(C) 즉각적인 사업 확장을 미룬다.

(D) 자신의 친구들 중 한 명을 만난다.

해설 ▶ 남자의 대사, (6) I have a friend who's running an inn downtown. I'll call him to see if he has any rooms available. 을 볼 때 남자의 이후 행동은 호텔 주인인 친구에게 전화를 하는 것이다.

Questions 7-9 refer to the following conversation.

W: Exotica Imports, this is Sandra speaking. How may I help you?

M: Sandra, this is Pillay.

W: Oh, (7) I thought your flight to Amsterdam would have departed by now.

M: (7) It was supposed to take off two hours ago, but there was a delay due to mechanical reasons. Actually, that's why I'm calling. I was wondering if you could do me a favor.

W: Of course. What can I do for you?

M: (8) There is a printout of my hotel reservation on top of the stack of papers on my desk. Could you read me the telephone number for the hotel? (7) (8) I want to call them to let them know that I will be arriving after midnight.

W: (9) OK. I will put you on hold while I go to your desk. I'll be right back.

여: Exotica Imports의 Sandra입니다. 무엇을 도와 드릴까요?
남: Sandra, 저 Pillay입니다.
여: 아, 당신이 탄 암스테르담행 비행기가 지금쯤 출발했을 거라고 생각했어요.
남: 두 시간 전에 이륙할 예정이었는데, 기계적인 문제로 인해 지연되었어요. 사실 그것 때문에 전화를 드리는 거예요. 부탁 좀 하나 들어주세요.
여: 물론이죠. 무엇을 도와 드릴까요?
남: 제 책상 위 서류 더미 위에 호텔 예약 출력물이 있어요. 그 호텔의 전화번호를 읽어 주시겠어요? 호텔에 전화해서 제가 자정이 넘어 도착 예정이라고 알려 주려고요.
여: 알겠어요. 제가 당신의 책상에 다녀오는 동안 통화 대기 상태로 놓을게요. 금방 올게요.

어휘 import n. 수입, 수입품 depart vi. 출발하다 be supposed to ~하기로 예정되다 take off 이륙하다 delay n. 지연, 지체 mechanical a. 기계적인 favor n. 부탁, 호의 printout n. 출력물 stack n. 더미, 무더기 midnight n. 자정 put A on hold A를 통화 대기 상태로 두다

7. Where is Mr. Pillay calling from?

(A) Amsterdam

(B) The office

(C) The airport

(D) The airplane

Pillay 씨는 어디에서 전화를 걸고 있는가?
(A) 암스테르담
(B) 사무실
(C) 공항
(D) 비행기

해설 여자의 대사, (7) I thought your flight to Amsterdam would have departed by now.와 남자의 대사, (7) It was supposed to take off two hours ago, but there was a delay due to mechanical reasons, (7) I want to call them to let them

know that I will be arriving after midnight.을 참조할 때 비행기 지연으로 인해 아직 공항에 있다는 것을 알 수 있다.

8. What is the main purpose of the telephone call?

(A) To request his itinerary

(B) To announce a delay

(C) To ask for a ride

(D) To get a phone number

남자가 전화를 건 목적은 무엇인가?
(A) 자신의 여행 일정표를 요청하려고
(B) 지연을 알려 주려고
(C) 교통편을 요청하려고
(D) 전화번호를 받으려고

해설 남자의 대사, (8) There is a printout of my hotel reservation on top of the stack of papers on my desk. Could you read me the telephone number for the hotel? I want to call them to let them know that I will be arriving after midnight.을 통해 남자가 전화를 건 목적이 호텔의 전화번호를 알아내어 자신의 도착 일정을 알리려는 것임을 알 수 있다.

9. What will the woman likely do next?

(A) Meet the man at the airport

(B) Call the hotel

(C) Cancel the man's flight

(D) Go to the man's desk

여자는 다음에 무엇을 할 것인가?
(A) 공항에서 남자를 만난다.
(B) 호텔에 전화한다.
(C) 남자의 비행편을 취소한다.
(D) 남자의 책상으로 간다.

해설 여자의 대사, (9) OK. I will put you on hold while I go to your desk. I'll be right back.을 통해 여자가 남자의 책상에 다녀올 것이라는 것을 알 수 있다.

Questions 10-12 refer to the following conversation.

W: Hello, this is Wendy from the Security Department. (10) I want to take a training session on Information Technology to keep up with the latest trends. Can you send me the list of the courses by e-mail?

M: No problem. (11) And just to give you a tip, online classes will save your time if you are not able to attend the lectures during work hours.

W: (11) You're right. How can I register for the online class? Should I log on to a website myself or can you sign me up for a class?

M: (12) I'm sorry but all registration must be done in person. It may be troublesome, but please come to my office at your earliest convenience.

여: 안녕하세요. 저는 보안팀의 Wendy입니다. 최신 동향을 파악하고자 통신기술 교육을 신청하고 싶은데요. 강좌 목록을 제 이메일로 보내 주실 수 있으신지요?
남: 물론이죠. 한 가지 알려 드리면, 근무 시간 중에 강의를 들을 수 없다면 온라인 수업을 통해 시간을 절약할 수 있습니다.
여: 그렇군요. 온라인 수업은 어떻게 등록하나요? 제가 직접 웹사이트에 접속을 해야 하나요, 아니면 저를 강좌에 등록시켜 주시는 건가요?
남: 죄송합니다만, 모든 등록은 직접 해야 합니다. 번거로우시겠지만 편하실 때 제 사무실을 방문해 주세요.

어휘 ▶ security department 보안팀 training session 교육 information technology 정보통신 기술 keep up with ~을 따라잡다 trend n. 흐름, 유행 tip n. 정보 lecture n. 강연 register for ~에 등록하다 sign A up for A를 ~에 등록시키다 in person 직접 troublesome a. 번거로운 at one's earliest convenience ~가 편할 때

---

10. What are the speakers mainly talking about?

(A) **Training seminars**
(B) Information technology
(C) Security services
(D) Working hours

화자들은 주로 무엇에 대해 이야기하는가?
(A) 연수 세미나
(B) 정보통신 기술
(C) 보안 서비스
(D) 근무 시간

해설 ▶ 여자의 첫 대사, (10) I want to take a training session on Information Technology to keep up with the latest trends.를 통해 주제가 연수임을 알 수 있다.

---

11. Why does the woman say, "You're right"?

(A) To attend the latest course
(B) **To agree with the man's opinion**
(C) To acknowledge her fault
(D) To make an appointment

여자는 왜 "그렇군요"라고 말하는가?
(A) 최신 강좌를 듣기 위해
(B) 남자의 생각에 동의하기 위해
(C) 자신의 잘못을 인정하기 위해
(D) 약속을 하기 위해

해설 ▶ 남자의 대사, (11) And just to give you a tip, online classes will save your time if you are not able to attend the lectures during work hours.에 대한 답변이므로 남자의 말에 동의를 표하는 응답이다.

12. How can the woman register for a class?

(A) **By visiting an office personally**
(B) By logging on to a website
(C) By filling out a form
(D) By having the man do it

여자는 어떻게 수업을 신청할 수 있는가?
(A) 직접 사무실을 방문함으로써
(B) 웹사이트에 접속함으로써
(C) 신청서를 작성함으로써
(D) 남자가 그것을 하게 함으로써

해설 ▶ 남자의 마지막 대사, (12) I'm sorry but all registration must be done in person. It may be troublesome, but please come to my office at your earliest convenience.를 통해 남자의 사무실을 직접 방문해서 등록해야 한다는 것을 알 수 있다.

CHAPTER **09** Dictation Drill

Questions 1-3 refer to the following conversation.

W: David, I heard **you started** your own consulting company. How **do you like** your new work?
M: Good. I have to work **longer hours** but I think it's **worth it**. Well, business has really been brisk **for the past few** months, so I'm thinking about hiring **some employees**. Can you recommend someone for me?
W: In fact, I **have a friend with** a degree in Consulting. She doesn't have much experience but she's **very adaptable** and learns fast.
M: Experience is important but **not indispensable** if she's aggressive and **hardworking**. Please **let her know** my e-mail address so she can **send me her résumé**.

Questions 4-6 refer to the following conversation.

W: Andrew, I'**d like to** extend my stay to close the **negotiations with** Jeen Motors. But first, I need to find a different **place to stay**. The cost of the hotel **I'm staying** is just too high and also the services are poor **for the price**.
M: Well, most accommodations in this area **charge higher rates** during this time of the year because more tourists than usual **come to** the city to enjoy various spring festivals. Anyway, I have a friend **who's running** an inn downtown. I'll call him **to see** if he has any rooms available.
W: Thank you. **I hope** I can stay for a few more days **for less money** with your help.

CHAPTER **10** 실전 예상 문제

1. (B)	2. (A)	3. (D)	4. (C)	5. (C)	6. (B)
7. (C)	8. (B)	9. (B)	10. (C)	11. (B)	12. (C)

Questions 1-3 refer to the following conversation.

M: Excuse me. (1)**Could you direct me to the National Museum?** I've never been there before.

W: Just go straight two blocks from here and you can see 5th Avenue on your left. And then you'll see a tall white building next to an art gallery. That building is the National Museum.

M: That's very kind of you. (2)**How long does it take to get there?** (3)**I have a meeting with the museum officials.** The meeting is so important that I want to be there on time.

W: Don't worry. It will take only about 15 minutes.

남: 실례합니다. 국립박물관으로 가는 길을 좀 알려 주시겠습니까? 거기에 가 본 적이 없어서요.
여: 여기에서 두 블록을 곧장 가세요. 그러면 왼쪽으로 5번가가 보일 거예요. 그리고 미술관 옆에 큰 흰색 건물이 보여요. 그 건물이 국립박물관입니다.
남: 참 친절하시군요. 거기에 가는 데 시간이 얼마나 걸리죠? 저는 박물관 관계자들과 회의가 있어요. 중요한 회의라서 시간에 맞게 도착하고 싶군요.
여: 걱정하지 마세요. 15분 정도 밖에 안 걸려요.

어휘 ▶ direct vt. ~에게 길을 알려 주다 National Museum 국립박물관 art gallery 미술관 take vt. (시간 등이) 걸리다 official n. 관료, 관계자 important a. 중요한 on time 정시에

1. What place does the man want directions for?
   (A) A hotel
   (B) A museum
   (C) A convention center
   (D) An art gallery

   남자는 어디로 가고 싶어 하는가?
   (A) 호텔
   (B) 박물관
   (C) 컨벤션 센터
   (D) 미술관

   해설 ▶ 남자의 첫 대사, (1) Could you direct me to the National Museum?을 통해 가려는 곳이 박물관임을 알 수 있다.

2. What's the man asking about?
   (A) The time required to arrive
   (B) The exhibition theme
   (C) The shape of a building
   (D) A means of transportation

   남자는 무엇에 대해 묻고 있는가?
   (A) 도착까지 걸리는 시간
   (B) 전시 주제
   (C) 건물의 모양
   (D) 교통수단

   해설 ▶ 남자의 대사, (2) How long does it take to get there?를 통해 목적지까지 도착하는 데 걸리는 시간을 묻고 있다는 것을 알 수 있다.

3. What's the purpose of the man's visit?
   (A) He has a job interview.
   (B) He has to deliver some documents.
   (C) He has to lead a tour group.
   (D) He has a meeting.

   남자의 방문 목적은 무엇인가?
   (A) 취업 면접이 있다.
   (B) 서류를 전달해야 한다.
   (C) 관광 단체를 인솔해야 한다.
   (D) 회의가 있다.

   해설 ▶ 남자의 대사, (3) I have a meeting with the museum officials.를 통해 박물관 방문 목적이 회의 참석이라는 것을 알 수 있다.

Questions 4-6 refer to the following conversation.

W: (4)**Did any packages arrive for me while I was out of the office?**

M: Not that I'm aware of. Wouldn't it be dropped off at the reception desk as usual?

W: I already checked there, but there was nothing.

M: The delivery man usually comes around two. I wouldn't expect anything to come this late. (5)**What are you waiting for?**

W: (5)**A client said he sent me some samples yesterday** by NX Overnight Express.

M: (6)**Oh, in that case it may still come. Our usual delivery service comes in the early afternoon, but other delivery companies may arrive anytime up until six o'clock.**

W: (6)That's a relief. I really hope to receive the samples today.

여: 제가 사무실에 없는 동안 제 앞으로 도착한 소포가 있었나요?

남: 제가 알기로는 없어요. 소포는 보통 안내 데스크로 오지 않나요?

여: 거기도 확인해 보았는데 없었어요.

남: 배달원은 대개 2시 정도에 옵니다. 이렇게 늦은 시간에는 배송품이 오지 않을 거예요. 뭘 기다리고 계신데요?

여: 저의 고객 한 분이 어제 NX 특송으로 샘플 몇 개를 보냈다고 해서요.

남: 아, 그런 경우라면 지금 배송품이 오고 있을 수도 있어요. 우리가 받는 일반 배송 서비스는 이른 오후에 오지만, 다른 배송 회사들은 6시 전에는 언제든 도착할 수 있어요.

여: 다행이네요. 저는 그 샘플을 오늘 꼭 받았으면 해서요.

어휘 ▶ package n. 소포, 꾸러미 be aware of ~을 알다 drop off ~을 두다[놓다] reception desk 안내 데스크 expect vt. ~을 기대하다[예상하다] wait for ~을 기다리다 client n. 고객 overnight express 특송 relief n. 위안, 안도 receive vt. ~을 받다

---

4. Where does the conversation take place?

(A) At the reception desk

(B) At the post office

(C) At the office

(D) At the auditorium

대화가 이루어지는 장소는 어디인가?

(A) 안내 데스크에서

(B) 우체국에서

(C) 사무실에서

(D) 강당에서

해설 ▶ 여자의 대사, (4) Did any packages arrive for me while I was out of the office?를 볼 때 사무실을 비우고 나갔다가 다시 들어온 시점이라는 것을 알 수 있으므로 대화가 이루어지는 장소는 사무실이다.

---

5. What's the woman waiting for?

(A) Test results

(B) Meeting materials

(C) Sample items

(D) User reviews

여자는 무엇을 기다리고 있는가?

(A) 테스트 결과

(B) 회의 자료

(C) 견본품

(D) 사용자 후기

해설 ▶ 남자의 대사, (5) What are you waiting for?에 대한 여자의 답변인 (5) A client said he sent me some samples yesterday를 참조할 때 여자가 기다리는 것은 견본품임을 알 수 있다.

---

6. What does the woman mean when she says, "That's a relief"?

(A) She can reschedule a meeting.

(B) She can get the packages today.

(C) She can leave for the day early.

(D) She can keep track of her shipment.

여자의 "다행이네요"라는 말은 무엇을 의미하는가?

(A) 그녀는 회의 일정을 조정할 수 있다.

(B) 그녀는 오늘 소포를 받을 수 있다.

(C) 그녀는 일찍 퇴근할 수 있다.

(D) 그녀는 배송품을 추적할 수 있다.

해설 ▶ 남자의 대사, (6) Oh, in that case it may still come. Our usual delivery service comes in the early afternoon, but other delivery companies may arrive anytime up until six o'clock.에 대해 여자가 (6) That's a relief.라고 했으므로 6시 전, 즉 오늘 소포를 받을 수 있다는 뜻이다.

Questions 7-9 refer to the following conversation with three speakers.

M: Julia, I'd like to introduce Naomi Perez to you. [7]She is our new marketing intern.

W1: Welcome, Naomi. Nice to meet you.

W2: Nice to meet you, too.

M: [7]Naomi will meet the rest of the marketing team later today, but [8]I just wanted both of you to meet earlier because Naomi lives pretty close to you. You told me you were looking for someone to share rides with.

W1: Yes, right. Naomi, where do you live?

W2: You know the Riverside Hotel on 10th Street. I live just across from the hotel.

W1: That's really close to me. Would you like to carpool with me?

W2: Absolutely! Please give me your business card. [9]I'll call you later to discuss it further.

남: Julia, Naomi Perez를 소개해 드릴게요. 우리 마케팅 부서의 새 인턴이에요.

여1: 환영해요 Naomi. 만나서 반가워요.

여2: 저도 만나서 반갑습니다.

남: Naomi는 나중에 나머지 마케팅 팀원들을 만날 테지만, Naomi가 당신과 사는 곳이 가까워 두 사람을 미리 만나게 해주고 싶었어요. 자동차를 함께 탈 사람을 찾고 있다고 했었잖아요.

여1: 네, 맞아요. Naomi, 어디에 살고 있어요?

여2: 10번가에 있는 Riverside Hotel 아시죠? 그 호텔 바로 맞은편에 살아요.

여1: 저와 사는 곳이 정말 가깝네요. 저와 카풀하실래요?

여2: 좋지요! 명함 한 장 주세요. 제가 나중에 전화 드릴 테니 더 자세히 얘기해 봐요.

어휘 ▶ introduce A to B A를 B에게 소개하다 intern n. 인턴사원 pretty adv. 굉장히 close a. 가까운 look for ~을 찾다[구하다] share vt. ~을 공유하다 ride n. 탈것, 자동차 across from ~ 맞은편에 carpool vi. 카풀[승용차 함께 타기]을 하다 business card 명함 further adv. 상세히

7. Which department do the speakers work in?

(A) Sales

(B) Advertising

(C) Marketing

(D) Accounting

화자들은 어느 부서에서 일하는가?

(A) 영업부

(B) 광고부

(C) 마케팅부

(D) 회계부

해설 ▶ 남자의 첫 대사, (7) She is our new marketing intern.과 (7) Naomi will meet the rest of the marketing team later today를 볼 때 이들이 일하는 부서는 마케팅부임을 알 수 있다.

8. What does the man suggest the women do?

(A) Get exercise after work

(B) Drive to work together

(C) Share an office

(D) Organize a reception

남자는 여자들에게 무엇을 제안하는가?

(A) 퇴근 후에 운동을 하라고

(B) 함께 차를 타고 출근하라고

(C) 사무실을 함께 사용하라고

(D) 연회를 준비하라고

해설 ▶ 남자의 대사, (8) I just wanted both of you to meet earlier because Naomi lives pretty close to you. You told me you were looking for someone to share rides with.을 볼 때 카풀을 제안하고 있음을 알 수 있다.

9. What will the women do later?

(A) Print their business cards

(B) Make carpool plans

(C) Get together with the man

(D) Participate in an orientation session

여자들은 이후에 무엇을 할 것인가?

(A) 명함을 인쇄한다.

(B) 카풀 계획을 세운다.

(C) 남자와 함께 만난다.

(D) 오리엔테이션에 참석한다.

해설 ▶ 두 번째 여자의 대사, (9) I'll call you later to discuss it further. 를 참조할 때 이들이 이후 전화 통화를 통해 구체적인 카풀 계획을 논의할 것임을 알 수 있다.

Questions 10-12 refer to the following conversation and list.

M: Jenny, what would you like to do tonight?

W: I'm not sure. I had such a hard day preparing for a meeting tomorrow. I can't stay out too late. (10)(12)**I need to be home around ten so I can review my preparations one more time.**

M: Well, if you're not too tired, I was thinking about dinner and a movie. (11)**It sounds like you could use a few hours to unwind. Are you in the mood for Italian food?**

W: That sounds good! In fact, there's a new Italian restaurant called Bela Noche on Aspen Street. I would love to try it.

M: OK. And I have the listings of the movies playing tonight. (12)**I just have one request. No romance films.**

W: Deal. (12)**And I'm not into seeing a horror movie. I don't need the added stress.**

Movie	Screening Times
The Glass Heart (romance, 90 minutes)	7:55 P.M.
Terror on the Horizon (horror, 80 minutes)	8:00 P.M.
(12)*Elves Underground* (fantasy, 80 minutes)	8:10 P.M.
The Weatherman (comedy, 120 minutes)	9:50 P.M.

남: Jenny, 오늘 밤 뭘 할 거예요?

여: 모르겠어요. 내일 회의를 준비하느라 오늘 하루가 너무 힘들었어요. 늦게까지 시간을 내긴 어려워요. 10시경에 집에 도착해야 작업한 내용을 한 번 더 살펴볼 수 있을 듯해요.

남: 네, 너무 피곤하지 않으면 저녁 먹고 영화를 한 편 같이 볼까 했어요. 당신도 편히 쉴 수 있는 시간이 좀 필요하잖아요. 이탈리아 음식은 어떨까요?

여: 좋아요! 아, Aspen 가에 Bela Noche라는 새로 생긴 이탈리아 식당이 있어요. 거기에 가 보고 싶어요.

남: 네, 그리고 오늘 밤 상영 영화 목록이에요. 부탁이 하나 있어요. 로맨스 영화는 말고요.

여: 좋아요. 그리고 저는 공포 영화는 안 볼 거예요. 스트레스를 더 받고 싶지 않아요.

영화	상영 시간
〈유리 심장〉 (로맨스, 90분)	오후 7:55
〈테러 임박〉 (공포, 80분)	오후 8:00
〈비밀의 요정들〉 (판타지, 80분)	오후 8:10
〈기상 캐스터〉 (코미디, 120분)	오후 9:50

 prepare for ~을 준비하다 stay vi. 머무르다 review vt. ~을
검토하다 preparation n. 준비(물) unwind vi. 느긋이 쉬다
be in the mood for ~할 기분이 들다 call vt. ~을 …이라고
부르다 listing n. 목록 be into ~을 좋아하다 horror movie
공포 영화 stress n. 스트레스, 피로

10. Why does the woman have to go home early?

(A) She has to write a presentation.

(B) She is tired from working.

(C) She needs to go over some work.

(D) She has to go to work early.

여자는 왜 집에 일찍 가야 하는가?
(A) 그녀는 발표문을 써야 한다.
(B) 그녀는 일 때문에 피곤하다.
(C) 그녀는 작업 내용을 검토해야 한다.
(D) 그녀는 직장에 일찍 나가야 한다.

 여자의 대사, (10) I need to be home around ten so I can
review my preparations one more time.을 통해 준비 사항 검
토, 즉 일을 하기 위해 일찍 귀가한다는 것을 알 수 있다.

11. What does the man suggest?

(A) They skip dinner to go to a movie.

(B) The woman needs to relax.

(C) The woman needs help with her work.

(D) They make a reservation at a restaurant.

남자는 무엇을 제안하는가?
(A) 영화를 보기 위해 저녁을 먹지 않는다.
(B) 여자에게 휴식이 필요하다.
(C) 여자는 업무와 관련해서 도움을 받아야 한다.
(D) 식당을 예약해야 한다.

 남자의 대사, (11) It sounds like you could use a few hours to
unwind.에서 여자에게 휴식을 권하고 있음을 알 수 있다.

12. Look at the graphic. Which film will the couple
probably watch?

(A) *The Glass Heart*

(B) *Terror on the Horizon*

(C) *Elves Underground*

(D) *The Weatherman*

시각자료를 보시오. 두 사람은 어떤 영화를 볼 것인가?
(A) 〈유리 심장〉
(B) 〈테러 임박〉
(C) 〈비밀의 요정들〉
(D) 〈기상 캐스터〉

 여자의 대사, (12) I need to be home around ten so I can
review my preparations one more time.과 남자의 (12) I just
have one request. No romance films, 여자의 (12) And I'm
not into seeing a horror movie. I don't need the added
stress.를 볼 때 로맨스와 공포 영화를 제외하고 10시 이전에 끝나
는 영화는 8시 10분에 시작해 80분 후인 9시 30분에 끝나는 *Elves
Underground*이다.

Questions 1-3 refer to the following conversation.

M: Excuse me. Could you **direct me** to the National
Museum? I've **never been** there before.

W: Just go straight two blocks from here and **you
can see** 5th Avenue on your left. And then you'll
see a **tall white building** next to an art gallery.
That building is the National Museum.

M: That's **very kind of** you. How long does it take
to get there? I have a meeting with the **museum
officials**. The meeting is **so important** that I want
to be there on time.

W: Don't worry. It **will take** only about 15 minutes.

Questions 4-6 refer to the following conversation.

W: Did **any packages** arrive for me while I **was out
of** the office?

M: Not that I'm aware of. Wouldn't it be **dropped** off
at the reception desk as usual?

W: I already **checked there**, but there was nothing.

M: The delivery man usually **comes around** two.
I wouldn't expect anything to come this late.
What are you **waiting** for?

W: A client said he sent me **some samples**
yesterday by NX Overnight Express.

M: Oh, in **that case** it may still come. Our usual
delivery service **comes in** the early afternoon,
but **other** delivery companies may arrive anytime
up until six o'clock.

W: That's a **relief**. I really hope to **receive** the
samples today.

PART 4

CHAPTER **11** 실전 예상 문제

1. (B)	2. (A)	3. (D)	4. (C)	5. (A)	6. (A)
7. (D)	8. (A)	9. (C)	10. (A)	11. (B)	12. (C)

Questions 1-3 refer to the following traffic report.

W: [1]This is Dian Lee with the local traffic news at seattlenews.com. Here are some traffic updates for the Seattle area. [2]There was a 30-minute delay earlier today on Hamilton Freeway due to a broken bus in the middle of the road. However, the vehicle has been removed from the road and the traffic is moving smoothly now. Also, please be advised that owing to the fifth annual Seattle Street Festival, the Main Street will be closed tomorrow. To avoid any congestion, motorists might want to consider taking an alternate route. [3]The sports report is next, right after hearing a few words from our sponsors.

여: 저는 seattlemews.com에서 교통 정보를 알려 드리는 Dian Lee입니다. 시애틀 지역의 최신 교통 소식을 전해 드립니다. 도로 한복판에서 버스가 고장 나 Hamilton Freeway에 오늘 아침 30분간 정체가 빚어졌습니다. 하지만 고장 차량은 도로에서 견인되었으며 현재 교통 흐름은 원활합니다. 또한 제5회 연례 시애틀 거리 축제로 인해 내일 Main 가가 폐쇄된다는 점도 알아 두시기 바랍니다. 체증을 피하기 위해 운전자들은 우회도로를 이용하시는 것이 좋겠습니다. 본 방송의 후원사에서 전하는 광고를 들은 후 스포츠 뉴스가 이어집니다.

어휘 ▶ local a. 지역의 traffic news 교통 소식 update n. 최신 정보 delay n. 지연 due to ~ 때문에 vehicle n. 차량 remove vt. ~을 제거하다 smoothly adv. 순조롭게 advise vt. ~에게 …을 조언하다 owing to prep. ~ 때문에 close vt. ~을 폐쇄하다 avoid vt. ~을 피하다 congestion n. 체증 motorist n. 운전자 consider vt. ~을 고려하다 alternate route 우회도로 sponsor n. 후원자, 광고주

1. Who most likely is the speaker?

(A) A motorist

(B) A news reporter

(C) A bus driver

(D) A festival organizer

화자는 누구이겠는가?

(A) 자동차 운전자

(B) 뉴스 리포터

(C) 버스 기사

(D) 축제 기획자

해설 ▶ 담화의 첫 문장, (1) This is Dian Lee with the local traffic news at seattlenews.com.을 통해 화자가 뉴스 리포터라는 사실을 알 수 있다.

2. What was the cause of the delay?

(A) A damaged vehicle

(B) A traffic accident

(C) An annual street event

(D) A sports event

정체의 원인은 무엇이었는가?

(A) 고장 차량

(B) 교통사고

(C) 연례 거리 행사

(D) 스포츠 행사

해설 ▶ 초반부의 (2) There was a 30-minute delay earlier today on Hamilton Freeway due to a broken bus in the middle of the road.를 통해 지체의 원인이 고장 난 차량이라는 것을 알 수 있다.

3. What will the audience hear before the sports news?

(A) Weather reports

(B) Coming events

(C) Traffic accidents

(D) Commercial breaks

스포츠 뉴스 전에 청취자들은 무엇을 듣게 될 것인가?

(A) 기상 보도

(B) 곧 있을 행사

(C) 교통사고

(D) 광고 방송

해설 ▶ 후반부의 (3) The sports report is next, right after hearing a few words from our sponsors.를 통해 광고 방송이 이어질 것임을 알 수 있다.

Questions 4-6 refer to the following telephone message.

M: Hello. This is Jeffrey Jones calling from JJ Home Furnishings. [5]This is about the cedar wood dining table you ordered last week. [4]I deeply regret to inform you that the production of the item has been discontinued. With the decrease in demand for the piece over the past few years, it's become too costly for us to produce the table. However, we have many other high-quality dining tables made from imported hardwood, so we can assist you in finding the right table to your liking. [6]Please visit our store in person at your earliest convenience. I'm sure you won't be disappointed.

어휘 ▶ furnishings n. 가구 cedar wood dining table 삼나무 식탁 order vt. ~을 주문하다 deeply adv. 진심으로 regret vt. ~을 유감으로 생각하다 inform vt. ~에게 알려 주다 production n. 생산 discontinue vt. ~을 중단하다 decrease n. 하락, 감소 demand n. 수요 costly a. 값비싼 high-quality a. 고급의 hardwood n. 경질목 assist vt. ~을 돕다 find vt. ~을 찾다 convenience n. 편의 disappoint vt. ~을 실망시키다

4. Why is the speaker calling?

(A) He needs an imported table.

(B) He can't visit the store.

(C) He can't fulfill the order.

(D) He has to meet a customer.

화자는 왜 전화하고 있는가?
(A) 그는 수입산 식탁이 필요하다.
(B) 그는 상점을 방문할 수 없다.
(C) 그는 주문을 처리할 수 없다.
(D) 그는 고객을 만나야 한다.

해설 ▶ (4) I deeply regret to inform you that the production of the item has been discontinued.를 통해 주문한 식탁의 단종으로 다른 제품을 추천하고 있으므로 주문을 처리할 수 없다는 것을 알 수 있다.

5. When did the customer place an order?

(A) A week ago

(B) Two weeks ago

(C) Three weeks ago

(D) Four weeks ago

고객은 언제 주문을 했는가?
(A) 1주일 전
(B) 2주일 전
(C) 3주일 전
(D) 4주일 전

해설 ▶ (5) This is about the cedar wood dining table you ordered last week.을 통해 주문 시점이 지난주, 즉 1주일 전이라는 것을 알 수 있다.

6. What does the speaker suggest the customer do?

(A) Visit the store personally

(B) Use a complimentary voucher

(C) Order an item online

(D) Check out other stores

화자는 고객에게 무엇을 하라고 제안하는가?
(A) 직접 상점을 방문하라고
(B) 무료 쿠폰을 이용하라고
(C) 제품을 온라인으로 주문하라고
(D) 다른 상점을 확인하라고

해설 ▶ (6) Please visit our store in person at your earliest convenience.를 통해 상점을 직접 방문하라는 제안임을 알 수 있다.

Questions 7-9 refer to the following announcement.

M: May I have your attention, please? [7] This bus provides you with nonstop service from Charlotte to New London. Before the departure, [8] I'd like to inform you that due to the traffic congestion on Highway 14, the arrival time will be delayed by some 30 minutes. Once again, this is a nonstop service and will stop only in New London. If your destination is elsewhere, please get off the bus now and check with the ticketing agent at the central station. [9] For your own safety, we advise you keep all items out of the aisles and place them in the overhead compartment. Please put all oversized luggage under the vehicle in the luggage compartment. Thank you for your boarding.

어휘 ▶ attention n. 주목, 집중 provide vt. ~을 제공하다 nonstop service 직통 서비스 departure n. 출발 arrival time 도착 시간 destination n. 목적지 elsewhere adv. 다른 곳에 get off ~에서 내리다 ticketing agent 매표소 직원 aisle n. 통로 place vt. ~을 두다, 놓다 overhead compartment 머리 위 선반 luggage compartment 수화물 칸

7. Where is this announcement being heard?

(A) At a train station

(B) At an airport

(C) In a plane

(D) In a bus

이 안내 방송이 나오는 곳은 어디인가?
(A) 기차역에서
(B) 공항에서
(C) 비행기 안에서
(D) 버스 안에서

해설 ▶ 초반부의 (7) This bus provides you with nonstop service from Charlotte to New London.을 통해 방송이 나오는 곳이 버스 안이라는 것을 알 수 있다.

---

8. How long will they be delayed on Highway 14?

(A) Half an hour

(B) One and a half hours

(C) Two hours

(D) Three hours

14번 고속도로에서 얼마나 지체될 것인가?
(A) 30분
(B) 1시간 30분
(C) 2시간
(D) 3시간

해설 ▶ (8) I'd like to inform you that due to the traffic congestion on Highway 14, the arrival time will be delayed by some 30 minutes.를 통해 30분 정도 지연될 것임을 알 수 있다. 패러프레이징된 (A) Half an hour가 정답이다.

---

9. What does the speaker suggest the listeners do?

(A) Prepare their tickets on board

(B) Change buses in New London

(C) Keep their baggage in the designated place

(D) Refrain from using their phones on board

화자는 청자들에게 무엇을 하라고 제안하는가?
(A) 탑승 시 표를 준비하라고
(B) 뉴런던에서 버스를 갈아타라고
(C) 지정된 곳에 짐을 보관하라고
(D) 탑승 중 전화 사용을 자제하라고

해설 ▶ (9) For your own safety, we advise you keep all items out of the aisles and place them in the overhead compartment.를 통해 수납 공간, 즉 지정된 곳에 짐을 보관하라는 제안임을 알 수 있다.

Questions 10-12 refer to the following telephone message.

M: Mrs. Moore, this is Lucas Harper from Harper's Instruments. ⁽¹⁰⁾I am calling to tell you that your saxophone will take longer than expected to be repaired. I called the suppliers to order a replacement part but they told me it will take a few more days before they can send it to me. ⁽¹¹⁾The problem is that particular model has been discontinued, which makes it difficult to repair your instrument. ⁽¹²⁾However, don't worry. This will not have an effect on the repair cost previously set. Once I have received the replacement part, I will repair your saxophone right away and deliver it to you. Thank you.

어휘 ▶ instrument n. 악기, 도구 saxophone n. (악기) 색소폰 take vt. (시간이) ~ 걸리다 repair vt. ~을 수리하다 supplier n. 공급업체 replacement part 교체 부품 particular a. 특정한 discontinue vt. ~을 단종하다 have an effect on ~에 영향을 주다 repair cost 수리비 set vt. ~을 정하다 deliver vt. ~을 배송하다

---

10. What is the main purpose of this message?

(A) To explain a repair delay

(B) To charge fees for repairs

(C) To check on a special order

(D) To confirm the address

이 메시지의 목적은 무엇인가?
(A) 수리 지연을 설명하기 위해
(B) 수리 비용을 부과하기 위해
(C) 특별 주문을 확인하기 위해
(D) 주소를 확인하기 위해

해설 ▶ (10) I am calling to tell you that your saxophone will take longer than expected to be repaired.를 통해 수리 기간이 더 걸린다는 점과 그 이유가 제시되고 있음을 알 수 있다.

---

11. Why is the repair work delayed?

(A) The repair person is on vacation.

(B) A certain product has been discontinued.

(C) A wrong part was ordered.

(D) The instrument was severely damaged.

수리 작업이 지연되는 이유는 무엇인가?
(A) 수리공이 휴가이다.
(B) 특정 제품이 단종되었다.
(C) 다른 부품이 주문되었다.
(D) 악기가 심각하게 손상되었다.

해설 ▶ (11) The problem is that particular model has been discontinued, which makes it difficult to repair your instrument.를 통해 고객이 수리를 요청한 특정 모델의 제품이 단종되어 부품 구하는 일이 어렵다는 사실을 알 수 있다.

---

12. What does the speaker imply when he says, "don't worry"?

(A) The parts are cheap.

(B) He has already obtained a part.

(C) The repair cost will remain the same.

(D) He can get an alternative instrument.

화자의 "걱정하지 마세요"라는 말은 무엇을 의미하는가?

(A) 부품이 저렴하다.

(B) 그는 이미 부품을 구했다.

(C) 수리비에 변동이 없을 것이다.

(D) 그는 대체할 악기를 구할 수 있다.

해설 ▶ (12) However, don't worry. This will not have an effect on the repair cost previously set.을 통해 이미 정해진 수리비가 달라지지 않을 것임을 알 수 있다.

CHAPTER **11** **Dictation Drill**

Questions 1-3 refer to the following traffic report.

W: This is Dian Lee with the local **traffic news** at seattlenews.com. **Here** are some traffic updates for the Seattle area. **There was** a 30-minute delay earlier today on Hamilton Freeway **due to** a broken bus **in the middle of** the road. However, the **vehicle** has been removed from the road and the traffic is moving **smoothly** now. Also, please **be advised** that owing to the fifth **annual** Seattle Street Festival, the **Main Street** will be closed tomorrow. To **avoid** any congestion, motorists might want to **consider** taking an alternate route. The **sports report** is next, right after **hearing** a few words from our **sponsors**.

Questions 4-6 refer to the following telephone message.

M: Hello. **This is** Jeffrey Jones calling from JJ Home Furnishings. This is **about** the cedar wood **dining table** you ordered last week. I deeply **regret** to inform you that the **production** of the item has been **discontinued**. With the decrease **in demand** for the piece over the past few years, it's become **too costly** for us to produce the table. However, **we have** many other high-quality dining tables **made from** imported hardwood, so we can **assist** you in finding the right table to your liking. Please **visit** our store **in person** at your earliest convenience. I'm sure you won't **be disappointed**.

CHAPTER **12** **실전 예상 문제**

1. (D)	2. (B)	3. (C)	4. (B)	5. (D)	6. (D)
7. (A)	8. (C)	9. (C)	10. (A)	11. (C)	12. (D)

Questions 1-3 refer to the following announcement.

W: As our last order of business at this residents' meeting, **(1)I'll let you know that trash pickup days will be extended from two days a week to three** because some residents have continually reported that they had trouble throwing away garbage only for the fixed two days. So trash collection will continue on Mondays and Fridays and now will include Wednesdays. 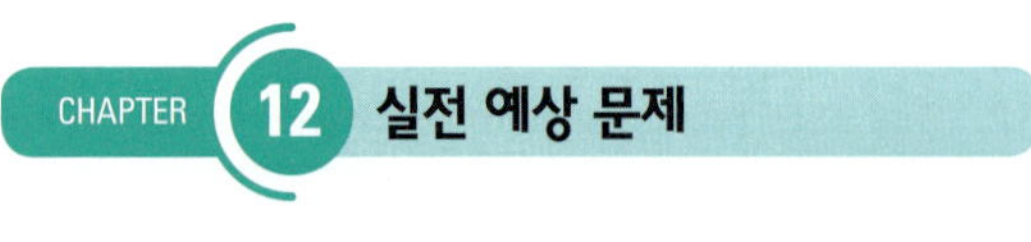**(2)This will be in effect starting next month.** Also, **(1)(3)any old clothes, shoes and toys should be separated into the designated green boxes instead of the usual yellow boxes.** These will be washed and taken to several organizations in our community for distribution to needy neighbors. That is the last subject of our meeting today. Thank you.

여: 이번 주민회의의 마지막 안건으로, 정해진 이틀 동안만 쓰레기를 배출하기 어렵다는 몇몇 주민들의 민원이 끊이지 않아 쓰레기 수거일을 주당 2일에서 3일로 확대한다는 점을 여러분께 알려 드립니다. 따라서 쓰레기는 월요일, 금요일에 종전처럼 수거하며 추가로 수요일에도 수거하게 될 것입니다. 이는 다음 달부터 시행됩니다. 또한, 헌옷, 신발, 그리고 장난감은 기존의 노란색 수거함 대신 지정된 녹색함에 따로 분리해 담으셔야 합니다. 이는 세탁을 거친 후 필요한 이웃들에게 나누어 줄 수 있도록 우리 지역의 몇몇 기관으로 보낼 예정입니다. 본 안건이 오늘 회의의 마지막 주제입니다. 감사합니다.

어휘 ▶ order of business 사안, 문제, 과제 residents' meeting 주민회 trash n. 쓰레기 pickup n. 수거 extend vt. ~을 연장하다 continually adv. 지속적으로 have trouble -ing ~하느라 어려움을 겪다 throw away 버리다 garbage n. 쓰레기 fixed a. 고정된, 정해진 continue vi. 지속되다 include vt. ~을 포함하다 be in effect 시행되다 toy n. 장난감 separate vt. ~을 분리하다 designated a. 지정된 organization n. 기관 community n. 지역 공동체 distribution n. 배포 needy a. 어려운 neighbor n. 이웃 subject n. 주제

1. What is the subject of the announcement?

(A) A reconstruction project

(B) The ways to collect donations

(C) A river refurbishing plan

(D) Some changes in trash pickup

공지의 주제는 무엇인가?

(A) 재건 사업

(B) 기부금 모금 방법

(C) 하천 정비 계획

(D) 쓰레기 수거 관련 변경 사항

해설 ▶ (1) I'll let you know that trash pickup days will be extended from two days a week to three와 (1) any old clothes, shoes and toys should be separated into the designated green boxes instead of the usual yellow boxes.를 볼 때 쓰레기 수거일 및 분리수거함 등에 관한 변경 사항임을 알 수 있다.

2. What does the speaker imply when she says, "This will be in effect starting next month"?

(A) The residents will have another meeting.

(B) The change will not be effective immediately.

(C) Water tanks will be cleaned in a month.

(D) The water supply will be turned back.

화자는 어떤 의미로 "이는 다음 달부터 시행됩니다"라고 말하는가?
(A) 주민들은 회의를 한 차례 더 한다.
(B) 변경 사항이 즉각 적용되지는 않는다.
(C) 1개월 뒤 수조가 청소된다.
(D) 수도 공급이 재개된다.

해설 (2) This will be in effect starting next month.는 이 변경 조치가 즉각 시행되는 것이 아니라 다음 달부터 시행된다는 의미이다.

3. What should be done with old clothing?

(A) It should be discarded every Monday.

(B) It should be in plastic bags.

(C) It should be put in a green container.

(D) It should be sent to a recycling plant.

헌옷은 어떻게 처리해야 하는가?
(A) 매주 월요일에만 버려야 한다.
(B) 비닐봉지에 넣어야 한다.
(C) 녹색 수거함에 넣어야 한다.
(D) 재활용 공장으로 보내야 한다.

해설 (3) any old clothes, shoes and toys should be separated into the designated green boxes instead of the usual yellow boxes에서 의류는 별도로 지정된 녹색 수거함에 넣어야 한다는 것을 알 수 있다.

Questions 4-6 refer to the following introduction.

M: Hello, everyone. Welcome to the Ontario Art Museum. (4)I'm Henry and I'll be your guide today. Before we begin, I'd like to let you know some of the rules you have to keep. First, please do not speak loudly and refrain from carrying beverages with you. These actions can disturb others and spilt drinks can also make the floor slippery. This can possibly pose a risk of falling. One more thing, taking photographs is strictly prohibited inside the exhibition hall. (5)This tour will take about an hour and (6)then you'll have a 30-minute lunch break in the rest area behind the main building. Ready? Then, let's begin our tour.

남: 여러분 안녕하세요. 온타리오 미술관에 오신 것을 환영합니다. 저는 Henry이고 오늘 여러분들의 가이드입니다. 시작하기 전에 지켜야 할 몇 가지 규칙을 알려드리겠습니다. 우선, 큰소리로 말하지 마시고 음료 반입은 자제해야 합니다. 이런 행위들은 타인에게 방해가 되며 흘린 음료는 바닥을 미

끄럽게 만들 수 있습니다. 그러면 넘어져 다칠 수 있는 위험 요소가 될 수 있습니다. 한 가지 더 말씀 드리면, 전시장 내에서는 사진 촬영이 엄격히 금지됩니다. 견학은 1시간 정도 소요되며 견학 이후 본관 뒤편의 휴게 구역에서 30분간 점심을 드시게 될 것입니다. 준비되셨나요? 그럼 견학을 시작합시다.

어휘 art museum 미술관 guide n. 가이드, 안내원 rule n. 규칙 loudly adv. 요란하게, 크게 refrain from -ing ~을 자제하다 carry vt. ~을 소지하다 beverage n. 음료 disturb vt. ~을 방해하다 slippery a. 미끄러운 pose vt. ~을 제기하다 risk n. 위험 falling n. 낙상, 넘어짐 prohibit vt. ~을 금하다 exhibition hall 전시장

4. Who most likely is the speaker?

(A) A bus driver

(B) A tour guide

(C) The museum director

(D) A travel agent

화자는 누구이겠는가?
(A) 버스 기사
(B) 견학 가이드
(C) 미술관 관장
(D) 여행사 직원

해설 (4) I'm Henry and I'll be your guide today.를 통해 화자가 견학을 안내하는 가이드임을 알 수 있다.

5. How long will it take to look around the exhibition hall?

(A) 30 minutes

(B) 40 minutes

(C) 50 minutes

(D) 60 minutes

전시실을 둘러보는 데 시간이 얼마나 걸리는가?
(A) 30분
(B) 40분
(C) 50분
(D) 60분

해설 (5) This tour will take about an hour에서 an hour가 60 minutes로 패러프레이징된 (D)가 정답이다.

6. Where is the rest area for lunch?

(A) In the building

(B) Near the main entrance

(C) In the west wing

(D) In the back of the building

점심을 먹기 위한 휴게 구역은 어디에 있는가?
(A) 건물 안에
(B) 정문 옆에
(C) 서쪽 별관 안에
(D) 건물 뒤편에

해설 ▶ (6) then you'll have a 30-minute lunch break in the rest area behind the main building.을 통해 휴게 구역이 건물 뒤편에 있다는 것을 알 수 있다.

Questions 7-9 refer to the following telephone message.

W: This is a message for Mr. Alex Punto. **(7) This is Catherine from the Royal Milton post office. (8) Mr. Punto, your registered mail has been returned and is being held at the post office.** The mailman attempted several times to deliver it to your house but his attempts have been unsuccessful. If you are out of town for a long time, please contact us as soon as possible. To pick up your mail, **(9) you need to come to our office on Royal Milton Street in person.** According to the rules, no further attempts will be made to deliver it to you. Thanks.

여: 이것은 Alex Punto 씨에게 남기는 메시지입니다. 저는 Royal Milton 우체국의 Catherine입니다. Punto 씨, 고객님의 등기 우편물이 반송되어 우체국에서 보관 중입니다. 배달원이 고객님의 댁으로 이 우편물을 배달하러 몇 차례 방문했지만, 끝내 배달하지 못했습니다. 만일 고객님이 장시간 이곳을 떠나 계신다면 가능한 한 빨리 저희에게 연락 주십시오. 우편물 수령을 위해 고객님은 Royal Milton 가에 있는 저희 사무실에 직접 오셔야 합니다. 규정에 따라 더 이상의 배송 시도는 없을 것입니다. 감사합니다.

어휘 ▶ message n. 메시지, 전갈 registered mail 등기 우편물 return vt. ~을 되돌려 보내다 mailman n. 우편 배달원 attempt vt. ~을 시도하다 n. 시도 deliver vt. ~을 배달하다 contact vt. ~에게 연락하다 pick up ~을 수령하다 in person 직접

7. Who most likely is the speaker?
   (A) A postal worker
   (B) A store manager
   (C) A customer services receptionist
   (D) A friend of Mr. Punto

화자는 누구이겠는가?
(A) 우체국 직원
(B) 상점 매니저
(C) 고객 서비스 부서 직원
(D) Punto 씨의 친구

해설 ▶ (7) This is Catherine from the Royal Milton post office.를 통해 화자가 우체국 직원이라는 것을 알 수 있다.

8. What's the purpose of the call?
   (A) To apply for a position
   (B) To charge a shipping fee
   (C) To solve a mailing problem
   (D) To make a down payment

전화의 목적은 무엇인가?
(A) 일자리에 지원하려고
(B) 배송비를 부과하려고
(C) 배송 문제를 해결하려고
(D) 계약금을 지급하려고

해설 ▶ (8) Mr. Punto, your registered mail has been returned and is being held at the post office.를 통해 해당 고객이 우편물 수령을 하지 않아 배달에 문제가 생겼으므로 문제를 해결하기 위해 전화를 하고 있다는 것을 알 수 있다.

9. What does the speaker ask the listener to do?
   (A) Let her know his destination
   (B) Report to the president's office
   (C) Drop by her office
   (D) Pay the surcharge

화자는 청자에게 무엇을 하라고 요청하는가?
(A) 남자의 목적지가 어디인지 알려 달라고
(B) 사장실로 보고하라고
(C) 그녀의 사무실을 방문하라고
(D) 추가 요금을 지불하라고

해설 ▶ (9) you need to come to our office on Royal Milton Street in person을 통해 우편물 수령을 위해 직접 우체국 사무실을 방문해 달라는 요청임을 알 수 있다.

Questions 10-12 refer to the following recorded message and survey.

W: Hello, Ms. Lee. **(10) This is Susan Hill from Customer Services at Lincoln Steak House.** I just wanted to thank you for participating in our customer survey last month. **(11) Every customer who completed a survey will receive a 10 dollar voucher which can be used for any food in our restaurant.** You can get it at the counter when you come to the restaurant next time. While looking at your feedback, I found that you gave high ratings overall for our restaurant. **(12) However, you gave the lowest rating to one category.** I'd like to ask you a few more questions about it. If you don't mind, please give me a call at 266-2321. Thank you and have a good one.

Lincoln Steak House Customer Survey	
Price	★★★★
Taste	★★★★★
Friendliness	★★★★★
(12) Cleanliness	★

여: Lee 고객님, 안녕하세요. 저는 Lincoln 스테이크 하우스의 고객 서비스 담당 Susan Hill입니다. 지난달에 있었던 고객 설문에 참여해 주셔서 감사드립니다. 설문지를 작성한 모든 고객들은 저희 식당의 모든 음식에 사용 가능한 10달러 쿠폰을 받게 될 것입니다. 고객님이 다음에 식당을 방문하실 때 카운터에서 받으실 수 있습니다. 고객님의 의견을 살펴보던 중, 고객님께서 저희 식당에 전체적으로 높은 점수를 주셨다는 점을 알게 되었습니다. 그렇지만, 한 가지 영역에는 최저 점수를 주셨습니다. 이와 관련해 몇 가지 여쭙고 싶은 것이 있습니다. 괜찮으시면 266-2321번으로 저에게 전화 부탁드립니다. 감사합니다. 좋은 하루 보내세요.

Lincoln 스테이크 하우스 고객 설문	
가격	★★★★
맛	★★★★★
친절	★★★★★
청결	★

어휘 ▶ **Customer Services** 고객 서비스 부서 **participate in** ~에 참가하다 **customer survey** 고객 설문 **complete** vt. ~을 작성하다[완성하다] **voucher** n. 쿠폰, 이용권 **counter** n. 계산대 **feedback** n. 의견, 반응 **rating** n. 등급, 점수 **category** n. 범위, 범주

---

10. Who most likely is the speaker?

(A) A customer services representative

(B) A famous chef

(C) A general supervisor

(D) A restaurant owner

화자는 누구이겠는가?

(A) 고객 서비스 부서 직원

(B) 유명 요리사

(C) 총지배인

(D) 음식점 주인

해설 ▶ (10) This is Susan Hill from Customer Services at Lincoln Steak House.를 통해 전화 발신자가 식당의 고객 서비스 담당 직원임을 알 수 있다.

---

11. What will Ms. Lee receive from the restaurant?

(A) A movie ticket

(B) A complimentary meal

(C) A discount coupon

(D) A bottle of wine

Lee 씨는 식당으로부터 무엇을 받을 것인가?

(A) 영화표

(B) 무료 식사

(C) 쿠폰

(D) 와인 1병

해설 ▶ (11) Every customer who completed a survey will receive a 10 dollar voucher which can be used for any food in our restaurant.를 통해 10달러 쿠폰을 받을 것임을 알 수 있다.

---

12. Look at the graphic. Which category does the speaker want more information about?

(A) Price

(B) Taste

(C) Friendliness

(D) Cleanliness

시각자료를 보시오. 화자는 어떤 영역에 대한 정보를 원하는가?

(A) 가격

(B) 맛

(C) 친절

(D) 청결

해설 ▶ (12) However, you gave the lowest rating to one category. I'd like to ask you a few more questions about it.과 설문지를 통해 가장 낮은 등급인 별 1개를 받은 영역인 청결에 관한 정보를 원한다는 것을 알 수 있다.

Questions 1-3 refer to the following announcement.

W: As our last order of business at this **residents' meeting**, I'll let you know that **trash** pickup days will be extended from **two days** a week to three because **some residents** have **continually** reported that they had trouble **throwing away** garbage only for the fixed two days. So trash **collection** will continue on Mondays and Fridays and now will include Wednesdays. This will be **in effect** starting next month. Also, any **old clothes**, shoes and toys should be **separated** into the designated green boxes **instead of** the usual yellow boxes. These will **be washed** and taken to several **organizations** in our community for **distribution** to needy neighbors. That is the **last subject** of our meeting today. Thank you.

Questions 4-6 refer to the following introduction.

M: Hello, everyone. **Welcome** to the Ontario Art Museum. I'm Henry and I'll be your **guide** today. Before we begin, I'd like to **let you know** some of the rules you **have to** keep. First, please do not speak **loudly** and **refrain** from carrying beverages with you. These **actions** can disturb others and **spilt drinks** can also make the floor **slippery**. This can possibly pose a risk of **falling**. One more thing, taking **photographs** is strictly prohibited inside the **exhibition** hall. This tour will **take about** an hour and then you'll have a 30 minute **lunch break** in the rest area **behind** the main building. Ready? Then, let's **begin** our tour.

1.

<table>
<tr><td colspan="7" align="center">동사에 따른 문장의 5형식</td></tr>
<tr><td>품사</td><td>대분류</td><td>형식</td><td>동사의 명칭</td><td colspan="2">문장의 5형식 구조</td><td>태 가능 여부</td></tr>
<tr><td rowspan="5">동사</td><td rowspan="2">자동사
(vi.)</td><td>1형식</td><td>완전 / 자동사</td><td colspan="2">주어 + 동사</td><td rowspan="2">수동태
불가</td></tr>
<tr><td>2형식</td><td>불완전 / 자동사</td><td colspan="2">주어 + 동사 + 보어(명사/형용사)</td></tr>
<tr><td rowspan="3">타동사
(vt.)</td><td>3형식</td><td>완전 / 타동사</td><td colspan="2">주어 + 동사 + 목적어</td><td rowspan="3">수동태
가능</td></tr>
<tr><td>4형식</td><td>수여 / 동사</td><td colspan="2">주어 + 동사 + 간접목적어 + 직접목적어</td></tr>
<tr><td>5형식</td><td>불완전 / 타동사</td><td colspan="2">주어 + 동사 + 목적어 + 보어(명사/형용사)</td></tr>
</table>

2.

1형식 완전자동사	A man / works / hard. (주어) (동사) (부사) A woman / walks / on the street. (주어) (동사) (부사구)
2형식 불완전자동사	Mr. Watson / became / a supervisor. (주어) (동사) (보어) The project / was / successful. (주어) (동사) (보어)
3형식 완전타동사	The team members / discussed / the urgent matter. (주어) (동사) (목적어) Some people / pushed / the bus / stuck / in the mud. (주어) (동사) (목적어) (형용사) (부사구)
4형식 수여동사	Mr. Hardy / gave / Alice / a book. (주어) (동사) (간접목적어) (직접목적어) My parents / bought / me / a car. (주어) (동사) (간접목적어) (직접목적어)
5형식 불완전타동사	Some / of them / called / her / a miracle baby. (주어) (형용사구) (동사) (목적어) (보어) The students / found / the dictionary / useful. (주어) (동사) (목적어) (보어)

3.

구분	품사	품사의 기능	품사별 상당어구
핵심어	❶ 명사(4:7)	• 4는 명사의 문장 내 기능 4가지 ① 문장의 주어 ② 타동사의 목적어 ③ 전치사의 목적어 ④ 보어	• 7은 명사 상당어구(명사류) 7가지 ① 명사(+ 한정사 4:8:6) ② 대명사(8가지) ③ 동명사 ④ to부정사(명사적 용법) ⑤ 명사구(12가지) ⑥ 명사절(6가지) ⑦ the + 형용사
	❷ 동사(5:4)	• 5는 동사의 핵심 포인트 5가지 ① 자동사/타동사 구분 ② 능동태/수동태 구분 ③ 주어 + 동사의 수 일치 구분 ④ 시제 구분 ⑤ 정동사/준동사 구분	• 4는 준동사 4가지 ① 동명사 ② to부정사(명사/형용사/부사적 용법) ③ 원형부정사(명사/형용사적 용법) ④ 분사(현재분사/과거분사)
수식어	❸ 형용사(2:5)	• 2는 형용사의 기능 2가지 ① 명사 수식 ② 주격/목적격 보어로 사용	• 5는 형용사 상당어구(형용사류) 5가지 ① 형용사 ② 형용사구(전명구) ③ 형용사절(10가지) ④ to부정사(형용사적 용법) ⑤ 분사(현재분사/과거분사)
	❹ 부사(6:8:4)	• 6은 부사의 수식 기능 6가지 ① 다른 부사 ② 부사구(전명구) ③ 부사절(9가지) ④ 동사(부사의 90%는 동사 수식) ⑤ 형용사 ⑥ 문장 전체	• 8은 동작이 발생한 기본 정보 8가지 ① 장소　② 방법 ③ 시간　④ 날짜 ⑤ 이유　⑥ 정도 ⑦ 빈도　⑧ 부정 • 4는 부사 상당어구(부사류) 4가지 ① 부사 ② 부사구(전명구) ③ 부사절(9가지) ④ to부정사(부사적 용법 7가지) 　❶ 목적: ~하기 위하여 　❷ 원인/이유: ~하기 때문에 　❸ (상황 판단의) 근거: ~하다니 　❹ 조건: ~한다면 　❺ 결과: ~하게 되다 　❻ 부사 수식 　❼ 형용사 수식

	• 4는 한정사의 명사 수식 기능 4가지	• 8은 단수/복수만 나타내는 기본 한정사 8가지
	• 명사가	① a/an
	① 단수인지	② one
	② 복수인지	③ each
	③ 정확히 한정된 것인지	④ every
	④ 한정되지 않은(부정) 것인지	⑤ another
❺ 한정사 (4:8:6)		⑥ either
		⑦ neither
		⑧ -s/-es
		• 6은 단수/복수 이외의 한정사 6가지
		① 정관사 the
		② 지시형용사 this/that, these/those
		③ 인칭대명사의 소유격
		④ some/any
		⑤ no
		⑥ 각종 수량형용사

연결어

❻ 전치사 (5:2)	• 5는 전치사의 목적어 5가지	• 2는 전치사구(전명구)의 품사 기능 2가지
	① 명사	① 형용사구
	② 대명사	② 부사구
	③ 동명사	
	④ 명사구(12가지)	
	⑤ 명사절(6가지)	
❼ 접속사 (4:3)	• 4는 접속사의 종류 4가지	• 3은 종속절의 품사 기능 3가지
	① 등위접속사	① 명사절(6가지)
	② 등위상관접속사	② 형용사절(10가지)
	③ 종속접속사	③ 부사절(9가지)
	④ 문장접속부사	

1. (A)	2. (B)	3. (B)	4. (A)	5. (A)	6. (A)
7. (A)	8. (A)	9. (A)	10. (B)		

1. Our budget ------- which Mr. Jay has been working on need to be reviewed thoroughly.

(A) plans　　　　(B) plan

Jay 씨가 작업해 오고 있는 우리 예산안은 꼼꼼하게 검토되어야 할 필요가 있다.

해설 ▶ [명사 + 명사]의 복합명사를 통한 [주어 + 동사]의 수 일치를 묻는 문제로 본동사가 need이므로 복수 주어가 정답이다.

어휘 ▶ budget plan 예산안 work on ~에 대한 일을 하다 thoroughly adv. 철저하게, 꼼꼼하게

2. We reply to all inquiries from customers within 24 hours of receiving -------.

(A) it　　　　**(B) them**

우리는 고객들의 모든 문의에 대해 문의 접수 후 24시간 이내에 답한다.

해설 ▶ 격, 수 일치 문제로 동명사 receiving이 타동사이므로 목적어 자리에는 목적격을 사용해야 한다. 보기가 모두 목적격이므로 복수 형태인 all inquiries를 받는 them이 정답이다.

어휘 ▶ reply vi. 답하다 inquiry n. 문의 within prep. ~ 이내에

3. I heard there were some ------- in the commercial district last week.

(A) big fire　　　　**(B) big fires**

나는 지난주에 상업 지구에서 몇 건의 대형 화재가 있었다고 들었다.

해설 ▶ 유도부사 there가 이끄는 1형식 문장은 [동사 + 주어]의 도치구문이 사용된다. be동사인 were가 사용되었으므로 복수주어를 사용해야 한다.

어휘 ▶ hear vt. ~을 듣다 commercial district 상업 지구

4. The executive board made a decision to purchase some new -------.

(A) equipment　　　　(B) equipments

이사회는 몇몇 새로운 장비를 구매하기로 결정했다.

해설 ▶ 타동사 purchase의 목적어 자리에 들어갈 명사를 찾는 문제로 equipment는 절대불가산명사 중 하나로 복수로 사용될 수 없다.

어휘 ▶ executive board 이사회, 중역회 make a decision 결정하다 purchase vt. ~을 구매하다

5. We at PCI Asset would like to offer ------- company financial support.

(A) your　　　　(B) you

우리 PCI Asset은 귀사에 재정 지원을 제공하고자 합니다.

해설 ▶ 4형식 수여동사 offer의 [간접목적어] + [직접목적어] 문제로 간접목적어인 명사 company를 수식 가능한 형태는 소유격이다.

어휘 ▶ would like to ~하기를 원하다 offer vt. ~에게 …을 제공하다 financial support 재정 지원

6. A newly hired graphic ------- should prove herself to be qualified for the project.

(A) designer　　　　(B) designers

새로 고용된 그래픽 디자이너는 자신이 그 프로젝트에 적임자임을 입증해야 한다.

해설 ▶ 부정관사 a의 수식을 받을 수 있는 명사는 가산명사의 단수형이다.

어휘 ▶ graphic designer 그래픽 디자이너 prove vt. (목적어가 보어임을) 입증하다 vi. (보어)와 함께 주어가 보어로 판명되다

7. After examining several items on the market, he finally agreed to purchase one of -------.

(A) ours　　　　(B) us

시판 중인 몇몇 제품을 살펴본 후, 그는 마침내 우리 제품 중 하나를 구매하기로 동의했다.

해설 ▶ 부분대명사 혹은 소유대명사를 이용한 이중소유격 문제로 우리들(us) 중 하나가 아니라 우리 제품들(our products = ours) 중 하나(one)이므로 our products를 ours(우리 것)로 바꾸면 된다.

어휘 ▶ examine vt. ~을 점검하다 on the market 시판 중인 agree vt. (부정사를 목적어로 받아) ~하는 데 동의하다

8. Ms. Murphy could handle most of the problems with the itinerary -------.

(A) by herself　　　　(B) by her

Murphy 씨는 여행 일정과 관련된 대부분의 문제를 혼자서 처리할 수 있었다.

해설 ▶ '혼자서'라는 재귀대명사의 관용적인 용법으로 주어가 Ms. Murphy 이므로 by herself 혹은 alone, on her own을 쓸 수 있다.

어휘 ▶ handle(= deal with) vt. ~을 다루다, 취급하다, 해결하다 itinerary n. 여행 일정(표) by oneself(= alone, on one's own) 혼자서

9. Some employees have already known ------- will be promoted to vice-president.

(A) who　　　　(B) whom

몇몇 직원들은 누가 부사장직에 승진될지 이미 알고 있다.

해설 ▶ 타동사 know의 목적어인 명사절을 이끄는 종속접속사 문제로 접속사(의문사) + 주어(대명사)는 사람을 대신하는 주격의 의문대명사 who를 사용해야 한다.

어휘 ▶ employee n. 직원 promote vt. ~을 승진시키다 vice-president n. 부사장(직)

10. The items they showed me looked quite different from ------- of their competitors.

(A) that　　　　**(B) those**

그들이 나에게 보여 준 제품은 그들의 경쟁 업체들의 제품과 매우 달라 보였다.

해설 ▶ 전치사 from의 목적어 자리에 들어가는 지시대명사 문제로 복수명사 the items를 받는 복수형 지시대명사는 those이다.

어휘 ▶ item n. 품목, 물건 look vi. ~처럼 보이다 competitor n. 경쟁자(업체)

CHAPTER 02 실전 예상 문제

PART 5

1. (D)　2. (B)　3. (A)　4. (C)　5. (B)　6. (A)
7. (A)　8. (D)　9. (B)　10. (C)

1. Employees who work in a strict atmosphere are usually less efficient than ------- who work in a liberal atmosphere.

　(A) this　　　　　(B) that
　(C) these　　　　(D) **those**

경직된 분위기에서 일하는 직원들은 보통 자유로운 분위기에서 일하는 직원들보다 덜 효율적이다.

해설 ▶ 지시대명사의 단수/복수 구분 문제로 비교급은 A＝B가 동일한 조건에서 사용되기 때문에 복수의 employees를 받는 지시대명사 those가 정답이다.

어휘 ▶ strict a. 경직된, 엄한 atmosphere n. 분위기, 환경 efficient a. 효율적인, 능률적인 liberal a. 자유로운, 개방적인

2. Our online service allows you to check your balance, pay bills, and transfer money from one account to -------.

　(A) the second　　(B) **another**
　(C) other　　　　(D) the another

우리 온라인 서비스는 고객이 잔고를 확인하고, 대금을 지불하고, 그리고 하나의 계좌에서 다른 계좌로 이체를 가능하게 한다.

해설 ▶ 부정대명사 단수 대 단수에서 one의 짝인 another를 찾는 문제로 one account to another (account)에서 account를 생략하고 another 자체를 대명사로 사용한 경우이다.

어휘 ▶ allow vt. ~을 가능하게 하다 balance n. 잔고 transfer vt. ~을 이체하다 account n. 계좌

3. Our sales team has been dealing with European customers ------- have picky tastes for sanitary goods.

　(A) **that**　　　　(B) which
　(C) what　　　　(D) whom

우리 영업부는 위생용품에 대해 까다로운 취향을 가진 유럽 고객들을 상대해 오고 있다.

해설 ▶ 선행사가 사람(customers)이고 뒤에 동사(have)가 있으므로 [접속사＋주어]의 역할을 하는 주격 관계대명사를 묻는 문제이며 정답은 who 또는 who를 대신하는 that을 사용할 수 있다.

어휘 ▶ deal with ~을 다루다, 취급하다 picky a. 까다로운 taste n. 취향, 기호 sanitary goods 위생용품

4. ------- of your equipment that you sent to us last month proved to be defective.

　(A) One　　　　(B) Many
　(C) **Most**　　　(D) Several

귀사에서 지난달 우리에게 보낸 대부분의 장비가 불량으로 판명되었습니다.

해설 ▶ 부분대명사 문제로 기준명사가 불가산명사(equipment)인 경우 부분대명사는 모두 단수이며 단수를 받을 수 있는 형태의 대명사는 most이다.

어휘 ▶ send vt. ~을 보내다 prove vi. (보어와 함께) ~임이 드러나다 defective a. 결함 있는, 불량의

5. Investors have flocked to Australian bank shares, lured by steady ------- and attractive dividends.

　(A) earning growth　　(B) **earnings growth**
　(C) earnings growing　(D) earning grow

투자자들은 꾸준한 수익 상승과 매력 있는 배당금에 이끌려 호주의 은행주에 몰려들었다.

해설 ▶ 복합명사 문제로 전치사 by의 목적어로 [명사 and 명사] 중 형용사 steady의 수식을 받는 복합명사를 찾는 문제이다. '수익 상승'은 earnings growth로 하나의 단어처럼 암기해야 한다.

어휘 ▶ investor n. 투자가 flock vi. 모이다 share n. 주식 lure vt. ~을 유혹하다, 끌어들이다 dividend n. 배당금

6. The unmanned train station located at the east end of the city has ------- parking available.

　(A) **no**　　　　(B) none
　(C) a　　　　　(D) those

도시의 동쪽 끝에 있는 그 무인 기차역은 이용할 수 있는 주차 공간이 없다.

해설 ▶ 타동사의 목적어인 불가산명사 parking을 수식하는 한정사 문제로 a와 those는 가산명사 수식, none은 대명사로 수식 기능이 없으므로 정답은 no이다.

어휘 ▶ unmanned a. 무인의 train station 기차역 locate vt. ~에 위치하다 parking n. 주차, 주차 공간

7. I'd like to express my thanks for ------- you have done for me over the past few years.

　(A) **what**　　　(B) which
　(C) that　　　　(D) whether

저는 지난 몇 년간 당신이 저를 위해 해주신 일들에 대해 감사를 드리고 싶습니다.

해설 전치사(for)의 목적어인 명사절을 이끄는 알맞은 접속사 문제이다. 타동사 do의 목적어가 없으므로 목적어를 대신하는 대명사, 즉 the thing which you have done에서 '~하는 것'이라는 뜻의 the thing which를 축약한 what이 정답이다.

어휘 would like to ~하고 싶다 express vt. ~을 표현하다 do (sth) for ~을 위해 …을 하다 over prep. ~ 동안

8. The result shows that there have been a significant number of customer ------- about our delivery service.

(A) complaint (B) complaining
(C) complains **(D) complaints**

그 결과는 우리 배송 서비스에 대해 상당히 많은 고객 불만이 있었음을 보여 준다.

해설 유도부사 there가 이끄는 문장의 주어(복합명사)를 찾는 문제로 형용사 a (significant) number of는 복수 가산명사를 수식하는 수량형용사이므로 복수명사 complaints가 정답이다.

어휘 significant a. 상당한 a number of (가산명사의 복수형을 수식하여) 많은 customer complaints 고객 불만사항 delivery service 배송 서비스

9. We couldn't take any satisfactory measure about ------- to deal with the problem.

(A) what **(B) how**
(C) why (D) whom

우리는 그 문제를 어떻게 해결할지에 대한 어떤 만족스러운 조치도 취할 수 없었다.

해설 전치사(about)의 목적어를 찾는 문제로 전치사의 목적어에는 통상 명사, 대명사, 동명사를 사용하지만 종종 명사구, 명사절을 사용하기도 한다. 명사구 [how to + v]를 사용해야 의미 전달이 가능하며 what을 사용할 경우에는 deal with의 목적어가 없어야 한다.

어휘 take a measure 조치를 취하다 satisfactory a. 만족스러운 deal with vt. ~을 취급하다, 해결하다

10. We will offer ------- of up to 50 percent on all camping gear throughout this month.

(A) discount (B) discounting
(C) discounts (D) discounters

우리는 이번 달 내내 모든 캠핑 장비에 대해 최대 50%의 할인을 제공할 것이다.

해설 타동사(offer)의 알맞은 목적어를 찾는 문제로 할인 금액, 환급금처럼 돈이 종류별로 나누어질 때는 가산명사로 처리되기 때문에 반드시 한정사를 동반해야 하며 돈이라는 의미를 가진 명사 중 money, cash, funding을 제외한 나머지는 대부분 가산명사로 취급된다.

어휘 up to adv. 최대 camping gear 캠핑 장비 throughout prep. (기간) ~ 내내

PART 6

1. (C) 2. (A) 3. (C) 4. (C)

Questions 1-4 refer to the following announcement.

¹·**(C) While** the *Star Weekly* welcomes contributions from our readers, we are not able to publish all of them due to space limitations. Priority is given to letters that ²·**(A) offer** an original perspective on local issues, particularly when the issues have been covered in recent editions of the paper.

Please note that we also prefer letters that do not exceed 300 words. ³·**(C) Lengthier** letters will be edited down by our editorial staff. Please remember to include your name, address and phone number on your letters. We need to verify your identity for copyright reasons. ⁴·**(C) We do not print submissions that do not contain this information.**

〈Star Weekly〉는 독자 여러분의 투고를 환영하지만 지면의 제한으로 인해 모든 투고물을 게재할 수는 없습니다. 지역 문제에 대한 창의적인 관점을 제시하는 글, 특히 그러한 문제들이 우리 신문의 최근 판에 다루어진 경우 우선권이 주어집니다.

우리 신문사는 300단어를 넘지 않는 투고를 선호한다는 점에 주목해 주십시오. 너무 긴 글은 편집팀에 의해 축소 편집될 것입니다. 독자 여러분의 투고물에는 이름, 주소, 전화번호가 포함되어야 한다는 점을 명심하십시오. 저작권법에 따라 우리는 여러분들의 신분을 확인해야 합니다. 우리는 이 정보가 포함되지 않은 투고물은 게재하지 않습니다.

어휘 while conj. ~하는 반면에, ~하는 동안 welcome vt. ~을 환영하다 contribution n. 투고(물) be able to ~할 수 있다 publish vt. ~을 발행[발간]하다 space limitation 공간 제약 priority n. 우선권 original a. 창의적인 perspective n. 관점, 전망 particularly adv. 특히 cover vt. ~을 취급하다, 다루다 edition n. (간행물 등의) 판 note vt. ~에 주목하다 prefer vt. ~을 선호하다 exceed vt. ~을 초과하다 editorial staff 편집부 include vt. ~을 포함시키다 verify vt. ~을 확인하다 identity n. 신분 submission n. 제출(물) contain vt. ~을 담다, 포함하다

1.

해설 부사절을 이끄는 알맞은 접속사를 찾는 문제로 주절과 종속절의 내용에 반전이 일어나고 있으므로 정답은 while(~하는 반면에)이다.

정답 (C)

2.

해설 that이 주격 관계대명사임을 감안할 때 선행사는 복수인 letters이므로 동사는 수 일치와 시제를 감안해서 복수동사를 사용해야 한다. 이때 '~한 경우' 우선권이 주어진다는 일반적인 사실을 거론하고 있으므로 시제는 단순현재를 사용해야 한다.

정답 ▶ (A)

3.

해설 ▶ 단어 제한에 대한 설명 이후, 더 긴 글은 편집부에 의해 편집되어 내용이 줄어든다고 했으므로 명사 letters를 수식하는 형용사의 비교급 (C)가 정답이다.

정답 ▶ (C)

4.

해설 ▶ 저작권법에 따른 신분 확인을 위해 투고물에 이름, 주소, 전화번호가 포함되어야 한다고 했으므로, 이후의 내용으로는 이 정보(this information)가 없으면 투고물을 게재하지 않는다는 (C)가 정답이다. 즉 필요한 정보가 없으면 기사가 실리지 않는다는 내용이 나와야 자연스러운 내용으로 글이 종결될 수 있다.

정답 ▶ (C)

PART 7

1. (B)   2. (A)

Questions 1-2 refer to the following advertisement.

Columbus Travel

Are you ready for a spectacular vacation?
(1)Save big on flights right now!

(1)Get $400 off of regular airfares to your destinations on flights between March 1 and May 31.

- This offer is available only for airfares within the Pacific region.
- Tickets must be booked prior to February 20.
- (2)A discount is available only for tickets purchased through www.columbustravel.com.

Please visit our website right now to take advantage of this special offer!

Columbus 여행사

멋진 휴가 준비가 되셨나요? 지금 당장 항공료를 대폭 절약하세요!

3월 1일부터 5월 31일 사이에 당신의 목적지까지 정규 항공료에서 최대 400달러를 할인 받으세요.

- 이번 혜택은 태평양 지역 내 항공 운임에만 적용됩니다.
- 항공권은 2월 20일 이전에 예약하셔야 합니다.
- 할인은 www.columbustravel.com을 통해 구입하신 항공권에만 적용됩니다.

이 특별 할인의 혜택을 누리기 위해 지금 본사의 웹사이트를 방문해 주십시오!

어휘 ▶ travel n. 여행 be ready for + n ~할 준비가 되다 spectacular a. 멋진, 굉장한 save vi. 절약하다 flight n. 비행(편) regular airfare 정규 항공 운임 destination n. 목적지 offer n. 제안, 혜택 available a. 이용 가능한, 해당되는 book vt. ~을 예약하다 purchase vt. ~을 구매하다 take advantage of + n ~을 이용하다

1. What is being discounted?
(A) Hotel rooms
(B) Airline tickets
(C) A cruise in the Pacific area
(D) An airport shuttle service

무엇이 할인되고 있는가?
(A) 호텔 객실
(B) 항공권
(C) 태평양 지역 선상 유람
(D) 공항 셔틀 서비스

해설 ▶ 광고 상단의 (1) Save big on flights right now!와 (1) Get $400 off of regular airfares ~의 내용을 참조할 때 정답은 (B) Airline tickets이다.

2. What is indicated in the advertisement?
(A) The online ticket buyers can save money.
(B) Airfares are available for $400 in April.
(C) Advance reservations are optional.
(D) Frequent fliers can take advantage of the offer.

광고에 명시된 내용은 무엇인가?
(A) 온라인 티켓 구매자들은 돈을 절약할 수 있다.
(B) 4월의 항공 운임은 400달러이다.
(C) 사전 예약은 선택 사항이다.
(D) 비행을 자주하는 고객만 이 혜택을 누릴 수 있다.

해설 ▶ (2) A discount is available only for tickets purchased through www.columbustravel.com의 내용을 참조할 때 온라인 구매 시에만 할인이 적용된다는 것을 알 수 있다.

1. (A)   2. (B)   3. (B)   4. (B)   5. (A)   6. (A)
7. (B)   8. (A)   9. (B)   10. (A)

1. After examining the market conditions closely, we ------- our sales goal feasible.
(A) found   (B) founded

시장 상황을 면밀히 조사한 후, 우리는 우리의 판매 목표가 실현 가능하다는 사실을 알게 되었다.

해설 ▶ 어휘 해석 문제로 find(-found-found)는 '~을 찾다, 발견하다, 알게 되다', found(-founded-founded)는 '~을 설립하다, 건립하다'의 뜻이다. found는 find의 과거동사로 '(목적어)가 (보어)하다는 사실을 발견하다'는 뜻의 대표적인 5형식 불완전타동사이다.

어휘 ▶ examine vt. ~을 조사하다 closely adv. 면밀하게 feasible a. 실현 가능한

2. There ------- numerous requests from customers for the reserved parking spaces.

(A) has been　　　　　**(B) have been**

고객들로부터 전용 주차 공간에 대한 많은 요청이 있었다.

해설 ▶ [주어 + 동사]의 수 일치 문제로 유도부사 there가 이끄는 문장은 [There + 동사 + 주어]의 도치 형태이다. 주어가 복수인 numerous requests이므로 복수동사 have been이 정답이다.

어휘 ▶ numerous a. 많은 request n. 요구, 요청 reserved parking space 전용 주차 공간

3. It ------- to be seen whether the result of the survey will be positive or not.

(A) is remained　　　　**(B) remains**

조사 결과가 긍정적일지 아닐지는 두고 보아야 안다.

해설 ▶ 동사의 태 문제로 remain은 1형식 혹은 2형식으로 사용되는 자동사이므로 수동태가 만들어질 수 없다.

어휘 ▶ remain vi. 남다, ~한 상태를 유지하다 whether conj. ~인지 아닌지 survey n. 조사, 검사 positive a. 긍정적인

4. We once ------- radical changes in foreign exchange rates due to false economic policies.

(A) experience　　　　**(B) experienced**

우리는 한때 잘못된 경제 정책으로 인해 급격한 환율 변동을 경험했다.

해설 ▶ 시제 문제로 과거 시간 표시 부사 once를 참조해 과거시제임을 간파해야 한다.

어휘 ▶ once adv. 한때 radical a. 급격한 foreign exchange rate 환율 false a. 잘못된

5. In general, the price surge happens when certain products run ------- of supply.

(A) short　　　　　　(B) shortly

일반적으로 가격의 급등은 특정 제품에 대한 공급이 부족해질 때 발생한다.

해설 ▶ 품사 구분 문제로 2형식 불완전자동사로 사용되는 run의 경우 형용사 보어를 취한다. [run short of + n]는 관용어구로 암기하는 것이 효율적이다.

어휘 ▶ in general 일반적으로 surge n. 급상승 run short of ~이 부족하다 supply n. 공급

6. The Korean housing market ------- in a prosperous period over the last 10 years.

(A) has been　　　　　(B) was

한국의 주택 시장은 지난 10년간 호황기였다.

해설 ▶ 시제 문제로 over the last 10 years를 참조하면 현재완료시제가 정답이다.

어휘 ▶ housing market 주택 시장 prosperous a. 번영의, 번창한 period n. 시기, 기간

7. The new security system failed ------- the required standards in the final process of choice.

(A) meeting　　　　　　**(B) to meet**

새로운 보안 시스템은 최종 선정 과정에서 요구된 기준을 충족시키지 못했다.

해설 ▶ 부정사 문제로 fail은 통상 자동사로 사용되지만 to부정사를 목적어로 취하는 타동사이기도 하다. fail은 to부정사를 목적어로 받는 정해진 동사이다.

어휘 ▶ security system 보안 시스템 fail vt. ~에 실패하다 standard n. 표준, 기준 process n. 과정

8. We'll send a large delegation ------- the Furniture Design Exposition to be held in Boston.

(A) to　　　　　　　　(B) for

우리는 보스턴에서 열리는 가구 디자인 박람회에 대규모 대표단을 파견할 것이다.

해설 ▶ 전치사 문제로 4형식 수여동사 send를 3형식으로 바꿀 때 전치사는 to가 사용된다.

어휘 ▶ delegation n. (집합적, 단수/복수 취급) 대표단 exposition n. 전시회, 박람회 hold vt. ~을 개최하다

9. Private loaning is intended for people who ------- not have access to regular bank loans.

(A) are　　　　　　　　**(B) do**

사금융은 일반 은행 대출을 이용할 수 없는 사람들을 위한 것이다.

해설 ▶ 주격 관계대명사 이후 [주어 + 동사]의 수 일치 문제로 선행사가 people이고 본동사 have가 있으므로 조동사 do가 정답이다.

어휘 ▶ private loaning 사금융 be intended for ~을 위한 것이다 have access to ~을 이용할 수 있다 bank loan 은행 대출

10. Our strategic merger can help both of us ------- in the competitive industry.

(A) survive　　　　　　(B) surviving

우리의 전략적 합병은 경쟁이 치열한 업계에서 우리 두 회사가 살아남는 데 도움이 될 수 있다.

해설 ▶ 사역동사 문제로 help가 5형식 준사역동사로 사용될 때 목적격 보어는 원형부정사 혹은 to부정사를 사용한다.

어휘 ▶ strategic a. 전략적인 merger n. 합병 survive vi. 살아남다 competitive a. 경쟁력 있는, 경쟁이 치열한

PART 5

1. (A)   2. (D)   3. (B)   4. (A)   5. (B)   6. (C)
7. (D)   8. (C)   9. (A)   10. (D)

1. Due to a family emergency, the manager made me ------- the planning meeting.

(A) lead
(B) leading
(C) led
(D) to lead

급한 집안일 때문에 부장은 나에게 기획 회의를 주관하라고 시켰다.

해설 사역동사 문제로 사역동사 make, have, let은 목적격 보어 자리에 원형부정사를 사용한다.

어휘 due to prep. ~ 때문에 family emergency 급한 집안일 lead vt. ~을 이끌다, 주관하다 planning meeting 기획 회의

2. Now denying past mistakes ------- they have no qualms about their wrong behavior.

(A) have meant
(B) to mean
(C) mean
(D) means

지금 와서 지난 과오를 부인하는 것은 그들이 자신들의 잘못된 행위에 대해 양심의 가책도 느끼지 못한다는 것을 의미한다.

해설 수 일치 문제로 문장의 주어는 동명사 denying이고 동명사는 3인칭 단수명사이므로 정답은 (D) means이다.

어휘 deny vt. ~을 부인하다 mistake n. 실수 qualm n. 양심의 가책 behavior n. 행동, 행위

3. Though his new theory seemed persuasive, few of the experts ------- sure of its success.

(A) was
(B) were
(C) has been
(D) to be

비록 그의 새 이론은 설득력 있어 보였지만 그 이론의 성공을 확신하는 전문가는 거의 없었다.

해설 [주어 + 동사]의 수 일치 문제로 기준명사가 복수 experts이므로 복수의 부분대명사 few도 복수이다.

어휘 though conj. 비록 ~할지라도 theory n. 이론 seem vi. ~처럼 보이다 persuasive a. 설득력 있는 expert n. 전문가 be sure of ~을 확신하다 success n. 성공

4. New hires should be ------- against any attempts to follow outdated systems and practices.

(A) alert
(B) alerts
(C) alertly
(D) alertness

신입사원들은 낡은 체제와 관행을 따르는 그 어떤 시도도 하지 않도록 경계해야 한다.

해설 be동사의 보어를 찾는 문제로 명사 보어는 주어와 동격이 되므로 (B) alerts와 (D) alertness는 의미가 통하지 않는다.

어휘 new hire 신입사원 alert a. 방심하지 않는 follow vt. ~을 따르다 practice n. 관행

5. Either the CEO or the board of directors ------- to gather opinions from the field managers.

(A) have
(B) has
(C) were
(D) are

대표이사나 이사회는 현장 관리자의 의견을 취합해야 한다.

해설 등위상관접속사의 수 일치 문제로 B에 동사의 수를 일치시켜야 한다. the board는 3인칭 단수명사이므로 정답은 (B) has이다.

어휘 either A or B A나 B 둘 중 하나 CEO(= Chief Executive Office) 대표이사 board of directors 이사회 gather vt. ~을 모으다 opinion n. 의견, 견해 field manager 현장 관리자

6. No one predicted that Mr. Phillip ------- take over the position as CEO of the company.

(A) will
(B) can
(C) would
(D) has to

누구도 Phillip 씨가 회사의 대표이사직을 맡으리라고는 예상하지 못했다.

해설 주절과 종속절의 시제 일치 문제로 주절이 과거이면 종속절은 과거 혹은 과거완료시제를 사용하는 것이 일반적인 원칙이다.

어휘 predict vt. ~을 예상하다 take over ~을 인계 받다, 맡다 position n. 직위, 직책

7. The process of creating our new TV commercials ------- by advertising producer Pit Morris.

(A) oversees
(B) has overseen
(C) will oversee
(D) will be overseen

우리의 새로운 TV 광고 제작 과정은 광고 제작자 Pit Morris에 의해 감독될 것이다.

해설 태 문제로 oversee가 타동사임에도 불구하고 목적어 명사를 대신해 전명구가 등장하고 있는 것은 동사가 수동태라는 것을 의미한다.

어휘 process n. 과정 TV commercial TV 상업 광고 oversee vt. ~을 감독하다, 감시하다 advertising producer 광고 제작자

8. We'll open a branch in Japan, so some employees will ------- be transferred to work there.

(A) increasingly
(B) quietly
(C) shortly
(D) exactly

우리는 일본에 새 지점을 개설할 것인데 이런 이유로 몇 명의 직원들이 그쪽에서 일하기 위해 곧 전출될 것이다.

해설 부사 어휘 해석 문제 & 조동사 뒤 본동사 앞에서 동사를 수식하는 알맞은 의미의 부사를 찾는 어휘 문제이다. 미래시제와 어울리는 미래 시간 표시 부사는 (C) shortly이다.

어휘 ▶ branch n. 지점 shortly adv. 곧 transfer vt. ~을 전출시키다

9. Only applicants with the required qualifications will be ------- for the programmer position.

  (A) **considered**   (B) repeated

  (C) programmed   (D) excluded

필요한 자격 요건을 갖춘 지원자들만이 그 프로그래머 직책에 고려될 것이다.

해설 ▶ be동사의 보어 자리에 알맞은 의미의 어휘를 찾는 문제로 '채용이 고려되다'라는 의미이므로 정답은 (A) considered이다.

어휘 ▶ applicant n. 지원자 qualification n. 자격 (요건) consider vt. ~을 고려하다, 참작하다

---

10. A hotel receptionist notified me that all the banquet halls ------- weeks in advance.

  (A) was reserved   (B) will be reserved

  (C) had reserved   (D) **had been reserved**

호텔의 접수원은 몇 주 전에 모든 연회장이 예약되었다고 나에게 알려 주었다.

해설 ▶ 시제 문제로 알려 준 시점(과거, notified)보다 일어난 사실이 먼저이므로 시제는 과거완료가 타당하다.

어휘 ▶ receptionist n. 접수원 notify vt. ~에게 …을 알려 주다 banquet hall 연회장 reserve vt. ~을 예약하다 in advance 미리

PART 6

1. (B) 2. (D) 3. (C) 4. (A)

Questions 1-4 refer to the following advertisement.

MARKETING DIRECTOR

Wilson Group is seeking a dynamic marketing director to oversee its marketing department. To be 1. **(B) eligible** for the position, applicants must have three years of experience in a related field. One of the main 2. **(D) tasks** of the position will be converting the firm's marketing strategy away from traditional approaches into web-based approaches. 3. **(C) Preference will be given to candidates with online marketing experience for that reason.** Given the international nature of the firm which operates 4. **(A) throughout** three countries, a willingness to travel abroad and multilingual abilities will work as positive factors. For an application pack, please visit www.wilsongroup.com/recruit.

마케팅 이사

Wilson Group은 마케팅 부서를 관리할 역동적인 마케팅 이사를 찾고 있습니다. 이 직책에 자격을 갖추기 위해, 지원자는 관련 분야에서 3년의 경력이 있어야 합니다. 이 직책의 주요 업무 중 하나는 본사의 마케팅 전략을 전통적인 방식에서 웹 기반 방식으로 전환하는 일이 될 것입니다. 이런 이유로 온라인 마케팅 유경험자에게 우선권이 주어질 것입니다. 3개 국가 전역에서 영업을 하는 본사의 국제적 성격을 고려해 해외 출장에 대한 의지와 다국어 구사 능력 등이 긍정적인 요소로 작용될 것입니다. 지원서 일체가 필요하신 분들은 www.wilsongroup.com/recruit을 방문해 주시기 바랍니다.

어휘 ▶ seek vt. ~을 찾다, 구하다 be eligible for ~할 자격이 있다 related field 관련 분야 task n. 업무, 임무 convert vt. ~을 전환시키다 firm n. 회사 marketing strategy 마케팅 전략 traditional a. 전통적인 approach n. 접근 방식 preference n. 우선권, 선호도 candidate n. 후보자 given prep. ~을 고려해 nature n. 본질, 성격 operate vi. 영업하다 throughout prep. ~ 전역에서 willingness n. 의지 multilingual ability 다국어 구사 능력 positive a. 긍정적인 factor n. 요소 application pack 지원서 일체

1.

해설 ▶ [be동사 + 형용사 보어 + 전치사]의 관용어구 문제로 '~한 직책에 대한 자격을 갖추기 위해서'라는 의미의 be eligible for가 정답이다.

정답 ▶ (B)

2.

해설 ▶ [one of the + 복수명사]는 '~ 중 하나'라는 뜻이다. 부분대명사 one을 잘라내기 위한 기준명사는 one보다 더 많아야 하므로 복수명사 (D) tasks가 정답이다.

정답 ▶ (D)

3.

해설 ▶ 문맥상의 의미 파악 문제로 전통적인 마케팅 방식을 웹 기반 방식으로 전환하는 것이 해당 업무이므로 온라인 마케팅 경험자에게 우선권이 주어진다는 내용의 (C)가 정답이다.

정답 ▶ (C)

4.

해설 ▶ 단순 전치사 문제로 '3개국 전역에서'라는 뜻의 공간의 전치사는 (A) throughout이다.

정답 ▶ (A)

PART 7

1. (C)　2. (B)

Questions 1-2 refer to the following invitation.

(1)You are invited to join us in honoring

Diane Walker

as she retires after 30 years of service
as Chief of Records at Royal Haastrup Hospital
Saturday, May 9
The Crystal Room at the Cornwall Hotel
10 Smith Road
Cambridge VH2 7UE

Evening Schedule:
6:30 P.M. Dinner
7:30 P.M. Speeches and Award Presentation by Dr.
　　Adriana Corley
8:00 P.M. Dancing with Live Music by Dale Pond's
　　Jazz Band

(2)**RSVP to event coordinator Gabriel Robinson at
extension 445 by May 5 or visit his office** in the
administrative wing of the hospital.

> Royal Haastrup 병원의 수석 기록 담당관
>
> **Diane Walker**
> 30년 근속을 마치고 퇴임합니다.
> 그녀를 기념하는 행사에 여러분들을 초대합니다.
>
> 5월 9일 토요일
> 10 Smith Road, Cambridge VH2 7UE
> Cornwall 호텔의 Crystal Room

저녁 일정:
오후 6시 30분 저녁 식사
오후 7시 30분 연설 및 Adriana Corley박사님의 감사패 수여
오후 8시 Dale Pond 재즈 밴드의 라이브 음악과 함께하는 댄스

5월 5일까지 행사 준비 담당인 Gabriel Robinson에게 내선 445번 혹은 병원
행정실에 있는 그의 사무실을 방문해 행사 참여 여부를 알려 주십시오.

어휘 ▶ invite vt. ~을 초대하다　join vt. ~에 합류하다　honor vt. ~을
기념하다　retire vi. 은퇴하다　Chief of Records 수석 기록 담당관
award presentation 감사패 수여　RSVP vi. 회답을 하다
n. 회답　event coordinator 행사 준비 담당　extension n. 내선
전화　administrative wing 행정동

1. What is the purpose of the event?
   (A) To unveil the plans for a new hospital
   (B) To congratulate a doctor on an award
   **(C) To celebrate the career of a retiring
       employee**
   (D) To recognize the contributions of a department

이 행사의 목적은 무엇인가?
(A) 새 병원을 위한 계획 발표
(B) 한 의사의 수상 축하
(C) 퇴임하는 직원의 이력 축하
(D) 한 부서에서의 헌신 인정

해설 ▶ (1) You are invited to join us in honoring Diane Walker as
she retires after 30 years of service의 내용을 참조할 때 본 행
사의 목적이 동료 직원의 퇴임식 초대임을 알 수 있다.

2. What are guests encouraged to do?
   (A) Vote for a coworker
   (B) Respond to an invitation
   (C) Select a meal from a list
   (D) Make reservations for dinner

초대 손님들은 무엇을 하라고 권장되는가?
(A) 동료를 위해 투표하기
(B) 초대에 답하기
(C) 목록에서 음식 선택하기
(D) 식사 예약하기

해설 ▶ (2) RSVP to event coordinator Gabriel Robinson at
extension 445 by May 5 or visit his office의 내용 중 RSVP는
reply please라는 의미로 행사 참여 여부를 알려 달라는 뜻이다.

1. (B)　2. (A)　3. (A)　4. (B)　5. (A)　6. (A)
7. (A)　8. (B)　9. (A)　10. (B)

1. Offering our clients the best services ------- our
   major concern for the past few years.
   (A) have been　　　　**(B) has been**

우리 고객들에게 최고의 서비스를 제공하는 일은 지난 몇 년간 우리의 주요
관심사였다.

해설 ▶ 수 일치 문제로 동명사는 3인칭 단수명사로 취급되므로 정답은
(B) has been이다. 문장의 주어가 어떤 명사인지를 확인하는 것이
중요하다.

어휘 ▶ offer vt. ~에게 …을 제공하다　client n. 의뢰인, 고객　concern n.
관심사, 우려

2. Our plant manager is considering ------- safety
   inspectors in every assembly line.
   (A) positioning　　　(B) to position

우리 공장장은 모든 조립 라인에 안전 검사관을 배치하는 것을 고려 중이다.

해설 ▶ 기본동사 문제로 3형식 완전타동사로 사용되는 consider는 동명사를 목적어로 취하는 대표 동사 중 하나이다.

어휘 ▶ plant manager 공장장 consider vt. ~을 고려하다 safety inspector 안전 검사관 assembly line 조립 라인, 생산 라인

---

3. It was impossible ------- to overcome the financial difficulties caused by external factors.

(A) for us　　　　　(B) our

우리가 외부적인 요인으로 인해 야기된 재정난을 극복해 내는 것은 불가능했다.

해설 ▶ 부정사의 의미상의 주어 문제로 it ~ to + v, 가주어 – 진주어 용법에서 부정사 앞에 들어가는 것은 의미상의 주어이다. 부정사의 의미상의 주어는 [for + 명사]로 나타낸다.

어휘 ▶ impossible a. 불가능한 overcome vt. ~을 극복하다 financial a. 재정상의 cause vt. ~을 야기하다 external factor 외부적인 요인

---

4. In short, the ultimate goal of marketing strategies is ------- people to certain products.

(A) attracting　　　　**(B) to attract**

간단히 말해, 마케팅 전략의 궁극적인 목표는 특정 제품에 사람들을 끌어들이는 것이다.

해설 ▶ to부정사의 명사적 용법을 묻는 문제로 문장의 주어가 '목적'이라는 의미의 purpose, objective, aim, goal 등이 사용될 때 be동사의 보어 자리에는 to부정사의 명사적 용법이 사용된다.

어휘 ▶ in short 간단히 말해 ultimate a. 궁극적인 goal n. 목표 strategy n. 전략 attract vt. ~을 끌어들이다 certain a. 특정한

---

5. Mr. Phillip is the only person that has the authority ------- the number of new employees.

(A) to limit　　　　　(B) of limit

Phillip 씨는 신입 사원의 수를 제한할 권한이 있는 유일한 사람이다.

해설 ▶ to부정사의 형용사적 용법 문제로 부정사의 수식을 받는 특정 명사류를 암기해야 쉽게 답을 찾을 수 있는 문제이다. 부정사의 동사가 타동사 limit이므로 목적어 the number를 받을 수 있다. (B)의 of는 전치사이므로 전치사의 목적어 자리에는 동명사가 와야 한다.

어휘 ▶ authority n. 권한 limit vt. ~을 제한하다 number n. 수

---

6. My company released new products rather suddenly ------- to take a lead during the peak season.

(A) in order　　　　　(B) in the order

나의 회사는 성수기 동안 주도권을 잡기 위해 다소 서둘러 신제품을 출시했다.

해설 ▶ 목적을 나타내는 to부정사의 부사적 용법에서 부정사 앞에 in order 혹은 so as가 생략된 형태이다.

어휘 ▶ release vt. ~을 출시하다 rather adv. 다소 suddenly adv. 갑작스럽게 take a lead 주도권을 잡다 peak season 성수기

---

7. She stepped down right after the members failed ------- a unanimous consensus at the meeting.

(A) to reach　　　　　(B) reaching

그녀는 회원들이 회의에서 만장일치의 합의에 다다르지 못한 직후 자리에서 물러났다.

해설 ▶ to부정사를 목적어로 취하는 정해진 동사 문제로 fail은 통상 자동사로 사용되지만 to부정사를 목적어로 취하는 타동사로도 사용된다.

어휘 ▶ step down ~이 물러나다 fail vt. ~에서 실패하다 reach a consensus 합의에 다다르다 unanimous a. 만장일치의

---

8. The manager asks us ------- further ahead instead of focusing on the short-term profit.

(A) looking　　　　**(B) to look**

그 관리자는 우리가 단기 수익에 집중하는 대신 좀 더 멀리 보라고 요구한다.

해설 ▶ 목적격 보어 자리에 to부정사의 형용사적 용법을 받는 정해진 동사 문제로 ask, require, request 등은 목적격 보어 자리에 to부정사를 쓰는 동사이다.

어휘 ▶ ask vt. ~에게 …하라고 요구하다 far a. 먼, 멀리 있는, 심도 있는 (- further - furthest) ahead adv. 앞쪽으로 instead of prep. ~ 대신 focus on ~에 집중하다 short-term profit 단기 수익

---

9. Most companies in the electronics industry are dedicated ------- energy-efficient appliances.

(A) to developing　　　　　(B) to development

전자 산업 분야에서 대부분의 기업들은 에너지 효율적인 가전제품을 개발하는 데 전념하고 있다.

해설 ▶ 동명사 관용어구 문제로 '~에 헌신하다, 전념하다, 몰두하다'라는 표현으로는 be dedicated to + -ing, be devoted to + -ing, be committed to + -ing 등이 사용된다.

어휘 ▶ electronics industry 전자 산업 be dedicated to ~에 전념하다, 몰두하다 energy-efficient a. 에너지 효율적인 appliance n. 가전제품

---

10. The repair shop informed us that some of the files on the hard disk were found -------.

(A) to delete

(B) to have been deleted

수리점은 하드디스크상의 몇몇 파일이 삭제된 상태로 발견되었다는 것을 우리에게 알려 주었다.

해설 ▶ 단순/완료부정사 구분 문제로 '~된 상태로 발견되었다'에서 발견된 시점이 과거, 그보다 한 시제 앞선 시제에서 파일이 지워진 것이므로 본동사의 시제보다 부정사의 시제가 한 시제 먼저 발생한 [완료부정사]를 사용하되 사물인 하드디스크가 지워진 것이므로 수동형을 사용해야 한다.

어휘 ▶ repair shop 수리점 inform vt. ~에게 …을 알려 주다 find vt. ~을 찾다, 발견하다 delete vt. ~을 지우다, 삭제하다

CHAPTER 04 실전 예상 문제

PART 5

1. (C) 2. (C) 3. (A) 4. (B) 5. (D) 6. (C)
7. (B) 8. (B) 9. (D) 10. (B)

---

1. Due to the success in ------- the two departments into one division, Angela deserves recognition.

(A) merge (B) to merge
(C) merging (D) merger

두 개의 부서를 하나로 통합시키는 일의 성공 덕분에 Angela는 인정받을 자격이 있다.

해설 전치사의 목적어 문제로 전치사의 목적어 자리에 merger와 the two departments처럼 두 개의 명사가 연이어 올 수 없으므로 동명사 merging을 사용하고 동사 merge가 타동사이므로 the two departments를 목적어로 받으면 된다.

어휘 due to prep. ~ 때문에 merge A into B A를 B로 통합시키다 department n. 부서 division n. 부서 deserve vt. ~을 받을 만하다 recognition n. 인정

---

2. Ms. Palm willingly agreed ------- your proposal to increase domestic sales next year.

(A) acceptance (B) acceptable
(C) to accept (D) accepting

Palm 씨는 내년에 국내 판매를 증가시키자는 당신의 제안을 기꺼이 수락하기로 동의했다.

해설 to부정사를 받는 정해진 타동사 문제로 agree는 통상 자동사로 사용되지만 부정사를 목적어로 받아 타동사로도 사용된다.

어휘 willingly adv. 기꺼이 agree vt. ~에 동의하다 accept vt. ~을 수락하다 proposal n. 제안(서) increase vt. ~을 증가시키다 domestic sales 국내 판매

---

3. We'll move our production plants to Maine, but our main office is ------- in Vermont.

(A) to remain (B) remained
(C) remains (D) remain

우리는 생산 공장을 Maine으로 이전할 것이지만 본사는 Vermont에 남을 예정이다.

해설 be to 용법 문제로 be동사의 보어 자리에 to부정사의 형용사적 용법이 사용된 경우로 해석상 '예정, 의무'의 뜻을 갖는다.

어휘 move A to B A를 B로 이전시키다, 옮기다 production plant 생산 공장 remain vi. 남다

---

4. Prior to successfully ------- the major marketing campaign, Mr. Alan was a mediocre manager.

(A) arrange **(B) arranging**
(C) arranged (D) arrangement

대대적인 마케팅 캠페인을 성공적으로 준비하기 전 Alan 씨는 평범한 매니저였다.

해설 전치사의 목적어 문제로 부사 successfully의 수식을 받을 수 있는 조건은 명사가 아니라 동명사이다. 동명사의 동사 arrange는 타동사이므로 이후 목적어 the major marketing campaign을 받을 수 있다.

어휘 prior to prep. ~ 전에 arrange vt. ~을 준비하다 mediocre a. 평범한, 보통의

---

5. Thank you for accepting my invitation and I look forward to finally ------- you in person.

(A) see (B) have seen
(C) being seen **(D) seeing**

저의 초대를 수락해 주셔서 감사드리며 마지막으로 직접 뵙게 되기를 기대합니다.

해설 동명사 관용어구 문제로 같은 동명사를 사용하더라도 수동 being seen인지 능동 seeing인지를 구분하는 기준은 이어지는 목적어 you의 유무에 따라 결정하면 된다. 목적어가 있으면 능동, 목적어가 없으면 수동형이 정답이다.

어휘 accept vt. ~을 수락하다 invitation n. 초대 look forward to + -ing ~을 기대하다, 고대하다 in person 몸소, 직접

---

6. If you accept our job offer, we'll cover the costs ------- to relocate to Singapore.

(A) you (B) your
(C) for you (D) of you

당신이 우리의 취업 제안을 수락하면 우리는 당신이 Singapore로 이사하는 비용을 충당할 것입니다.

해설 to부정사의 의미상의 주어 문제로 별도의 조건이 아니라면 to부정사의 의미상의 주어는 [for + 명사]이다.

어휘 job offer 취업 제안 cover vt. (비용 등을) 감당하다 cost n. 비용 relocate vi. 이사하다, 이전하다

---

7. The food sanitation law requires food manufacturers ------- expiration dates on the labels.

(A) print **(B) to print**
(C) printing (D) printed

식품 위생법은 식료품 업체에게 라벨에 유효 기간을 인쇄하도록 요구한다.

해설 목적격 보어 자리에 to부정사의 형용사적 용법을 받는 정해진 동사 문제로 이런 부류의 동사들은 모두 암기가 필요한 영역이다.

어휘 food sanitation law 식품 위생법 require vt. ~에게 …하도록 요구하다 manufacturer n. 제조업자(체) print vt. ~을 인쇄하다 expiration date 만기일 label n. 라벨, 상표

8. Reducing operational costs while preserving the quality ------- our major concern for the past quarter.

(A) were (B) has been
(C) have been (D) are

품질을 유지하는 반면 운영비를 줄이는 것이 지난 분기 동안 우리의 주요 관심사였다.

해설 ▶ 시제, 수 일치 문제로 주어가 동명사이므로 단수동사 (B) has been 이 정답이다. 또한 시간 표시 부사 장치인 for the past quarter를 참조하면 현재완료시제가 답이라는 것을 확인할 수 있다.

어휘 ▶ reduce vt. ~을 줄이다 operational cost 운영비 preserve vt. ~을 유지하다 quality n. 품질 concern n. 관심사, 걱정거리 quarter n. 분기

9. The researchers of the team have been dedicated ------- new medicines for viral infections.

(A) developing (B) to develop
(C) to development (D) to developing

그 팀의 연구원들은 바이러스성 감염에 대한 신약 개발에 전념해 오고 있다.

해설 ▶ 동명사 관용어구 be dedicated to + -ing(~에 전념하다, 몰두하다, 노력하다)를 묻고 있다 (C) to development를 쓸 수 없는 이유는 전치사 to의 목적어로 두 개의 명사 development와 new medicines를 사용할 수 없기 때문이다.

어휘 ▶ researcher n. 연구원 medicine n. 약 viral a. 바이러스성의 infection n. 감염

10. ------- is necessary for you to mail the signed contract back to my office without delay.

(A) There (B) It
(C) That (D) This

당신은 서명된 계약서를 즉시 우편으로 제 사무실로 보내셔야 합니다.

해설 ▶ it ~ to + v 가주어 – 진주어 용법 문제로 to부정사 주어를 사용하면 문장의 주어 부분이 너무 길어져 간단하게 치환하는 방법이 it ~ to + v, 가주어 – 진주어 용법이다.

어휘 ▶ necessary a. 필요한 contract n. 계약서 delay n. 지연, 지체

PART 6

1. (C)   2. (A)   3. (D)   4. (C)

Questions 1-4 refer to the following article.

Quebec—The Royal Symphony Orchestra announced its new program which **1. (C) will preserve** its reputation as one of the premier orchestras. In addition to performances of the works of several **2. (A) promising** young composers, the program consists of the classics by famous musicians **3. (D) such as** Schubert, Beethoven, and Strauss. The first performance of the season will be broadcast live through Q-TV. **4. (C) This is the first time in the history of the orchestra.** Tickets will be sold at the box office from 10 A.M. to 5 P.M. daily during the season.

Quebec – 로얄 심포니 오케스트라는 최고의 교향악단 중 하나로서의 명성을 유지시켜 줄 새 프로그램을 발표했다. 이 프로그램은 몇몇 전도유망한 젊은 작곡가들의 작품 이외에 Schubert, Beethoven, 그리고 Strauss와 같은 유명 음악가들의 고전 작품으로 구성되었다. 시즌 첫 공연은 Q-TV를 통해 생중계 될 것이다. 이는 이 오케스트라가 구성된 이래 처음 있는 일이다. 입장권은 시즌 동안 매일 오전 10시부터 오후 5시까지 매표소에서 판매 예정이다.

어휘 ▶ announce vt. ~을 발표하다 preserve vt. ~을 유지시키다 reputation n. 명성, 명망 premier a. 최고의 in addition to ~ 이외에 performance n. 공연 composer n. 작곡가 consist of ~으로 구성되다 classic n. 고전, 명작 such as prep. ~와 같은 broadcast vt. ~을 방송하다 box office 매표소 during prep. ~ 동안

1.

해설 ▶ 시제 문제로 새 프로그램이 시즌 첫 공연을 통해 미래에 공개되는 것이므로 새 프로그램은 앞으로 이 오케스트라의 명성을 유지시킬 프로그램이라는 뜻에서 미래시제를 사용해야 한다.

정답 ▶ (C)

2.

해설 ▶ 어휘 선택 문제로 명사구 young composers를 수식할 수 있는 알맞은 의미의 형용사는 (A) promising(장래가 촉망되는, 전도유망한)이다.

정답 ▶ (A)

3.

해설 ▶ 전치사 문제로 'A, B, and C와 같은 음악가들'에서 '~와 같은'이라는 뜻의 전치사는 such as이다. such as는 통상 앞에 복수명사 (musicians)를 두고 such as 다음에 그 복수명사를 일일이 하나씩 열거하는 전치사이다.

정답 ▶ (D)

4.

해설 ▶ 문맥 파악 문제로 빈칸 앞에 초연이 TV 생중계가 된다는 내용이 나왔으므로 이것을 이어받아 생중계는 오케스트라 창단 이래 처음 있는 일이라고 언급한 (C)가 논리적 연결에 가장 적절하다.

정답 ▶ (C)

PART 7

1. (B)   2. (C)

Questions 1-2 refer to the following survey.

Thank you for participating in our survey. **(1)Please fill out this form and return it to our office to claim your 10% discount coupon.**

Name: Alice Hill
City: Bath

1. Are you satisfied with your purchase?
Very☐ somewhat ☑ Not really ☐ Unsatisfied ☐

2. If not, what's the reason?
I planned to purchase an affordable laptop, but **(2)the salesman showed me the newest model.** Although he explained various functions of the model coherently, I felt pressured by him to buy it. I think the model is too big, more expensive and has functions I don't need actually.

3. How often do you visit White Mall?

Less than once a year	
Several times a year	✓
Once a month	
Once a week	

4. How do you like our customer services?

Excellent	
Satisfactory	
Unsatisfactory	✓
Unpleasant	

Mail to: White Mall Survey, P.O. Box 3452, Manvers, Bath BA1 2JP

설문조사에 참여해 주셔서 감사드립니다. 10% 할인권을 받으시려면 본 서식을 작성하여 저희 사무실로 보내 주십시오.

이름: Alice Hill
도시: Bath

구매에 만족하십니까?
매우 만족스럽다 ☐   만족스럽다 ☑   그저 그렇다 ☐   불만족스럽다 ☐

만족스럽지 않다면 이유가 무엇입니까?
저는 저렴한 노트북 컴퓨터를 구입할 계획이었는데 판매원이 최신 제품을 보여 주었어요. 비록 그가 제품의 다양한 기능을 조리 있게 설명해 주었지만 저는 그로 인해 이 제품을 꼭 사야 한다는 압박감을 느꼈어요. 제 생각에 그 제품은 너무 크고, 가격도 더 비싸고, 실제로 제가 필요로 하지 않는 기능들이 있습니다.

얼마나 자주 White Mall을 방문하십니까?

연 1회 이하	
연 서너 차례	✓
월 1회	
주 1회	

본사의 고객 서비스에 대해 어떻게 생각하십니까?

뛰어나다	
만족스럽다	
만족스럽지 않다	✓
불친절하다	

우편물 발송지: White Mall Survey, P.O. Box 3452, Manvers, Bath BA1 2JP

어휘 ▶ participate in ~에 참여하다 survey n. 조사 fill out ~을 작성하다 form n. 서식 claim vt. ~을 받다, 주장하다 discount coupon 할인권 be satisfied with ~에 만족하다 purchase n. 구매, 구매품 somewhat adv. 다소, 약간 affordable a. 저렴한 laptop n. 노트북 컴퓨터 function n. 기능 coherently adv. 조리 있게, 논리적으로 feel vi. ~한 기분을 느끼다 unpleasant a. 불쾌한

1. What will customers get for filling out the survey?
   (A) A refund
   (B) A future discount
   (C) A free membership
   (D) A different model

   설문을 작성함으로써 고객은 무엇을 받게 되는가?
   (A) 환불
   (B) 할인
   (C) 무료 회원권
   (D) 다른 제품

해설 ▶ (1) Please fill out this form and return it to our office to claim your 10% discount coupon.이라고 했으므로 고객이 받게 되는 것은 할인 혜택이다.

2. What can be implied about Ms. Hill's purchase?
   (A) It is affordable.
   (B) It can be exchanged.
   (C) It is the latest product.
   (D) It will be useful for her.

   Hill 씨의 구매품에 대해 무엇을 추론할 수 있는가?
   (A) 저렴하다.
   (B) 교환이 가능하다.
   (C) 최신 제품이다.
   (D) 그녀에게 유용할 것이다.

해설 ▶ (2) the salesman showed me the newest model이라고 했으므로 판매원이 최신 제품을 보여 주었다는 사실을 알 수 있다.

1. (B)	2. (A)	3. (B)	4. (B)	5. (A)	6. (A)
7. (B)	8. (B)	9. (A)	10. (A)		

1. What to do first when your car stops on the road ------- to push it to the roadside.

(A) are   **(B) is**

자동차가 도로에서 멈추었을 때 가장 먼저 해야 할 일은 자동차를 도로변으로 밀어내는 것이다.

해설 수 일치 문제로 [의문사 + to + v]의 명사구를 주어로 사용하고 있으므로 문장의 주어는 3인칭 단수이다. 이에 맞추어 단수동사 (B) is가 정답이다.

어휘 do vt. ~을 하다 push vt. ~을 밀다 roadside n. 길가, 도로변

2. I will let you know ------- deal with customer complaints through the training session.

(A) how to   (B) what to

연수 기간 동안 여러분들이 고객 불만사항을 해결할 수 있는 방법을 알려 드리겠습니다.

해설 명사구 문제로 타동사 know의 목적어 자리에 구조상 알맞은 명사구를 찾는 문제이다. 타동사 deal with 다음에 목적어 명사가 있으면 의문부사 how가 정답이고, 목적어가 없으면 의문대명사 what이 정답이다.

어휘 let vt. ~으로 하여금 …하게 하다 deal with ~을 처리하다, 해결하다 customer complaint 고객 불만 through prep. ~을 통해 training session 교육, 연수

3. We'll have a discussion about ------- to hire additional help to finish the work on time.

(A) whom   **(B) whether**

우리는 이 일을 정시에 끝내기 위해 추가 인력을 고용할지에 대한 논의를 할 것이다.

해설 명사구 문제로 전치사 about의 목적어 자리에 들어갈 알맞은 명사구 의문사를 찾는 문제이다. whom은 의문대명사이며 부정사의 목적어 자리에 들어갈 명사를 대신하기 때문에 목적어가 필요 없고, whether는 접속사로 부정사가 타동사면 목적어가 필요하다. 현재는 목적어 additional help가 있으므로 정답은 (B) whether이다.

어휘 discussion n. 토론, 논의 hire vt. ~을 고용하다 additional help 추가적인 도움(인력) on time 정시에

4. ------- Simpson has been responsible for the project for nearly 6 years is surprising.

(A) What   **(B) That**

Simpson이 그 프로젝트를 거의 6년간 담당해 오고 있다는 것은 놀라운 일이다.

해설 명사절 접속사 문제로 명사절이 완전하면 접속사 that을, 불완전하면 의문대명사 혹은 관계대명사 what을 사용한다. 본 문장은 구조가 완전하므로 정답은 (B) That이다.

어휘 be responsible for ~을 담당하다, 책임지다 surprising a. 놀라운

5. Ms. Poter claimed ------- assembly line workers are exposed to high levels of noise.

(A) that   (B) what

Poter 씨는 조립 라인 직원들이 높은 수준의 소음에 노출되어 있다고 주장했다.

해설 명사절 접속사 문제로 타동사 claim의 목적어인 명사절의 구조가 완전하므로 (A) that이 정답이다. 주어나 목적어가 빠져 있다면 그것을 대신하는 대명사인 의문대명사 혹은 관계대명사 what이 정답이다.

어휘 claim vt. ~을 주장하다 expose vt. ~을 노출하다 noise n. 소음

6. She will tell us ------- we have to carry out to prevent possible accidents in the workplace.

(A) whatever   (B) whenever

그녀는 직장에서 일어날 수 있는 사고를 방지하기 위해 우리가 실행해야 하는 것은 무엇이든 우리에게 알려 줄 것이다.

해설 명사절 접속사 문제로 수여동사 tell의 직접목적어인 명사절을 이끄는 접속사를 찾는 문제이다. 복합관계대명사 whatever는 명사절 접속사로 사용되지만, 복합관계부사인 whenever는 명사절로 사용되지 않고 항상 부사절 접속사로만 사용된다.

어휘 tell vt. ~에게 …을 알려 주다 carry out ~을 실행하다 prevent vt. ~을 방지하다 possible a. 가능한, 일어날 수 있는 workplace n. 직장

7. We have to decide ------- merger offer we should adopt to make a new leap.

(A) when   **(B) whose**

우리는 새로운 도약을 위해 누구의 합병 제안을 채택해야 할지 결정해야 한다.

해설 명사절 접속사 문제로 타동사 decide의 목적어인 알맞은 명사절을 이끄는 문제이다. 의문부사 when은 [when + 주어 + 동사]로 어순이 정해져 있지만, whose는 [whose + 주어 + 동사] 혹은 [whose + 목적어 + 주어 + 타동사] 둘 다 가능하다.

어휘 decide vt. ~을 결정하다 merger offer 합병 제안 adopt vt. ~을 채택하다, 도입하다 make a leap 도약하다

8. I asked the industry insiders ------- they regarded the practice as their own method or not.

(A) that   **(B) whether**

나는 업계 내부 소식통에게 그들이 그러한 관행을 자신들만의 방법으로 여기고 있는지 물었다.

해설 명사절 접속사 문제로 that과 whether는 둘 다 완전한 명사절을 이끄는 접속사이지만 whether에는 통상 or not이 함께 사용되고 that에는 or not이 수반되지 않는다.

어휘 ask vt. ~에게 …을 묻다 insider n. 내부자, ~을 잘 알고 있는 소식통 regard A as B A를 B로 여기다 practice n. 관행 method n. 방법, 방식

---

9. The researchers showed us ------- they had found at several excavation sites in China.

(A) what　　　　　(B) how

연구원들은 중국의 몇몇 발굴 현장에서 자신들이 발견한 것을 우리에게 보여 주었다.

해설 명사절 접속사 문제로 수여동사 show의 직접목적어를 이끄는 알맞은 접속사를 찾는 문제이다. 목적어로 사용되는 명사절의 구조가 완전하면 (B) how가, 불완전하면 (A) what이 정답이다. 명사절의 본동사 had found가 타동사인데 목적어가 빠져 있으므로 정답은 (A) what이다. 여기서 what은 '~ 것으로 해석되는 관계대명사이다.

어휘 researcher n. 연구원 show vt. ~에게 …을 보여 주다 excavation n. 발굴, 굴착 site n. 현장, 부지

---

10. I tried my utmost to answer ------- questions they asked during the job interview.

(A) whatever　　　　(B) whenever

나는 그들이 취업 면접 동안 물어본 그 어떤 질문에도 답하기 위해 최선을 다했다.

해설 명사절 접속사 문제로 타동사 answer의 목적어로 사용되는 명사절 접속사를 찾는 문제이다. 복합관계형용사 whatever는 명사절 접속사이지만, 복합관계부사 whenever는 부사절 접속사로만 사용되고 명사절 접속사로는 사용되지 않는다.

어휘 try one's utmost 최선을 다하다 answer vt. ~에 답하다 job interview 취업 면접

CHAPTER **05** 실전 예상 문제

PART 5

| 1. (B) | 2. (B) | 3. (D) | 4. (A) | 5. (D) | 6. (D) |
| 7. (B) | 8. (C) | 9. (B) | 10. (A) | | |

---

1. Please note ------- you have to fill out the enclosed form and return it to my office by Friday.

(A) what

(B) that

(C) unless

(D) as

동봉된 양식을 작성해서 금요일까지 제 사무실로 보내 주셔야 한다는 것을 명심하십시오.

해설 명사절 접속사 문제로 타동사 note의 목적어로 사용되는 명사절을 이끄는 알맞은 접속사를 찾는 문제이다. 접속사 이후 문장이 완전하므로 (B) that이 정답이다.

어휘 note vt. ~을 주목하다, 명심하다 fill out ~을 작성하다 enclosed a. 동봉된 form n. 서식, 양식 return vt. ~을 되돌려 보내다

---

2. Ms. Silvia delivered her speech on TV yesterday on ------- to cope with natural disasters.

(A) if

(B) how

(C) whose

(D) whom

Silvia 씨는 자연재해에 대처하는 방법에 대해 어제 TV 연설을 했다.

해설 명사구 문제로 전치사의 목적어로 사용되는 알맞은 명사구를 이끄는 의문사를 찾는 문제이다. whose는 의문형용사로 다음에 나오는 명사를 수식해야 하고 whom은 빠져 있는 목적어를 대신한다.

어휘 deliver a speech 연설하다 cope with ~에 대처하다 natural disaster 자연재해

---

3. The personnel manager will determine ------- will lead the design team from next month.

(A) that

(B) how

(C) whose

(D) who

인사과장이 누가 다음 달부터 디자인 팀을 이끌지 결정할 것이다.

해설 명사절 접속사 문제로 타동사 determine 이후 목적어 자리에 알맞은 명사절 접속사를 찾는 문제이다. [접속사＋주어] 역할을 동시에 할 수 있는 명사절 접속사는 의문대명사 (D) who이다. who는 주격으로 주어를 대신하고, whose는 소유격으로 이후 명사를 수식해야 한다.

어휘 personnel manager 인사과장 determine vt. ~을 결정하다 lead vt. ~을 이끌다, 지휘하다

---

4. If you don't know ------- to find periodicals, please let one of our librarians know without hesitation.

(A) where

(B) when

(C) what

(D) whatever

정기간행물을 어디서 찾아야 할지 모르시면 바로 우리 사서 중 한 명에게 알려 주십시오.

해설 명사구 문제로 타동사 know의 목적어로 사용되는 알맞은 명사구 의문사를 찾는 문제이다. 타동사 find의 목적어가 있으므로 문장이 완전하다. 문장이 완전할 때는 부사를 사용하며 의문부사 where와 when 중 의미상 where가 정답이다.

5. Our new CFO clearly answered the questions about ------- we could attract foreign capital.

(A) which

(B) what

(C) that

(D) how

우리의 새 최고재무책임자는 우리가 어떻게 외국 자본을 유치할 수 있었는지에 대한 질문에 명료하게 답했다.

해설 ▶ 명사절 접속사 문제로 전치사 about의 목적어 자리에 사용되는 명사절 접속사를 찾는 문제이다. 명사절 문장이 완전하므로 that, how 중 하나가 정답인데 that절은 통상 전치사의 목적어로 사용하지 않는다.

어휘 ▶ CFO 최고재무책임자(= Chief Financial Officer) attract vt. ~을 유치하다, 끌어들이다 foreign capital 외국 자본

6. The customers have the right to choose ------- they will get a refund or exchange items.

(A) so

(B) whatever

(C) what

(D) whether

고객들은 자신들이 환불을 받을지 혹은 제품을 교환할지를 선택할 수 있는 권리가 있다.

해설 ▶ 명사절 접속사 문제로 타동사 choose의 목적어로 사용되는 알맞은 명사절 접속사를 찾는 문제이다. what, whatever 등은 대명사로 불완전한 명사절을 이끌고 whether는 완전한 명사절을 이끈다. 문장의 구조가 완전하므로 정답은 (D) whether이다.

어휘 ▶ right n. 권리 choose vt. ~을 고르다, 선택하다 get a refund 환불을 받다 exchange vt. ~을 교환하다

7. We can't determine ------- strategy has the highest probability of avoiding other problems.

(A) who

(B) which

(C) whenever

(D) because

우리는 어떤 전략이 다른 문제를 피할 수 있는 개연성이 가장 높은지 결정할 수 없다.

해설 ▶ 명사절 접속사 문제로 타동사 determine의 목적어 자리에 명사 자격이 있는 접속사는 who와 which인데, 이미 주어 strategy가 있으므로 주어를 다시 사용할 필요가 없다. 따라서 정답은 의문형용사 which이다.

어휘 ▶ determine vt. ~을 결정하다 strategy n. 전략 probability n. 개연성 avoid vt. ~을 피하다

8. Financial experts advised ------- the related companies find a solution to address the issue.

(A) whether

(B) what

(C) that

(D) whatever

금융 전문가들은 관련 업체들이 이 문제 해결을 위한 해결책을 찾아내야 한다고 조언했다.

해설 ▶ 명사절 접속사 문제로 타동사 advise의 목적어 자리에 사용되는 알맞은 명사절 접속사를 찾는 문제이다. 명사절이 완전하므로 that절과 whether절 중 문맥상 (C) that절이 정답이다.

어휘 ▶ financial a. 금융의, 재정의 expert n. 전문가 advise vt. ~을 조언하다 related a. 관련된 solution n. 해결책 address vt. ~을 해결하다 issue n. 문제

9. New sales representatives learned ------- to best use their ability by enrolling in a training session.

(A) about

(B) how

(C) what

(D) which

신임 판매원들은 연수에 등록함으로써 자신들의 능력을 최대로 이용할 수 있는 방법을 배웠다.

해설 ▶ 명사구 문제로 타동사 learn의 목적어 자리에 명사구를 이끄는 알맞은 의문사를 찾는 문제이다. 부정사의 동사가 타동사이고 목적어가 있어 문장이 완전하므로 정답은 (B) how이다. 만일 부정사에 사용된 타동사의 목적어가 없다면 빠진 목적어를 대신할 수 있는 대명사인 의문대명사 what이나 which가 정답이다.

어휘 ▶ sales representative 판매원 learn vt. ~을 배우다 ability n. 능력 enroll in ~에 등록하다 training session 연수

10. The law firm will continually do ------- they can do to help us with the court case.

(A) what

(B) how

(C) where

(D) whoever

그 법률 회사는 그 소송 사건과 관련해서 우리를 돕기 위해 자신들이 할 수 있는 것을 계속 해줄 것이다.

해설 ▶ 명사절 접속사 문제로 타동사 do 이후 목적어로 사용되는 명사절 접속사를 찾는 문제이다. 명사절의 본동사 do가 타동사인데 목적어가 빠져 있으므로 문장이 불완전하다. 빠져 있는 목적어를 대신할 수 있는 대명사는 관계대명사 (A) what이다.

어휘 ▶ law firm 법률 회사 continually adv. 지속적으로 court case 소송 사건

PART 6

1. (A) 2. (C) 3. (B) 4. (C)

Questions 1-4 refer to the following e-mail.

To: sarah@oriental.com
From: helenhill@sunnyelec.com
Subject: Confirmation
Date: December 20

I'm sending this e-mail to **¹·(A) confirm** your order. The order number for your electric stove is 739484. Our record shows that you requested our **²·(C) latest** product, GX-2. We have enough stock on hand, so we guarantee on-time delivery. We will attach a bill to the shipment and you have to pay it within 5 business days of your receipt. The shipment should arrive at your address **³·(B) on** December 26. Our delivery man will give you a call before he visits your address. We need your signature to confirm receipt. **⁴·(C) Thus, you should be in your house at the appointed time.**

Best regards,
Helen Hill, Manager
Sales Department

수신: sarah@oriental.com
발신: helenhill@sunnyelec.com
제목: 확인
날짜: 12월 20일

고객님의 주문 확인을 위해 본 이메일을 보냅니다. 고객님의 전기난로 주문번호는 739484입니다. 주문 기록에는 고객님이 본사의 최신 제품 GX-2를 주문하신 것으로 확인됩니다. 저희는 해당 제품의 재고를 보유하고 있어 정시 배송을 보증합니다. 본사는 상품에 계산서를 첨부할 것이고 고객님은 제품 수령 후 영업일 기준 5일 이내에 결제를 해주셔야 합니다. 상품은 12월 26일에 고객님의 주소지에 도착 예정입니다. 저희의 배송 기사님이 고객님의 주소지를 방문하기 전에 전화를 드릴 것입니다. 저희는 수령 확인을 위해 고객님의 서명이 필요합니다. 따라서 고객님은 약속된 시간에 댁에 계셔야 합니다.

감사합니다.
영업부장,
Helen Hill

어휘 confirmation n. 확인 confirm vt. ~을 확인하다 order n. 주문(품) electric stove 전기난로 latest a. 최신의 stock n. 재고(품) on hand 수중에, 가까이에 guarantee vt. ~을 보증하다 on-time delivery 정시 배송 attach vt. ~을 첨부하다 bill n. 청구서 shipment n. 배송 화물 business day 영업일 receipt n. 수령 signature n. 서명 appointed time 약속된 시간

1.

해설 목적을 나타내는 to부정사의 부사적 용법을 사용한 문장으로 알맞은 동사 어휘를 찾는 문제이다. 문맥상 주문을 '확인하기 위해' 이메일을 보낸다는 내용이 정답이다.

정답 (A)

2.

해설 명사 product를 수식하는 형용사 문제로 '최신의' 제품이라는 의미가 되기 위해서는 최상급인 (C) latest가 정답이다.

정답 (C)

3.

해설 정확한 날짜와 요일을 나타내는 전치사는 (B) on이다.

정답 (B)

4.

해설 내용 파악 문제로 앞 문장의 내용이 상품 수령 확인 차 서명이 필요하다고 했으므로 서명을 하기 위해 집에 있어야 한다고 한 (C)가 정답이다.

정답 (C)

PART 7

1. (C) 2. (A)

Questions 1-2 refer to the following invitation.

⁽¹⁾ ⁽²⁾ The College of Education at the University of Ontario will hold a reception on the night of June 10 in honor of professor Kevin Scott who will be retiring after 23 years of loyal service to the organization. Everyone is welcome, so come and show your respect for his achievements and contributions.

- Date and Time: 7:00–9:00 P.M., Monday, June 10
- Place: Vincent Hall, 2nd floor, Milky Way Convention Center
- Dinner, Live Music, Casual Attire, Free Parking

For further information regarding the event, contact Paul Smith, dean's assistant at 662-7582-6903.

어휘 college of education 사범대학 hold vt. ~을 개최하다 reception n. 리셉션, 피로연 in honor of ~을 기념하여 retire vi. 은퇴하다 loyal a. 충성스러운 organization n. 기관, 단체 achievement n. 업적 contribution n. 기여 casual a. 격식이 없는 attire n. 복장 dean n. (대학 등의) 학장 assistant n. 비서, 조교

---

1. What kind of event will be held on Monday?

(A) A graduation

(B) An inauguration

(C) A retirement

(D) An alumni reunion

월요일에는 어떤 행사가 열릴 것인가?

(A) 졸업식

(B) 취임식

(C) 퇴임식

(D) 동창회

해설 (1) The College of Education at the University of Ontario will hold a reception on the night of June 10 in honor of professor Kevin Scott who will be retiring after 23 years of loyal service to the organization.의 내용 중 who will be retiring에서 퇴임식 관련해서 안내하는 내용임을 알 수 있다.

---

2. Who most likely is Mr. Scott?

(A) An educator

(B) An office worker

(C) A researcher

(D) A president of a university

Scott 씨는 누구이겠는가?

(A) 교육자

(B) 사무원

(C) 연구원

(D) 대학 총장

해설 (2) The College of Education at the University of Ontario will hold a reception on the night of June 10 in honor of professor Kevin Scott who will be retiring after 23 years of loyal service to the organization.의 내용 중 professor Kevin Scott에서 Mr. Scott이 교수, 즉 교육자라는 사실을 알 수 있다.

---

1. (B)	2. (A)	3. (A)	4. (A)	5. (B)	6. (A)
7. (A)	8. (A)	9. (B)	10. (A)		

1. We serve only ------- food to our customers considering their physical well-being.

(A) instant 　　　　　　**(B) healthy**

우리는 고객들의 신체 건강을 고려해 몸에 좋은 음식만을 제공한다.

해설 형용사 어휘 선택 문제로 고객들의 신체 건강을 고려했다면 '몸에 좋은' 음식이라는 의미의 (B) healthy가 알맞다.

어휘 serve vt. ~을 제공하다 healthy a. 몸에 좋은 instant a. 즉석의 considering prep. ~을 고려할 때 physical a. 물리적인, 육체적인 well-being n. 안녕, 행복

---

2. Most people agree that there is nothing ------- important than our health.

(A) more 　　　　　　(B) much

대부분의 사람들은 건강보다 더 중요한 것은 없다는 사실을 인정한다.

해설 형용사 비교급 문제로 형용사 important 다음의 than을 참조하면 (A) more가 정답이다. much는 형용사의 비교급을 수식하는 강조 부사이다.

어휘 agree vt. ~을 인정하다 important a. 중요한

---

3. In an effort ------- cordial relations, we hold periodic meetings with vendors and suppliers.

(A) to promote 　　　　(B) for promoting

우호적인 관계 증진을 위한 노력의 일환으로, 우리는 상인, 공급업자들과의 주기적인 모임을 개최한다.

해설 to부정사의 형용사적 용법 문제로 effort는 to부정사의 형용사적 용법의 수식을 받는 정해진 명사 중 하나이다.

어휘 in an effort to ~하려는 노력으로 promote vt. ~을 증진하다 cordial a. 따뜻한, 진심의 relation n. 관계 periodic a. 주기적인 vendor n. 상인 supplier n. 공급업자(체)

---

4. An improvised dance performance took place after the ------- concert held last night.

(A) live 　　　　　　(B) alive

지난밤에 열린 라이브 콘서트 이후에 즉흥적인 댄스 공연이 열렸다.

해설 한정적/서술적 용법의 형용사 문제로 alive, alike, alone 등은 서술적인 용법의 형용사로 보어 자리에만 사용될 수 있다.

어휘 improvised a. 즉흥의 performance n. 공연 take place 발생하다 concert n. 연주회

5. Merriam Complex currently ------- will be used as residential and commercial purposes.

(A) under the construction

(B) under construction

현재 공사 중인 Merriam 단지는 거주 및 상업 용도로 사용될 것이다.

해설 형용사구(전명구) 문제로 '공사 중인'이라는 의미의 형용사구는 한정사 없이 under construction으로 쓴다. 관용어구로 암기해야 한다.

어휘 currently adv. 현재 residential a. 거주용의 commercial a. 상업용의 purpose n. 목적

6. We had several cases of theft but I thought it was not a matter ------- at that time.

(A) of importance　　(B) of important

우리는 몇 건의 도난 사고를 겪었지만, 나는 당시 그 일을 중요한 문제로 생각하지 않았다.

해설 형용사구(전명구) 문제로 형용사구는 [전치사 + 명사]가 사용되므로 정답은 (A) of importance이다.

어휘 several a. 몇몇의 case n. 사건 theft n. 도둑질, 절도 of importance 중요한

7. The applicants ------- are good at English will have even higher employment opportunities.

(A) who　　(B) whom

영어에 능통한 지원자는 훨씬 더 높은 취업 기회를 갖게 될 것이다.

해설 형용사절, 주격 관계대명사 문제로 동사 앞에서 선행사(사람)를 수식하는 주격 관계대명사는 who 혹은 that이다.

어휘 applicant n. 지원자 be good at ~에 능통하다 employment opportunity 취업 기회

8. The external hard disk drives give us more storage room ------- we can instantly access.

(A) which　　(B) where

외장용 하드디스크 드라이브는 우리가 즉시 접속할 수 있는 더 많은 저장 공간을 제공한다.

해설 형용사절, 목적격 관계대명사 문제로 선행사(사물)를 수식하는 목적격 관계대명사는 which와 that이다. 목적격 관계대명사를 사용할 때는 종속절 문장에 타동사 혹은 전치사의 목적어가 없는 불완전한 문장이 필요하다.

어휘 external a. 외장용의 storage room 저장 공간 instantly adv. 즉각적으로 access vt. ~에 접속하다

9. We advised our affiliated companies ------- for the government-sponsored programs.

(A) registering　　**(B) to register**

우리는 정부 후원 프로그램에 등록하라고 계열사에 조언했다.

해설 목적격 보어 문제로 advise가 5형식 불완전타동사로 사용될 때 목적어와 보어의 관계는 [advise + sby + to + v]이다.

어휘 advise vt. ~에게 …하라고 조언하다 affiliated company 계열사 register for ~에 등록하다 government-sponsored a. 정부 후원의

10. If you run ------- of time to attend the training session, you can make up for it next month.

(A) short　　(B) shortly

만일 당신이 연수에 참여할 시간이 부족하다면 다음 달에 그것을 보충할 수 있다.

해설 관용어구 문제로 [run short of + 명사]는 '~이 부족하다'라는 의미의 관용어구로 사용되는 동사구이다. run이 불완전자동사로 사용될 때는 short과 같은 형용사 보어를 취할 수 있다.

어휘 run short of ~이 부족하다 attend vt. ~에 참가하다 training session 연수 make up for ~을 보충하다

CHAPTER **06** 실전 예상 문제

PART 5

| 1. (B) | 2. (A) | 3. (B) | 4. (C) | 5. (B) | 6. (D) |
| 7. (B) | 8. (C) | 9. (D) | 10. (A) | | |

1. The growth of our company will come through ------- employees and their commitment to the organization.

(A) dedicating　　**(B) dedicated**

(C) to dedicate　　(D) dedication

우리 회사의 성장은 헌신적인 직원들과 회사에 대한 그들의 노력을 통해 이루어질 것이다.

해설 형용사 어휘 문제로 '헌신적인 직원'은 dedicated employee이다. talented employee(재능 있는 직원), motivated employee(적극적인 직원) 등은 암기가 필요한 표현이다.

어휘 growth n. 성장 through prep. ~을 통해 commitment n. 전념, 노력, 몰두 organization n. 기관, 조직

2. Due to corrupt practices, we took a strong measure ------- illegal and dishonest attempts.

(A) to prevent　　(B) prevented

(C) preventable　　(D) preventive

부패한 관행 때문에 우리는 불법적이고 부정한 시도를 방지하기 위한 강력한 조치를 취했다.

---

3. Most companies consider personal abilities and experience ------- important than paper specs.

(A) much **(B) more**

(C) most (D) very

대부분의 기업들은 개인의 능력과 경험을 서류상의 사양보다 더 중요하게 여긴다.

해설 ▶ 형용사의 비교급 문제로 목적격 보어 자리의 형용사 important 다음의 than을 고려했을 때 (B) more가 정답이다.

어휘 ▶ consider vt. ~을 …이라고 여기다 personal a. 개인의 ability n. 능력 specs n. 사양, 명세서(= specification)

---

4. The director filmed the same scene over and over again until he was completely -------.

(A) satisfy (B) satisfying

(C) satisfied (D) satisfaction

그 감독은 자신이 완전히 만족할 때까지 같은 장면을 반복해서 촬영했다.

해설 ▶ 감정동사의 분사용법 문제로 사물 수식은 현재분사 -ing, 사람 수식은 과거분사 -ed를 사용한다.

어휘 ▶ film vt. ~을 촬영하다 scene n. 장면 over and over again 여러 번, 반복해서 completely adv. 완전히

---

5. The famous Jeju Island still remains one of ------- popular tourist attractions in Korea.

(A) the much **(B) the most**

(C) the best (D) the better

유명한 제주도는 여전히 한국에서 가장 인기 있는 관광 명소 중 하나이다.

해설 ▶ 형용사의 최상급 문제로 3음절 이상의 형용사 최상급에는 most를 붙여야 한다. 기본적으로 명사를 수식하는 형용사의 최상급에는 정관사 the가 수반된다.

어휘 ▶ famous a. 유명한 remain vi. 여전히 ~이다 popular a. 인기 있는 tourist attraction 관광 명소

---

6. Mr. Gordiva stated that he would launch the company on the stock market ------- his official retirement.

(A) less than (B) faster than

(C) prior than **(D) prior to**

Gordiva 씨는 자신의 공식 은퇴 전에 회사를 주식 시장에 상장시키겠다고 말했다.

해설 ▶ 라틴어원 형용사의 비교급 문제로 라틴어원의 형용사 비교급에는 than을 대신해 to를 사용한다. prior to는 통상 형용사보다는 전치사로 사용하는 비중이 높다.

어휘 ▶ state vt. ~을 명시하다 launch vt. ~을 상장시키다 stock market 주식 시장 prior to prep. ~ 전에 official retirement 공식 은퇴

---

7. We closed the assembly line temporarily due to mechanical faults ------- by the safety inspectors.

(A) discovering **(B) discovered**

(C) to discover (D) for discovering

우리는 안전 검사관에 의해 발견된 기계 결함 때문에 일시적으로 조립 라인을 폐쇄했다.

해설 ▶ 후치 형용사 문제로 mechanical faults (which were) discovered by ~ 구문에서 which were가 생략된 형태이다.

어휘 ▶ close vt. ~을 폐쇄하다 temporarily adv. 일시적으로 mechanical fault 기계 결함 safety inspector 안전 검사관

---

8. He bought a new cell phone, Stellar X-8, which is as expensive ------- a desktop computer.

(A) than (B) to

(C) as (D) as to

그는 새 휴대전화 Stellar X-8을 구매했는데, 그 전화기는 탁상용 컴퓨터만큼 비싸다.

해설 ▶ as ~ as 동등 비교 문제로 as와 as 사이에는 형용사와 부사의 원급만을 사용한다.

어휘 ▶ cell phone 휴대전화 as ~ as …만큼 ~한 expensive a. 비싼 desktop computer 탁상용 컴퓨터

---

9. The more complex the experiment process becomes, ------- manpower we will need to supervise it.

(A) the best (B) the most

(C) the less **(D) the more**

실험 과정이 복잡하면 복잡할수록 우리는 그것을 관리할 더 많은 인력이 필요하게 될 것이다.

해설 ▶ [the + 비교급, the + 비교급] 문제로 '더 많은 인력'이므로 (D) the more가 정답이다.

어휘 ▶ complex a. 복잡한 experiment process 실험 과정 manpower n. 인력 supervise vt. ~을 관리하다

---

10. Mr. Carlson is ------- qualified for the managerial position of the two final candidates.

(A) the more (B) the most

(C) more (D) much

Carlson 씨는 두 명의 최종 후보 중 관리직에 더 자격이 있다.

해설 ▶ 비교급에 정관사 the를 사용하는 예외적인 경우의 문제로 '둘 중 하나'로 정확히 한정될 때는 비교급에도 정관사 the를 사용할 수 있다.

어휘 ▶ be qualified for ~에 자격이 있다 managerial position 관리직 candidate n. 후보자

PART 6

1. (B) 2. (D) 3. (A) 4. (D)

Questions 1-4 refer to the following instructions.

Read the following instructions **1. (B) carefully** before starting to use Tess Electric Portable Heater. **2. (D) Keep your heater on a flat surface.** If not, it could cause a fire. The heater has special buttons for regulating the fan's temperature. This electric heater shuts down automatically **3. (A) when** the heater temperature reaches a certain point. **4. (D) Securely** attach the filter to the back of the heater, which is for filtering dust out.

Tess 이동용 전기 난방기를 사용하기 전에 다음 지시사항을 꼼꼼히 읽으십시오. 난방기를 평평한 곳에 두십시오. 그렇지 않으면 화재를 일으킬 수 있습니다. 이 난방기는 팬의 온도를 조절하는 특별한 버튼이 있습니다. 난방기의 온도가 일정 지점에 다다르면 이 전기 난방기는 자동으로 꺼지게 됩니다. 난방기의 뒤편에 필터를 단단히 붙이십시오. 이 필터는 먼지를 걸러줍니다.

이휘 ▶ **instruction** n. 지시 사항 **portable** a. 휴대용의, 이동용의 **heater** n. 난방기, 난로 **flat** a. 평평한 **surface** n. 표면 **cause** vt. ~을 야기하다 **regulate** vt. ~을 조절하다 **temperature** n. 온도 **shut down** ~이 꺼지다 **reach** vt. ~에 다다르다 **securely** adv. 단단히 **attach** vt. ~을 붙이다 **filter** n. 필터 vt. ~을 걸러내다 **dust** n. 먼지

1.

해설 ▶ 타동사 read의 목적어가 있으므로 이어질 품사는 동사를 수식하는 부사이다.

정답 ▶ **(B)**

2.

해설 ▶ 의미 파악 문제로 빈칸 다음에 '그렇지 않으면 화재를 일으킬 수 있다'는 내용이 이어지므로 빈칸에 들어갈 적절한 내용은 '난방기를 평평한 곳에 놓으라'고 한 (D)가 문맥상 알맞다.

정답 ▶ **(D)**

3.

해설 ▶ 부사절 접속사 문제로 주절과 종속절의 관계를 따져 '난방기의 온도가 일정 온도에 이르면 자동으로 꺼진다'는 내용을 연결하는 시간의 부사절이 정답이다.

정답 ▶ **(A)**

4.

해설 ▶ 명령문 문제로 '필터를 난방기의 뒤편에 단단히 고정하십시오'에서 동사를 수식할 수 있는 유일한 품사는 부사이고, 품사가 정해지면 해석상의 의미로 정답을 찾아야 한다. '단단히, 튼튼하게'라는 뜻의 부사는 (D) Securely이다.

정답 ▶ **(D)**

PART 7

1. (C) 2. (A)

Questions 1-2 refer to the following text-message chain.

George Anderson 10:00 A.M.
The office supplies we ordered arrived a few minutes ago.

Carol Evans 10:01 A.M.
Good! I found the printshop sent our brochures early this morning.

George Anderson 10:01 A.M.
(1)When will they arrive? I'd like to set them up before the end of the day.

Carol Evans 10:02 A.M.
Maybe between 4 and 5 o'clock.

George Anderson 10:03 A.M.
Okay. Can you order some extra posters for the event? I think we will need some of them on the day.

Carol Evans 10:04 A.M.
(2)I'm way ahead of you. They are coming with the brochures. Don't worry about it.

George Anderson 10:00 A.M.
우리가 주문한 사무용품이 몇 분 전에 도착했어요.

Carol Evans 10:01 A.M.
잘됐군요! 인쇄소에서 오늘 아침 일찍 홍보물을 보냈다는 내용을 확인했어요.

George Anderson 10:01 A.M.
홍보물이 언제 도착하는데요? 오늘 일과가 끝나기 전에 그것들을 비치하고 싶어요.

Carol Evans 10:02 A.M.
아마 4시에서 5시 사이일 거예요.

George Anderson 10:03 A.M.
좋아요. 행사에 사용될 여분의 포스터를 주문해 주시겠어요? 당일에 몇 부 필요할 거라는 생각이 들어서요.

Carol Evans 10:04 A.M.
제가 좀 앞서서 생각했네요. 여분의 포스터가 홍보물과 함께 올 거예요. 걱정하지 마세요.

1. What does George want to do during the day?

(A) Pick up more brochures for the conference

(B) Redesign the event posters

(C) Display some promotional materials

(D) Return some materials he ordered

George는 낮 동안 무엇을 하고 싶어 하는가?
(A) 회의를 위한 더 많은 홍보물 가져오기
(B) 행사 포스터 디자인 수정하기
(C) 홍보물 비치하기
(D) 자신이 주문한 몇몇 자료 돌려보내기

해설 (1) When will they arrive? I'd like to set them up before the end of the day.의 내용을 참조할 때, 근무 시간 동안 brochures, 즉 홍보물을 비치하겠다는 뜻이다.

2. At 10:04 A.M., what does Ms. Evans mean when she writes, "I'm way ahead of you"?

(A) She has requested additional posters.

(B) She has arrived at the event venue.

(C) She has made a payment in advance.

(D) She needs directions to the printshop.

오전 10시 4분에 Evans 씨가 "I'm way ahead of you"라고 쓴 내용은 어떤 의미인가?
(A) 그녀는 추가 포스터를 요청해 놓았다.
(B) 그녀는 행사장에 도착했다.
(C) 그녀는 이미 비용을 지불했다.
(D) 그녀는 인쇄소로 가는 약도가 필요하다.

해설 (2) I'm way ahead of you. 다음에 이어지는 내용이 They are coming with the brochures. Don't worry about it.이므로 이미 여분의 포스터를 요청해 놓았다는 의미이다.

CHAPTER **07** 확인 점검 문제

1. (A)	2. (B)	3. (A)	4. (B)	5. (A)	6. (A)
7. (B)	8. (B)	9. (A)	10. (A)		

1. Speaking foreign languages is regarded as an important factor but not ------- the only requirement for getting a job.

(A) necessarily　　　　(B) necessary

외국어 구사는 직업을 구하기 위한 중요한 요소로 여겨지지만 유일한 요구사항은 아니다.

해설 부사 관용어구 문제로 '꼭 ~한 것은 아니다'의 의미로 not necessarily 를 사용한다.

어휘 foreign language 외국어 be regarded as ~으로 여겨지다 factor n. 요소 requirement n. 요구사항 get a job 직업을 구하다

2. A recent study ------- shows that consumer preferences are changing depending on their age and gender.

(A) distantly　　　　**(B) distinctly**

최근의 한 연구는 소비자 기호가 그들의 연령과 성별에 따라 변화하고 있음을 분명히 보여 주고 있다. distantly는 '멀리'라는 의미의 부사이다.

해설 동사를 수식하는 부사 문제로 보기의 품사적 조건이 같으므로 문맥에 맞는 어휘 해석으로 해결해야 한다.

어휘 recent a. 최근의 study n. 연구, 조사 distinctly adv. 분명히 consumer preference 소비자 선호도 age n. 연령 gender n. 성별

3. We could get some positive results ------- after the project began last May.

(A) shortly　　　　(B) rightly

지난 5월 프로젝트가 시작되자마자 우리는 몇 가지 긍정적인 결과를 얻을 수 있었다.

해설 부사절을 수식하는 부사 문제로 보기의 품사적 조건이 같으므로 어휘 해석 문제이다. rightly는 '당연히'라는 의미의 부사이다.

어휘 positive a. 긍정적인 project n. 프로젝트, 사업 begin vi. 시작하다

4. The major project seems to be a failure ------- due to improper environmental influence appraisals.

(A) enormously　　　　**(B) entirely**

그 대형 사업은 전적으로 부적절한 환경 영향 평가로 인해 실패한 사업으로 보인다.

해설 부사구를 수식하는 부사 문제로 문맥에 맞는 어휘 해석으로 접근해야 하는 문제이다. enormously는 '엄청나게'라는 의미의 부사이다.

어휘 major a. 큰, 중요한 seem vi. ~처럼 보이다 failure n. 실패, 실패한 것 due to prep. ~ 때문에 improper a. 적절하지 못한 environmental influence appraisal 환경 영향 평가

5. Visitors have to keep in mind that the whole exhibition halls close up at 8 o'clock -------.

(A) sharp　　　　(B) sharply

방문객들은 모든 전시장이 8시 정각에 폐관한다는 사실을 명심해야 한다.

해설 부사 해석 문제로 sharp과 sharply는 둘 다 부사로 사용될 수 있다. sharp은 시간 등이 '정확하게', sharply는 증감동사 수식 부사로, '날카롭게, 급격히'의 의미를 지닌다.

6. Considering the age of the old equipment, the
replacement must start ------- this year.

(A) no later than　　　　(B) no more than

낡은 장비의 수명을 고려할 때 늦어도 올해에는 교체가 시작되어야 한다.

해설 ▶ 부사의 비교급 관용어구 문제로 no later than은 시간 등이 '늦어도
~까지'라는 의미를 갖는 반면 no more than은 양이나 금액 등이
'~밖에 되지 않는, ~ 이하의'의 뜻을 지닌 관용어구이다.

어휘 ▶ considering prep. ~을 고려할 때 age n. 수명, 나이
equipment n. 장비 replacement n. 교체

7. President Willson looked over the proposal -------
carefully among the executive members.

(A) very　　　　　　**(B) most**

중역들 중에서 Willson 사장이 가장 꼼꼼하게 그 제안서를 살펴보았다.

해설 ▶ 부사의 최상급 문제로 최상급은 비교의 대상이 셋 이상일 때 사용되
며 부사의 최상급에는 통상 정관사 the를 사용하지 않는 것이 원칙
이다.

어휘 ▶ look over ~을 조사하다, 살펴보다 proposal n. 제안(서)
among prep. (셋 이상의) ~ 중에 executive member 중역

8. We concluded that our employees depend
------- on the online network when carrying out
office tasks.

(A) firmly　　　　　　**(B) heavily**

우리는 우리 직원들이 업무를 처리할 때 온라인 네트워크에 과도하게
의지한다는 결론을 내렸다.

해설 ▶ 동사 수식 부사 문제로 품사적 조건이 동일하므로 어휘 해석으로 접
근하는 문제이다. firmly는 '단호히'라는 의미이다.

어휘 ▶ conclude vt. ~이라고 결론을 내리다 depend on + n ~에
의지하다 heavily adv. 과도하게 carry out ~을 수행하다 office
task 업무

9. To ------- the feasibility of the project, a team of
engineers will be dispatched to the local area.

(A) gauge　　　　　(B) gauging

프로젝트의 타당성 측정을 위해 엔지니어 한 팀이 현지로 파견될 예정이다.

해설 ▶ to부정사의 부사적 용법 중 목적을 묻는 문제이다. to부정사의 부사
적 용법도 하나의 부사이므로 이후 문장 전체를 수식한다.

어휘 ▶ gauge vt. ~을 측정하다 feasibility n. 타당성 dispatch vt.
~을 파견하다

10. Our regular staff meeting is held every Monday
------- at 9 in the main conference room.

(A) exactly　　　　　(B) clearly

우리의 정기 직원 회의는 매주 월요일 정확히 9시에 주 회의실에서 열린다.

해설 ▶ 부사구를 수식하는 부사 문제로 exactly는 '정확하게', clearly는 '명
백하게'라는 의미이다.

어휘 ▶ regular staff meeting 정기 직원 회의 hold vt. ~을 개최하다
exactly adv. 정확히 conference room 회의실

PART 5

1. (A)　2. (B)　3. (D)　4. (C)　5. (A)　6. (C)
7. (B)　8. (C)　9. (A)　10. (C)

1. Ms. Chang delivered her presentation on the
project ------- clearly and eloquently.

(A) quite　　　　　(B) much
(C) too　　　　　　　(D) even

Chang 씨는 프로젝트에 대한 발표를 매우 명료하고 유창하게 했다.

해설 ▶ 부사의 다른 부사 수식 문제로 원급의 부사를 수식하므로 very의 의
미를 지닌 (A) quite이 정답이다.

어휘 ▶ deliver a presentation 발표하다 quite adv. 매우 eloquently
adv. 유창하게

2. We never release faulty items ------- the quality
control team strictly examines the finished
products.

(A) because of　　　　**(B) because**
(C) due to　　　　　　(D) while

품질 관리팀이 완제품을 철저히 검사하기 때문에 우리는 결코 불량품을
출시하는 법이 없다.

해설 ▶ 부사절 접속사 문제로 주절과 종속절의 인과 관계를 따져 해석으로
접근하는 문제이다. 빈칸 뒤에 이어지는 내용이 이유를 나타내는 절
이므로 '~ 때문에'라는 의미의 접속사 because가 알맞다.

어휘 ▶ release vt. ~을 출시하다 faulty a. 불량의 quality control
team 품질 관리부 strictly adv. 철저하게 examine vt. ~을
검사하다 finished product 완제품

3. -------, the recognition of our products is being
improved among people all around the world.

(A) To increase　　　　(B) Increase
(C) Increasing　　　　**(D) Increasingly**

전 세계 사람들 사이에 우리 제품의 인지도가 점차적으로 향상되고 있다.

해설 ▶ 문장 전체를 수식하는 부사 문제로 문장이 완전할 때 문장 앞에서 문
장 전체를 수식할 수 있는 유일한 품사는 부사이다.

어휘 ▶ increasingly adv. 점차적으로 recognition n. 인지도 improve
vt. ~을 향상하다

4. Mr. Davis got to the banquet hall first and the CEO
of Golden Motors arrived shortly ------- .

(A) enormously   (B) sharply

(C) thereafter   (D) later

Davis 씨가 첫 번째로 연회장에 도착했고 Golden Motors의 대표가 바로
그 다음으로 도착했다.

해설 ▶ 순서를 나타내는 부사 문제로 'A가 1등으로, 그 다음 B가 2등으로'
처럼 어떤 일이 순서대로 일어날 때 '그 다음으로'라는 뜻으로
(C) thereafter를 사용한다.

어휘 ▶ get to ~에 도착하다 banquet hall 연회장 shortly adv. 곧

5. Housing transactions are sluggish at present, but
experts expect that housing trades will become
active again ------- .

(A) eventually   (B) exclusively

(C) conveniently   (D) similarly

현재 주택 거래는 침체 국면이지만 전문가들은 주택 거래가 결국 다시
활성화될 것이라고 예상하고 있다.

해설 ▶ 완전한 문장에서 형용사 active를 수식하는 단순 부사 문제로 해석
을 통해 접근하는 어휘 문제이다. 문맥상 '결국'이라는 의미의 부사
eventually가 적절하다.

어휘 ▶ housing transaction 주택 거래 sluggish a. 느린, 침체의
at present 현재 expert n. 전문가 expect vt. ~을 예상하다
active a. 활동적인 eventually adv. 결국, 마침내

6. ------- the residents may be exposed to risks,
determining a site for a power plant will inevitably
be difficult.

(A) While   (B) Although

(C) Because   (D) Unless

주민들이 위험에 노출될 수 있기 때문에 발전소 부지를 결정하는 일은
불가피하게 어려운 일이 될 것이다.

해설 ▶ 부사절 접속사 문제로 주절과 종속절의 인과 관계를 해석으로 파악
해서 정답을 찾아야 한다.

어휘 ▶ resident n. 거주민 expose vt. ~을 노출하다 risk n. 위험
determine vt. ~을 결정하다 site n. 부지, 용지 power plant
발전소 inevitably adv. 불가피하게, 필연적으로

7. The device will allow users to read the electronic
text more ------- than the text printed on the
paper.

(A) convenient   **(B) conveniently**

(C) convenience   (D) convene

이 장치는 사용자로 하여금 종이에 인쇄된 문자보다 이텍스트를 더 편하게
읽도록 할 것이다.

해설 ▶ 품사 선택 문제로 문장의 구조가 완벽하므로 부사가 들어갈 자리이
다. 부사의 비교급이 사용된 문장이다.

어휘 ▶ device n. 장치 allow vt. ~가 …을 가능하게 하다 electronic
text 이텍스트 conveniently adv. 편리하게, 쉽게 print vt. ~을
인쇄하다

8. ------- the current economic growth rate,
the government should ease some business
regulations if necessary.

(A) Maintain   (B) Maintained

(C) To maintain   (D) For maintain

현재의 경제 성장률을 유지하기 위해, 정부는 필요할 경우 몇몇 사업 규제를
완화해야 한다.

해설 ▶ to부정사의 부사적 용법 중 목적을 묻는 문제로 to부정사의 부사적
용법은 일반 부사와 마찬가지로 이어지는 문장 전체를 수식한다.

어휘 ▶ maintain vt. ~을 유지하다 economic growth rate 경제
성장률 ease vt. ~을 완화하다 business regulation 사업 규제
necessary a. 필요한

9. Our major local offices are ------- located in the
core commercial districts of major cities.

(A) conveniently   (B) kindly

(C) boldly   (D) immensely

우리의 주요 지점은 주요 도시의 핵심 상업지구에 편리하게 위치하고 있다.

해설 ▶ 동사를 수식하는 부사 어휘 해석 문제로 '~이 …에 편리하게 놓여
있다'라고 말할 때는 (A) conveniently가 적절하다.

어휘 ▶ local office 지점, 지역 사무실 locate vt. ~을 위치시키다
commercial district 상업지구

10. Since we conducted safety training, the number
of accidents has decreased ------- .

(A) consider

(B) consideration

(C) considerably

(D) considerable

우리가 안전 교육을 실시한 이후에 사고 건수가 현저히 줄어들었다.

해설 ▶ 증감동사 수식 부사 문제로 문장이 완전하므로 이어지는 빈칸에 들
어갈 품사는 부사이며, 이 부사는 동사를 수식한다.

어휘 ▶ since conj. ~ 이후 줄곧 conduct vt. ~을 실시하다 safety
training 안전 교육 number n. 수 decrease vi. 감소하다
considerably adv. 현저하게, 상당히

PART 6

1. (B)   **2.** (C)   **3.** (A)   **4.** (D)

Questions 1-4 refer to the following instruction.

Use of Computer Lab

The computer lab **1.(B) on** the 10th floor is to be used only by the employees who have enrolled for an online training course through the technical services department. **2.(C) Employees cannot use the facility for any other purposes.** Any employees who want to take online training courses must get their manager's **3.(A) approval** first and fill out the proper course application form. You should then hand in the form to David Howman in the technical services department, who will give you **4.(D) additional** information about how to use the computer lab.

컴퓨터 실습실 사용

10층에 있는 컴퓨터 실습실은 기술 서비스부를 통해 온라인 교육에 등록된 직원들만을 위해 사용될 예정입니다. 직원들은 다른 용도로는 이 시설을 이용할 수 없습니다. 온라인 교육 참가를 원하는 직원들은 우선 관리자의 승인을 받아야 하며 해당 강좌 지원서를 작성해야 합니다. 그런 다음 지원서를 기술 서비스부의 David Howman에게 제출해야 하며 그가 컴퓨터 실습실 사용에 대한 추가정보를 드릴 것입니다.

어휘 ▶ Computer Lab 컴퓨터 실습실 enroll vi. (강좌 등에) 이름을 등록하다 training course 교육 과정 through prep. ~을 통해 technical services department 기술 서비스부 facility n. 시설, 설비 purpose n. 목적 approval n. 승인, 허가 fill out ~을 작성하다 application form 지원서 hand in ~을 제출하다 additional a. 추가적인

1.

해설 ▶ 전치사 문제로 낱말과 낱말을 이어주는 연결어는 전치사이고 층수를 알려주는 전치사는 (B) on이다.

정답 ▶ (B)

2.

해설 ▶ 내용 파악 문제로 컴퓨터 실습실이 온라인 교육에만 사용된다고 했으므로 이어질 내용은 다른 용도로는 사용될 수 없다고 한 (C)가 정답이다.

정답 ▶ (C)

3.

해설 ▶ 어휘 선택 문제로 온라인 연수 참가를 원하는 직원들은 관리자의 '승인'을 받아야 한다는 의미의 (A) approval이 정답이다.

정답 ▶ (A)

4.

해설 ▶ 명사를 수식하는 형용사 문제로 컴퓨터 실습실 사용에 대한 '추가적인' 정보라는 의미의 (D) additional이 정답이다.

정답 ▶ (D)

PART 7

1. (C)   **2.** (B)   **3.** (B)

Questions 1-3 refer to the following letter.

Modern Medical Science
435 Stein Road, Ontario

October 18
Jessica Glenshaw
8487 Mendoza Street
Ontario

Dear Glenshaw,

—[1]—. Thank you for being a subscriber to *Modern Medical Science*. We'd like to let you know that your current subscription expires on October 31. —[2]—. Just fill out and send back the renewal form that has been enclosed with this letter.

Modern Medical Science is a leading health magazine in the country and provides readers with the latest news and developments in the medical field. —[3]—. As always, we are sure that you will continue to enjoy all of our contents including the entertaining columns of Dr. Anderson Rio and the informative health tips from Professor Oscar Weaver. —[4]—.

Sincerely,

Sarah Brightman
Circulation Director

Modern Medical Science
Stein 로 435번지, 온타리오

10월 18일
Jessica Glenshaw
Mendoza 가 8487번지
온타리오

친애하는 Glenshaw님께,

〈Modern Medical Science〉를 구독해 주셔서 감사합니다. 독자님의 현재 구독 기간이 10월 31일에 만료된다는 것을 알려 드립니다. 이번 달 말까지 독자님의 계정을 갱신하시면 무료도 다용도 가방을 받으실 것입니다. 이 편지에 동봉된 갱신 신청서를 작성하신 후 반송해 주십시오.

〈Modern Medical Science〉는 우리나라의 선두적인 의료 잡지로 독자분들께 의료 분야의 최신 소식과 발전상을 제공합니다. 늘 그래 왔듯이, 독자분들은 Anderson Rio 박사의 재미있는 칼럼을 포함한 모든 콘텐츠를 읽으실 수 있으며 Oscar Weaver 교수의 유익한 건강 정보도 보실 수 있습니다.

감사합니다.
발행부장
Sarah Brightman

어휘 ▶ modern a. 현대적인 medical science 의료 과학 subscriber n. 구독자 current a. 현재의 subscription n. 구독 expire vi. 만료되다 fill out ~을 작성하다 renewal form 갱신 양식 enclose vt. ~을 동봉하다 leading a. 선두적인 magazine n. 잡지 provide A with B A에게 B를 제공하다 development n. 발전, 발전상 continue vt. ~을 지속하다 entertaining a. 재미있는, 흥미로운 column n. 칼럼, 기사 informative a. 유익한 tip n. 정보 circulation n. 유통, 발행 부수

---

1. What is the purpose of the letter?
   (A) To offer health advice
   (B) To introduce a new magazine
   (C) To suggest renewing the subscription
   (D) To promote a special event

   편지의 목적은 무엇인가?
   (A) 건강상의 조언 제공
   (B) 새로운 잡지 소개
   (C) 구독 갱신 제안
   (D) 특별 행사 홍보

해설 ▶ (1) We'd like to let you know that your current subscription expires on October 31. -[2]-. Just fill out and send back the renewal form that has been enclosed with this letter.와 [2]의 내용, "If you renew your account by the end of the month, you will receive a versatile bag at no charge."의 내용을 참조할 때 편지의 목적이 구독 갱신 권유라는 것을 알 수 있다.

---

2. What is suggested about Dr. Anderson Rio?
   (A) He will give a presentation.
   (B) He writes for a magazine.
   (C) He is subscribing to a magazine.
   (D) He develops medical tools.

   Anderson Rio 박사에 대해 암시된 것은?
   (A) 그는 발표를 할 것이다.
   (B) 그는 잡지에 기고를 한다.
   (C) 그는 잡지를 구독하고 있다.
   (D) 그는 의료 장비를 개발한다.

해설 ▶ (2) we are sure that you will continue to enjoy all of our contents including the entertaining columns of Dr. Anderson Rio의 내용을 참조할 때 Anderson Rio 박사가 이 잡지에 칼럼을 써 오고 있다는 것을 알 수 있다.

---

3. In which of the positions marked [1], [2], [3] and [4] does the following sentence best belong?

   "If you renew your account by the end of the month, you will receive a versatile bag at no charge."

   (A) [1]
   (B) [2]
   (C) [3]
   (D) [4]

   [1], [2], [3], [4]의 자리 중에서 다음 문장이 들어갈 가장 알맞은 곳은 어디인가?

   "이번 달 말까지 독자님의 계정을 갱신하시면 무료로 다용도 가방을 받게 되실 것입니다."

   (A) [1]
   (B) [2]
   (C) [3]
   (D) [4]

해설 ▶ 내용 파악 문제로 구독 기간 만료일을 알려 주며 이번 달 말까지 구독 갱신을 하면 선물을 받는다는 내용이므로 갱신 안내 앞인 [2]에 들어가는 것이 문맥상 적절하다.

CHAPTER 08 확인 점검 문제

| 1. (A) | 2. (B) | 3. (B) | 4. (A) | 5. (A) | 6. (B) |
| 7. (A) | 8. (B) | 9. (A) | 10. (B) | | |

1. To avoid possible errors, I make it a rule to double check ------- before turning it in.
   (A) every report　　(B) every reports

   혹시 있을 수 있는 오류를 피하기 위해 나는 모든 보고서를 제출하기 전에 두 번씩 확인한다.

해설 ▶ 단수/복수 기본 한정사 문제로 every는 해석상의 의미와 관계없이 가산명사의 단수만을 수식하는 한정사이다.

어휘 ▶ avoid vt. ~을 피하다 possible a. 일어날 수 있는 error n. 오류, 실수 make it a rule to ~을 습관[규칙]으로 하다 check vt. ~을 점검하다 turn in ~을 제출하다

---

2. ------- book in this series has many pictures to make us understand more about our surrounding ecosystem.
   (A) Most　　　　**(B) Each**

   이 시리즈의 각 책은 우리가 우리 주변의 생태계에 대해 더 잘 이해할 수 있도록 많은 삽화를 담고 있다.

해설 ▶ 단수/복수 기본 한정사 문제로 book이 가산명사의 단수이므로 수식어로 (B) Each가 알맞다.

어휘 ▶ series n. 시리즈, 연작 understand vt. ~을 이해하다
surrounding a. 주변의 ecosystem n. 생태계

3. I don't have ------- specific information regarding the performance appraisals of the sales representatives.

(A) some　　　　　　**(B) any**

나는 판매 직원들의 업무 수행 평가에 대한 구체적인 정보가 없다.

해설 ▶ 만능 한정사 some/any 구분 문제로 긍정에는 some을, 부정문과 의문문, 조건문에는 any를 사용한다.

어휘 ▶ specific a. 구체적인, 특정한 information n. 정보 regarding prep. ~에 대한 performance appraisals 업무 능력 평가 sales representative 판매 사원

4. A number of special ------- will be held to promote active debates and social opportunities for the members.

(A) sessions　　　　(B) session

적극적인 토론과 회원들을 위한 사교적 기회를 증진하고자 많은 특별 회의가 열릴 것이다.

해설 ▶ 단수/복수 명사 구분 문제로 수량형용사 a number of는 가산명사의 복수를 수식한다.

어휘 ▶ a number of (가산명사 수식) 많은 session n. 회의, 회합 promote vt. ~을 증진하다 debate n. 토론, 논쟁 social opportunity 사교적 기회

5. Mr. Thompson, head of the marketing office invited us to ------- wife's piano recital.

(A) his　　　　　　(B) the

마케팅 부장인 Thompson 씨는 자신의 아내의 피아노 독주회에 우리를 초대했다.

해설 ▶ 정관사/소유격 구분 문제로 the wife라고 하면 구체적으로 누구의 아내인지 알 수 없으므로 '자신의 아내', 즉 인칭대명사의 소유격으로 한정해야 '자신의 아내의 피아노 독주회'로 정확히 한정할 수 있다.

어휘 ▶ head n. 부서장, 우두머리 invite vt. ~을 초대하다 piano recital 피아노 독주회

6. Heavy yellow sand storms from China come to the Korean peninsula and cover ------- every spring.

(A) clear sky　　　　**(B) clear skies**

중국으로부터 불어오는 짙은 황사먼지가 봄마다 한반도로 날아와 맑은 하늘을 뒤덮는다.

해설 ▶ 불가산명사의 가산명사화와 한정사의 사용 관계를 묻는 문제이다. 불가산명사인 sky를 수식하는 형용사 clear로 인해 '맑은 하늘/흐린 하늘'처럼 하늘의 종류가 둘 이상으로 나뉘고 있으므로 sky를 가산명사로 취급하여 한정사를 붙여야 알맞은 표현이다.

어휘 ▶ yellow sand storm 황사 바람 Korean peninsula 한반도 cover vt. ~을 뒤덮다

7. In ------- effort to improve quality of life, the government will increase the welfare budget substantially.

(A) an　　　　　　(B) the

삶의 질 개선을 위한 노력으로 정부는 복지 예산을 상당히 증액할 것이다.

해설 ▶ 정관사/부정관사 구분 문제로 [in an effort to + v]는 관용어구로 암기하는 것이 바람직하다. 부정사가 effort를 수식해 한정하고 있지만, 예산 증액은 삶의 질 개선을 위한 정부의 많은 노력 중 하나(an effort)이기 때문에 the가 아니라 '하나'라는 의미의 a/an을 사용해야 한다.

어휘 ▶ in an effort to ~하려는 노력으로 improve vt. ~을 개선하다 quality of life 삶의 질 increase vt. ~을 증가시키다 welfare budget 복지 예산 substantially adv. 상당히, 많이

8. Mr. Kennedy is a third-term lawmaker and he was appointed ------- of the environment.

(A) a minister　　　　**(B) minister**

Kennedy 씨는 3선 의원으로 환경부 장관직에 임명되었다.

해설 ▶ 무관사 문제로 보어 혹은 호칭으로서의 관직/직함 등에는 한정사를 붙이지 않는 것이 원칙이다.

어휘 ▶ third-term lawmaker 3선 의원 appoint vt. ~을 …으로 임명하다 minister n. 장관(직) environment n. 환경

9. Khan Asset, an accounting company, wants all of its employees to get national accounting -------.

(A) certification　　　(B) certificate

회계 회사인 Khan Asset은 회사의 모든 직원들이 국가 공인 회계사 자격을 취득하기를 원한다.

해설 ▶ 가산/불가산명사 구분과 한정사 사용 문제로 타동사 get의 목적어 자리에 사용된 명사에 한정사가 없으므로 불가산명사 (A) certification이 정답이다.

어휘 ▶ accounting n. 회계(학) certification n. 자격 certificate n. 증서, 자격증, 면허장

10. They have to pass all the courses during the training session and there will be ------- exceptions granted.

(A) not　　　　　　**(B) no**

그들은 연수 동안 모든 과정을 통과해야 하며 예외가 주어지지는 않을 것이다.

해설 ▶ 명사를 수식하는 만능 한정사 문제로 예외가 없다는 뜻으로 (B) no가 정답이다. not은 will not be처럼 조동사 뒤, 본동사 앞에 들어가야 한다.

어휘 ▶ pass vt. ~에 합격하다 course n. 과정, 과목 training session 연수 exception n. 예외 grant vt. ~을 부여하다, 주다

PART 5

1. (A)	2. (D)	3. (C)	4. (B)	5. (D)	6. (A)
7. (D)	8. (B)	9. (C)	10. (B)		

1. Some landlocked countries in Asia will benefit from the highway project by gaining ------- to ports.

(A) better access
(B) many accesses
(C) any access
(D) some accesses

아시아의 몇몇 내륙 국가들은 항구에 더 편리하게 접근함으로써 고속도로 프로젝트를 통해 혜택을 누리게 될 것이다.

[해설] 가산/불가산명사 구분과 한정사 사용 문제로 access는 불가산명사이기 때문에 복수로 사용할 수 없다. 해석상 better access가 정답이다.

[어휘] landlocked a. 내륙의 benefit from ~으로부터 혜택을 누리다 gain vt. ~을 얻다 access n. 접근, 접속, 이용 port n. 항구, 부두

2. While designers have successfully met their goal, R&D researchers haven't collected ------- to solve the problem.

(A) informations
(B) an information
(C) every information
(D) any information

디자이너들은 성공적으로 목표를 달성한 반면 연구 개발 부서의 연구원들은 문제 해결을 위한 어떤 정보도 취합하지 못했다.

[해설] 가산/불가산명사, 한정사 구분 문제로 information은 절대불가산명사로 단수/복수를 나타내는 기본 한정사의 수식을 받을 수 없다. 부정문이므로 만능 한정사 any를 사용한 (D) any information이 정답이다.

[어휘] while conj. ~하는 반면 meet one's goal 목표를 달성하다, 임무를 완수하다 R&D 연구개발(= research and development) collect vt. ~을 수집하다 solve vt. ~을 해결하다

3. Prices of your shopping items are subject to ------- due to the fluctuation in exchange rates.

(A) your change
(B) changeful
(C) change
(D) changing

환율의 등락 때문에 구매하신 물품의 가격은 변동이 가능합니다.

[해설] 품사 구분 및 어휘 해석 문제로 [be subject to + 명사]는 하나의 관용어구이며 전치사 to의 목적어 자리에 반드시 명사를 사용해야 한다. 동명사의 경우 동사 성질이 있으므로 후속 목적어 혹은 보어를 수반한다.

[어휘] price n. 가격 item n. 물품, 품목 be subject to ~될 수 있다 fluctuation n. 등락, 변동 exchange rate 환율

4. It will take ------- for us to be ready for the merger with American Royal Bank.

(A) long time
(B) a long time
(C) several times
(D) at all times

우리가 American Royal Bank와 합병 준비를 하는 데는 긴 시간이 걸릴 것이다.

[해설] 불가산명사의 가산명사화와 한정사와의 관계를 묻는 문제로 time은 불가산명사이지만 형용사 long의 수식을 받아 '긴 시간/짧은 시간'처럼 두 개 이상의 시간이 되면 가산명사화되고 이때는 반드시 단수/복수의 기본 한정사를 수반해야 한다.

[어휘] take vt. (시간 등이) ~걸리다 be ready for ~할 준비가 되다 merger n. 합병, 병합

5. When you review sales reports, there will be distinctive seasonal variations that you have to take into -------.

(A) a consideration
(B) the consideration
(C) considerations
(D) consideration

판매 보고서를 검토할 때, 당신이 고려해야 할 뚜렷한 계절 변동이 있을 것이다.

[해설] 무관사 관용어구 문제로 '~을 고려하다'라는 뜻의 take into consideration은 하나의 관용어구이며 한정사를 사용하지 않는다.

[어휘] review vt. ~을 검토하다 sales report 판매 보고서 distinctive a. 뚜렷한 seasonal variation 계절 변동, 계절적 변화 take into consideration ~을 고려하다

6. She never complained about the frequent business trips and always enjoyed that kind of -------.

(A) work
(B) a work
(C) works
(D) workings

그녀는 잦은 출장에 대해 불만이 없었고 항상 그런 종류의 일을 즐겼다.

[해설] 한정사 사용 여부를 묻는 문제로 work는 불가산명사이며 단수/복수 기본 한정사의 수식을 받지 않는다.

[어휘] complain about ~에 대해 불만을 토로하다 business trip 출장 enjoy vt. ~을 즐기다 work n. 일, 직업

7. Since Mr. Baker was employed last year, he has been dealing with various ------- very skillfully.

(A) complain
(B) complains
(C) complaint
(D) complaints

Baker 씨는 작년에 고용된 이후 줄곧 다양한 불만 사항을 매우 능숙하게 처리해 오고 있다.

해설 특정 수량형용사의 수식을 받는 알맞은 명사를 찾는 문제로 수량형용사 various는 가산명사의 복수를 수식한다.

어휘 employ vt. ~을 고용하다　deal with ~을 처리하다, 다루다　various a. 다양한　complaint n. 불만, 불만 사항　skillfully adv. 능숙하게

---

8. ------- clothing you ordered online today will be delivered within the next 5 business days.

(A) A
(B) The
(C) These
(D) Every

오늘 고객님이 온라인으로 주문하신 의류는 향후 영업일 기준으로 5일 이내에 배송될 예정입니다.

해설 명사와 한정사와의 관계를 묻는 문제로 clothing은 불가산명사이므로 단수/복수 기본 한정사의 수식을 받을 수 없고, '오늘 온라인으로 주문한 의류'로 정확히 한정되었으므로 정관사 the를 사용해야 한다.

어휘 clothing n. 의류　order vt. ~을 주문하다　deliver vt. ~을 배송하다　business day 영업일

---

9. ------- the leading companies consider Singapore as the most ideal place to do business with Asian countries.

(A) Almost of
(B) Most
(C) Most of
(D) Some

대부분의 선도 기업들은 싱가포르를 아시아 국가들과 사업하기에 가장 이상적인 곳으로 여긴다.

해설 한정사의 중복과 품사를 묻는 문제로 한정사는 중복해서 사용할 수 없으므로 most, some은 정답이 될 수 없다. 전치사 of를 기준으로 앞에는 문장의 주어인 대명사가 필요하므로 정답은 most를 사용한 (C)이다. almost는 부사이기 때문에 부분대명사 자리에 사용될 수 없다.

어휘 leading a. 선두적인, 앞서나가는　consider A as B A를 B로 간주하다　ideal a. 이상적인　do business with ~와 사업하다

10. The Spring Garden Hotel was chosen as ------- best place to stay while visitors travel around the city.

(A) a
(B) the
(C) only
(D) single

Spring Garden Hotel은 방문객들이 이 도시를 여행하는 동안 머무르기에 가장 좋은 곳으로 선정되었다.

해설 형용사의 최상급을 묻는 문제로 형용사의 최상급에는 정관사 the가 필요하다.

어휘 choose A as B A를 B로 선정하다　travel vi. 여행하다

PART 6

1. (B)	2. (A)	3. (D)	4. (C)

Questions 1-4 refer to the following article.

New Season for Lucerne Youth Choir

The Lucerne Youth Choir is ready to start **1.(B) another** season of brilliant recitals. The choir **2.(A) has made** a name for itself during the past few years, receiving positive reviews from the critics. This year promises to be even better, so it's a good idea to reserve your seats now. **3.(D) The choir will also hold an appreciation night for its fans.** This event will be held right after the first show. If you book your tickets online this week, you can get your tickets **4.(C) at** a 10% discount.

Lucerne 소년 합창단의 새 시즌

Lucerne 소년 합창단이 멋진 발표회를 위해 새 시즌을 시작할 준비가 되었습니다. 이 합창단은 비평가들로부터 긍정적인 평을 받으며 지난 몇 년 동안 자신만의 명성을 쌓아 왔습니다. 올해는 더욱 훌륭한 공연이 될 것이므로 지금 예약하는 것이 좋을 것 같습니다. 합창단은 또한 팬들을 위해 감사의 밤 행사를 개최할 것입니다. 이 행사는 초연 바로 이후에 열릴 것입니다. 이번 주 온라인으로 표를 예매하시면 10% 할인을 받으실 수 있습니다.

어휘 season n. (공연·스포츠 등의) 시즌　choir n. 합창단, 성가대　be ready to ~할 준비가 되다　brilliant a. 멋진, 훌륭한　recital n. 독주회, 연주회　positive a. 긍정적인　review n. 평, 평가　critic n. 비평가　reserve vt. ~을 예약하다　appreciation n. 이해, 감사　fan n. 애호가, 지지자　book vt. ~을 예약하다　discount n. 할인(액)

1.

해설 ▶ 가산명사를 수식하는 한정사 문제로 one more season, different season이라는 의미의 another가 정답이다. others와 each other 는 대명사로 명사 season을 수식하는 자리에 사용할 수 없다. the other는 비교될 만한 다른 시즌이 있어야 사용할 수 있는 표현이다.

정답 ▶ (B)

2.

해설 ▶ 시제 문제로 이어지는 내용인 during the past few years를 참조해 현재완료시제임을 알 수 있다. 목적어 a name이 있으므로 능동태가 정답이다.

정답 ▶ (A)

3.

해설 ▶ 내용 파악 문제로 이어지는 문장의 this event를 참조하면 앞에 어떤 행사에 대한 언급이 있어야 하므로 이 내용을 충족시키는 문장은 (D)이다.

정답 ▶ (D)

4.

해설 ▶ 전치사 문제로 가격을 나타낼 때는 전치사 at을 쓴다.

정답 ▶ (C)

PART 7

1. (A)   2. (D)   3. (C)

Questions 1-3 refer to the following review.

***Daddy's Kitchen* by Andrew Hill**

Review by Linda Lopez

When I received *Daddy's Kitchen*, I was initially hesitant to open it. In recent years, countless cookbooks have been published. It seems that each one claims to have recipes that are the easiest to follow and that contain the healthiest ingredients. To be honest, I've been tired of reading those books.

However, when I opened *Daddy's Kitchen,* I was pleasantly surprised. (2)**Mr. Hill's latest book is head and shoulders above those of others.** It contains more than 100 recipes, each of which is accompanied by one or two color photographs. The recipes are easy to follow and contain step-by-step instructions that even the least experienced

cooks can follow. When I tried some of the recipes, the results were amazing.

(1)**Mr. Hill's book is a must-have for your kitchen, and I strongly recommend it.** It's a little (3)**steep** at $30 a copy, but it's well worth the price.

Andrew Hill의 〈Daddy's Kitchen〉
Linda Lopez의 서평

저는 〈Daddy's Kitchen〉을 받고 처음에는 책을 펼치는 것을 망설였습니다. 최근 몇 년간 수많은 책들이 출간되었습니다. 그리고 각각의 책은 가장 따라 만들기 쉽고 가장 몸에 좋은 재료가 포함된 요리법을 담고 있다고 말하는 것처럼 보입니다. 솔직히 저는 그런 책을 읽는 데 지쳤습니다.

하지만 〈Daddy's Kitchen〉을 펼쳤을 때 저는 정말 놀랐습니다. Hill 씨의 최근 책은 다른 책들에 비해 탁월했습니다. 이 책은 100여 개 이상의 요리법이 수록되어 있고 각 요리법에는 한두 장의 컬러 사진이 첨부되어 있습니다. 요리법은 이해하기 쉽고 하나하나 설명이 있어 경험이 없는 사람도 따라 만들 수 있습니다. 몇 가지 요리를 시도해 보았는데 결과가 정말 좋았습니다.

Hill 씨의 책은 당신의 주방에 꼭 필요한 책이고 저는 이 책을 강력히 추천합니다. 권당 가격이 30달러로 다소 비싸지만 충분히 값어치가 있습니다.

어휘 ▶ kitchen n. 주방, 부엌 review n. 평, 후기 initially adv. 처음에는 hesitant a. 망설이는 countless a. 수많은 cookbook n. 요리책 publish vt. ~을 발간하다 claim vt. ~을 말하다, 주장하다 recipe n. 요리법, 비법 contain vt. ~을 담다 ingredient n. 재료 be tired of ~에 싫증나다 pleasantly adv. 기분 좋게 be head and shoulders above ~보다 월등하다, 우수하다 accompany vt. ~을 수행하다, 동반하다 step-by-step a. 단계적인, 차근차근한 instruction n. 설명, 지시 사항 cook n. 요리사 amazing n. 놀라운 must-have n. 필수품 recommend vt. ~을 추천하다 steep a. 가파른, 험준한, 비싼 copy n. (책 등의 단위) 권, 부 be worth ~할 가치가 있다

1. What is the reviewer's opinion of Mr. Hill's book?

(A) It should be purchased by people who like cooking.

(B) It is similar to other recently published cookbooks.

(C) It does not contain instructions that are easy to follow.

(D) It uses recipes with ingredients that are hard to find.

Hill 씨의 책에 대한 평론가의 견해는 무엇인가?
(A) 요리를 좋아하는 사람은 이 책을 구매해야 한다.
(B) 이 책은 최근 출간된 다른 요리책들과 비슷하다.
(C) 이 책은 따라 만들기 쉬운 설명이 없다.
(D) 이 책은 구하기 어려운 재료가 들어가는 요리를 다룬다.

해설 ▶ (1) Mr. Hill's book is a must-have for your kitchen, and I strongly recommend it.의 내용을 참조할 때 평론가의 견해는 요리를 좋아하는 사람은 이 책을 꼭 구매해야 한다고 한 (A)가 정답이다.

2. What can be inferred about Andrew Hill?

(A) He is a famous chef.

(B) He has his own restaurant.

(C) He is attending a cooking class.

(D) He wrote other cookbooks.

Andrew Hill에 대해 무엇을 추론할 수 있는가?
(A) 그는 유명한 요리사다.
(B) 그는 자신의 식당을 소유하고 있다.
(C) 그는 요리 수업을 듣고 있다.
(D) 그는 다른 요리책을 썼다.

해설 (2) Mr. Hill's latest book is head and shoulders above those of others.에서 latest book은 최상급 형용사를 이용한 최근의 책이라는 의미이므로 이미 Hill 씨가 다른 책을 쓴 적이 있다는 것을 추론할 수 있다.

---

3. The word "steep" in paragraph 3, line 2 is closest in meaning to

(A) difficult

(B) abrupt

(C) expensive

(D) unusual

세 번째 문단, 두 번째 줄의 "steep"은 어떤 낱말과 의미가 가장 가까운가?
(A) 어려운
(B) 갑작스러운
(C) 비싼
(D) 평범하지 않은

해설 steep은 '가파른'이라는 의미 외에 '너무 비싼'의 뜻이 있다. 책의 가격을 말하고 있으므로 가장 의미가 유사한 것은 (C)이다.

CHAPTER **09** 확인 점검 문제

1. (A)	2. (B)	3. (B)	4. (A)	5. (A)	6. (A)
7. (B)	8. (A)	9. (B)	10. (A)		

1. The fair was canceled ------- the extensive damage Hurricane Laura inflicted on the region.

(A) due to (B) despite

박람회는 허리케인 Laura가 이 지역에 입힌 광범위한 피해로 인해 취소되었다.

해설 전치사 어휘 문제로 보기가 모두 전치사이므로 문맥에 알맞은 것을 찾는 문제이다. '~ 때문에'라는 의미의 전치사는 due to이다.

어휘 fair n. 박람회, 전시회 cancel vt. ~을 취소하다 due to prep. ~ 때문에 despite prep. ~에도 불구하고 extensive a. 광범위한, 넓은 inflict vt. (피해 등을) 가하다, 입히다

2. The public offices ------- the country are conducting an energy conservation campaign.

(A) through **(B) throughout**

전국의 관공서는 에너지 절약 캠페인을 시행 중이다.

해설 전치사 어휘 문제로 문맥상 '~ 전역에'라는 의미의 throughout이 알맞다.

어휘 public office 관공서 through prep. ~을 통해 throughout prep. ~ 전역에 conduct vt. ~을 시행하다 energy conservation campaign 에너지 절약 캠페인

---

3. Some budget airlines will charge costs for in-flight meals ------- how passengers will react.

(A) as to **(B) regardless of**

몇몇 저가 항공사들은 승객들이 어떻게 반응할 지와 관계없이 기내식에 비용을 부과할 것이다.

해설 전치사 어휘 문제로 문맥상 '~에 관계없이'라는 의미의 regardless of가 알맞다.

어휘 budget a. 저가의, 싼 charge A for B B에 대해 A를 부과하다 cost n. 비용 in-flight meal 기내식 as to prep. ~에 관하여 regardless of prep. ~에 관계없이 react vi. 반응하다

---

4. Leading electronics companies such as GE and Philips launched their new products ------- September 5.

(A) on (B) in

GE와 Philips 같은 선두적인 전자 회사들이 9월 5일에 자사의 신상품을 출시했다.

해설 전치사 어휘 문제로 날짜 앞에는 전치사 on을 쓴다.

어휘 leading a. 선두적인, 이끄는 electronics company 전자 회사 such as prep. ~와 같은 launch vt. ~을 출시하다 on prep. (날짜·요일 등) ~에 in prep. (연도·월) ~에

---

5. The board of directors exercises their discretion ------- choosing appropriate takeover targets.

(A) in (B) on

이사회는 적절한 인수 대상을 선정하는 데 있어 그들의 결정권을 행사할 수 있다.

해설 전치사 어휘 문제로 in은 '목적'의 의미를 지닌 전치사이다.

어휘 board of directors 이사회 exercise vt. ~을 행하다 discretion n. 결정권, 자유 재량 choose vt. ~을 결정[선정]하다 appropriate a. 적절한 takeover target 인수 대상

---

6. EF9, known as an eco-friendly vehicle, is equipped ------- both an electric motor and a gasoline engine.

(A) with (B) of

환경 친화적 자동차로 알려진 EF9에는 전기 모터와 가솔린 엔진이 갖추어져 있다.

해설 ▶ 관용어구 속의 전치사 문제로 be equipped with는 '~이 갖추어지
다'라는 뜻의 관용어구이다.

어휘 ▶ be known as ~으로 알려지다 eco-friendly a. 환경 친화적인
be equipped with ~이 갖추어져 있다

---

7. He objected to charging even a nominal fee ------- downloading music and movie files.

(A) to 　　　　　　　　**(B) for**

그는 음악과 영화 파일을 내려받는 데 있어 명목상의 비용을 부과하는
것조차 반대했다.

해설 ▶ 전치사 어휘 문제로 [타동사 + 목적어 + 전치사]로 사용되는 정형화
된 패턴에서 charge와 어울리는 전치사를 찾는 문제이다. charge
는 보통 전치사 for를 수반한다.

어휘 ▶ object to vt. ~을 반대하다 nominal fee 명목상의 비용
charge A for B B에 대해 A를 부과하다 download vt. ~을 내려
받다

---

8. The tenants are supposed to pay their utility bills ------- the end of each month.

(A) at 　　　　　　　　(B) in

임차인들은 매월 말에 공과금을 지불하기로 되어 있다.

해설 ▶ 전치사 어휘 문제로 보기가 모두 전치사이므로 문맥에 알맞은 의미
의 전치사를 찾는다. '주말에', '월말에', '연말에' 등에는 전치사 at을
사용한다.

어휘 ▶ tenant n. 임차인 be supposed to ~하기로 예정되다 utility
bill 공과금 (고지서) at the end of ~의 말에

---

9. We have been conducting a survey to hear public opinions ------- the new pension policy.

(A) considering 　　　**(B) concerning**

우리는 새로운 연금 정책에 대한 대중들의 견해를 듣기 위해 설문조사를
해오고 있다.

해설 ▶ 전치사 어휘 문제로 '~에 관한'이라는 의미의 전치사는 concerning
이다.

어휘 ▶ conduct a survey 설문조사를 하다 public opinion 여론
considering prep. ~을 고려해 concerning prep. ~에 관하여
pension policy 연금 정책

---

10. Our discussion ------- a pay raise was exhausting but ultimately, it was mutually beneficial.

(A) about 　　　　　　(B) with

임금 인상에 대한 우리의 토론은 힘들었지만 결국 그것은 서로에게 이익이
되었다.

해설 ▶ 전치사 어휘 문제로 '~에 관한'이라는 의미의 about이 알맞다.

어휘 ▶ discussion n. 토론 pay raise 임금 인상 exhausting a.
소모적인, 지치게 하는 ultimately adv. 궁극적으로 mutually adv.
상호간에 beneficial a. 이익이 되는

PART 5

1. (A)　2. (B)　3. (C)　4. (A)　5. (B)　6. (C)
7. (B)　8. (D)　9. (A)　10. (A)

---

1. The auditor responsible ------- the audit and inspection of the financial institution was appointed yesterday.

(A) for

(B) as for

(C) with

(D) as

그 금융 기관에 대한 회계 감사를 담당하는 회계 감사관이 어제 임명되었다.

해설 ▶ 관용어구 속의 전치사 문제로 '~에 책임이 있다'라는 뜻의 be
responsible for가 알맞다.

어휘 ▶ auditor 회계 감사관 audit and inspection 회계 및 감사
financial institution 금융 기관 appoint vt. ~을 임명하다

---

2. If the dishwasher does not work properly ------- 30 days of purchase, we will replace it with another one.

(A) with

(B) within

(C) after

(D) before

만약 식기 세척기가 구입 후 30일 이내에 제대로 작동하지 않는다면 우리는
그것을 다른 것으로 교체해 드릴 것입니다.

해설 ▶ 전치사 어휘 문제로 '~ 이내에'라는 의미의 within이 알맞다.

어휘 ▶ dishwasher n. 식기 세척기 properly adv. 알맞게, 적절히
replace A with B A를 B로 교체하다

---

3. The experts looked into the cause of the accident ------- extreme care and announced the results to the press.

(A) for

(B) due to

(C) with

(D) carefully

전문가들은 매우 세심하게 그 사고의 원인을 조사했고 그 결과를 언론에
발표했다.

해설 ▶ 전치사 어휘 문제로 with는 '양태'의 전치사로 쓰여 [with + 추상명사]
의 형태로 부사구가 되어 '~을 가지고, ~으로, ~을 나타내어'의 의
미를 지닌다.

---

4. The synthetic detergent can easily remove dirt and stains from clothes ------- any fading and discoloring.

(A) without

(B) in

(C) depending on

(D) aside from

합성 세제는 색 바램이나 변색 없이 옷에 묻은 먼지와 얼룩을 쉽게 제거할 수 있다.

해설 ▶ 전치사 어휘 문제로 '~ 없이'라는 의미의 without이 정답이다.

어휘 ▶ **synthetic detergent** 합성 세제 **remove** vt. ~을 제거하다 **dirt** n. 먼지, 때 **fading** n. 색 바램 **discoloring** n. 변색

---

5. The applicants with the required qualifications will have a better chance ------- being hired by the company.

(A) in

(B) of

(C) for

(D) to

요구되는 자격을 갖춘 지원자들은 회사에 고용될 더 좋은 기회를 갖게 될 것이다.

해설 ▶ 전치사 어휘 문제로 특정 명사에는 정해진 전치사가 함께 쓰인다. 일종의 관용적인 용법으로, 명사 chance에는 전치사 of가 사용된다.

어휘 ▶ **applicant** n. 지원자 **required** a. 요구되는 **qualification** n. 자격 요건 **hire** vt. ~을 고용하다

---

6. The great advances ------- science and medicine are now enabling human beings to live much longer.

(A) with

(B) across

(C) in

(D) opposite

과학과 의학의 큰 발전은 이제 인간들이 훨씬 더 오래 사는 것을 가능하게 하고 있다.

해설 ▶ 특정 명사에 정해진 전치사를 찾는 문제로 '진보, 발전, 증가, 하락' 등의 명사에는 전치사 in이 사용된다.

어휘 ▶ **advance** n. 진보, 발전 **science** n. 과학 **medicine** n. 의학, 의술 **enable** vt. ~이 …하는 것을 가능하게 하다 **human being** 인간

---

7. Every sector of the company ------- the ailing construction field experienced a considerable increase in profit.

(A) excepted

(B) except

(C) to except

(D) except that

쇠락한 건설 분야를 제외한 그 회사의 모든 부문은 수익에 있어 상당한 증가를 경험했다.

해설 ▶ 명사와 명사를 연결하는 전치사가 필요하다. 보기 중 전치사는 (B) except가 유일하며 나머지 보기는 해석상 어색하다. '~을 제외하고'라는 뜻의 전치사는 except이다.

어휘 ▶ **sector** n. 분야 **except** prep. ~을 제외한 **ailing** a. 쇠락한 **considerable** a. 상당한 **increase** n. 증가 **profit** n. 수익

---

8. The directions on how to put in a new toner cartridge are posted on the wall ------- the photocopier.

(A) on

(B) below

(C) down

(D) above

새 토너 카트리지를 넣는 방법에 대한 안내문은 복사기 위쪽 벽에 게시되어 있다.

해설 ▶ 전치사 어휘 문제로 above는 대상과 접촉하지 않은 상태에서 바로 위나 위쪽을 나타내는 전치사이다.

어휘 ▶ **direction** n. 지시 사항, 안내문 **put in** ~을 설치하다, 넣다 **toner cartridge** (복사기·프린터 등의) 잉크 카트리지 **post** vt. ~을 게시하다 **photocopier** n. 복사기

---

9. A variety of events were held in Paris ------- the 52nd anniversary of the international film festival.

(A) for

(B) forward

(C) as

(D) amid

국제 영화제 52주년을 기념하기 위해 파리에서 다양한 행사가 열렸다.

해설 ▶ 전치사 어휘 문제로 '~을 위한'이라는 의미의 전치사는 for이다.

어휘 ▶ **a variety of** 다양한 **hold** vt. ~을 개최하다 **anniversary** n. 기념일 **film festival** 영화제

---

10. I don't have as much patience as other teachers ------- dealing with fractious students.

(A) in

(B) for

(C) on

(D) in spite of

나는 까다로운 학생들을 다루는 데 있어 다른 교사들만큼의 인내심이 없다.

PART 5,6&7 / CH 01 / CH 02 / CH 03 / CH 04 / CH 05 / CH 06 / CH 07 / CH 08 / CH 09 / CH 10 / CH 11 / CH 12

해설 전치사 어휘 문제로 in은 '목적'의 의미를 지닌 전치사이며 '까다로운 학생들을 다루기 위한' 또는 '까다로운 학생들을 다루는 데 있어서'처럼 사용될 수 있다.

어휘 patience n. 인내 deal with ~을 취급하다, 다루다 fractious a. 성을 잘 내는, 다루기 힘든

PART 6

1. (A)	2. (B)	3. (B)	4. (C)

Questions 1-4 refer to the following article.

1.(A) Max Technology will lower the price of its newest tablet computer. This product, named MT-7, features free video telephoning between users using smartphones or tablet computers. The company could save production costs **2.(B) because** some of its assembly lines became fully automatized. **3.(B) Consequently**, the retail price will go down by 0.5 percent compared to that of last year.

However, competitors showed negative opinions on the decision and employees who may lose their jobs due to the automatized system, have been on strike **4.(C) since** last week.

Max Technology는 자사의 최신 태블릿 컴퓨터의 가격을 인하할 것이다. MT-7으로 명명된 이 제품은 스마트폰과 태블릿 컴퓨터 이용자들 사이의 무료 화상 통화를 특징으로 한다. 이 회사는 조립 라인 일부를 완전히 자동화함으로써 생산비를 줄일 수 있었다. 이 결과, 소매가는 작년도 가격에 비해 0.5% 인하될 것이다.

그렇지만, 경쟁사들은 이 결정에 부정적인 견해를 피력했고 자동화로 인해 일자리를 잃게 될 직원들은 지난주부터 파업에 돌입했다.

어휘 lower vt. ~을 낮추다 name vt. ~을 …이라고 명명하다 feature vt. ~을 특징으로 하다 free video telephoning 무료 화상 통화 production cost 생산비 automatize vt. ~을 자동화하다 consequently ad. 결과적으로 retail price 소매가 compare A to B A를 B에 비교하다 competitor n. 경쟁재(업체) negative a. 부정적인 be on strike 파업에 돌입하다

1.

해설 의미 파악 문제로 생산비 절감에 힘입어 소매가가 0.5% 인하된다는 내용이 이어진다. 따라서 (A)가 첫 문장으로 가장 자연스럽다.

정답 (A)

2.

해설 알맞은 부사절 접속사 문제로 주절과 종속절의 인과 관계를 따져 해석했을 때 가장 알맞은 접속사는 (B) because이다.

정답 (B)

3.

해설 문장 수식 부사 문제로 앞의 내용이 생산비를 절감할 수 있었다는 내용이므로, 생산비 절감의 결과로 소매가가 인하된다는 연결고리가 필요하다. 따라서 '결과적으로'라는 의미의 (B) Consequently가 정답이다.

정답 (B)

4.

해설 전치사 문제로 동사의 시제가 현재완료이므로 '~ 이후'라는 의미의 (C) since가 정답이다.

정답 (C)

PART 7

1. (B)	2. (A)	3. (D)

Questions 1-3 refer to the following announcement.

(1)Special Guest Appearance by Celebrity Chef Daniel O'Connell

On Friday, March 15, celebrity chef Daniel O'Connell is going to make an appearance at Public Books. Everyone in the Georgia area is welcome to attend the event.

Mr. O'Connell will speak for about 30 minutes, and then he will answer questions from the audience. Following the Q&A session, he will make a quick dessert using one of the recipes in his new book. Everyone will get the opportunity to enjoy his food at the reception being held afterward.

(2)The event will start with Mr. O'Connell speaking at 4:00 P.M. The cooking demonstration will begin immediately afterward. Then, the reception will begin. There will be copies of Mr. O'Connell's cookbooks available for purchase at the front counter.

Public Books is conveniently located at the corner of Winston Avenue and Third Street. (3) **For more information, log on to our website,** www. publicbooks.com.

유명 요리사 Daniel O'Connell 특별 손님으로 등장

3월 15일 금요일, 유명 요리사인 Daniel O'Connell이 Public Books를 방문할 예정입니다. Georgia 지역의 모든 분들을 이 행사에 초대합니다.

O'Connell 씨는 약 30분간 연설한 후 청중들의 질문에 답하는 시간을 가질 것입니다. 질의응답 시간 이후 그는 자신의 새 책에 나오는 요리법 중 하나를 이용해 손쉽게 만들 수 있는 후식을 만들 것입니다. 모든 분들은 이후 열리는 연회 시간에 그의 요리를 즐길 수 있는 기회를 갖게 될 것입니다.

이 행사는 오후 4시 O'Connell 씨의 연설로 시작됩니다. 요리 시연은 연설 이후 바로 시작됩니다. 그런 다음, 연회가 시작될 것입니다. 전면의 카운터에는 여러분들이 구매할 수 있도록 O'Connell 씨의 요리책이 진열될 것입니다.

Public Books는 Winston 가와 3번가 모퉁이에 편리하게 자리하고 있습니다. 정보가 더 필요하시면 우리 웹사이트 www.publicbooks.com에 접속해 주십시오.

어휘 ▶ special guest 특별 손님 appearance n. 등장, 출연 celebrity n. 유명인 chef n. 요리사 make an appearance 등장하다 welcome a. 환영 받는 attend vt. ~에 참석하다 answer vt. ~에 답하다 audience n. 청중 following prep. ~ 이후 Q&A session 질의응답 시간 dessert n. 후식 recipe n. 요리법 afterward adv. 그 후, 곧 이어 cooking demonstration 요리 시연 available a. 이용 가능한, 구매 가능한 conveniently adv. 편리하게 log on to ~에 접속하다

---

1. What is the purpose of the announcement?
(A) To give information about the bookstore location
(B) To promote an upcoming event
(C) To attract new customers
(D) To provide free meals to neighbors

발표의 목적은 무엇인가?
(A) 서점의 위치에 대한 정보 제공
(B) 다가오는 행사 홍보
(C) 신규 고객 유치
(D) 이웃들에게 무료 식사 제공

해설 ▶ (1) Special Guest Appearance by Celebrity Chef Daniel O'Connell이라는 제목과 이어지는 내용. On Friday, March 15, celebrity chef Daniel O'Connell is going to make an appearance at Public Books. Everyone in the Georgia area is welcome to attend the event.를 참조할 때 지역민들에게 행사를 안내하는 것이 발표의 목적임을 알 수 있다.

---

2. What will happen on Friday at 4 P.M.?
(A) A special guest will make a speech.
(B) A bookstore will open its door.
(C) A reception will come to an end.
(D) A cooking demonstration will begin.

금요일 오후 4시에는 어떤 일이 일어날 것인가?
(A) 특별 손님이 연설을 할 것이다.
(B) 서점이 문을 열 것이다.
(C) 연회가 끝나게 될 것이다.
(D) 요리 시연이 시작될 것이다.

해설 ▶ (2) The event will start with Mr. O'Connell speaking at 4:00 P.M.의 내용을 참조하면 초청된 요리사가 먼저 연설을 할 것이라는 것을 알 수 있다.

---

3. Why will people visit the Web site?
(A) To put their names on the list
(B) To register for a cooking class
(C) To participate in the Q&A session
(D) To get details about the event

사람들은 왜 웹사이트를 방문할 것인가?
(A) 명단에 자신들의 이름을 올리기 위해
(B) 요리 수업에 등록하기 위해
(C) 질의응답 시간에 참여하기 위해
(D) 행사에 대한 상세한 내용을 얻기 위해

해설 ▶ (3) For more information, log on to our website, www. publicbooks.com.에서 이 행사와 관련된 더 상세한 내용을 알고자 하는 사람들이 웹사이트에 접속할 것임을 알 수 있다.

CHAPTER **10** 확인 점검 문제 

1. (A)	2. (A)	3. (B)	4. (A)	5. (A)	6. (B)
7. (B)	8. (A)	9. (B)	10. (B)		

1. Steroids are ------- illegal to use in sports but very harmful to your health as well.
(A) not only   (B) either

스테로이드는 스포츠 분야에서 사용하는 것이 불법일 뿐만 아니라 여러분들의 건강에도 해롭다.

해설 ▶ 등위상관접속사 문제로 either A or B, not only A but also B (= not only A but B as well)의 짝을 찾아 연결한다.

어휘 ▶ steroid n. 스테로이드, 근육 강화제 illegal a. 불법의 harmful a. 해로운

---

2. We identified ------- was the cause of the problem repeatedly occurring in the assembly process.
(A) what   (B) that

우리는 조립 과정에서 반복적으로 발생하는 문제의 원인이 무엇인지 밝혀냈다.

해설 ▶ 명사절 접속사 문제로 종속절의 구조가 완전하면 that절, 불완전하면 what절을 사용한다.

어휘 identify vt. ~을 확인하다, 밝혀내다 cause n. 원인 repeatedly adv. 반복적으로 occur vi. 발생하다 assembly process 조립 과정

3. We are going to hire ------- meets our strict terms and conditions of employment.

(A) who　　　　　　　**(B) whoever**

우리는 우리의 엄격한 채용 조건을 충족시키는 사람이라면 누구든 고용할 것이다.

해설 명사절 접속사 문제로 타동사 hire의 대상은 사람이 되어야 하므로 anyone who의 축약형인 whoever가 정답이다.

어휘 be going to ~할 예정이다 hire vt. ~을 고용하다 meet vt. ~을 만나다, 충족시키다 strict a. 엄격한 terms and conditions 조건 employment n. 고용, 취업, 일자리

4. I know the convention center ------- the conference will be held next month.

(A) where　　　　　(B) which

나는 다음 달 회의가 열릴 컨벤션 센터를 알고 있다.

해설 형용사절 접속사인 관계대명사와 관계부사 구분 문제로 문장이 완전하면 관계부사를, 불완전하면 관계대명사를 사용한다. 현재는 문장이 완전하므로 where가 정답이다.

어휘 convention center 컨벤션 센터 conference n. 회의, 총회 hold vt. ~을 개최하다

5. Several directors noticed that the draft plan was obscure, difficult, ------- controversial in some places.

(A) and　　　　　　(B) but

몇몇 이사들은 시안의 몇 군데가 애매하고 난해하며 논란의 여지가 있다는 사실을 알게 되었다.

해설 등위접속사를 이용한 병렬구조 문제로 and는 순접, but은 역접 관계를 연결하는 접속사이다.

어휘 several a. 몇몇의 director n. 이사 notice vt. ~을 알아차리다, 주목하다 draft plan 시안 obscure a. 애매한 controversial a. 논란의, 논쟁의

6. The chief financial officer ------- we work with now was once well known for his perfectionism.

(A) whose　　　　　　**(B) who**

우리가 지금 함께 일하고 있는 최고재무이사는 한때 완벽주의로 유명했던 사람이다.

해설 형용사절 접속사, 선행사가 사람인 관계대명사 문제로 주어 we가 있으므로 전치사 with의 목적어인 목적격 관계대명사 whom이 전통 문법의 범주에서 정답이지만, 현대 영어에서는 whom 대신 who를 사용하는 것이 보편적이다. 즉 whom이 들어갈 자리에 who나 whom 둘 중 어떤 것을 사용해도 무방하다.

어휘 chief financial officer n. 최고재무이사(= CFO) be known for ~으로 유명하다 perfectionism n. 완벽주의

7. I have personal connections with the guest speaker, ------- will deliver a speech tomorrow.

(A) that　　　　　　　**(B) who**

나는 초청 연사와 개인적 친분이 있는데, 그분이 내일 연설을 할 것이다.

해설 계속적 용법의 관계대명사 문제로 계속적 용법에는 that을 사용할 수 없다.

어휘 personal a. 개인적인 connection n. 연결, 관계, 접속 guest speaker 초청 연사 deliver a speech 연설하다

8. The positions ------- are posted on the Internet require at least 2 years of experience in catering services.

(A) which　　　　　(B) in which

인터넷에 게시된 직책은 출장 요리 서비스 분야에서 최소 2년의 경력을 요구한다.

해설 사물을 선행사로 하는 주격 관계대명사 문제로 in which는 목적격으로 종속절에는 목적어가 없고 주어가 있어야 한다. 현재는 주어가 없으므로 주격 which가 정답이다.

어휘 position n. 직책 post A on B A를 B에 게시하다 require vt. ~을 요구하다 catering n. 출장 요리

9. ------- the two companies will merge to become a bigger one or not still remains to be seen.

(A) If　　　　　　　　**(B) Whether**

두 회사가 더 큰 하나의 회사가 되기 위해 합병을 할지 안 할지는 여전히 두고 보아야 안다.

해설 문장의 주어인 명사절 접속사 문제로 if절은 명사절로서 타동사의 목적어로는 사용되지만, 주어나 전치사의 목적어로는 사용되지 않는다.

어휘 merge vi. 병합하다, 합병하다 remain vi. 여전히 ~이다

10. Mr. Molina, the CEO and founder of M&A Motors, announced ------- we had spent millions of dollars developing a new model.

(A) what　　　　　　　**(B) that**

M&A Motors의 대표이자 설립자인 Molina 씨는 우리가 새 모델을 개발하는 데 수백만 달러를 지출했다고 발표했다.

해설 명사절 접속사 문제로 that은 구조가 완전한 명사절을, what은 구조가 불완전한 명사절을 이끈다. 현재는 문장이 완전하므로 that이 정답이다.

어휘 CEO n. 최고행정이사, 대표 founder n. 설립자 announce vt. ~을 발표하다 spend vt. (돈·시간 등을) ~하는 데 사용하다 develop vt. ~을 개발하다

CHAPTER **10** 실전 예상 문제

PART 5

| 1. (C) | 2. (A) | 3. (A) | 4. (C) | 5. (B) | 6. (A) |
| 7. (D) | 8. (B) | 9. (C) | 10. (A) | | |

1. Korea seems to be vulnerable to rising oil prices ------- importing crude oil would erode its trade surplus.

(A) what   (B) that

(C) because   (D) though

한국은 원유 수입이 무역 흑자를 잠식할 수 있기 때문에 상승하는 유가에 취약해 보인다.

해설 부사절 접속사 문제로 주절과 종속절의 구조가 완전하므로 해석상 알맞은 접속사를 찾으면 된다.

어휘 seem vi. ~처럼 보이다 vulnerable a. 취약한, 민감한 oil price 유가 import vt. ~을 수입하다 crude oil 원유 erode vt. ~을 침식하다, (가치 등을) 떨어뜨리다 trade surplus 무역 흑자

2. Mr. Park will take a business trip to L.A. soon, ------- means that he has the possibility of being a manager there.

(A) which   (B) that

(C) what   (D) it

Park 씨는 곧 로스앤젤레스로 출장을 가는데, 이 사실은 그가 그곳의 관리자가 될 기회를 가지고 있다는 것을 의미한다.

해설 계속적 용법의 주격 관계대명사 문제로 which는 앞 문장 전체를 선행사로 받아 계속적 용법의 주격 관계대명사로 사용하는 유일한 관계대명사이다.

어휘 take a business trip 출장을 가다 mean vt. ~을 의미하다 possibility n. 가능성

3. A joint venture with the rival company is such an important matter ------- the issue needs to be dealt with with extreme care.

(A) that   (B) which

(C) if   (D) as

경쟁사와의 합작 투자는 매우 중요한 문제여서 이 문제는 대단히 조심스럽게 처리되어야 한다.

해설 원인과 결과의 부사절 접속사 문제로 so ~ that, such ~ that 용법 중 that을 찾는 문제이다. so는 [so + 형용사/부사 + a + 명사], such는 [such + a + 형용사 + 명사]의 구조를 갖는다.

어휘 joint venture 합작 투자 rival company 경쟁사 issue n. 사안, 문제 deal with vt. 처리하다 extreme a. 극도의, 극심한

4. After his business trip ------- he made a contract with the Iraq government, Mr. Ibis was appointed branch manager.

(A) in that   (B) but that

(C) during which   (D) of which

이라크 정부와 계약을 성사시킨 출장 이후, Ibis 씨는 지점장으로 승진했다.

해설 형용사절 접속사인 관계대명사 문제로 his business trip which he made a contract with the Iraq government during에서 during을 관계사 앞으로 위치시킨 문제이다.

어휘 business trip 출장 make a contract 계약하다 appoint vt. ~을 …으로 임명하다 branch manager 지점장

5. The poll ------- by a group showed that over 60 percent of the residents pursued higher education.

(A) conducting   (B) conducted

(C) to conduct   (D) conduct

한 단체에 의해 실시된 설문 조사는 거주민의 60% 이상이 고등 교육을 추구했다는 것을 보여 주었다.

해설 [주격 관계대명사 + be동사] 생략 문제로 생략된 be동사의 보어 자리에서 선행사를 수식할 알맞은 형용사는 준동사의 성질을 고려했을 때 수동의 conducted이다.

어휘 poll n. 설문, 여론 조사 resident n. 거주민 pursue vt. ~을 추구하다 higher education 고등 교육

6. He recommends this website for ------- is thinking about purchasing a secondhand car.

(A) whoever   (B) whichever

(C) whatever   (D) whenever

그는 중고 자동차를 사려고 생각 중인 사람 누구에게든지 이 웹사이트를 추천한다.

해설 전치사의 목적어로 사용되는 명사절 문제로 복합관계사가 이끄는 명사절 접속사 중 문맥으로 보아 사람인 whoever(=anyone who)가 정답이다.

어휘 recommend vt. ~을 추천하다 think about ~에 대해 생각하다 secondhand a. 중고의, 간접의

7. Customer services employees should not lose their temper ------- annoying the situations may be.

(A) as   (B) whenever

(C) so long as   (D) however

고객 서비스부 직원들은 상황이 아무리 짜증난다 할지라도 화를 내서는 안 된다.

해설 부사절 접속사 문제로 주어가 시작되기 전, be동사의 보어인 형용사 annoying을 수식하며 부사절 접속사를 이끌 수 있는 것은 복합관계부사 however가 유일하다.

어휘 lose one's temper 화를 내다 annoying a. 성가신, 짜증나는 situation n. 상황

8. The man ------- my garden has accumulated vast knowledge as to various wild plants and trees.

(A) to maintaining   **(B) maintaining**
(C) maintained   (D) maintain

나의 정원을 관리하는 그 사람은 다양한 야생 식물과 나무에 대한 축적된 방대한 지식을 가지고 있다.

해설 [주격 관계대명사 + be동사] 생략 문제로 be동사의 보어 자리에서 선행사를 수식할 수 있는 형용사는 능동의 maintaining으로, 능동의 경우 뒤에 목적어(my garden)를 받아야 한다.

어휘 maintain vt. ~을 유지[보수, 관리]하다   accumulated a. 축적된 vast a. 방대한

---

9. Most people recognize that the method ------- free trade agreement talks are being achieved is open to question.

(A) why   (B) for which
(C) in which   (D) when

대부분의 국민들은 자유 무역 협정 회담이 이루어지는 방식에 의문의 여지가 있다고 인식하고 있다.

해설 빈칸 앞의 선행사 the method를 수식하는 형용사절 접속사 문제로 [the method how s + v]에서 how는 방법의 in which로 전환될 수 있다.

어휘 recognize vt. ~을 인식하다, 인정하다   method n. 방법, 방식 free trade agreement 자유 무역 협정   talk n. 회담   achieve vt. ~을 달성하다, 이루다   open to question 의문의 여지가 있는

---

10. When ------- with your employer, use the most appropriate words or phrases that reveal your opinions.

(A) communicating   (B) communicated
(C) having communicated   (D) communicate

고용주와 의사소통을 할 때는 당신의 의견을 드러낼 수 있는 가장 적절한 낱말과 어구를 사용하십시오.

해설 분사구문 문제로 '의사소통을 하다'의 의미를 지닌 자동사 communicate가 전치사 with를 취해 전치사의 목적어를 받아 능동의 구조가 되어 있으므로 능동의 현재분사 communicating이 정답이다.

어휘 communicate with ~와 의사소통하다   appropriate a. 적절한, 적당한   phrase n. 어구   reveal vt. ~을 밝히다, 드러내다 opinion n. 견해, 의견, 생각

PART 6

| 1. (B) | 2. (A) | 3. (A) | 4. (D) |

Questions 1-4 refer to the following e-mail.

From: Patricia Evans
To: All employees
Sent: Monday, October 19, 11:33 A.M.
Subject: New corporate identity guidelines
Attachment: corporate_identity_guidelines.pdf

Dear employees,

Please find the [1.] **(B) attached** document showing our new corporate identity guidelines, including our newly designed logo. [2.] **(A) These guidelines will come into effect on December 1.** We'll apply our new logo on all product packaging and in all marketing communications from then onwards. We are [3.] **(A) currently** working on renovating the company website to reflect the new corporate identity guidelines, and hope to have this finalized by the end of November. [4.] **(D) Should** you have any queries regarding the new policy, please feel free to contact me.

Best wishes,
Patricia Evans
Public Relations Director

발신: Patricia Evans
수신: 전 직원
발신일: 10월 19일 월요일 오전 11시 33분
제목: 새로운 기업 이미지 통합 전략 지침
첨부: corporate_identity_guidelines.pdf

직원 여러분께,

새로 고안된 로고를 포함하여 우리의 새로운 기업 이미지 통합 전략 지침을 보여 주는 첨부 서류를 확인하시기 바랍니다. 이 지침은 12월 1일부터 발효됩니다. 우리는 이때부터 모든 제품 포장과 마케팅 수단에 새 로고를 적용할 예정입니다. 우리는 현재 이 새로운 기업 이미지 통합 전략 지침을 반영하기 위해 웹사이트 작업 중이며 이 작업이 11월 말까지 끝나기를 희망합니다. 새로운 정책에 문의가 있으시면 저에게 기탄없이 연락 주십시오.

감사합니다.

홍보이사 Patricia Evans

어휘 corporate identity 기업 이미지 통합 전략   guideline n. 지침 attachment n. 첨부   attached a. 첨부된   including prep. ~을 포함하여   come into effect 효력이 발생하다   apply A on B B에 A를 적용하다   product packaging 제품 포장 communication n. 통신, 소통   onwards adv. 계속   renovate vt. ~을 보수하다   reflect vt. ~을 반영하다   finalize vt. ~을 끝마치다   query n. 문의, 질문   feel free to ~을 편히 하다 contact vt. ~에게 연락하다   public relations director 홍보이사

1.

해설 명사 document를 수식하는 분사 형용사 문제로 해석상 '첨부된 서류'라는 의미의 attached가 정답이다.

정답 (B)

2.

해설 내용 파악 문제로 이어지는 내용 중 from then에서 then에 해당하는 시점을 제시한 (A)가 정답이다.

정답 (A)

3.

해설 동사 working을 수식하는 알맞은 의미의 부사 어휘 문제로 '현재 작업 중이다'라는 의미의 currently가 정답이다.

정답 (A)

4.

해설 가정법 미래 도치 문제로 If you should have any queries ~에서 If가 생략되고 [주어 + 동사]가 [동사 + 주어]로 도치된 내용을 확인하면 정답은 (D) Should이다.

정답 (D)

PART 7

1. (D)   2. (B)

Questions 1-2 refer to the following form.

Elite Kitchen Supplies
Online Order Form

Order Number: 409-4033
Name: Rita Campbell
Address: 309 Watertown Avenue, Richmond, VA
Telephone: 854-5753
E-mail: campbell@topmail.com

Item Number	Item Description	Quantity	Price per Unit	Total Price
4042	16-Piece Dinnerware Set	1	$29.99	$29.99
9102	Stainless Steel Teapot	1	$15.00	$15.00
3934	Crystal Wine Glass	6	$19.99	$119.94
4211	Cast-Iron Frying Pan	1	$55.99	$55.99
			Subtotal	$220.92
			Tax	$13.26
			[(1)]Shipping	$6.00
			Total	$240.18

Your order is being sent by airmail and it will take 3 business days to arrive.
[(2)]Payment: Paid in full by credit card XXXX XXXX XXXX 4857
Order Placed: September 10

Elite 주방용품
온라인 주문서

주문 번호: 409-4033
이름: Rita Campbell
주소: Watertown 가 309번지, 리치몬드, VA
전화: 854-5753
이메일: campbell@topmail.com

제품 번호	제품 설명	수량	단가	전체 가격
4042	16종 식기 세트	1	29.99달러	29.99달러
9102	스테인리스 차 주전자	1	15.00달러	15.00달러
3934	크리스털 와인 잔	6	19.99달러	119.94달러
4211	주석 프라이팬	1	55.99달러	55.99달러
			소계	220.92달러
			세금	13.26달러
			배송료	6.00달러
			총계	240.18달러

고객님이 주문하신 물품은 항공 우편으로 발송되며 도착까지 영업일 기준 3일이 소요될 예정입니다.
지불: 신용카드 XXXX XXXX XXXX 4857로 일시불 완납
주문일: 9월 10일

어휘 kitchen supply 주방용품 order form 주문서 description n. 설명, 묘사 quantity n. 수량 price per unit 단가 dinnerware n. 식기류 cast-iron a. 주석 소재의 subtotal n. 소계 shipping n. 배송 order n. 주문(품) in full 일시불로, 완납의

1. What is correct about Ms. Campbell's order?

(A) She ordered wrong items.

(B) It was made by phone.

(C) A discount will be given.

(D) She paid for delivery.

Campbell 씨의 주문에 대해 알맞은 내용은 무엇인가?

(A) 그녀는 품목을 잘못 주문했다.

(B) 전화로 주문이 이루어졌다.

(C) 할인 혜택이 주어질 것이다.

(D) 그녀는 배송비를 지불했다.

해설 (1) Shipping $6.00의 내용은 배송료 6달러를 지불했다는 것을 의미한다.

2. How did Ms. Campbell pay for the items?

(A) In cash

(B) By credit card

(C) By bank transfer

(D) By check

Campbell 씨는 제품을 어떻게 결제했는가?

(A) 현금으로

(B) 신용카드로

(C) 은행 계좌 이체로

(D) 수표로

해설 (2) Payment: Paid in full by credit card의 내용은 결제가 신용카드로 이루어졌음을 알려 준다.

CHAPTER 11 확인 점검 문제

| 1. (B) | 2. (A) | 3. (B) | 4. (B) | 5. (A) | 6. (B) |
| 7. (B) | 8. (A) | 9. (A) | 10. (A) | | |

1. The president of marketing suggested that Mr. Anderson ------- international marketing.

(A) is in charge of　　**(B) be in charge of**

마케팅 사장은 Anderson 씨가 해외 마케팅을 담당해야 한다고 제안했다.

해설 제안의 동사가 이끄는 that절의 동사 처리 문제로 [~해야 한다]라는 당위성의 뜻이 있으므로 정답은 should를 생략하고 본동사 원형을 써야 한다.

어휘 suggest vt. ~을 제안하다 be in charge of ~을 담당하다, 책임지다 international marketing 해외 마케팅

2. It is imperative that the authorities ------- an effort to make student loans available at a lower interest rate.

(A) make　　　　　(B) made

정부 당국은 반드시 더 낮은 이율로 학자금 대출이 가능하도록 노력해야 한다.

해설 이성 판단 형용사가 이끄는 that절의 동사 처리 문제로 [~해야 한다]라는 당위성의 뜻이 있으므로 should를 생략하고 본동사 원형을 사용해야 한다.

어휘 imperative a. 필수의, 긴급한, 반드시 ~해야 하는 authority n. 당국, 권위자 make an effort 노력하다 loan n. 대출 interest rate 금리, 이율

3. ------- another earthquake hit the area, the damage would increase exponentially.

(A) Has　　　　　**(B) Should**

만일 또 한 번의 지진이 이 지역을 강타한다면 피해는 기하급수적으로 늘어날 수도 있다.

해설 가정법 미래 도치 문제로 가정법 미래에서 if를 생략하면 [should + 주어 + 본동사 원형]의 어순이 된다.

어휘 another a. 또 다른(= one more) earthquake n. 지진 hit vt. ~을 강타하다 exponentially adv. 기하급수적으로

4. It would be very nice ------- I a chance to be promoted to the level of head researcher.

(A) have　　　　　**(B) had**

내가 수석 연구원 수준으로 승진할 수 있는 기회가 있다면 좋을 텐데.

해설 가정법 과거 도치 문제로 가정법 과거에서 if를 생략하면 [동사 + 주어]의 도치 문장이 생성된다. 가정법에는 현재동사를 사용하지 않으므로 정답은 had이다.

어휘 promote A to B A를 B로 승진시키다 head researcher 수석 연구원

5. All of the part-time workers asked that the overtime hours ------- fully paid without further delay.

(A) be　　　　　(B) are

모든 시간제 직원들은 초과 근무 수당이 더 이상의 지연 없이 모두 지불되어야 한다고 요구했다.

해설 요구, 요청의 특수동사 문제로 주장, 제안, 요구, 요청의 동사가 that절을 이끌어 [~해야 한다]라는 당위성의 의미가 있을 때 that절의 동사는 should를 생략하고 본동사 원형을 사용해야 한다.

어휘 overtime hours 초과 근무 시간 without prep. ~ 없이 delay n. 지연, 지체

6. If we had missed the trade fair in Beijing, we ------- our new clients from Uzbekistan.

(A) couldn't meet　　　**(B) couldn't have met**

우리가 베이징에서 열린 무역 박람회에 불참했다면 우즈베키스탄의 신규 고객들을 만나지 못했을 것이다.

해설 가정법 과거완료 주절의 동사 시제 문제로 if절의 동사가 [had + p.p.]라면 주절의 동사는 [would/could/should/might + have + p.p.]를 사용한다.

어휘 miss vt. (기회 등을) 놓치다 trade fair 무역 박람회 client n. 고객

7. ------- you have any questions or concerns, just give us a call at your earliest convenience.

(A) Had　　　　　　　(B) Should

질문이나 궁금한 내용이 있으시면 편리한 시간에 저희에게 전화 주십시오.

해설 가정법 미래 도치 문제로 가정법 미래에서 if가 생략되면 [should + 주어 + 본동사 원형]의 순서로 쓴다.

어휘 concern n. 관심, 우려, 걱정 at one's earliest convenience ～이 가장 편리할 때

8. We would not have met the needs of our customers ------- your commitment to customer satisfaction.

(A) without　　　　　(B) but if

고객 만족에 대한 여러분들의 노력이 아니었다면 우리는 고객들의 요구를 충족시키지 못했을 것이다.

해설 가정법 전치사 문제로 주절이 [would + have + p.p.]를 사용하고 있으므로 가정법 과거완료 문장임을 알 수 있다. 가정법 전치사는 보통 without, but for 등이 사용된다.

어휘 meet the needs 요구를 충족시키다 commitment to ～에 대한 노력 customer satisfaction 고객 만족

9. We will have to arrange tables and seats ------- all the invited guests will attend the formal dinner party.

(A) as if　　　　　　(B) even if

우리는 초대된 모든 손님들이 공식 만찬 파티에 참가할 것이라고 생각하고 탁자와 의자를 준비해야 한다.

해설 예외적인 가정법 접속사 as if를 묻는 문제로 would를 대신해 will이 사용된 이유는 가정이 아니라 정말로 손님들이 모두 참석할 것이라는 미래의 사실을 진술하기 때문이다.

어휘 arrange vt. ～을 배열하다, 준비하다 as if conj. 마치 ～처럼 formal dinner 공식 만찬

10. Joy Mart does not offer refunds, ------- does it accept exchange requests for the items featuring slashed prices.

(A) nor　　　　　　(B) so

Joy Mart는 할인된 품목에 대해 환불을 제공하지 않으며 또한 교환 요청도 받지 않는다.

해설 neither(= not) ～ nor 구문을 묻는 문제로 해석상 [～도 아니고 또한 …도 아닌]이기 때문에 부정에 대한 맞장구 표현인 neither 혹은 nor를 사용해야 한다. neither, nor는 부정 부사로서 이어지는 주어와 동사가 도치된다.

어휘 refund n. 환불(금) accept vt. ～을 받아들이다, 수용하다 exchange request 교환 요청 feature vt. ～을 특징으로 하다 slashed price 염가, 할인된 가격

CHAPTER **11** 실전 예상 문제

PART 5

| 1. (D) | 2. (A) | 3. (C) | 4. (A) | 5. (B) | 6. (A) |
| 7. (A) | 8. (D) | 9. (B) | 10. (C) |

1. If Mr. Green had attended the meeting, he ------- clear directions on how to fill out the new time sheet.

(A) acquired

(B) had acquired

(C) could acquire

(D) could have acquired

만일 Green 씨가 회의에 참가했다면 그는 새로운 출근 시간 기록표 작성에 대한 명료한 안내사항을 받았을 것이다.

해설 if절에 [had + p.p.]가 있는 가정법 과거완료 문제로 가정법 과거완료에서 주절의 시제는 [would/could/should/might + have + p.p.]를 사용한다.

어휘 attend vt. ～에 참석하다 acquire vt. ～을 얻다, 배우다 direction n. 지시, 안내 fill out ～을 작성하다 time sheet 출근 시간 기록표

2. Only after Ms. Britney finally agreed to work together, ------- our team launch the construction project.

(A) did　　　　　　(B) so

(C) as　　　　　　　(D) that

Britney 씨가 마침내 함께 일하기로 동의한 후에야 우리 팀은 건설 사업을 착수할 수 있었다.

해설 부정 부사류 only가 문두에 쓰인 도치 문장을 묻는 문제로 [조동사 + 주어 + 본동사]의 어순을 따르므로 정답은 did이다.

어휘 agreed to ～하기로 동의하다 launch vt. ～을 시작[착수]하다

3. If they had helped me in timely manner, I -------
the analysis of the market survey on time.

(A) will finish   (B) could finish

(C) could have finished   (D) had finished

만일 그들이 나를 시기적절하게 도왔더라면 나는 시장조사 분석 작업을 제때 끝마쳤을 것이다.

해설 가정법 과거완료 문제로 if절의 [had + p.p.]를 고려해 주절의 동사는 [would/could/should/might + have + p.p.]를 사용한다.

어휘 in timely manner 시기적절하게, 알맞은 시간에 analysis n. 분석 market survey 시장 조사

---

4. Should ------- need more information regarding additional services, contact us toll-free at 3495-8893.

(A) you   (B) your

(C) yours   (D) yourself

추가 서비스에 대한 더 많은 정보가 필요하시면 무료 전화 3495–8893로 우리에게 연락해 주십시오.

해설 가정법 미래 문제로 가정법 미래에서 if가 생략되면 [should + 주어 + 본동사 원형]의 구조가 남는다.

어휘 regarding prep. ～에 대한 additional a. 추가의 contact vt. ～에게 연락하다 toll-free a. 무료의, 요금을 물지 않는

---

5. ------- you come a little bit earlier, you could have gotten a complimentary ticket to the movie.

(A) If   **(B) Had**

(C) Should   (D) Have

만일 당신이 좀 더 일찍 왔더라면 당신은 무료 영화표를 받을 수 있었을 것이다.

해설 도치 문제로 가정법 과거완료에서 if를 생략하면 어순은 [had + 주어 + p.p.]가 된다. 주절의 동사 could have gotten을 보고 if절이 가정법 과거완료임을 찾아내야 한다.

어휘 a little bit 아주 조금 complimentary a. 무료의, 우대의

---

6. It is essential that every employee working at the production facility ------- with the safety regulations.

(A) comply   (B) complied

(C) complying   (D) has complied

생산 시설에서 일하는 모든 직원들이 안전 규정을 준수해야 한다는 것은 매우 중요하다.

해설 이성 판단의 형용사가 이끄는 that절의 동사 처리 문제로 '～해야 한다'라는 당위성의 뜻이 있을 때 should를 생략하고 본동사 원형을 사용한다.

어휘 essential a. 필수적인 production facility 생산 시설 comply with ～을 준수하다 safety regulations 안전 규정

---

7. The company policy requires that every employee ------- to the office by 8:00 in the morning.

(A) report   (B) reports

(C) will report   (D) has reported

회사의 규정은 모든 직원들이 아침 8시까지 출근할 것을 요구한다.

해설 요구, 요청의 특수 동사가 이끄는 that절의 동사 처리 문제로 '～해야 한다'라는 당위성의 뜻이 있을 때 that절의 동사는 should를 생략하고 본동사 원형을 사용한다.

어휘 company policy 회사 규정 require vt. ～을 요구하다 report to ～으로 출근하다

---

8. ------- is an assembly manual, which provides you with directions for how to assemble parts.

(A) Enclosures   (B) To enclose

(C) Enclosing   **(D) Enclosed**

동봉한 조립 설명서는 부품을 어떻게 조립하는지에 대한 사용법을 제공합니다.

해설 강조를 위해 형용사 보어가 문두에 사용된 문제로 이때 문장은 [동사 + 주어]로 도치된다.

어휘 assembly manual 조립 안내서 provide A with B A에게 B를 제공하다 part n. 부품

---

9. No sooner ------- the main plan been chosen than the management brought in specialists from various fields.

(A) have   **(B) had**

(C) did   (D) should

주요 계획이 결정되자마자 경영진은 다양한 분야의 전문가들을 불러들였다.

해설 부정부사 no sooner ～ than 구문의 도치 문제로 부정부사 no sooner가 문두에 사용되면 [동사 + 주어]의 도치 문장이 생성된다. 종속절의 과거시제보다 주절이 한 시제 앞서 있으므로 [had + p.p.]의 구조를 취하는 (B) had가 정답이다.

어휘 no sooner A than B A하자마자 B하다 choose vt. ～을 고르다, 선택하다 bring in ～을 데려오다, 소개하다

---

10. ------- the company's excellent accomplishments this year is a rise of overseas market share.

(A) Over   (B) Except for

(C) Among   (D) Besides

올해 회사의 뛰어난 실적 중에는 해외 시장 점유율의 상승이 있다.

해설 부사(구) 도치 문제로 통상 장소 정보를 알려 주는 부사나 부사구가 강조를 위해 문두에 오면 이후 문장은 [동사 + 주어]로 도치된다.

어휘 accomplishment n. 업적, 실적 rise n. 상승, 증가 market share 시장 점유율

PART 6

1. (C)　2. (B)　3. (A)　4. (D)

Questions 1-4 refer to the following letter.

Dear Ms. Minakami,

I am writing to **1.(C) inform** you that you have reached the final stage of interviews to become a flight attendant. Your interview is scheduled for 11:15 on Monday, May 18. **2.(B) I recommend that you practice speaking English.** Two of the company representatives will be from our headquarters in Canada. They will not ask you any questions in Japanese, **3.(A) nor** can you answer them in it. We've learned that you are well **4.(D) qualified** for the position. Therefore, your main focus on the appointed day should be on impressing them. Good luck.

Sincerely,

Robin Williams
Head of Human Resources
Rosemary Airlines

친애하는 Minakami 씨께,

귀하가 승무원이 되기 위한 최종 면접 단계에 도달했다는 것을 알려 드리기 위해 이 글을 씁니다. 귀하의 면접은 5월 18일, 11시 15분으로 예정되어 있습니다. 저는 귀하가 영어 말하기 연습을 하실 것을 권해 드립니다. 우리 회사의 대표자 두 분이 캐나다 본사에서 오실 것입니다. 그들은 귀하에게 일본어로 질문하지 않을 것이고 귀하도 일본어로 질문에 답할 수 없습니다. 우리는 귀하가 충분한 자격이 있음을 알고 있습니다. 따라서 면접 당일 귀하는 면접관들에게 좋은 인상을 주는 데 주력해야 합니다. 행운을 빕니다.

감사합니다.

Rosemary 항공사, 인사과장
Robin Williams

어휘 dear a. 친애하는, 존경하는 inform vt. ~에게 …을 알려 주다 reach vt. ~에 도달하다 flight attendant 승무원 recommend vt. ~을 추천하다 representative n. 대표(자) headquarters n. 본사, 본부 answer vt. ~에 답하다 be qualified for ~에 자격이 있다 main focus 주안점 impress vt. ~에게 좋은 인상을 주다

1.

해설 알맞은 동사 어휘 문제로 [~에게 …을 알려 주다]의 4형식 수여동사를 취하고 있으므로 정답은 inform이다. 나머지는 모두 3형식 완전타동사이다.

정답 (C)

2.

해설 내용 파악 문제로 캐나다에서 온 면접관 두 명이 일본어로 질문하지 않고 지원자도 일본어로 답할 수 없다는 내용이 이어지므로 내용상 영어를 연습하는 것이 좋겠다고 한 (B)가 자연스럽다.

정답 (B)

3.

해설 접속사 문제로 이후에 [동사 + 주어]로 문장이 도치되어 있다. [~도 아니고 또한 …도 아닌]의 부정 상관구문이 형성되므로 [neither (= not) A nor B]의 nor가 정답이다.

정답 (A)

4.

해설 be동사의 알맞은 보어를 찾는 문제로 관용어구 '~할 자격이 있다'라는 의미의 [be qualified for + 명사]의 qualified가 정답이다.

정답 (D)

PART 7

1. (B)　2. (C)　3. (A)　4. (D)

Questions 1-4 refer to the following article.

Kellerton (November 6) — **(1)The Technology & Innovation Committee(TIC) will honor leaders and innovators from various industries in the business world during the annual Business Awards Banquet on Saturday,** December 10, at the Riveria Hotel. **(3)The event, originally started by TIC Chairman Ariel Won,** presents awards such as the Most Popular Software Program and the prestigious Top Innovator, given to the leader of this year's most innovative company.

According to a TIC representative, three individuals have been selected from a wide pool of qualified candidates for the Top Innovator award. The nominees this year for the award are: Lily Horvitz, founder of the digital marketing firm, Exceed Media; Spencer Donne, co-founder of Donne Pix, an image sharing Web site; and Josh Bruger, a nominee from our **(2)last** banquet, whose famous website, Filmpop, provides detailed reviews of the latest movies. **(3)As usual, the TIC chairman will present the Top Innovator award.**

Guests who are not members of TIC can also attend this gala by purchasing tickets for $60. Tickets are available to TIC members at the discounted price of $40. Tickets can be ordered by visiting www.tic.com or calling 657-863-2678. (4) "Anyone who keeps up with technology should consider becoming a member. It only costs $35 to join. Our members have access to many benefits," urges TIC representative Lucy Morgan. Everyone attending will be entered into the banquet's prize raffle, which includes a three-night trip to the famous Oceania Beach Resort.

Kellerton (11월 6일) — 과학 기술 혁신 위원회(TIC)는 12월 10일 토요일, Riveria 호텔에서 열릴 예정인 연례 비즈니스 시상식 연회 동안 재계의 다양한 산업계 지도자들과 혁신가들에게 상을 수여할 예정이다. TIC의 Ariel Won 회장에 의해 처음 시작된 이 행사는 올해의 가장 혁신적인 회사 지도자에게 주어지는 Most Popular Software Program과 명망 높은 Top Innovator와 같은 상을 수여한다.

TIC 대표에 따르면, Top Innovator상의 수상 자격을 갖춘 많은 후보자들 중에서 세 명이 선정되었다. 올해의 수상 후보자들은 디지털 마케팅 회사 Exceed Media의 설립자인 Lily Horvitz, 이미지 공유 웹사이트 Donne Pix의 공동 설립자인 Spencer Donne, 그리고 지난 시상식의 후보자였으며 최신 영화에 대한 상세한 평을 제공하는 유명 웹사이트 Filmpop의 소유주인 Josh Bruger이다. 늘 그렇듯이, TIC 회장이 Top Innovator상을 수여할 예정이다.

TIC의 회원이 아닌 내빈들도 60달러에 표를 구매하여 이 경축 행사에 참석할 수 있다. TIC 회원은 40달러의 할인가로 표를 구할 수 있다. 표는 www.tic.com을 방문하거나 657-863-2678에 전화해서 주문할 수 있다. "기술 정보를 계속 알고자 하는 사람이라면 누구나 회원 가입을 고려해야 합니다. 가입을 위해 35달러의 비용만 지불하시면 됩니다. 저희 회원들은 많은 혜택을 누리고 있습니다."라며 TIC 대표 Lucy Morgan은 적극 권한다. 참석하는 사람들 모두 유명한 Oceania Beach Resort의 3박 여행을 포함한 연회의 경품 추첨에 참가하게 된다.

1. What is suggested about TIC's Business Awards Banquet?

   (A) It will be shown live on the Internet.

   (B) It honors innovators from multiple industries.

   (C) It can be attended by TIC members only.

   (D) It will take place at a new location this year.

TIC의 비즈니스 시상식 연회에 대해 암시된 내용은 무엇인가?

(A) 인터넷으로 생중계될 것이다.

(B) 다양한 분야의 혁신가들에게 상을 수여한다.

(C) TIC 회원들만 참가할 수 있다.

(D) 올해는 새로운 장소에서 행사가 열릴 것이다.

[해설] (1) The Technology & Innovation Committee(TIC) will honor leaders and innovators from various industries in the business world during the annual Business Awards Banquet on Saturday의 내용을 참조할 때 TIC가 다양한 업계의 혁신가들에게 상을 수여한다는 것을 알 수 있다.

---

2. The word "last" in paragraph 2, line 4, is closest in meaning to

   (A) following

   (B) final

   (C) previous

   (D) current

두 번째 문단, 네 번째 줄의 "last"는 어떤 것과 의미가 가장 가까운가?

(A) 다음의

(B) 최종의

(C) 이전의

(D) 현재의

[해설] a nominee from our (2) last banquet, whose famous Web site에서 last는 '지난'이라는 의미이므로 '이전의'라는 뜻의 previous와 동일한 의미이다.

---

3. Who will present the Top Innovator award?

   (A) Ms. Won

   (B) Ms. Horvitz

   (C) Mr. Donne

   (D) Mr. Bruger

Top Innovator상은 누가 수여할 예정인가?

(A) Won 씨

(B) Horvitz 씨

(C) Donne 씨

(D) Bruger 씨

[해설] (3) As usual, the TIC chairman will present the Top Innovator award.에서 TIC 회장이 상을 수여한다고 했고, (3) The event, originally started by TIC Chairman Ariel Won에서 회장의 이름이 거명되고 있으므로 정답은 Ms. Won이다.

---

4. What recommendation does Ms. Morgan make?

   (A) To test a new product

   (B) To vote for nominees

   (C) To contact the Oceania Beach Resort

   (D) To pay for a membership

Morgan 씨는 무엇을 권장하고 있는가?

(A) 신제품 테스트하기

(B) 후보자에 투표하기

(C) Oceania Beach Resort에 연락하기

(D) 회비 지불하기

해설 ▶ (4) "Anyone who keeps up with technology should consider becoming a member. It only costs $35 to join. Our members have access to many benefits," urges TIC representative Lucy Morgan.의 내용을 참조할 때 알맞은 내용은 회원 가입, 즉 가입비를 내라는 (D)가 정답이다.

CHAPTER 12

실전 예상 문제

1. (C) 2. (A) 3. (C) 4. (C) 5. (A) 6. (D)
7. (C) 8. (A) 9. (B) 10. (D) 11. (B) 12. (A)
13. (C) 14. (D) 15. (C)

Questions 1-3 refer to the following advertisement.

The Book of the Month: *Go Your Own Way*

Amazon Book Club chose *Go Your Own Way* as the book of the month. The book has been listed on the nonfiction bestseller section for the past 5 weeks. **(1)It is now available to the club members at a special price of 15 dollars.** This book has been very popular with young adults and parents alike and continues to provide assistance to parents through a deep understanding as to their teen's stress from study, relationships and their increasing concern about securing a job upon graduation. **(2)This book also contains some insightful views from well-known education professors. (3)Place your order today and get this invaluable book within 2 business days.**

이달의 책: 〈Go Your Own Way〉

Amazon 독서 클럽은 〈Go Your Own Way〉를 이달의 책으로 선정했습니다. 이 책은 지난 5주간 비소설 베스트셀러에 이름을 올리고 있습니다. 이제 클럽 회원들은 특별가 15달러에 이 책을 구매할 수 있습니다. 이 책은 청소년과 부모들에게 매우 인기를 끌고 있으며 부모들에게는 10대 자녀들의 학업 및 교우 관계, 그리고 졸업하자마자 취업을 하는 데 따르는 늘어나는 걱정으로 인한 스트레스에 대한 깊은 이해를 통해 지속적인 도움을 주고 있습니다. 이 책은 또한 저명한 교육학 교수들의 통찰력 있는 견해를 싣고 있습니다. 오늘 주문하면 영업일 기준으로 이틀 이내에 이 소중한 책을 받으실 수 있습니다.

어휘 ▶ the book of the month 이달의 책 book club 독서 클럽 choose A as B A를 B로 선정하다 list A on B A를 B 위에 두다, 놓다 available a. 구매 가능한, 이용 가능한 as to prep. ~에 관하여 contain vt. ~을 담고 있다 insightful a. 통찰력 있는 invaluable a. 매우 소중한

1. For whom is this advertisement intended?

(A) Inconsiderate parents

(B) The general public

(C) Book club members

(D) Education professors

누구를 대상으로 하는 광고인가?
(A) 무관심한 부모들
(B) 일반 대중들
(C) 독서 클럽 회원들
(D) 교육학 교수들

해설 ▶ (1) It is now available to the club members at a special price of 15 dollars.의 내용을 참조할 때 독서 클럽 회원들을 염두에 둔 광고임을 알 수 있다.

2. Whose opinions are expressed in the book?

(A) Education specialists

(B) High school teachers

(C) Many parents

(D) Young adults

이 책에는 누구의 견해가 담겨 있는가?
(A) 교육 전문가들
(B) 고교 교사들
(C) 많은 학부모들
(D) 청소년들

해설 ▶ (2) This book also contains some insightful views from well-known education professors.의 내용을 참조할 때 지문의 education professors가 education specialists로 패러프레이징되었음을 알 수 있다.

3. How long does it take to get a book?

(A) Just one day

(B) Within 24 hours

(C) A couple of days

(D) It depends on the size of the order.

책을 받기까지 얼마나 걸리는가?
(A) 단 하루
(B) 24시간 이내
(C) 이틀
(D) 주문량에 따라 다르다.

해설 ▶ (3) Place your order today and get this invaluable book within 2 business days.의 내용을 참조할 때 2 business days가 a couple of days로 패러프레이징되었음을 알 수 있다.

Questions 4-5 refer to the following article.

As summer has begun, both state and private power companies are entering into emergency situations. **(4)Because we usually have a higher power demand during the hottest period, the companies have trouble meeting growing energy needs almost every summer.** A power outage occurred last summer and paralyzed several major cities. Considering the present supply and demand status, another blackout could take place this summer. To avoid this, the heads of major power companies had a meeting with specialists in energy-related affairs last week. Allegedly, **(5)they set up contingency plans such as the early operation of two nuclear plants and an official restriction of electricity use imposed on government organizations that consume a large volume of energy.**

여름이 시작됨에 따라, 국영 및 민영 전력 회사들은 비상 상황에 접어들고 있습니다. 가장 무더운 여름 동안 보통 더 많은 전력 수요가 있기 때문에 전력 회사들은 거의 매 여름마다 늘어나는 전력 수요를 맞추느라 어려움을 겪습니다. 지난 여름에 정전 사태가 발생해 몇몇 대도시를 마비시킨 적이 있습니다. 현재의 공급과 수요 상황을 고려해 볼 때, 올 여름에 또 다른 정전 사태가 발생할 수도 있습니다. 이런 재난을 막기 위해 주요 전력 회사의 대표들이 지난 주 에너지 관련 업무를 담당하는 전문가들과 모임을 가졌습니다. 전하는 바에 따르면, 이들은 두 곳의 원자력 발전소 조기 가동, 에너지 소비가 높은 정부 기관들에 대한 공식적인 전력 사용 제한 등과 같은 비상 대책을 마련했다고 합니다.

 power companies 전력 회사 enter into ~에 접어들다, 시작하다 emergency situation 비상 상황 power demand 전력 수요 have trouble -ing ~하느라 고생하다 meet vt. (~의 수요, 마감일 등을) 맞추다 paralyze vt. ~을 마비, 무력화시키다 supply and demand status 공급 수요 상황 blackout n. 정전 allegedly adv. 전하는 바에 따르면 set up ~을 수립하다 contingency plan 만일의 사태를 대비한 계획 government organization 정부 기관

4. What is the problem?
   (A) Frequent accidents at the power plants
   (B) A lack of awareness among the public
   (C) A general power shortage
   (D) A shutdown of power plants

   무엇이 문제인가?
   (A) 발전소에서 벌어지는 빈번한 사고
   (B) 대중들의 인식 부족
   (C) 전반적인 전력 부족
   (D) 발전소의 가동 중지

 (4) Because we usually have a higher power demand during the hottest period, the companies have trouble meeting growing energy needs almost every summer.의 내용을 참조할 때 주된 문제는 전반적인 전력 부족이다.

5. Why did the representatives of the power companies hold a meeting?
   (A) To carry out emergency measures
   (B) To discuss a plan to build new power plants
   (C) To report on their general operations
   (D) To explain the best solution

   전력 회사 대표들은 왜 회의를 개최했는가?
   (A) 긴급 대책을 마련하기 위해
   (B) 새 발전소 건설 계획을 논의하기 위해
   (C) 전반적인 운영 상황을 보고하기 위해
   (D) 최상의 해결책을 설명하기 위해

 (5) they set up contingency plans such as the early operation of two nuclear plants and an official restriction of electricity use imposed on government organizations that consume a large volume of energy의 내용을 참조할 때 회의의 목적은 정전 사태에 대비한 긴급 대책 마련이다.

Questions 6-10 refer to the following help-wanted ad and e-mail.

Eliot Office Supplies
127 Victoria Street, Hamilton, WI

We are looking for energetic and competent new employees.

• Sales Representative
Requirements: Applicants should be friendly, organized and self-motivated and be willing to create strong ties with our customers. **(7)An excellent track record as a salesperson is a must.** Preference will be given to those who can speak foreign languages.

• Forklift Operator
Requirements: Entry-level position. Applicants must be a licensed forklift operator. Experience is not required, but (9)preference will be given to those with some experience. Working hours are flexible.

• Store Manager
Requirements: Applicants should have more than 2 years of experience in retail and a strong understanding of management procedures. The prospective individual should have excellent leadership and interpersonal skills.

• Public Relations Assistant Manager
Requirements: (6)Applicants should have at least 3 years of experience in public relations areas and previous achievements in the field. A master's degree in public relations is required.

Qualified applicants should send a cover letter, resume and licenses to Oscar Stein at oscar@eos.com. ⁽⁸⁾**Successful candidates will be contacted personally for an interview with the vice president.** Should you have any further questions, just contact Mr. Stein at 184-834-8573.

Eliot 사무용품
Victoria 가 127번지, 해밀턴, WI

당사는 활동적이며 능력을 갖춘 신입 사원을 찾습니다.

• 판매 대리인
자격 요건: 지원자는 친절하고 조직적이며, 적극적이면서 고객들과 친밀한 유대관계를 만들어야 합니다. 판매 대리인으로서의 뛰어난 과거 실적은 필수 요구사항입니다. 외국어 능통자는 우대합니다.

• 지게차 기사
자격 요건: 초보직. 지원자는 지게차 기사 면허 소지자에 한합니다. 경력은 요구사항은 아니지만, 경력이 있으신 분을 우대합니다. 근무 시간은 융통성 있게 정해집니다.

• 매장 관리자
자격 요건: 지원자는 소매 분야 2년 이상의 경력과 함께 관리 업무에 대한 확실한 이해력을 갖추고 있어야 합니다. 탁월한 리더십과 대인 관계 기술이 필요합니다.

• 홍보부 차장
자격 요건: 지원자는 홍보 분야 최소 3년의 경력과 기존의 실적이 있어야 합니다. 홍보 분야 석사 학위 소지자여야 합니다.

자격 요건을 갖춘 지원자는 oscar@eos.com으로 Oscar Stein에게 자기소개서, 이력서, 그리고 자격증을 보내셔야 합니다. 합격하신 지원자에게는 부사장 면접을 위한 개별 통지를 드릴 것입니다. 질문이 있으시면 184-834-8573으로 전화해 Stein 씨와 통화하십시오.

From: Rick Anderson <randerson@yahoo.com>
To: Oscar Stein <oscar@eos.com>
Subject: Job Application
Date: October 10

Dear Mr. Stein,

⁽¹⁰⁾**I'm writing to express interest in the assistant manager position posted on the online recruiting site, myjobs.com.** I recently finished my course work and received a master's degree in public relations. Before beginning the course, I worked at the PR team of Pecara Airlines for over 3 years and successfully created a series of TV commercials. Testimonial materials will be sent you by the manager of Pecara Airlines. For this reason, ⁽⁸⁾**I think I fulfill all of the requirements listed for the position. Attached to this e-mail are my résumé and cover letter. I would appreciate it if you allow me an opportunity to discuss my possible employment with your vice president.** I'm looking forward to hearing from you soon.

Thank you for your time and consideration.

Rick Anderson

발신: Rick Anderson 〈randerson@yahoo.com〉
수신: Oscar Stein 〈oscar@eos.com〉
제목: 취업 지원
날짜: 10월 10일

친애하는 Stein 씨께,

저는 온라인 구인 사이트 myjobs.com에 게시된 차장직에 관심이 있어 이 글을 드립니다. 저는 최근 학위 과정을 마치고 홍보 석사 학위를 취득했습니다. 학위 과정을 하기 전, Pecara 항공사 홍보부에서 3년 이상 근무했고 TV 광고 시리즈를 성공적으로 만들어 내었습니다. 증빙 자료는 Pecara 항공사의 관리자가 보내 드릴 것입니다. 이러한 이유로, 저는 제가 이 직책에 요구되는 모든 조건을 충족시키는 지원자라고 생각합니다. 본 이메일에 저의 이력서와 자기소개서를 첨부합니다. 가까운 미래에 귀사의 부사장님과 취업을 위한 면접을 볼 수 있는 기회를 주시면 감사하겠습니다. 소식을 기다리고 있겠습니다.

시간을 내어 주시고 관심을 가져 주셔서 감사합니다.

Rick Anderson

어휘 ▶ office supply 사무용품 competent a. 능력 있는 representative n. 대표자, 직원 organized a. 조직적인 strong tie 강력한 유대 관계 track record 실적 must n. 필수사항 preference n. 우대, 특권, 선호, 기호 forklift 지게차 entry-level position 조보직, 신입직 flexible a. 유연한, 탄력적인 retail n. 소매, 소매업 public relations 홍보(= PR) achievement n. 업적 master's degree 학사 학위 post vt. ~을 공지하다 fulfill vt. ~을 충족시키다 look forward to ~을 고대하다

---

6. Which of the positions requires the most experience?

(A) Sales representative

(B) Forklift operator

(C) Store manager

(D) Public relations assistant manager

어떤 직책에서 가장 많은 경력을 필요로 하는가?
(A) 판매 대리인
(B) 지게차 기사
(C) 매장 관리자
(D) 홍보부 차장

해설 ▶ (6) Applicants should have at least 3 years of experience in public relations areas의 내용을 참조할 때 가장 긴 경력을 요구하는 자리는 (D) Public relations assistant manager이다.

---

7. What is required as a must in the sales representative position?

(A) A warm and friendly manner

(B) Ability to make good relationship with suppliers

(C) Prominent previous results

(D) Fluency in speaking foreign languages

판매 대리인 직에서 필수 요소로 요구되는 것은 무엇인가?

(A) 부드럽고 친절한 태도

(B) 공급업체와 좋은 관계를 형성하는 능력

(C) 뛰어난 과거 실적

(D) 유창한 외국어 구사 능력

해설 (7) An excellent track record as a salesperson is a must.의 내용을 참조할 때 정답은 (C) Prominent previous results이다.

---

8. Who can meet the vice president?

(A) Applicants who fulfill the requirements

(B) Applicants who have the most experience

(C) Applicants who finished a master's degree

(D) Applicants who can speak foreign languages

누가 부사장을 면담할 수 있는가?

(A) 자격 조건을 충족시키는 지원자

(B) 경험이 가장 많은 지원자

(C) 석사 학위를 마친 지원자

(D) 외국어를 구사할 수 있는 지원자

해설 구인 광고의 (8) Successful candidates will be contacted personally for an interview with the vice president.와 이메일의 (8) I think I fulfill all of the requirements listed for the position. ~ I would appreciate it if you allow me an opportunity to discuss my possible employment with your vice president.의 내용을 참조할 때 정답은 (A) Applicants who fulfill the requirements이다.

---

9. In the help-wanted ad, the word "preference" in paragraph 2, line 2 is closest in meaning to

(A) change

(B) privilege

(C) reservation

(D) position

구인 광고의 두 번째 문단, 두 번째 줄의 낱말 "preference"는 어떤 것과 의미가 가장 가까운가?

(A) 변경

(B) 특혜

(C) 예약

(D) 직책

해설 Experience is not required, but (9) preference will be given to those with some experience.에서 preference는 '특혜, 혜택'의 뜻을 지닌 (B) privilege와 가장 가깝다.

---

10. What is implied about Rick Anderson?

(A) He will succeed in getting a job.

(B) He is the most qualified candidate.

(C) He is short of experience.

(D) He searched a website for a job.

Rick Anderson에 대해 암시된 내용은 무엇인가?

(A) 그는 취업에 성공할 것이다.

(B) 그는 자격이 가장 잘 갖추어진 지원자다.

(C) 그는 홍보 분야의 경험이 부족하다.

(D) 그는 웹사이트에서 일자리를 검색했다.

해설 (10) I'm writing to express interest in the assistant manager position posted on the online recruiting site, myjobs.com.의 내용을 참조하면 Rick Anderson이 구직을 위해 웹사이트를 검색했다는 것을 알 수 있다.

Questions 11-15 refer to the following e-mails and list.

To: Brian Jones <jonesjones@ljack.com>
From: Donald McGee <mcgee@bnb.com>
Date: April 21

Mr. Jones,

(11)I am writing you to request invoices for our current and future business transactions. While there have been no problems until now, my lawyer advised me to get official records for all of my business transactions for future tax and potential liability purposes.

I'd appreciate it if you could send me the invoices and other records in spreadsheet format. I wish to keep my future records as organized as possible. Also, could you let me know a good time to call you? I'd like to have a conversation about a few things with you.

Thank you in advance.

Sincerely,

Donald McGee
(12)C.E.O., Buildings & Blocks

수신: Brian Jones ⟨jonesjones@ljack.com⟩
발신: Donald McGee ⟨mcgee@bnb.com⟩
날짜: 4월 21일

Jones 씨께,

현재 귀하와 이루어지고 있는 사업 거래와 앞으로 발생할 사업 거래에 대한 송장을 청구하기 위해 편지를 씁니다. 지금까지 아무런 문제는 없었지만, 제 변호사가 저에게 향후 세금과 잠재적 법적 책임 문제로 모든 상거래에 대한 공식적인 기록을 확보하라고 조언해 주었습니다.

저에게 송장과 그 외의 다른 기록들을 스프레드시트 형식으로 보내 주시면 감사하겠습니다. 앞으로의 제 기록도 가능한 한 정리된 형태로 보관하고 싶습니다. 그리고 언제 전화를 드리면 좋을지도 알려 주시겠어요? 몇 가지 문제에 대해 함께 이야기를 나누고 싶습니다.

미리 감사드립니다.

Buildings & Blocks, 최고경영자
Donald McGee

To : Donald McGee <mcgee@bnb.com>
From: Brian Jones <jonesjones@ljack.com>
Date: April 22

Mr. McGee,

(13)**As far as** our phone conversation, I am usually free in the afternoon. More specifically, we could talk tomorrow at about 2 P.M. if it is convenient for you.

I wrote a list of the items you ordered since the beginning of the year and attached it to this e-mail. (14)**I cannot create an invoice for the past orders as it is against company policy.** Furthermore, it would cause a problem with dates and invoice numbers being out of order, which would look suspicious to my accountant at tax time. However, I will be happy to send invoices with all future orders.

I hope this is sufficient information for your records. I look forward to talking to you soon.

Sincerely,

Brian Jones

Sales Representative
LumberJack Industrial Traders Inc.

(12)(15) Items ordered by Buildings & Blocks (Jan 1 – Apr 22)

Item	Volume and Quantity	Price
Cement Mix	100kg	$1,200.00
Plywood (2cm)	400 sheets	$2,000.00
Oil-based Paint (white)	24L	$360.00
Latex Paint (white)	51L	$765.00
Finishing Nail (3cm)	10 boxes	$100.00
Air-compression Nail Gun	4 units	$480.00
Compound Crack Filler	10L	$50.00
	Total	$4,955.00

수신: Donald McGee 〈mcgee@bnb.com〉
발신: Brian Jones 〈jonesjones@ljack.com〉
날짜: 4월 22일

McGee 씨께,

전화 통화에 관해서라면, 저는 오후에는 보통 한가합니다. 좀 더 구체적으로, 내일 오후 2시경에 시간이 괜찮으시다면 그때 이야기를 나누도록 하지요.

연초부터 시작해서 주문하신 물품 목록을 작성해 이메일에 첨부하였습니다. 과거 주문에 대한 송장 작업은 회사의 정책에 어긋나는 일이기 때문에 작성해 드릴 수 없습니다. 뿐만 아니라, 송장 번호와 날짜가 뒤섞이는 문제가 생겨서 세금 정산 시기에 저희 쪽 회계사에게 의심스럽게 보일 수 있습니다. 하지만, 앞으로 있을 모든 주문에는 기꺼이 송장을 보내 드리겠습니다.

이것이 귀하의 기록을 위한 충분한 정보가 되었으면 좋겠습니다. 머지않아 말씀 나누게 될 때를 고대하겠습니다.

LumberJack Industrial Traders Inc., 판매 대리인

Brian Jones

Buildings & Blocks에서 주문한 물품 (1월 1일 – 4월 22일)

품목	분량 및 수량	가격
시멘트 혼합물	100킬로그램	1,200달러
합판 (2cm)	400장	2,000달러
유성 페인트(흰색)	24리터	360달러
라텍스 페인트(흰색)	51리터	765달러
마감제 못(3cm)	10상자	100달러
공기 압축식 못 박는 기계	4개	480달러
합성 틈새 보강제	10리터	50달러
	합계	4,955달러

어휘 ▶ request vt. ∼을 요구하다 invoice n. 계산서, 송장 transaction n. 거래 potential a. 잠재적인 liability n. 책임, 의무 appreciate vt. ∼에 감사하다 spreadsheet n. 전표, (전산용) 회계 처리 프로그램 company policy 회사 규정 suspicious a. 수상한 sufficient a. 충분한 cement mix 시멘트 혼합물 plywood n. 합판 oil-based paint 유성 페인트 finishing nail 마감용 못 crack filler 틈새 보강제

---

11. What is the purpose of the first e-mail?

(A) To ask for some information

(B) To request paperwork

(C) To explain his contingency plans

(D) To schedule a phone interview

첫 번째 이메일의 목적은 무엇인가?

(A) 정보를 요청하기 위해서

(B) 서류 작업을 요청하기 위해서

(C) 자신의 비상 대책을 설명하기 위해서

(D) 전화 인터뷰 시간을 잡기 위해서

해설 ▶ (11) I am writing you to request invoices for our current and future business transactions의 내용을 참조하면, 이메일을 쓴 목적은 송장, 즉 paperwork(서류 작업)을 요청하는 것임을 알 수 있다.

12. What is implied about Mr. McGee?

(A) He is in construction.

(B) He has not paid his taxes.

(C) He violated company rules.

(D) He is facing a lawsuit.

McGee 씨에 관해 추론되는 내용은 무엇인가?

(A) 건설업에 종사한다.

(B) 세금을 내지 않았다.

(C) 회사의 규정을 위반했다.

(D) 소송에 휘말렸다.

해설 ▶ (12) McGee의 직함이 C.E.O., Buildings & Blocks라는 점과 구매한 품목을 참조할 때 그가 건설업체의 대표라는 것을 알 수 있다.

13. In the second e-mail, the phrase "As far as" in paragraph 1, line 1 is closest in meaning to

(A) Firstly

(B) Shortly

(C) Regarding

(D) In brief

두 번째 이메일의 첫 문단, 첫 줄의 "As far as"는 어떤 것과 의미가 가장 가까운가?

(A) 우선

(B) 간단히 말해서

(C) ~에 대해

(D) 정리하자면

해설 ▶ (13) As far as our phone conversation, I am usually free in the afternoon의 내용을 참조하면 이때 as far as는 regarding 또는 concerning(~에 대해)의 의미이다.

14. Why doesn't the sales representative fulfill the request?

(A) He is currently too busy to do it.

(B) He needs his accountant's approval.

(C) He couldn't find the previous invoices.

(D) It would be against the rules.

판매 대리인은 왜 요청을 수행할 수 없는가?

(A) 현재 너무 바빠서 그 일을 할 수 없다.

(B) 자신의 회계사의 승인을 받아야 한다.

(C) 이전 송장을 찾을 수 없었다.

(D) 그것은 규정 위반이 될 수 있다.

해설 ▶ (14) I cannot create an invoice for the past orders as it is against company policy의 내용을 참조할 때 회사의 규정 위반이 될 수 있기 때문이라는 것을 알 수 있다.

15. Which of the following was NOT purchased by Mr. McGee?

(A) Nails

(B) Lumber

(C) Compressed air

(D) Various paints

다음 중 McGee 씨에 의해 구매되지 않은 품목은 무엇인가?

(A) 못

(B) 목재

(C) 압축 공기

(D) 다양한 페인트

해설 ▶ (15) Items ordered by Buildings & Blocks의 품목을 살펴보면 주문하지 않은 상품이 압축 공기임을 알 수 있다.